KB184155

손자병법의 구조적 해석

행간 사이에 치밀하게 설계된
완벽한 논리 구조

손자병법의
구조적 해석

초판 1쇄 인쇄일 2025년 1월 13일
초판 1쇄 발행일 2025년 1월 23일

지은이 지종상
펴낸이 양옥매
디자인 송다희 표지혜
교　정 조준경
마케팅 송용호

펴낸곳 도서출판 책과나무
출판등록 제2012-000376
주소 서울특별시 마포구 방울내로 79 이노빌딩 302호
대표전화 02.372.1537　**팩스** 02.372.1538
이메일 booknamu2007@naver.com
홈페이지 www.booknamu.com
ISBN 979-11-6752-579-6 (03140)

손자병법의 구조적 해석

지종상 지음

행간 사이에 치밀하게
설계된 완벽한 논리 구조

책과나무

목차

제1장 서론

제2장 해석의 외연적(外延的) 구조(構造)

제3장 해석의 내재적(內在的) 구조

제4장 각 편의 논리 구조와 구조적 상세(詳細)해석

제5장 결론(結論)

표 목차

그림 목차

제1장

서론

머리말

> 본서(本書)는 저자의 2009년 충남대학교 군사학 박사 논문으로, 학위 논문의 형식에서 벗어나 독자님들이 더욱더 쉽게 이해할 수 있도록 부언한 산물이다.

손자병법(孫子兵法)은 BC. 500년경(2,500년 전), 고대 중국의 춘추전국시대 손무(孫武)의 저서이며, 손자(孫子)란 손무(孫武)의 존칭이다. 이는 인류역사상 가장 오래된 병서(兵書) 중 하나임에도 불구하고 동 · 서양을 막론하고 그 독자층이 끊임없이 확대되어, 이제는 세계 각국의 군사 연구서나 교리에서 손자병법 한두 문구쯤 인용하지 않는 경우가 없을 정도이다. 그리고 손자병법은 전쟁과 용병뿐만 아니라, 현재는 인간관계, 출세비결, 조직관리 및 경영 또는 도락(道樂)에 이르는 인간사의 거의 전 영역에 걸쳐 군사학도는 물론, 손자병법을 한 번도 읽어 본 적이 없는 일반인(一般人)조차 한두 문구쯤 인용(引用)할 줄 아는 명저(名著)임이 틀림없다.

그러나 그와 같이 인간의 모든 분야에서 쉽게 인용될 수 있다고 하여, 손자병법을 불후(不朽)의 명작이라고 부르기에는 무언가 부족하다는 생각이 든다. 손자병법은 원래 인용(引用)하기 좋은 금언집(金言集)에 불과한가? 그것은 전쟁에 관한 인상적인 개념들의 모음집인가? 그러한 의문(疑問)은 개별 문구(文句)나 문장(文章) 또는 문단(文段)들이 상호 연계성 없이 배열(配列)된 것처럼 보이는 기존 주해서(註解書)를 연구해 본 사람이라면 한 번쯤 그와 같은 의문을 제기해 보았을 것이다.

만약 손자병법이 본래 문맥(文脈)도 갖추지 못한 금언집(金言集)이라면, 명작(名作)이라는 주장은 과장에 불과할 것이다. 반면, 손자병법이 본래 일관된 논리 구조에 따라 부분들이 체계적으로 전개된 저서였다면, 그 문맥조차 파악하지 못하고 단어, 문구, 문장 위주 주해(註解)만으로 손자병법을 다 안다고 말하거나, 손무의 명성(名聲)을 거론할 입장은 아닐 것이다.

본 글은 다음과 같은 가장 단순한 기본적인 의문(疑問)으로부터 출발한다, 손자병법은 전쟁과 용병에 관한 문맥도 없는 그럴듯한 금언(金言)들의 모음집인가? 만약 그렇지 않다면, 왜 손자병법에 관한 무수한 주해서나 연구서들이 한결같이 전후 맥락이나 문맥을 고려함이 없이, 주로 단편적인 한자나 문구 또는 문단 위주 주해(注解)만으로 일관하게 되었는가? 그 이유에 대한 답은 오로지 본 글의 주제인 구조적 해석을 통해서만 추정(推定)할 수 있을 것이다.

제1절
기존의 주해(註解) 경향과 문제 제기 및 본서(本書)의 특수성

1. 기존의 주해(註解) 경향과 그 원인

손자병법이 인류(人類)의 전쟁사에 미친 영향력에 합당하게 수많은 주해서가 발간되었지만, 병법의 논리 구조를 파악하거나 문맥에 따른 해석 또는 해석의 타당성을 입증하려는 체계적인 노력은 거의 찾아보기 어렵다는 점은 놀랄만하다. 그 근본적인 이유 중 첫 번째는 손자병법이 중국의 역사에 등장하게 만든 최초의 주해서가 조조(曹操)의 무구조적(

無構造的)인 『위무제 주 손자(魏武帝 註 孫子)』[1]였기 때문에 손자병법이 본래(本來) 그런 성격의 저서(著書)라고 의심 없이 받아들였을 것이라는 점이다.

두 번째는 손자병법 주해의 원조(元祖)인 조조(曹操)라는 인물과 그의 주해서의 후광(後光)이 후세 사람들의 눈을 부시게 만들었기 때문일 것이다. 조조는 고대 중국의 삼국시대에 위(魏)나라의 창시자요 위대한 장군이었다. 그는 손자병법 13편을 거의 완전하게 주해(注解)한 최초의 인물로서, 손자병법을 후세에 전해준 공적을 남겼다. 조조는 당시의 전쟁이나 군사 관련 용어는 물론 전법(戰法)에도 정통(精通)했기 때문에, 후세 사람들은 그의 주해서를 가장 권위가 있는 것으로 의심 없이 받아들여, 그 이후의 사기(史記)에 전해지는 다양한 판본(板本)이나 주해서(註解書)들은 부분적으로 한자나 문구의 뜻을 해석하는데 다소 차이가 있을 뿐, 대부분 그의 주해의 틀에서 벗어나지 않는다.[2]

그러나 언어(言語)의 시대적 근접성이나 당시의 전쟁과 용병에 정통한 실천가였기 때문에 그가 가장 정확하게 주해(註解)했을 것이라는 믿음은 합당하지 못할 수 있다. 그러한 생각은 독일어로 쓰여진 클라우제

1 天津師範學院中文系工農兵學員 譯註, 『曹操註孫子兵法譯註』 (京字908部隊某部警備聯, 1975).

2 유동환 옮김, 『孫子兵法』, (서울: 홍익출판사, 2008 문고판) pp. 60–61 “대표적인 손자병법의 판본에는 첫째, 『平津館叢書』에 실려 있는 송본(宋本)으로, 조조주(『曹操註 孫子兵法』 또는 『魏武帝註孫子』)를 줄기로 삼고 송대(宋代)에 이르는 9명의 대표적인 주석(註釋)을 모아 清나라 孫星衍이 주석을 달아 편집하여 叢書에 올린 『孫子十家註』가 있다. 둘째, 『十一家注孫子』본으로, 이 책은 송나라 天保 시대에 『十家孫子會註』 15권을 편집할 때 杜佑가 지은 『通典』에 인용된 『孫子兵法』을 새롭게 포함시켰다. 셋째, 『武經七書』본으로, 송나라 元豊 때에 武學을 정식 과거 과목으로 채택하였으며, 첫째와 둘째와 약간의 글자 차이가 있다. 끝으로 明나라 劉寅 『武經七書直解』본 속에 들어 있는 『孫武子直解』로서 조선시대 학자들이 가장 많이 참고한 책으로 현재 奎章閣에 보관하고 있다.”

비츠의 전쟁론은 2차 세계대전 시 히틀러나 독일군 총 참모부장이었던 할더(Halder)가 가장 잘 이해했을 것이라는 기대와 다르지 않다.

먼저 언어의 시대적 근접성 측면에서, 700여 년 후세의 조조가 2,500여 년 이후의 현대인보다 저자가 살았던 시대의 한자 뜻이나 용법을 더 잘 알고 있었을 것이라는 기대(期待)는 체계적인 언어학적(言語學的) 연구(硏究)를 전제(前提)하지 않는 한, 타당하지 못하다. 철학서나 사상에 대한 엄밀한 이해(理解)는 시대적 근접성이 아니라, 체계적인 연구를 통해서 비로소 가능하기 때문이다.

그리고 병법에 정통한 실천가라는 측면에서, 글자 그대로 산전수전(山戰水戰)을 다 겪은 자만심(自慢心)이 강한 조조는 손자병법의 문구 하나하나의 의미를 검토하고 앞뒤 문맥을 파악하여 해석하기보다는 자신의 풍부한 실전(實戰) 경험과 병법(兵法)에 관한 식견(識見)을 손자병법의 문구를 빌려서 과시(誇示)하는데 유용하다고 생각되는 문구를 인용(引用)하여 자신의 견해(見解)를 부언(附言)하는 데 더 관심을 가졌을 것이다.

당대의 최고 병법가로 자처(自處)하는 조조는 그 시대의 언어를 가장 잘 알고 실전경험이 풍부하다고 자부(自負)하여, 오히려 손자병법을 더 가볍게 생각하거나 자신의 병법을 손자병법과 동격(同格)으로 과시(誇示)하려는 욕망이 작용했을 가능성도 없지 않을 것이다. 그럴 경우, 손자병법 자체의 심오(深奧)한 논리나 문맥을 파악하여 해석하기보다는, 자기 생각을 부연(敷衍)하기 용이하게 개별 문구나 문장 단위로 주해하는 것이 적격(適格)이었을 것이다.

더 나아가, 권모술수(權謀術數)에 능한 조조는 무위자연(無爲自然)을 근본으로 삼는 도가사상(道家思想)을 전쟁철학과 접목(接木)시킨 손자병법을 다 이해하고 주해했을 것으로 생각하기는 어렵다. 당대의 최고 병법가로서 추앙받고 싶은 조조는 당시 진법(陣法) 위주의 병서와 달리 전쟁(戰爭) 철학(哲學)을 논한 손자병법을 주해(註解)할 때 오히려 작위적(作爲的)인 해석이 더 많이 개재(介在)될 수밖에 없었을 것이다.

후세(後世)의 수많은 주해서(註解書)들이 천편일률적으로 개별 문구나 문장 단위의 무구조적(無構造的) 해석(解析)에 자기 생각을 부언(附言)하는데 더 많은 관심을 가졌던 까닭도 바로 조조의 주해서(注解書)의 틀을 표준으로 삼았기 때문일 것이다. 그러한 주해 방식은 다음의 세 번째 이하의 원인과 결부되어 손자병법은 본래 논리 구조가 없으며 문맥(文脈)조차 갖추지 못한 금언집(金言集)이라는 인식(認識)으로 정착되었을 것이다.

세 번째 이유는, 현재까지 전해져 내려온 중국의 경서(經書)들은 대부분 저자(著者)가 직접 완성한 저서(著書)들이 아니라, 제자백가(諸子百家)라는 말이 시사(示唆)하듯이 가법(家法, 學派)을 따르는 제자들이 스승의 가르침을 정리하거나 후세 사람들이 재정리한 것들이다. 따라서 그것들은 엄밀한 문맥이나 논리 구조가 결여(缺如)되어 스승의 훌륭한 격언집이나 교시(教示)들의 모음집이라는 인식이 지배적이었기 때문이다. 더군다나 한자나 한문의 난해성(難解性)과 그 뜻의 다양성(多樣性)으로 인해 체계적인 연구 자체가 어려웠을 것이라는 점이다.

네 번째 이유는, 그러한 인식과 함께 후대에는 정설(定說)로 추대받아 온 선대(先代)의 주해서에 도전하는 무모함보다는 그대로 따르는 것이 현명한 처세(處世)였을 것이다. 또한, 서양의 번역가들은 한자를 사용하는 중국인들의 주해서에 이의(異義)를 제기하기보다는 기존 주해 내용을 엄밀하게 번역하는데 몰두했을 것이며, 저서의 논리적 결함은 동양인의 저술상 특수성으로 받아들였을 것이다.

다섯 번째. 한자라는 표의문자(表意文字)의 난해성(難解性)에 기인하는 주해(註解)의 어려움이다. 대표적인 표의문자인 한자는 단어 단위로 뜻을 갖는 다른 언어와는 달리, 각개 한자가 상이한 고유의 뜻을 갖는다. 비록 두 개 이상의 한자로 구성되어 하나의 단어처럼 보일지라도, 각개 한자가 특정 단어의 약어로 사용되기도 한다. 예를 들어, 행군(行軍)은 군의 행진(行進, March)이라는 한 단어의 뜻이 아니라, 행(行)이라는 뜻과 군(軍)이라는 뜻이 결합되어 '군을 운용하다.'라는 의미이다.

또 다른 예로서, 지형(地形)도 지리적 유형이라는 하나의 개념이 아니라, 地의 다양한 뜻과 形의 다양한 뜻이 결합된 의미이다. 즉, 각개 한자가 두 개 이상의 글자로 구성된 다양한 단어를 대표하는 약어로 사용된다. 앞의 예에서, 지형(地形)의 지(地)는 자연지리만이 아니라 처지(處地), 입지(立地) 등의 약어로서, 당면한 상황이라는 의미를 가지며, 형(形)은 형상, 형태 등을 대표하는 약어이다. 그러므로 지형(地形)의 의미는 '자연지리에 기반을 둔 상황의 유형'이다.

한자나 한문의 그러한 용법이나 특수성으로 인해, 손자병법은 각 편명만으로도 논리적 연계성조차 가늠하기 어려워서 결국, 전후(前後) 문맥의 연계성에 입각한 해석보다는 편리하게 문구나 문장 단위로 해석하기 쉽다. 그러므로 손자병법은 무수한 주해서가 존재하며, 그와 같은 손자병법 주해(注解)의 경향은 급진적 해석학파에서 자주 인용하는 니체(Nietzsche)의 진리(眞理)에 대한 다음과 같은 비판(批判)에 수긍(首肯)하게 된다.

"그렇다면, 진리란 무엇인가? 은유법(隱喩法), 환유법(換喩法), 의인화(擬人化)

의 집합체, 요컨대 의도적으로 인간의 관계들을 모아놓은 것들이다. 그것은 시적(詩的)으로 그리고 수사학적(修辭學的)으로 보태지고, 바꾸어 말해지고, 꾸며져 왔던, 그리고 오랫동안 사용해 온 결과, 사람들에게 확고하고 표준적이며 의무적으로 따라야 하는 것처럼 보이는 것들이다. 진리(眞理)란 사람들이 이것이 바로 본래의 그것들이었다는 점을 망각한 채, 믿어왔던 환영(幻影)이며, 낡아빠진 은유(隱喩)들이다."[3]

여섯 번째 이유는, 한자의 난해성(難解性)과 그 뜻의 다양성(多樣性)으로 인해, 주해자가 개별 한자나 문구 단위 해석만으로도 주해의 목적을 충분히 달성했다고 만족하기 때문일 것이다. 이는 "해석하려는 텍스트가 갖는 중요성(해석자에게 연구과제가 갖는 중요성)과 텍스트가 의미하는 것(그 자체의 객관적 의미)을 구분해야 한다."4는 해석(解釋)의 원칙에서 벗어남을 의미한다.

손자병법의 원 개념에 접근하려는 노력보다는, 자신의 연구 성과를 우선시한다면, 손자병법을 극찬하는 미사여구(美辭麗句)도 주해자의 자찬(自讚)에 불과할 것이다. 따라서 문맥을 간과(看過)한 개별 문자나 문구 또는 문단들의 해석이나 그 타당성의 논거를 제시하지 못하고, 해석에 자신의 추가적인 해설이나 부언(附言)이 풍부하면 할수록, 원개념으로부터 더 일탈(逸脫)하는 결과를 초래하게 될 것이다.

3 Michel Foucault, "Nietzsche, Freud, Marx." trans. in *Transforming the Hermeneutic Context*, ed. G. L. Ormiston and A. D. Schrift (Albany: Suny Press, 1990), pp.56–57.

4 Shaun Gallaghe, Applied Hermeneutics: *Theory of Interpretation Conservative Approach* to Hermeneutics (http://Philosophy.ucf.edu/ahcon.html, 검색일: 2008.1), p.2.

2. 기존 연구 경향 고찰(考察)

그러한 까닭으로, 손자병법의 기존 주해서나 연구서들은 대부분 전후 의미들의 연계성보다는 개별 한자나 문구 또는 문단 위주의 다양한 의미 선택과 부언(附言)하는데 머물러 왔다. 그러므로, 병서(兵書)의 논리 구조나 문맥 또는 역사 · 문화적 맥락이나 논리적 근거를 의식하지 않은 해석 경향을 보여주고 있다. 그러한 접근을 당연시하여 혹자(或者)는 손자병법은 주해자(註解者)나 연구자의 전쟁과 전략 · 전술에 관한 지식의 수준이 해석의 질(質)을 좌우한다고 말하기도 한다. 그들은 손자병법 자체의 진정한 의미를 파악하려는 노력보다는 병법의 문구를 인용하여 자신들의 풍부한 전략 · 전술 지식을 과시(誇示)하는 데 더 관심을 가졌던 셈이 된다. 그러한 경향은 기존의 해석을 의문 없이 진리(眞理)로 받아들이기 때문에, 오직 주요 문구에 현대적 사례를 포함하여 해석(解釋)하는 것 이외 할 일도 별로 없었을 것이다.

대부분의 주해서나 연구서들은 당시의 시대상(時代相)이나 저자의 전기(傳記)를 설명하거나 드물게는 손자의 사상(思想)이나 병법(兵法)의 과학적(科學的) 체계(體系)를 언급하기도 한다. 그러나 그것들은 그 배경이나 그 우수성을 요약하는 방편(方便)일 뿐, 그 배경이나 체계가 제공하는 맥락이나 문맥 또는 논거에 따라 해석하려는 의도는 전혀 드러나지 않는다. 그와 같은 기존 주해나 연구 경향은 본 글의 구조적 해석 관점에서 다음과 같은 일곱 가지로 구분하여 평가할 수 있을 것이다.

첫째, 거의 모든 주해서나 연구서들은 도입부에 당시의 시대상이나 저자의 전기(傳記) 또는 사상(思想)을 개관하고 있다. 그 대표적인 예는 유동환의 『손자병법』과 이욕일(李浴日)의 『손자병법의 종합연구』 그리고 오가와 게이치의 『손자논강(孫子論講)』 등[5]이 있다. 그러나 개관(槪觀)한 사상이나 시대상에 근거하여 해석의 타당성을 검토하기보다는 단지 손자병법이 저술된 배경에 관한 이해를 돕기 위해서 제시한다.

둘째, 몇몇 손자병법 연구서는 그 병법이 등장한 전후(前後) 시대의 고대 중국의 정치나 전쟁 또는 문화나 사상을 체계적으로 연구하기도 한다. 그 대표적인 예로서 김기동 · 부무길의 『손자의 병법과 사상 연구』[6]는 그 시대적 배경을 체계적으로 연구하였으며, 일본의 사토겐지의 『손자의 사상사적(思想史的) 연구』[7]와 중국 왕건동의 『손자병법 사상체계 정해(精解)』[8] 등은 손자병법의 주요 개념들을 고대 중국의 제반 사상(思想)들과 연계시켜 설명한다. 그러한 연구의 목적도 저자에게 영향을 주었을 사상을 연구하여 해석의 맥락이나 논거를 제공하려는 것이 아니라, 기존의 주해(註解) 내용을 기반으로 그 시대상이나 사상적 의의를 고찰하는 것이 목적이다.

셋째, 많은 주해서나 연구서들은 도입부에서 저자의 사상(思想)을 논하기도 한다. 특히, 저자의 군사(軍事)사상(思想)에 관한 연구의 대표적인 예는 관풍(Kuan Feng)의 『손무의 군사적 철학사상 연구』[9]이다. 그것

5 대표적인 저서는 유동환(2008), 전게서; 李浴日, 『孫子兵法之綜合硏究』 (上海: 商務印書館, 1937); 尾川敬二, 『孫子論講』 (菊地屋書店, 1934) 등이다.

6 대표적인 저서는 김기동 · 부무길 공저, 『손자의 병법과 사상 연구』 (서울: 운암사, 1997); 王建東(1970), 전게서; 그리고 佐藤堅司, 『孫子の思想史的硏究』 (東京: 原書房, 重版, 1973) 등이다.

7 佐藤堅司(1973), 전게서.

8 王建東 編著, 『孫子兵法思想體系精解』 (台北: 1970).

9 Kuan Feng. "A Study of Sun Tsu's Philosophical Thought on The Military," *Chinese Studies in Philosophy*. VOL.Ⅱ, No.3, (Spring 1971).

은 대부분 만전사상(萬全思想), 부전승사상(不戰勝思想) 등 저서의 주요 개념들을 환언(換言)하여 저자의 사상(思想)으로 제시할 뿐, 그 사상(思想)에 입각하여 저서의 논리체계를 재구성하거나 재해석하려는 시도는 보이지 않는다.

넷째, 많은 주해서나 연구서들은 도입부에서 손자병법이 고도로 과학적인 체계로 편성되어 있음을 강조한다. 손자병법의 과학적 체계에 관한 탁월한 논의(論意)는 앞서 언급한 사토겐지의 『손자의 사상사적 연구』에서 찾아볼 수 있다. 그는 손자병법의 특성으로 과학적 체계, 상변일체(常變一體), 정동일원(靜動一元), 만전사상(萬全思想)을 들어 설명[10]하면서, 과학적 체계에 대해 병법 전체가 유의미하게 연결되어 있다고 주장한다. 그러나 그는 기존의 주해서를 기반으로 손자병법의 체계성을 부각시킬 뿐, 그 체계에 따른 해석에는 관심이 없어 보인다.

다섯째, 코우노 오사무[11]나 타케오카 아쯔히코[12] 등 일본학자들이 즐겨 사용하는 연구 경향은 병법 자체의 논리 구조를 파악하는 대신, 자신들이 설정한 논리에 따라 병법의 주요 개념들을 재구성한다. 그러한 경향은 최소한 논리 구조의 중요성을 의식(意識)하고 있었다고 평가할 수는 있으나, 이미 그것은 손자병법 연구가 아니라, 자신들의 논리 구조에 따라 손자병법의 문구나 문장을 인용(引用)한 것에 불과하다.

여섯째, 조조 주(曹操 註) 이래, 손자병법을 주해(註解)하는 중국의

10 佐藤堅司, 전게서, pp.41-42 참조.

11 河野收, 『孫子研究의 參考(일본육자대막료학교 참고자료 95ZO군-3E)』, 육군대학 역, 1997.

12 武岡淳彦, "孫子의 兵學體系論," 『陸戰學會 陸戰研究誌』, 1998년 8월호, 육군대학 역, 1998.

전통적인 방식은 선대(先代)의 저명한 문장가나 병법가들의 다양한 주해를 병기(倂記)하는 것이다. 대표적인 주해서는 『십가주 손자』[13]나 『십일가주 손자』[14]로부터 시작하여 현대에는 위여림(魏汝霖)의 『손자병법대전』[15]이 있다. 특히 대만의 위여림은 위나라의 조조로부터 양(梁), 당(唐), 송(宋), 명(明), 청대(淸代)에 이르는 주요 사상가나 병법가들과 대만(民國)의 장백리와 장 총통에 이르는 20명의 주해를 병기(倂記)하고, 손자병법의 모든 판본을 비교하여 그 차이점을 제시하고 있다. 다양한 주해를 병기(倂記)하는 방식은 독자에게 다양한 주해 중에서 취사선택(取捨選擇)하도록 배려(配慮)하는 장점이 있으나, 병기(倂記)한 주해들도 한자나 문구에 대한 상이한 해석들이기 때문에, 문맥이나 맥락에 따른 구조적 해석과는 거리가 멀다. 서양에서 정통적인 번역서로 인정받는 그리피스(Samuel B. Griffith)의 『손자의 전쟁술』[16]도 중국 손성연(孫星衍)의 『손자십가주』를 기반으로 주해(註解)까지 병기(倂記)하여 번역한 것이다.

끝으로, 손자병법 제하(題下)에 발간된 무수한 변형서(變形書)들이 존재한다. 특히 한 · 중 · 일 3개국의 문고(文庫)에는 소설, 만화, 어린이 손자병법이나 경영관리, 리더십, 자기계발서, 정치 · 사회, 21세기 손자병법 또는 심지어 골프 손자병법이나 다이어트 손자병법이라는 제명(題名)으로 발간되어 있다. 그 점에 있어서 손자병법의 인기는 폭발

13 孫星衍 註, 『孫子十家註』, (天津市古籍書店, 1991).

14 楊丙安, 『十一家註孫子校理』, (北京: 中華書局, 重印, 2009).

15 魏汝霖 編譯, 『孫子兵法大全』,(台北: 黎明文化事業公司, 1970).

16 Samuel B. Griffith, trans., *Sun Tzu : The Art of War*, (London: Oxford Univ. Press, 1963).

적인 것처럼 보인다. 단편적인 조사에 따르면, 한국의 인터넷 교보문고가 취급하는 280여 종류의 손자병법 관련 서적과 중국의 환도서(換圖書) 사이트(Dushu.com)의 450여 권의 관련 서적 중 약 4/5 이상이 그러한 변형서(變形書)들로서 손자병법의 유명세(有名稅)를 상술(商術)로 이용하는 실정이다.

손자병법은 전쟁에 대비한 정사(政事)는 정도(正道)가 본질이며, 적과의 용병(用兵)에서만 속임수(詭道)가 본질이다. 따라서, 그러한 변형서들은 일상적인 인간사(人間事)를 권모술수가 난무하는 전쟁으로 규정하는 셈이 된다. 인생사의 모든 분야에 용병의 개념을 인용한 서적들의 폭주는 그만큼 더 손자병법의 본뜻을 왜곡할 뿐만 아니라, 인간사를 전쟁과 동일시하여 속임수 이외 정도(正道)가 설 자리를 배제(排除)하는 셈이 된다.

손자병법에 대한 주해나 연구서가 전후 문맥을 고려함이 없이, 각개 한자나 문구 단위로 해석하는 경향에 대해 기이(奇異)하다는 말 이외의 평가는 없을 것이다. 특히, 난해(難解)하고 다양한 뜻을 갖는 한자의 특성은 가장 합당한 뜻을 선택하는 것이 올바른 해석의 관건(關鍵)이며, 그 선택의 기준으로서 맥락(脈絡)이나 문맥(文脈)에 따른 해석은 다른 어떤 언어(言語)보다 더 중시된다.

그와 같은 주해(註解)의 경향(傾向)은 텍스트의 구조에 제한받지 않고 주관적으로 자유로운 의미 선택이나 해석이 가능하다는 장점이 있으나, 그러한 장점으로 인해 손자병법은 인간사의 제 분야에서 인용될 수 있다는 유용성을 갖게 되었을 것이다. 그러나 문맥조차 무시한 해석의 다양성과 풍부함은 저자의 의도(意圖)나 본래의 뜻을 다양하고 풍부하게 왜곡(歪曲)하는 결과만 초래한다. 따라서 저자의 의도나 저서의 진의(眞意)에 접근하기 위해서는 무엇보다도 먼저 손자병법 본래의 구조(構造)와 체계(體系)에 대한 문제 제기로부터 출발할 것이 요구된다.

3. 문제 제기(問題 提起)와 본서(本書)의 특수성

기존 주해나 연구 경향에 대한 고찰(考察)에서 제기되는 문제와 그 의문점에 기인(起因)하는 주제 관련 용어 정의 및 본 글의 특수성은 다음과 같다.

가. 문제 제기

가장 포괄적이며 본질적인 의문(疑問)은 '손자병법은 원래 인상적(印象的)인 금언(金言)들의 모음집에 불과한가?'이다. 만약 그렇다면, 문맥조차 갖추지 못한 손자병법에 대한 열풍(熱風)은 저자의 이름을 빌려서 자신의 지식을 과시(誇示)하려는 욕구의 표출에 불과할 것이다. 만약 그 반대의 경우라면, 그것을 입증하기 위해 수반(隨伴)될 다음과 같은 일련의 의문에 합당하게 답할 것을 요구한다.

첫째, 전쟁에 관한 저자(著者)의 생각에 영향을 주었을 당시의 시대상과 지배적 사상(思想)은 무엇인가? 이는 저서의 역사, 문화적 맥락에 관한 문제 제기로서, 저자의 관점에서 저서(著書)를 이해하려는 시도(試圖)이다.

둘째, 저자(著者)는 전쟁에 관한 어떤 사상(思想)을 기반으로 병법을 저술하였으며, 그 사상은 저서에 어떤 개념으로 나타나는가? 이는 당시의 시대상이나 지배적인 사상(思想)에 관한 이해를 바탕으로 저자가 병법을 저술한 언외(言外)의 목적을 추정(推定)하려는 물음이다.

셋째, 저자는 자신의 사상(思想)을 어떻게 체계적이고 논리적으로 전개하려고 구상(構想)하였으며, 그 논리적 구상은 저서에 어떻게 반영되었는가? 이는 저서에 문맥(文脈)을 제공하게 될 논리 구조(論理構造)를 밝히려는 의문이다.

넷째, 저자(著者)의 저술상 특징 즉, 전편(全篇)에 걸쳐 일관되게 견지(堅持)하고 있는 관점(觀點)과 특징적인 표현기법 및 논리 전개 방식은 무엇인가? 이는 저자 자신이나 당시에 즐겨 사용했던 표현(表現) 기법(技法)으로서 언어사용 방식에 대한 이해를 도와줄 것이다.

다섯째, 현대에 상용(常用)하고 있는 한자의 의미나 용법으로 고대 중국의 손자병법을 해석하고 있지는 않았는가? 이는 손자병법에서 사용하는 용어나 문구가 생소할 경우, 그 뜻의 파악과 의미 선택에는 신중(愼重)하지만, 현대 군사용어와 유사한 경우에는 별다른 의문 없이 현대적 의미를 그대로 적용하여, 오히려 더 쉽게 오류(誤謬)를 범하면서도 의식(意識)하지도 못하는 것처럼 보이기 때문에 제기하는 질문이다.

나. 주제 관련 주요 개념 해설

본 글의 주제인『손자병법의 구조적 해석과 체계성 분석』에서, 구조는 '해석에 맥락이나 문맥 또는 논거(論據)를 제공할 수 있는 요소'들이며, 체계성의 사전적 정의는 '일정한 원리에 따라서 낱낱의 부분들이 짜임새 있게 조직되어 통일된 전체를 이루고 있음'이다. 가체(Rodolphe Gasché)는 체계성(systematicity)을 구조(構造)의 통일성(Structural

Unity)[17]으로 정의한다. 그의 정의에서 구조란 언문학적 구조를 의미하는 반면, 본서에서 구조는 해석의 구조이기 때문에, 통일성이란 그 구조에 입각하여 해석한 결과의 통일성을 의미한다. 따라서 본 주제는 분석적으로 해석의 구조를 설정하고 그 구조가 제공하는 맥락이나 문맥 또는 논거(論據)에 따라 해석한 후, 그 결과를 평가하여 체계성을 입증(立證)하는 세 가지 과제로 구성된다.

웹스터 사전에서, "맥락(脈絡-Context)"은 "어떤 단어나 인용문을 둘러싸고 있으며, 그것들의 의미에 빛을 비추어 줄 수 있는 말이나 글의 부분들"이며, "어떤 것이 존재하거나 발생하는 상호 관련된 조건들"로 정의한다. 현대적 용법에서 전자(前者)는 언어학적(Linguistic) 또는 문학적 맥락(Literary context)으로, 후자(後者)는 사회적(Social context) 또는 역사적 맥락(Historical context)으로 구분한다.[18]

국어사전에서 문맥(文脈)은 "글월에 표현된 의미의 앞뒤 연결"로서, 서구(西歐)의 언문학적 맥락(脈絡)에 해당하며, 맥락은 "역사 · 문화적 연관이나 관계"로서 사회적 또는 역사적 맥락에 해당한다. 따라서

17 Rodolphe Gasché. "Infrastructures and Systematicity," *Deconstruction and Philosophy* ed., John Sallis , (Chicago & London: University of Chicago Press, 1987) pp.3–4.

18 W. M. Klein, C. L Blomberg & Hubbard R. L. Klein et. al., *Introduction to Biblical Interpretation*, (Dallas: Word Publishing, 1993). 클라인에 따르면, 역사적 맥락(Context)에는 그 저서를 저술한 계기 및 목적과 사회적, 문화적 및 정치적 배경, 그리고 지리가 포함된다. 역사적 맥락에 대한 이해는 그 메세지의 본질과 힘 및 내용에 대한 이해를 도와주며(Ibid., pp. 172–179 참조), 문학적 맥락(Context) 파악은 해석에 있어서 가장 결정적인 과제 중의 하나이다. 모든 단어나 문구는 해당 문장에서만 명확한 의미를 가지며, 모든 문장은 둘러싸고 있는 다른 문장들과 관련시킬 때 비로소 명확한 의미를 갖는다. 저자의 사고의 순서를 추적하여 그들이 특정 문구나 문장을 사용한 이유와 그것이 전반적인 텍스트에 어떻게 기여하는 지를 결정하는 것이 중요하다. 많은 오류들은 문구와 문단을 그 맥락에서 읽지 않음으로써 나타난다(Ibid., pp. 155–172 참조).

'Context'는 우리말로 맥락과 문맥이라는 두 가지 의미를 포함한다.

다. 본서(本書)의 특수성(特殊性)

본서는 다음과 같은 두 가지 특수성을 고려하고 있다. 그 하나는 본서를 이해하는 조건이며, 다른 하나는 본 글 자체의 논리전개와 표현 방식이다.

첫 번째 특수성은 기존 주해서에서 간과한 해석의 구조를 파악하여 문구나 문장 또는 문단이나 각 편에 내재(內在)된 함의(含意)를 드러내어 유의미(有意味)하게 연계(連繫)시키려는 것이다. 따라서 본 글은 기존 주해서의 전체 내용의 흐름을 알고 있는 사람만이 그 의의(意義)를 이해할 수 있을 것이다. 특히 본서(本書)에 대한 이해는 해석 내용의 차이점보다는, 전후 의미들의 연계성과 논증(論證)의 타당성에 사고(思考)의 초점을 맞추어야 한다.

두 번째 특수성은 손무(孫武)라는 타인의 저서를 맥락과 문맥을 설정하여 해석하려는 본서의 논리전개 방식은 첫 편을 설명하면서 마지막 편의 문구나 문장을 들어서 타당화하거나, 특정 문구를 해석하기 위해서 그 이전이나 이후 편의 문구나 문장을 들어서 합리화할 것을 요구한다. 따라서 먼저 구상한 일정한 논리에 따라, 자기 생각을 정연하게 서술하거나 설명하는 전형적인 서술(敍述) 방식에서 어느 정도 벗어날 수도 있다. 특히 본 글에서 별도로 규정하는 표현 방식은 다음과 같다.

- 한자(漢字)로만 편성(編成)된 손자병법을 해석하려는 본서(本書)는 인명(人名)이나 고유명사 이외 한글과 한자를 병기(倂記)하는 표준적인 방법을 다 따르기 어렵다.

- 손자병법 원문(原文)이나 기존의 해석 내용의 인용(引用)은 작은 따옴표(' ')를 사용한다. 예를 들면, '道', '不可不察' 등이다. 우리 글과 한자를 병기하는 소괄호(小括弧)와 달리, 무궁한 상황변화[九地之變]처럼 우리말로 해설한 한자나 문구는 대괄호[ ]로 병기(倂記)한다.
- 본 글에서 사용하는 문자, 문구, 구절, 문단 등의 용어는 편의상 다음과 같이 규정한다. 문자는 단일 한자나 단어이며(예: 兵, 用兵), 문구는 2개 이상 개념의 결합(예: 知彼知己)이고, 구절은 2개 이상의 문구로 구성되며, 문단은 편의상 각 편의 논리 구조의 단위로 설정한 것들이다. 각 편의 문단은 일련의 숫자를 부여한다. 예를 들면, 계편의 ②문단은 "② 故經之以五, 校之以計, 以索其情. 〈중략〉 知之者勝, 不知者不勝"으로 표현한다.

제2절 연구 목적과 방법 및 범위

1. 연구 목적(目的)

본서(本書)의 연구 목적은 저자인 손무의 의도(意圖)와 저서의 진의(眞義)에 접근하려는 시도(試圖)이다. 모든 문구나 구절 또는 문단들은 저서의 맥락(脈絡)이나 문맥(文脈)에서만 고유의 뜻을 가질 뿐만 아니라, 맥락과 문맥에 따른 해석은 그것들에 숨겨진 저자의 사고(思考)나

진의(眞意)들을 더 분명하게 드러내어 줄 수 있기 때문이다. 부수적인 연구 목적은 서양에서 “전쟁의 술(Art of War)"로 평가받는 손자병법의 과학적 체계성을 규명(糾明)하여 명실공히 손자병법이 ‘전쟁의 학술(學術-Science and Art of War)’임을 밝히려는 것이며, 그럼으로써, 기대하는 효과는 손자병법 해석에 과학적 접근의 계기를 제공하는 것이다.

2. 연구 방법(方法)과 범위(範圍)

가. 연구 방법

그러한 목적을 달성하기 위한 연구 방법은 손자병법의 구조(構造)를 파악하고, 그 구조가 제공하는 맥락과 문맥 및 논거(論據)에 따라 상세(詳細) 해석(解析)하며, 그와 같은 구조적(構造的) 상세해석의 결과가 체계적인지를 평가하는 세 가지 과업으로 구분된다. 그 과업들의 연구는 서술적(敍述的) 연구(研究)로서 그 방법은 주로 문헌(文獻) 조사와 언어의 의미론적(意味論的) 분석(分析) 및 비교분석(比較分析), 그리고 논리적(論理的) 추론(推論)에 의존한다.

문헌 조사는 기존의 주해 경향과 당시의 시대상 및 지배적 사상(思想) 연구를 위해 주로 복합적 분석에 의존한다. 언어의 의미론적 분석은 손자병법의 원문 자체의 전후 단어나 문구들의 유의미한 연계성을 발견하기 위한 논리(論理)의 분석이며, 고대와 현대의 한자 뜻과 용법의 차이를 극복하기 위한 비교분석은 중한사전의 다양한 의미와 용법을 종합적으로 검토하여 문맥에 부합한 뜻을 선택하는 방법으로 대신한다.

실질적인 연구는 주로 손자병법 자체의 논리 분석과 그 함의(含意)

에 대한 추론(推論)으로 진행한다. 논리 분석은 대부분 기존 해석에서 상호 연계되지 않았던 각 부분의 의미를 면밀하게 연계시키기 위한 비판적 분석에 의존하며, 논리적 추론은 손자병법 자체의 시계(視界:Horizon)와 연구자의 시계를 융합(融合, Fusion)하기 위해, 부분과 전체, 분석과 종합, 외연적(外延的) 맥락과 내재적(內在的) 문맥 사이의 대화적 순환(循環)[19]에 의존한다. 연구 방법은 3절 해석의 틀에서 해석학의 원리와 함께 구체적으로 설명한다.

나. 연구 범위

손자병법에는 무수한 판본(板本)들이 현존하고 있지만, 본 글은 1972년 산동성 임기현 은작산 1호 한묘(漢墓)[20]에서 발견한 죽간(竹簡)을 중국 학계가 고증(考證)하여 발간한 『은작산 한묘 죽간 손자병법(銀雀山漢墓 竹簡 孫子兵法)』[21]은 무수한 고증이 병서에 주해되어 있으므로 본서

19 Hans-Georg Gadamer, *Truth and Method*, trans. John Cumming and Garrett Barden (New York: Crossroad, 2nd. rev., 1989) p.122.

20 西漢의 문제(文帝)-경제(景帝)-무제(武帝)에 이르는 시기의 무덤

21 본 글은 白話体로 편찬한 銀雀山漢墓竹簡整理小組, 『銀雀山漢墓竹簡 孫子兵法』, (中國人民解放軍戰士出版社, 1976)을 기본으로 연구한다. 유동환 교수는 한묘 죽간에 대해 다음과 같이 설명한다. 1972년 산동성(山東省) 임기현(臨沂縣)의 은작산(銀雀山) 前漢 시대 무덤에서 발견한 竹簡에는. ① 『손자병법』과거의 같은 내용의 13편, ② 합려와 손무의 대화인 『견오왕(見吳王)』, 『오문(吳問)』 등 3편 ③ 내용상 13편 『손자병법』과 관련된 『사변(四變)』, 『황제벌적제(黃帝伐赤帝)』, 『지형 2(地形二)』 등 3편, ④ 손빈과 직접 관련된 『금방연(擒龐涓)』, 『견위왕(見威王)』, 『위왕문(威王問)』, 『진기문루(陳忌問壘)』, 『강병(强兵)』 등 5편, ⑤ 누구의 저작인지 모르지만 각 편 서두에 '孫子曰'이라고 쓰여 있는 『찬졸(篡卒)』, 『월전(月戰)』, 『세비(勢備)』 등 10편, ⑥ 손자라는 명칭이 등장하지 않고 누구와 관련되는지도 확실하지 않은 『십진(十陣)』 『객주인분(客主人分)』 등 15편이 포함하고 있다. 중국 학계는 ①-③은 『손자병법』으로 판정하고, ④-⑥은 『손빈병법』으로 결론짓고, 1979년 『銀雀山漢墓竹簡孫子兵法』과 『銀雀山漢墓竹簡 · 孫臏兵法』을 펴냈다. 유동환(2008), 전게서, pp. 50-51.

(本書)의 주제인 구조적 해석을 곡해하지 않는 범위 내에서 죽간 손자를 기반으로 우리글로 정리한 노병천 교수의『표준 孫子兵法』[22]에 제시된 원문(原文)을 기반으로 삼으며, 이를『曹操 等 注, 孫子十家注』[23]의 원문(原文)과 비교 · 분석한다.

해석의 맥락을 제공하게 될 외연적 구조로서 당시의 시대상은 저자인 손무의 선험적(先驗的) 및 경험적 인식 형성에 직 · 간접적으로 영향을 미쳤을 주황조(周皇朝)의 건국 시대로부터 춘추시대 말기(BC. 1,050~400)로 한정하고, 연구 분야도 정치와 전쟁 및 군사, 사회 · 문화로 한정하며, 자료의 출처는 편의상 기존 손자병법 주해서나 연구서에 제시된 내용들에 의존한다. 특히 외연적 구조로서 당시의 지배적인 사상(思想)에 관한 연구는 주황조(周皇朝) 이래 그 시대의 정치 · 사회에 지배적이었던 주역(周易) 자체를 연구하는 대신, 그것을 집대성했다고 평가받는 노자(老子)의 도덕경(道德經)을 참조한다.

현재 상용되는 한자(漢字)의 뜻과 당시의 뜻을 구분하기 위해, 한자의 시대적 차이의 연구는 언문학적 비교연구 대신, 옛글의 뜻을 포함하여 모든 의미를 망라하여 수록한 국어사전과 중국어 사전의 뜻과 용법을 종합적으로 검토하여 저서의 논리나 문맥에 부합한 최적의 의미를 선택한다.

그러나 무엇보다 저자인 손무(孫武)가 대 사상가나 문장가라기보다는 병법가이기 때문에, 모든 해석의 초점은 주로 국가 안보나 전쟁 또는 군사작전의 실천적 관점에 맞추며, 사상 · 문화적 관점은 필요시에

22 노병천,『산동성죽간 孫子兵法』양서각, 2005. 11. 1

23 『曹操 等 注, 孫子十家注』(上海書店, 諸子集成本), 校勘: (中華書局, 諸子集成本), 1978.1

만 고려한다.

제3절
해석의 틀과 본서(本書)의 구성

1. 개요

해석의 틀은 구조적 해석을 목적으로 설정한 해석의 구조 요소들로 구성되며, 그것들의 상관관계와 구조적 해석에서의 의의(意義)를 포함한다. 해석의 구조 요소들은 해석에 의미론적 맥락(脈絡)이나 문맥(文脈) 또는 논거(論據)를 제공한다. 맥락은 손자병법의 역사 · 문화적 연관성이며, 문맥은 전후의 편(篇)들, 문단들, 문장들, 문구들의 의미론적 연계성이다. 맥락이나 문맥도 해석의 논리적 근거가 되지만, 여기서 논거(論據)란 그 이외 부분적인 해석에 근거를 제공할 수 있는 요소들을 지칭한다. 해석의 구조 요소들은 다음과 같은 관점과 근거 및 목적에 기초한다. 먼저, 특정 역사, 문화적 환경에서 성장한 손무(孫武)는 주제와 관련된 특정 사상(思想)에 기반을 두고 자신의 논리적 구상(構想)에 따라 저술하였을 것이라는 인간의 자연스러운 사고 과정을 반영한다.

또한, 이 구조 요소들은 텍스트의 해석과 관련된 해석학적 원리들에 의해 지지(支持)된다. 끝으로, 모든 단어나 문구들은 문장의 전후 의미들의 연계 즉, 맥락이나 문맥에서만 고유의 뜻을 가질 수 있으며, 이는 편과 문단 및 문구와 구절들의 관계에서도 동일하다. 따라서 맥락이나 문맥을 제공하는 해석의 구조 요소들에 입각한 해석만이 저자의 본래 의도나 저서의 진정한 의미에 더 가까이 접근할 수 있을 것이다.

2. 해석의 구조(構造)

해석의 틀을 구성하는 해석의 구조에는 저서 관련 저자의 인식(認識) 형성(形成)에 영향을 미쳤을 역사 · 문화적 배경과 저술하게 된 근본 사상과 그 생각들을 효과적으로 전달하기 위해 궁리했을 논리적 구상(構想)들이 반영된다. 〈표 1〉은 해석의 틀을 구성하는 구조 요소들을 제시하고 있다.

〈표 1〉 해석(解釋)의 구조(構造)

- 외연적(外延的) 구조: 저서의 역사 · 문화적 맥락이나 논거 제공
  - 당시의 시대상
  - 당시의 지배적 사상(思想)
- 내재적(內在的) 구조: 논리적 구상(構想)의 결과로써 해석에 문맥(文脈)과 논거(論據)를 제공
  - 저자의 사상(思想)
  - 사상적 명시개념
  - 전편 및 각 편의 논리 구조와 이를 대표하는 포괄 개념
  - 저술상 특징(特徵)
  - 한자의 시대적 차이

※ 사고(思考)의 기반(基盤): 가다머(Gadamer)의 시계(視界)들의 융합(融合)을 위한 해석학적 순환

가. 외연적(外延的) 구조(構造)

외연적 구조는 저자의 인식(認識) 형성(形成)에 영향을 주었을 당시의 역사 · 문화적 배경으로서, 당시의 시대상과 지배적인 사상(思想) 등이 포함된다. 이는 저서의 논리적 흐름을 저서 밖의 환경으로 연장(延長)한 요소들로서, 저자의 사상이나 생각들을 이해하도록 도와주며, 해석에 역사 · 문화적 맥락과 선택적인 논거(論據)를 제공한다.

해석학에서 쉴라이어마허(Friedrich Schleiermacher: 1768-1834)에 따르면, 역사 · 문화적 배경에 대한 이해는 "저자의 머릿속으로 들어가 저자와 감정이입(感情移入, Empathy)을 이루는 과정"[24]이다. 이해(理解)는 단순하게 텍스트를 읽는다고 해서 이루어지는 것이 아니라, 그 텍스트와 저자의 정신 · 심리(情神 · 心理)에 대한 역사적 맥락에 관한 지식을 요구하며, 그것은 해석자의 입장을 저자의 주관성(主觀性)으로 바꾸는 것이다. 따라서 공통적인 배경을 가져야 하며, 이 두 가지 장(章)에서 이루어지는 궁극목표는 저자의 두뇌로 들어가는 것으로, 타인과의 직접적인 일체화를 의미하는 감정이입(感情移入, Empathy)이다. 쉴라이어마허에게 해석학은 궁극적으로 일종의 정신의 문제에 머무르게 하며, 저자의 마음과 세계관(世界觀)을 이해하는 기법이다.[25]

또한 외연적(外延的) 구조(構造)는 "인간의 표현을 그들의 역사적 맥락에 위치시켜야만 달성될 수 있는 간접적이거나 중재적(仲裁的)인 이

24 Wickipedia, Hermeneutics#Schleiermacher(http://en.wikipedia.org/wiki/Hermeneutics/ 검색일: 2008.1) p.3.

25 Op. cit., Wickipedia(#Schleiermacher), p.3.

해를 위해 요구된다."[26]는 딜티(Wilhelm Dilthey: 1833~1911)에 의해 지지(支持)된다. 딜티는 인간 과학의 핵심 과업은 인간의 역사적 삶을 이해하는 것이다. 그의 "삶의 철학(Lebens philosophie)은 공통적으로 공유된 일상적인 경험적(經驗的) 직관(直觀)과 통찰(洞察)에 기반을 둔 철학의 실제"[27]로서, 이해(理解)는 표현(表現)과 정신적 내용의 관계(關係)에 대한 이해(理解)로 이동한다.[28] 그는 "이해는 일차적으로 표현과 표현되어진 것과의 관계에 의존"하기 때문에, "독자가 감정이입을 사용하여 표현과 표현하려는 내용 간의 관계를 이해한다면, 텍스트의 진의(眞意)에 도달할 수 있다."[29]고 주장한다.

이해(理解)를 시계(視界)들의 융합(融合)으로 설명하는 가다머의 대화적(對話的) 접근(接近)에서는 "역사 · 문화적 조건(條件)은 텍스트와 해석자에게 공히 중요하다. 해석자가 최초 텍스트에 부여한 의미는 자신의 배경과 편견에 의해 조건 지워지지만, 텍스트가 해석자의 조건을 거부하는 이유는 텍스트 자체의 상이한 역사적, 문화적 시계(視界)를 통해 설명해 줄 것"[30]이기 때문이다. 여기서 외연적 구조는 텍스트의 역사 · 문화적 시계(視界)와 관련된다.

26 R. A. Makkreel and F. Rodi. eds., *Wilhelm Dilthey: Selected Works*, Vol. 2. The Formation of the Historical World in the Human Sciences, (Princeton, NJ: Princeton University Press, rev., 2002), p.155.

27 Shaun Gallagher, *Applied Hermeneutics*: a Conservative Analysis based on Dilthey's Notion of Empathy (http://Philosophy.ucf.edu/ahrhetoric.html. 검색일: 2008.1) p.3.

28 Op. cit. Wickipedia(#Dilthey), p.7 참조.

29 Op. cit. Makkreel(2002), p.162.

30 Shaun Gallaghr, *Applied hermeneutics: Dialogical Approaches to Hermeneutics* (http:// Philosophy .ucf.eduahdia.html. 검색일: 2008. 1), pp.1–3 참조.

나. 내재적(內在的) 구조(構造)

내재적 구조는 본래 저서에 내재(內在)하여 있었으나, 주로 간과(看過)하여 왔던 요소들로서, 해석에 문맥(文脈)과 논거(論據)를 제공한다. 이 구조는 다음 두 가지로 세분할 수 있다. 그 하나는 저자가 저술하면서 견지(堅持)하고 있었을 근본적인 사상(思想)과 그 사상이 저서에 반영되어 드러난 사상적 명시개념(明示概念)이며, 다른 하나의 부류(部類)는 저서에서 도출할 수 있는 전편(全篇) 및 각편(各篇)의 논리 구조와 저술상 특징 등이 포함된다.

첫째, 저자(著者)의 사상(思想)은 저자가 저술하려는 근본적이며 종합적인 생각으로서, 저자의 주제 관련 일관(一貫)된 인식이나 견해이며, 저서에는 논리적 정합성((整合性)을 가진 통일된 판단 체계나 저서의 전체 논리에 모순(矛盾) 없는 인식 체계로 나타난다. 특히 저자의 사상은 체계성(體系性)이라는 저서의 모든 개념이 귀속되는 "일정한 원리(原理)"에 해당한다.

저자(著者)의 사상은 저서를 관류(貫流)하는 사상적 명시개념으로 저

■ 저자의 思想 推論과 사상적 명시개념 導出

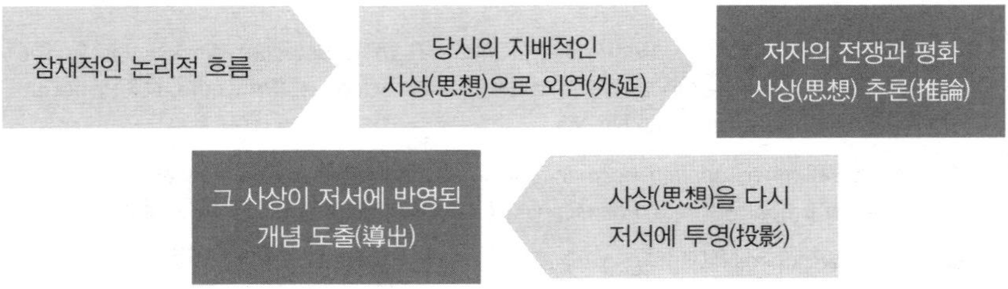

잠재적인 논리적 흐름	→	당시의 지배적인 사상(思想)으로 외연(外延)	→	저자의 전쟁과 평화 사상(思想) 추론(推論)
		그 사상이 저서에 반영된 개념 도출(導出)	←	사상(思想)을 다시 저서에 투영(投影)

〈그림 1〉 저자의 사상 추론(思想 推論)과 사상적 명시개념 도출(導出) 과정

서에 남게 된다. 사상적 명시개념은 저자의 사상이 저서에 투영되어 남겨진 흔적들이다. 〈그림 1〉은 저자의 사상(思想) 추론(推論) 및 사상적 명시개념을 도출하는 과정을 도식(圖式)하고 있다.

저자의 저서 관련 사상(思想) 추론과 사상적 명시개념을 도출하는 사고 과정은 기존 주해서를 연구하면서 인식하게 된 저서에 내재(內在)된 논리적 흐름을 당시의 지배적인 사상으로 외연(外延) 시키면서 추론할 수 있다. 그리고 사상적 명시개념은 그 사상이 저서에 투영(投影)되어진 개념들로서 그 사상을 일관되게 대표하는 개념들이다. 저자의 사상과 사상적 명시개념은 저서에서 파악한 전편 및 각 편의 논리 구조를 타당화하여 주며, 상세(詳細) 해석 과정에서 해석의 방향을 정치(定置)시켜 준다. 특히 그것들은 구조적 해석의 범위와 방향을 유지하면서, 저서의 문맥을 더 분명하게 드러내어 준다.

둘째, 전편(全篇)의 논리 구조(論理構造)는 저자가 저술하면서 자신의 사상을 효과적으로 전달하기 위해 전편에 걸쳐 궁리(窮理)했을 체계

■ 전편(全篇)의 논리 구조 파악과 저술상 특징 도출

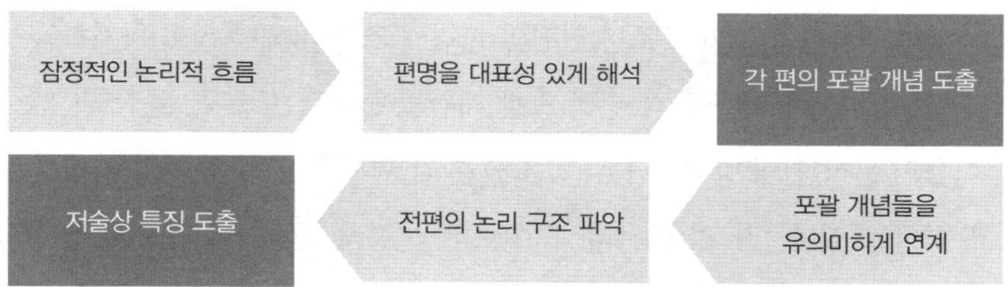

〈그림 2〉 전편의 논리 구조와 저술상 특징 도출 과정(過

적인 논리 전개 방식 즉, 논리적 구상(構想)이 반영된 것이다. 〈그림 2〉는 전편의 논리 구조 파악과 저술상 특징을 도출하는 사고 과정을 도식(圖式)하고 있다.

이 사고 과정도 기존의 주해서에 대해 해석자가 비판적으로 인식한 저서의 논리적 흐름으로부터 시작한다. 전편(全篇)의 논리 구조 파악에서, 첫 번째 과정은 편명(篇名)을 대표성 있게 재해석하는 것이다. 손자병법의 논리적 연계성에 대한 인식을 저해(沮害)하는 가장 결정적인 이유는 현용(現用) 한자의 뜻으로는 편명이 각 편의 내용을 대표할 수 없는 경우가 다수이기 때문이다. 편명을 대표성 있는 의미로 해석했다면, 그 의미에 합당한 각 편의 포괄 개념도 도출할 수 있을 것이다.

전편의 논리 구조는 저자의 사상과 사상적 명시개념들을 고려하면서, 대표성 있게 해석한 각 편명의 의미와 도출한 포괄 개념들을 유의미하게 연계시켜 설정할 수 있다. 그리고 그 과정에서 저자의 일관되거나 반복적인 저술상 특징도 함께 도출할 수 있을 것이다. 그리고 전편의 논리 구조는 저서 전편에 걸친 종합적인 문맥(文脈)을 제공하고 각 편의 위상(位相)도 규정한다. 그럼으로써, 전후 편들의 의미상의 연계성에 따라 각 편의 논리 구조를 파악하게 해주며, 상세해석 과정에서 각 편의 내용을 해석하는 범위를 엄밀하게 한정해 준다.

셋째, 각 편의 논리 구조는 전편의 논리 구조에서 해당 편이 차지하는 위상(位相)에 부합하게 각 편의 포괄 개념들에 이르는 문구, 문장 및 문단들의 논리 전개 방식이다. 〈그림 3〉은 각 편의 논리 구조 파악 과정을 도식하고 있다. 각 편의 논리 구조는 해당 편의 문단이나 문구의 상세해석에 실질적인 문맥을 제공하여 상호 연계된 유의미한 해석을 가능하게 해준다.

■ 각 편의 논리 구조 파악 과정

전편의 논리 구조에서 각 편의 위상 확인	→	각 편의 포괄 개념 도출	→	각 편의 위상에 따라 포괄 개념에 이르는 논리 전개 방식 파악

〈그림 3〉 각 편의 논리 구조 파악 과정

전편과 각 편의 논리 구조 파악의 의의(意義)는 모든 글자나 단어 또는 문장이나 문단들은 전반적인 문맥에서만 고유의 의미를 가지며, "해석은 저서의 전반적인 편성과 관련시켜 주장한 내용들을 구성하면서 진행되어야 한다."[31]는 쉴라이어마허는 언어의 구조를 통해서 해석의 자율성과 책임성이 정치(定置)되기 때문에, "비판적 성찰(省察)과 의사소통을 통해 텍스트의 진의(眞意)에 도달할 수 있다."[32]는 해석학의 비판적 접근(Critical Approaches)의 대표자인 하버마스(Jürgen Habermas : 1889~1976)의 견해(見解)에 의해 지지된다.

넷째, 저술상 특징은 주로 전편의 논리 구조를 파악하는 과정에서 발견할 수 있는 저서의 일정한 논리 전개 방식과 표현기법상의 특징이 포함된다. 일관된 관점(觀點)은 저자가 저술하면서 일관되게 견지(堅持)하고 있는 생각들로서, 해석자가 동일한 관점을 유지할 수 있도록 도와준다. 특징적인 논리 전개 방식이나 표현기법은 저자 고유의 또는 당시에 유행했던 언어(言語)를 구사(驅使)하는 방법상의 특징들로서 유사한

31 Wickipedia(#Schleiermacher), op. cit., p.1 참조.

32 Shaun Gallagher, *Applied Hermeneutics: Critical Approaches to Hermeneutics* (http:// Philosophy.ucf.edu/ ahcri. html. 검색일: 2008.1) p.1 참조.

특징을 갖는 다른 문단이나 문구들을 해석하는데 논거(論據)가 된다. 저술상 특징은 "텍스트의 진의(眞意)를 파악하기 위해서는 그 텍스트의 장르(Genre)와 언어 특히, 단어들이 사용되는 방식과 그 단어들이 당시의 청중들에게 의미하려고 했던 것들을 이해할 필요가 있다."[33]는 보수적 접근(Conservative Approaches)의 원칙에 근거한다.

다섯째, 내재적 구조의 마지막 요소로서 한자의 시대적 차이에 대한 분별(分別)은 우리에게 친숙한 현용(現用) 한자의 뜻이나 용법으로 고대 중국의 한자나 한문을 해석하는 우(愚)를 피할 수 있게 도와줄 것이다. 이는 "역사적인 언어학적 비교연구는 모든 편견(偏見)을 제거해 주지는 못하지만, 해석자가 자신들의 편견(偏見)을 파악하도록 도와줄 수 있다."[34]는 대화적 접근(Dialogical Approaches)의 원칙에 근거를 두고 있다.

한자의 시대적 차이에 대한 분별(分別)은 당시의 유사 경서(經書)나 주해서들의 한자나 그 용법과 비교 · 연구할 것을 요구한다. 그러나 그럴 경우, 그것들에 대한 주관적 주해를 다시 인용하는 오류(誤謬)의 중복에 빠지기 쉽다. 따라서 여기서는 저서의 문맥에 비추어 현대적 의미로 받아들이기 어려운 한자는 통상 역사적인 모든 뜻과 용법을 수록하고 있는 사전(중한사전이나 국어사전)의 다양한 의미들을 종합적으로 검토하여 문맥에 가장 적합한 의미를 선택하는 방법으로 대신한다.

33 Gallagher(*Conservative Approaches*), op. cit., 참조.

34 Gallaghr(Dialogical Approaches), op. cit., pp.1–3 참조. 그는 대화적 접근의 원칙 중의 하나로 역사적 및 언어학적 연구는 모든 편견을 제거해 주지는 못하지만, 해석자가 자신들의 편견을 이해하도록 도와줄 수 있다고 제시한다.

이상의 내재적 구조 요소들은 해석 과정에서 같은 비중으로 적용되지는 않는다. 내재적 구조 요소 중 저자의 사상과 저서의 논리 구조는 저서 전체 해석에 기반을 제공하는 반면, 외연적 구조 요소나 사상적 명시개념 또는 저술상 특징 등은 선택적으로 저서의 부분 해석에 논거(論據)를 제공한다.

다. 구조적 해석을 위한 사고(思考)의 기반(基盤)

구조적 해석에서 실질적인 사고의 기반은 해석학의 대화적(對話的) 접근(接近)을 대표하는 독일의 철학자 가다머(Gadamer)의 시계(視界)들의 융합(融合)[Fusion of Horizons]을 달성하기 위한 변증법적 순환(循環)의 원리이다. 대화적 접근은 해석자와 텍스트 간의 대화적 관계가 특징인 해석 상황에서 진의(眞意)가 드러난다는 아이디어에 기반을 두고 있다.

가다머에 따르면, "진의(眞義)는 텍스트에 있는 것이 아니라, 해석자가 텍스트에서 발견하는 것으로, 해석자의 불가피한 주관성을 긍정적으로 수용하여 텍스트와의 대화(對話)를 통해 시계(視界)의 융합(融合)을 달성할 때 드러난다."[35] 그는 "우리가 텍스트의 진의를 파악하려고 독서할 때, 우리 머릿속에서 일어나는 자연스러운 어떤 것들에 관해 설명한다. 따라서 그의 해석학은 방법론 이전의 철학적 해석학이라고 부른다."[36]

35 Gallagher(*Dialogical Approaches*), op. cit., p.2 참조.

36 Hans-Georg Gadamer, "On the Circle of Understanding," *Hermeneutics Versus Science*, (Notre Dame Ind.: University of Notre Dame Press, 1988) p.xxviii.

그는 "해석학적 순환(Hermeneutic Circle)은 해석자가 텍스트를 다룰 때, 제기하는 의문으로부터 시작되고, 텍스트는 제기한 의문(疑問)에 대해 답하게 되며, 그 의문이 다듬어지면 다시 정련(精練)된 의문에 대해, 그 텍스트는 더 미묘한 차이로 답하는 등, 최종적으로 해석자의 시계(視界)와 텍스트의 시계가 융합될 때까지 반복된다."[37]고 주장한다. 이 과정이 "해석자의 시계와 텍스트의 시계 간 대화를 통해 변증법적으로 융합(融合)되는 과정이다."[38]

가다머의 대화식 접근의 순환은 손자병법의 구조적 해석에서 구조 파악과 구조적 상세 해석에 공히 적용되는 대화식 변증법적 지양발전이 이루어지는 복합적인 순환 과정으로 적용된다. 즉, 저서에 내재된 논리의 흐름은 관련 문단이나 문구의 상세해석 결과로 파악되며, 그 구조가 제공하는 맥락이나 문맥에 따른 관련 문단이나 문구에 대한 상세해석의 결과는 그 구조의 타당성을 평가하는 논거(論據)로 작용하여 최초에 인식한 논리적 흐름을 변화시킨다. 그리고 그 순환은 해석의 실제에서, 전반적으로나 부분적으로 역순환(逆循環) 또는 도약적(跳躍的) 순환을 반복하여 상호(相互) 타당화(妥當化)나 변화(變化)에 의문이 없을 때까지 반복된다. 요컨대, 외연과 내재, 전체와 부분, 또는 종합과 분석 과정에서 상호 타당화의 논거를 제공하는 복합적(複合的)인 순환(循環)이 이루어진다.

37 Gadamer(1989), op. cit., p.119.

38 Ibid., pp. 121–123 참조.

3. 본서(本書)의 구성(構成)

해석의 구조연구와 구조적 상세해석 및 해석 결과에 대한 체계성 평가라는 세 가지 연구 과업으로 구분되는 본 글의 편성은 본 서론에 이어, 제2, 3장은 해석의 구조 설정 과정을 설명한다.

제2장의 외연적 구조는 저자의 인식과 생각에 영향을 주었을 시대상과 당시에 지배적인 사상이었던 역전(易傳)을 집대성한 것으로 평가받는 노자(老子)의 도가사상(道家思想)을 요약하여 해석의 역사 · 문화적 맥락으로 삼는다.

제3장에서는 내재적 구조 중 외연 · 내재적 구조로 세분(細分)할 수 있는 저자의 사상을 추론하고, 그 사상이 병법에 투영되어 나타난 사상적 명시개념들을 도출한다. 내재적 구조의 다른 요소로서 해석에 문맥을 제공하게 될 손자병법 전편의 논리 구조와 저술상 특징을 설명한다.

제4장은 각 편의 논리 구조를 파악하여 해석의 구조를 완성한 후, 전체 구조 요소들이 제공하는 맥락과 문맥 및 논거에 따라 각 편의 문단별로 구조적으로 상세 해석한다.

제5장 결론은 연구 과정을 요약한 후, 구조적 해석 결과를 종합적으로 평가하여, 손자병법의 체계성을 입증하고, 새로 발견한 함의(含意)들을 요약한다. 그리고 연구의 한계와 그것을 보완하기 위한 향후 연구 방향을 제안한다.

제2장

해석의 외연적(外延的) 구조(構造)

손자병법을 구조적으로 해석하기 위한 외연적 구조는 손무의 세계관과 전쟁에 대한 생각에 영향을 주었을 시대적 배경으로서 해석에 역사·문화적 맥락을 제공한다. 그 요소들에는 당시의 정치와 전쟁, 사회 및 문화의 특징을 포함한 시대상과 저자의 성장 과정 전반에 걸쳐 사상(思想)형성에 영향을 미쳤을 당시의 지배적인 사상이었던 주역(周易)을 대표하는 노자(老子)의 도덕경(道德經)을 손자병법과 연계성을 고려하여 요약한다.

제1절
고대 중국의 시대상(時代相)

고대 중국의 시대상에 대한 검토는 그 시대 자체를 알려는 것이 아니라, 저자인 손무의 생각이나 사상을 이해하고, 그 맥락을 해석의 논거(論據)로 삼으려는 것이다. 해석에 있어서 당시의 시대상에 관한 이해는 저자의 머릿속으로 들어가는 관문(觀門)으로서, 그의 생각이 반영된 저서의 진정한 의미를 파악하는 단서(端緖)가 될 것이다. 그 목적하에 검토하는 시대는 저자의 지적(知的) 성장(成長)과 사상(思想) 형성(形成)에 영향을 주었을 그가 살았던 시대로 한정한다.

1. 역사 개관

중국의 고대 역사는 BC. 3,000년 경 전설적인 하황조(夏皇朝)[1]로부터 시작하여 은황조(殷皇朝: BC. 1600~1050)와 주황조(周皇朝)로 연결되고, 주(周)는 다시 서주(西周: BC. 1050~770)와 동주(東周: BC. 771~256) 시대(時代)로 구분하여 약 2,000년간 지속된다.[2] 고대 중국의 전설적인 다섯 황제인 오제(五帝)는 하(夏) · 은(殷) 시대의 제후(諸侯)들로서 소호(少昊), 전욱(顓頊), 제곡(帝嚳), 요(堯), 순(舜)을 말하며, 삼황제(三皇帝)는 3대(三代)의 성제(聖帝) 즉, 하의 우(禹), 은의 탕(湯), 주의 무(武) 황제(皇帝)를 지칭한다.

周는 초기 서주(西周) 시대 약 300년간 융성하였으나 점차 세력이 약화되어, 동주(東周) 시대에는 천하가 어지러워졌으며, 약 550년간은 전쟁으로 얼룩진 춘추 · 전국시대라고 부른다. 춘추시대(BC. 770~404)[3]

1 손자병법 주해서나 해설서의 대부분은 황제와 제후를 크게 구분하지 않고 공히 왕(은왕, 주왕이나 월왕, 오왕 등) 또는 나라(주나라, 은나라, 제나라, 월나라 등)라는 명칭을 혼용한다. 특히 일본판의 경우 황제 또는 천자를 군주나 왕 등으로, 제후는 도시국가의 수장으로 지칭하길 좋아한다. 그 이유는 자신들의 왕을 역사적으로나 현실적으로 유일한 天皇으로 칭하는 습성으로 인해 의식적으로 타국의 皇帝나 天子를 용납하지 못하기 때문이다. 여기에서는 천자를 皇帝로 그 정권을 皇朝로, 그 권력을 皇權으로 칭하고, 제후국은 나라로, 그 군주는 제후, 왕 또는 公으로 칭하며, 손자병법에서는 제후를 主나 君으로 칭한다.

2 진(秦)의 통일 후대는 전한(前漢: BC. 206~AD. 25), 신(新: AD. 26~41), 후한(後漢: AD. 42~220), 삼국(三國: AD. 208~265), 서진(西晋: AD. 265~316), 동진(東晋: AD. 317~420), 오호십육국(五胡十六國: AD. 302~420), 남북조(南北朝: AD.420~581), 수(隨: AD. 581~618), 당(唐: AD. 618~915), 요(遼: AD. 916~1125), 북송(北宋: AD. 960~1127), 남송(南宋: AD. 1127~1279), 원(元: AD. 1206~1368), 명(明: AD. 1368~1644), 청(靑: AD. 1616~1912)으로 이어진다.

3 육군대학, 『전략이론 보충 교재』 (2000.3), p.38. 춘추시대란 공자(孔子)가 지은 노(魯)나라의 편년사인 『춘추(春秋)』에 근거하여 이름을 얻은 것이다. 편년체로 기술된 이 역사서는 노나라 242년의 역사를 기술하고 있다. 당시에 기술한 것은 주(周)나라 평왕(平王) 49년부

는 주황조가 쇠퇴하던 시기로 중국 각지에서 140여 개에 이르는 제후들이 할거(割據)하면서 힘을 바탕으로 한 싸움이 끊이지 않았을 뿐만 아니라, 이민족(吳, 越 등)이 득세하던 시대이기도 하다. 뒤를 이어 전국시대(BC. 403~221)[4]는 황권을 장악하기 위한 각축전으로 변질되어 한족(漢族)의 주황조가 멸망하고 이민족인 진시황에 의한 천하통일(BC. 221)로 막을 내린다.

춘추시대의 오백(五伯) 또는 오패(五霸)라고 부르는 다섯 명의 패자(霸者)는 제(齊)의 환공(桓公), 진(晉)의 문공(文公), 초(楚)의 목공(穆公), 월(越)의 장왕(莊王), 오(吳)의 합려(闔閭)이며, 전국 시대의 칠웅(七雄)은 제(齊), 한(韓), 위(魏), 조(趙), 초(楚), 진(秦), 연(燕)나라이다. 손무가 활약하던 시기는 춘추시대 말기로 추정된다. 따라서 손자병법을 이해하기 위한 시대상은 손무의 인식 형성과 저술에 영향을 주었을 주황조의 춘추시대(春秋時代)가 해당한다.

터 경왕(경공) 39년에 이르는 기간 동안의 노나라 역사이다. 따라서 주나라 평왕 원년(BC. 770년)부터 景王 44년(BC. 477년)까지를 춘추시대로 약 295년간이다. 그러나 역사적 구분은 전국시대가 형성된 BC. 404까지를 춘추시대라고도 한다.

4 상게서, pp. 38-39. 전국시대는 진(晋)나라가 한(韓), 위(魏), 조(趙) 세 나라로 분리되어 제후로 봉해진 BC. 403년부터 秦나라가 중국을 통일한 BC. 221년까지를 칭한다. 전국시대란 명칭은 前漢 말기 유향(劉向)이 편찬한 『전국책(戰國策)』이라는 책 이름에서 유래한다. 당시 세력이 가장 강력하던 7개의 제후국들을 전국 7웅이라고 하는데 이는 한(韓), 위(魏), 조(趙), 제(齊), 초(楚), 진(秦), 연(燕) 등이다.

2. 정치와 전쟁

가. 주황조(周皇朝)의 건국과 서주 시대

중국에는 주황조 이전에 은(殷)황조가 있었다. 殷은 덕치와 활발한 상업을 통해 발전하여 고대 중국의 패권(覇權)을 장악하고 번성하였으나, 기원전 11세기 후반(BC. 1,050)에는 부패하고 포악한 주황제(紂皇帝)를 周나라의 무왕(武王)이 폐위하여 은황조를 멸하고 주황조를 세웠다. 주는 각지에 황가와 연고가 있는 귀족들을 제후로 봉하여 통치하였다. 제후의 봉토는 하나의 큰 邑(城塞都市)을 중심으로 中邑(小都市)과 다수의 촌락, 그리고 부속된 경지(境地)들로 구성된다.

周의 초기에는 그러한 제후국이 천여 개나 있었으며, 그 대부분은 황제와 동일한 희(姬)씨 성으로, 혈연관계에 있는 사람들을 제후로 봉한 분봉제(分封制)와 세습(世襲)되는 종법제(宗法制)가 특징이다. 특히 종법제 세습은 은의 융성기에 요, 순 황제가 황권을 세습하지 않고 현자(賢者)에게 넘겨준 전통에 비추어 보면, 다시 세습으로 회귀했음을 의미한다. 〈표 2〉는 고대 중국의 연대기(年代記)를 보여주고 있다.

〈표 2〉 고대 중국의 연대기(年代記)

夏	殷	西 周		東 周		秦	漢
BC.3000	1550~1212	1050~770		771~404	403~256	221~207	206~
		周의 융성기		춘추시대	전국시대	秦통일	
		제후국	漢族	齊, 晉, 楚	齊, 韓, 魏, 趙, 楚		
			異民族	越, 吳	秦, 燕		

吳 년표	BC585	515	512	506	496	493	482
	吳건국	합려등극	손무등용	楚공격	越공격	黃池회맹	吳멸망
			吳나라 활동				
	540?	손무의 生沒 시기					480?

주(周)의 영역은 수도 호경(鎬京): 현 서안(西安) 부근을 정점으로 북으로는 북경, 남으로는 남경을 잇는 삼각형 내의 지역이었으며, 주요 제후로는 황하 유역을 따라서 동에서 서로 제(齊) · 노(魯) · 조(曹) · 송(宋) · 위(衛) · 정(鄭) · 진(晋)이 봉토를 차지하고 있었다. 이 시기를 서주(西周) 시대라고 부른다. 서주 시대는 주황조의 확고한 황권(皇權) 치하에서 번성하던 시대이다.

서주 시대에도 주황조 초기에 천여 개의 제후국들이 300여 년이 지난, 동주 춘추시대에 140여 개로 감소된 점으로 미루어 보아, 『史記』나 『춘추좌씨전(春秋左氏傳)』에 자세히 기록되어 있듯이 周가 융성하던 시기에도 실정(失政)으로 인해 자멸(自滅)했던 제후나 덕치를 베풀지 못한 제후를 멸(滅)하여 흡수한 전쟁이 허다하였음을 말해 준다. 그러나 그 당시에는 황권 치하에서 인척 관계에 있는 제후들 간의 전쟁은 목적과 방법 및 수단 측면에서 제한되었다.

서주 시대는 비록 전쟁은 빈번하였으나 질서가 유지되고, 제후들 간에 패권(覇權) 경쟁은 허용되지 않았다. 이 시대의 제후들은 황하 유역의 중원 문화권에 속하여 주황조를 중시하고, 天子 - 諸侯 - 卿 - 大夫 - 士 - 民에 이르는 봉건 신분 질서가 엄격하게 확립되어 사(士) 이상의 국인(國人)만 군인(軍人)이 될 수 있었고, 민(民)은 주로 노동력만 제공하던 시대였다.

정권(政權)은 모두 귀족계급의 전유물이었으며, 그 계층은 동일한 한족(漢族)이거나 인척 관계를 유지하고 있었다. 질서를 유지하던 한족 중심의 제후국들은 평시부터 전문적인 장수를 임명하지 않고, 전쟁이 발발하면 군주가 주로 왕족이나 경(卿)이나 대부(大夫)에 속한 귀족 중에서 임시로 임명하였다. 그러한 전통으로 인해 쌍방의 장수나 제후들이 혈족 또는 인척 관계를 맺는 경우도 흔하여, 전쟁에서도 전통적인 귀족의 윤리(倫理)나 예법(禮法)을 중시하게 되었다.[5]

전쟁의 명분도 조상의 제사를 지내지 않으면 주벌(誅伐)하고, 공물을 바치지 않으면 징벌(懲罰)하며, 도덕 정치를 베풀지 않으면 제후들이 나서서 토벌(討伐)하고 체포해야 하며, 불의(不義)를 토벌하는 등 주로 정의와 도덕 정치를 구현하려는 목적이었다. 전쟁의 시기(時期)도 상중(喪中)에는 공격하지 않으며, 상대방의 흉사(凶事)는 이용하지 않는다

5 김동기 · 부무길(1997), 전게서, p.63 참조.

는 등의 규범(規範)이 통용되었다.[6]

전쟁 양상은 귀족 세계의 예악(禮樂) 문화가 군례(軍禮)로 표현되어, 구체적인 군사행동을 규제하여 형식화되었다. 전투는 청전(請戰) – 효시(嚆矢) – 치사(致師)의 순으로 전개되었으며, 즉, 교전(交戰)은 정정당당하게 속이지 않아야 하고, 전쟁이 끝나면 관용적(慣用的) 태도를 보여야 하며, 직접적인 정면충돌 시에도 인애(仁愛)와 예의(禮義)를 지켜야 했다. 예(禮)로 시작하여 예로 끝나는 전쟁은 과시적이면서 평판을 중시하는 당시 귀족 신분 고유의 성향(性向)에 부합(符合)되었다.

그리고 대부분의 전쟁 비용은 주로 군주나 귀족들이 담당하였기 때문에, 군의 규모가 크게 제약받았다. 周의 초기에는 제도적으로 황제가 6개 軍(6~7만), 대 제후가 3개 군(3~4만), 중 제후가 2개 군(2~3만), 소 제후가 1개 군(1–1.5만)을 보유할 수 있었다.

당시 전쟁의 주수단은 전차(戰車)였다. 전차전 위주의 전쟁은 우선 중원의 평원지대가 전차 운용에 적합하였을 뿐만 아니라, 고도의 조종술과 높은 유지비용이 소요되었기 때문에 귀족문화로 선호되고, 신분을 과시하는 수단으로 합당하였다. 즉, 전차의 보유 대수는 국력이나 권력의 상징으로 인식되었으며, 그 수량만으로도 상대방을 위압(威壓)하여 종속(從屬)시킬 수 있었다.

그러한 형식화된 전쟁은 한차례 교전이나 위협만으로도 상대방의 의지를 굴복시키기에 충분하여 매우 짧은 기간에 단순한 방식으로 전개되었으며, 장수 개인의 무용(武勇)이나 진법(陣法) 또는 병사 개개인의 기

6 상게서, p.68–69 참조.

량(技倆)이 중시되었다. 전쟁의 주 수단인 전차의 막대한 구입 및 유지 비용은 국력에 비례한 규모 이상의 군을 유지하기 어려웠으며, 전쟁에서도 귀족들의 귀중한 자산의 피해를 최소화하려는 묵시적 합의(合意)가 작용하였다.

그와 같은 전쟁은 직접적인 무력 충돌보다는 군사적 위협(威脅)과 정치적 책략(합병, 외교 등)을 결합하여 굴복시키는 방법으로 전개(展開)되었으며, 그와 같은 전쟁 양상은 춘추시대 초기까지 어느 정도 유지되어 왔다. 그 대표적인 예(例)로서, 제(齊)나라 환공(桓公)은 43년간 수행한 23회의 전쟁에서 몇 차례 이외에는 대부분 군사 활동으로 위압(威壓)하여 상대방을 굴복(屈伏)시키거나 합병(合併)할 수 있었다. 그러한 전쟁 수단과 방법 및 규범(規範)은 귀족 중심의 엄격한 신분 질서의 파괴를 최소화하려는 경제적 필요성 그리고 위세(威勢)를 과시하여 위압(威壓)으로 문제를 해결하길 선호하는 귀족사회의 소위 예악문화(禮樂文化)의 연속선상에 있음을 말해 준다.

나. 동주(東周)시대(춘추 · 전국 시대)

동주(東周) 시대는 BC. 771년부터 BC. 256년 주황조(周皇朝)가 진(秦)나라에게 멸망할 때까지, 약 515년간을 말한다. 기원전 9세기경부터 주황조의 세력이 쇠퇴하자 제후들의 반란과 서 · 북쪽 오랑캐의 침입(侵入)이 빈번하였다. 그중에서도 BC. 770년 견융(犬戎)이 주(周)의 황도(皇都)인 호경(鎬京)을 공략하자, 周는 東都인 洛邑(현재의 洛陽 서쪽)으로 천도하여 서주(西周) 시대가 막을 내리고, 동주 시대가 열렸다. 〈그림 4〉는 춘추 · 전국 시대의 세력 분포를 보여주고 있다.

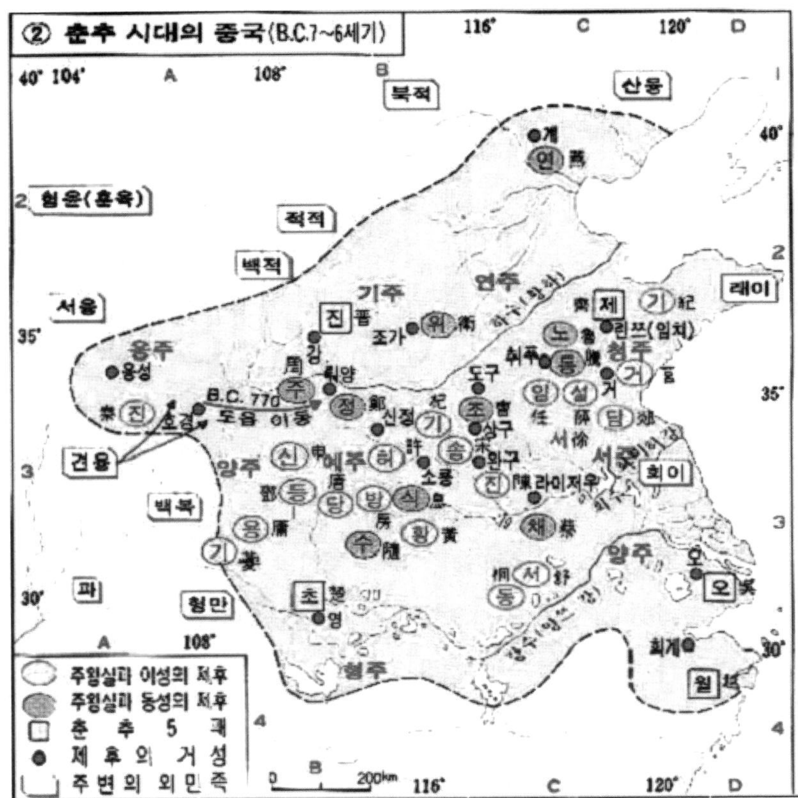

〈그림 4〉 춘추시대 세력 분포7

동주 시대는 다시 춘추시대(春秋時代: BC. 771~403)와 전국 시대(戰國時代: BC. 403~221)로 구분한다. 춘추시대는 주(周)가 급격하게 쇠퇴하여 약 140개 정도의 제후들이 할거(割據)하던 시대이며, 전국

7 출처: 박원규, 『손자병법 프레젠테이션』 (Eprint, 2006)

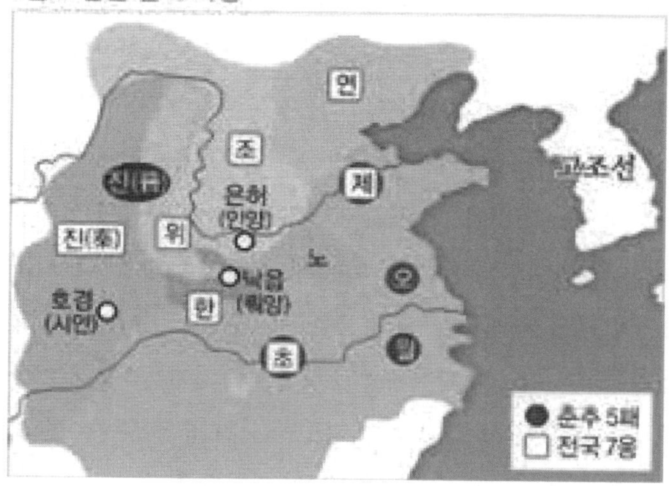

〈그림 5〉 춘추시대 5패와 전국 시대 7웅[8]

시대는 춘추오패 중 진(晋)나라가 중신들에 의해 조(趙), 위(魏), 한(韓) 삼국으로 독립하여 제후로 봉해졌던 BC. 403년부터 진(秦)의 천하통일까지이다. 엄밀히 말하면 동주 시대는 진(晋)에 의해 주가 멸망한 BC. 256년까지이며, 전국 시대는 그 후 진(秦)이 천하를 통일한 BC. 221년까지이다.

서주 시대와 동주 시대를 구분하는 정치적 특성은 주황조의 제후들에 대한 통제력의 정도였듯이, 동주 시대를 춘추시대와 전국 시대로 구분하는 특징도 유사하다. 춘추시대는 비록 세력이 약화하였지만, 주황조

8 https://news.zum.com/articles/12019333

를 존중하는 전통이 유지되어 이민족일지라도 명목적으로는 황권(皇權)을 인정하면서 제후(諸侯)들 간에 패권(覇權)을 경쟁하던 시대였지만, 전국 시대는 이러한 전통이 점차 사라지고 묵시적이건 명시적이건 황권 자체를 장악하려는 패권경쟁(霸權競爭)의 시대라는 점이다.

동주(東周) 시대는 주황조의 세력이 쇠퇴하여 천자(天子)로서 권세 유지나 제후들을 통제할 능력이 없었으나, 명분상으로만 중원의 황제로 인정받던 시기이다. 반면, 각 지역의 제후들은 세력이 강대해져서 거의 독립적으로 봉지(封地)를 경영하고 타 제후국을 병합하는 어지럽고 혼란스러운 난세(亂世)였다. 그 과정에서 춘추시대 초기에는 140개 이상이었던 제후국들이 전쟁으로 인한 합병 과정을 거쳐 중기에는 40여 개에 불과하였으며 말기에는 10개 정도에 지나지 않았다.[9]

그들은 서로 세력을 다투고 약소국을 합병하면서 제후로서 패권(覇權)을 추구하여 춘추시대에만 총 531회의 전쟁이 있었으며, 그 이외에도 『좌전(左傳)』과 『사기(史記)』에 수많은 전쟁 기록이 남아 있다. 당시 전쟁의 원인은 주로 주황조에 대한 예우(禮遇)문제, 영토 문제, 세력 확장, 외교 문제(동맹 및 반동맹), 경제문제 또는 원한(怨恨) 관계(關係) 등이 주류(主流)였다.

동주(東周) 시대의 정치 · 사회상은 주황조 등장 이후 한족(漢族) 고유의 전통적인 세습 분봉제(分封制) 및 신분 질서와 실력 및 능력 위주의 인재 등용이 공존하였으나, 점차 후자(실력 및 능력에 따른 인재 등용)로 이행되던 시기였다. 그 변화의 원인은 패권 경쟁에서 신분보다는 유

9 河野收, 전게서, 1995. p.42 참조.

능한 인재를 필요로 한 시대적 요청 때문이다. 우선 황제의 권위가 약해져서 제후들에 대한 실질적인 통제력이 약화 되어, 정의(正義)의 전쟁보다는 권력 중심의 생존방식으로 전환되기 시작했기 때문이다. 더군다나, 춘추시대 중반 이후에는 "이민족으로 제후국을 참칭(僭稱)하면서 등장한 오(吳)나라가 이를 더욱 가속화 하였다."[10]

그와 같은 시대상의 변화는 신분(身分)과 족벌(族閥)의 한계를 벗어나, 비록 야인(野人)일지라도 병법가(兵法家)나 사상가(思想家) 등 숨은 인재들이 지혜와 덕을 갖춘 제후들에게 의탁하여 뜻을 펴거나 재능을 꽃피울 수 있게 되어 병법(兵法)은 물론 사상(思想)과 문화(文化)가 비약적으로 발전할 수 있었다.

서주와 동주 시대의 정치 · 사회와 전쟁 양상은 비록 점진적으로 변화하여 엄밀한 시대구분은 어렵지만 많은 차이가 난다. 그 차이는 주황조의 통치력의 변화에 기인한다. 주황조 전성기인 서주 시대에 제후들 간의 전쟁은 목적과 방법 및 수단 측면에서 제약이 유지되었으나, 주황조의 권세가 쇠퇴하기 시작한 동주 시대에는 제후들 간의 패권(霸權) 경쟁으로 인해 그 제한이 유명무실해지기 시작했다.

사(士) 이상의 국인(國人)만 군인이 될 수 있었던, 서주 시대의 전통에서 벗어나, 이미 제(齊)나라는 환공(桓公)이 즉위(BC. 685)한 후 관

10 유동환, 전게서, 2008, pp. 21~32. 여기서 유동환 교수는 이민족인 오나라가 등장함으로써, 황하 유역의 중원 문화권과 양쯔강 유역의 남만 문화권의 차이에서 비롯되어 전쟁의 모습이 완전히 바꾸어졌다고 탁월하고 독특하게 주장한다. 그러나 전자의 전차위주 편성과 후자의 보병위주 편성의 차이에 대한 구체적 근거에 관해서는 설명이 부족하다. 반면, 손자병법에서 논하는 편성과 뒤에 기술한 오나라 등장 이전에 이미 제나라 관중이 정령(政令)과 군령(軍令)을 일체화시킨 제도가 유사하기 때문에 본 글에서는 오나라의 역할은 변혁요소라기 보다는 촉진 요소로 본다.

중(管仲)을 등용하여 새로운 정치를 펴고 정령(政令)을 제정하되 군령(軍令)도 이에 의지하게 하는 방법을 강구하여 제정한 다음과 같은 병농합일(兵農合一), 정군일체(政軍一體)의 제도로 미루어 볼 때, 이미 대규모의 야인(野人)들이 동원되었음을 알 수 있다.

"국가 정치편제(政令)로서, 5가(家)를 1궤(軌)로 하여 궤장이 관장하고, 10 궤를 1리(里)로 삼아 사(司)가 주관하며, 4리를 1련(連)으로 하여 련장(連將)이 있었으며, 10련을 1鄕으로 하여 량인(良人)이 다스리고, 5 향을 1사(師)로 하여 사장(師長)이 관리한다. 이 政令은 바로 군사 편제가 되니, 1 궤는 家마다 1명의 장정을 동원하여 5명으로 1 五를 편성하여 궤장이 다스리며, 1리는 10궤의 장정 50명으로 1개 소융(小戎)을 편성하여 사(司)가 지휘하며, 4리로 구성되는 1련(聯)은 200명으로 졸(卒)을 편성하여 聯長(련장)이 다스리고, 10련인 1 향(鄕)은 2,000명으로 1여(旅)를 형성하여 양인이 통솔하며, 1사(師)는 5 향인 1만 명으로 1 軍을 편성하여 수장이 지휘한다. 이로써 국자(國子), 중군(中軍), 고자(高子)로 3군을 편성한다. 봄철에는 춘렵(春獵)으로, 가을철에는 추렵(秋獵)을 명분으로 병사를 훈련한다."[11]

이에 추가하여 표준적인 군 편제로서, 치차(輜車)라고 부르는 전투용 전차 1대를 기본으로 병력 100명이 편성되었다. 즉, 치차 1대에 전차병 3명, 보병 72명과 이를 지원하는 보급용 수레인 혁차(革車-치중차) 1대에 취사병 10명, 장비 엄호병 5명, 말 관리병 5명, 연료 준비병 5명 등 보급병 25명으로 총 100명으로 구성되었다. 여기에 치차를 끄는 말 4마

11 김동기 · 부무길(1997), 전게서, p.94.

리와 혁차를 끄는 소 16마리가 포함된다.

전형적인 제대(梯隊) 편성(編成)은 오(伍), 량(兩), 졸(卒), 여(旅), 사,(師), 군(軍)이다. 오(伍)는 기초 단위로서 현재의 분대와 유사하며, 1명의 오장과 4명의 열병으로 구성된다. 량(兩)은 5개의 오로 이루어진 25명의 부대로서 현대의 소대와 유사하다. 졸(卒)은 4개의 량으로 이루어진 100명의 부대로서 현 중대와 유사하며, 이는 전차가 운용되는 기본 전투단위이다.

여(旅)는 5개의 졸(卒)로 이루어진 500명의 부대로서 현대의 대대에 해당하고, 사(師)는 5개 여로 편성되어 병력은 2,500명으로 현대의 여단에, 군(軍)은 5개의 사로 이루어진 12,500명으로 당시 최고 단위로서 현대의 사단에 해당한다. 즉, 1개 군은 병력 12,500

명, 치차(輜車) 125대, 혁차(革車) 125대, 말 500마리, 소 2,000마리로 편성된다. 이상은 가장 단순한 계산법에 따르기 때문에 추가로 지휘관 또는 참모 등 지휘부와 각 제대별 지휘부를 지원하는 일부 보급부대가 편성되었을 것이다.

이 편성은 제나라 환공 시대 관중의 정령(政令)과 군령(軍令)을 일체화한 제도와 크게 다르지 않았다. 춘추시대 말기로 추정되는 손자병법의 작전편에서 "치차천필(馳車千匹), (중략), 혁차천승(革車千乘), (중략), 十萬"이라는 계산법은 유사한 편제임을 말해 준다. 또한 규모 면에서 십만이라면, 제후가 8개 군 이상을 동원할 수 있음을 말해 주기 때문에, 초기에 황제와 제후가 보유할 수 있었던 군사의 수에 대한 제한은 이미 유명무실(有名無實)했음을 알 수 있다. 그 이후 전국 시대에는 3~40만 명에서 6~70만 명의 대규모의 군을 동원하였다.

주황조의 중앙집권적 통제력이 약화되어 제후(諸侯)들의 패권(覇權)

각축전(角逐戰)이 치열해진 동주 시대에는 전차전 위주의 규범적인 국인(國人)들만의 소규모 전쟁은 야인(野人)을 동원하여 보병으로 보완한 대규모 전쟁으로 변화하였다. 황권(皇權)의 통제력이 약화된 상태에서 제후들 사이의 패권 쟁탈은 군주나 귀족들의 관심사로부터 백성들의 주 관심사로 전환되어 제후들의 필요성과 백성들의 자발성이 상호작용하여 민(民)이 군인으로 대량 유입되어 국인(國人)과 야인(野人)이라는 전통적인 경계도 사라졌다.

이로 인해 전쟁의 규모 확대, 복잡화 및 격렬화, 장기 · 원정전으로 그 양상이 변하였다. 그에 따라 용병(用兵)에서도 종심(縱深) 기동, 기습(奇襲), 우회(迂回) 포위, 기만술(欺瞞術)이 화두(話頭)가 되었으며, 전쟁은 제후나 귀족들 간의 문제에서 "백성들의 생사(生死)와 국가의 존망(存亡)이 걸린 중대사"[12]로 변하였다.

3. 사회·문화

사기(史記)가 주로 왕이나 귀족 중심으로 작성되기 때문에 백성들의 생활상이나 사회 · 심리적 측면 또는 천민문명(賤民文明)에 관한 기록은 찾아보기 어려워, 단지 단편적인 기록만으로 추정할 수밖에 없다. 황하문명(黃河文明)의 발달은 고대로부터 언어와 문자가 있었기 때문이다. 황허나 양쯔강 유역에는 아주 오래전부터 정착농업이 발달하여 고도의

12 손자병법, 전게서, 시계편. 兵者國之大事, 死生之地, 存亡之道, 不可不察也.

문명이 싹트고 있었다. 이미 은대(殷代: BC. 1,600~1,050년 경) 나 그 이전부터 문자를 사용한 유적이 발견되고 있으며, 돌, 청동기, 유골, 뼈, 목간이나 죽간 등에 기록된 문헌(文獻)이 남아 있다. 그러나 문자와 문명의 발달은 주로 귀족 문명이었으며, 대부분의 백성들은 미개(未開)하였다. 그 이유 중 하나는 한자의 난해(難解)함 때문이었다.[13]

중국의 문명은 주로 황허강과 양쯔강 유역의 농경사회 문화에 토대를 두고 있다. 중국의 고대 역사는 주로 이 비옥한 농경지의 확장과 내부 지배권 쟁탈 그리고 농경지를 찾아 떠도는 유목 이민족의 침입과 저항으로 점철(點綴)되었다. 거듭되는 전쟁으로 인한 백성들의 생활상은 "전한(前漢) 말경 오천만을 넘었던 인구가 약 2백 년 후인 삼국시대에는 그 십분의 일 즉 오백만에 불과하였다."[14]는 기록을 통해서 유추(類推)할 수 있다.

당시의 농경사회에서 전쟁은 전쟁 자체의 살육(殺戮)과 파괴(破壞)뿐만 아니라, 노동력의 징집(徵集)으로 인한 경작지의 황폐화와 흉년으로 인해, 그 폐해는 기하급수적으로 확대되어 백성들의 생활상은 비참했을 것이다. 끊임없는 전쟁으로 인한 사회적 혼란과 생산력의 정체(停滯) 그리고 인구의 격감(激減)에 비례하여 위정자에 의한 백성들의 수탈(收奪)과 착취(搾取)는 사회 · 심리적으로 감당하기 어려웠을 것이라는 점도 상상하기 어렵지 않다.

경제적 측면에서, 제나라 관중(官中)의 군사사상을 반영한 관자칠법(官子七法)에는 전쟁의 경제적 손실에 대한 다음과 같은 기록에서도 나

13 河野收(1995), 전게서, pp. 29, p.53 참조

14 河野收(1995), 전게서, p.29.

타난다.

"군대가 1년 동안 싸우면 10년간 사용할 축적분이 바닥난다. 한차례 전쟁을 치르면 수 세대의 재정이 허비된다."[15]

노자의 도덕경 30장에서는 전쟁의 폐해(弊害)를 "무력을 사용하면 반드시 그 대가(代價)가 돌아오기 마련이어서, 군대가 머물렀던 곳에는 엉겅퀴가 뒤덮이고, 전쟁을 치른 뒤에는 반드시 흉년이 든다[師之所處, 荊棘生焉. 大軍之後, 必有凶年]."고 언급하고 있다. 따라서 백성들은 누가 왕이 되건 전쟁이 없는 태평(太平)을 가져다줄 현군(賢君)의 출현을 간구(懇求)하였을 것이며, 인본주의(人本主義)의 부각(浮刻)도 필연적이었을 것이다.

고대 중국에서 천지인(天地人) 합일(合一)이라는 인본주의(人本主義)가 대두된 것은 주황조의 전성기(BC. 1050~771)였으나, 그 기원은 은황조의 요 · 순시대(BC. 1,500~1,000)로 거슬러 올라간다. 세습을 타파하여 현자(賢者)에게 황위(皇位)를 물려준 요 · 순 황제의 선양(禪讓)은 인본주의의 상징이었다. 그러나 그 이후 엄격한 신분제도에서 인본주의(人本主義)는 백성을 위한 것이라기보다는 지식인들이나 귀족들의 편의적인 인본(人本)으로 변하였다.

500여 년간, 전쟁으로 점철된 춘추 · 전국 시대는 한편으로 전쟁에서 승리를 가져다줄 명장(名將)과 병법가(兵法家)를 필요로 했으며, 다른

15 김동기 · 부무길(1997), 전게서, p.50.

한편으로는 전쟁의 질곡(桎梏)에서 벗어나 태평성대를 가져다줄 현군(賢君)과 명신(名臣) 그리고 철학가와 사상가를 찾는 시대였다. 그러한 시대적 요청으로, 춘추 · 전국 시대는 혼돈의 난세에 전쟁 승리를 추구하는 가장 많은 병서(兵書)[16]가 출현하였을 뿐만 아니라, 동시에 태평의 치세(治世)를 추구하는 다방면의 철학, 사상 또는 문화, 예술을 발전시킨 제자백가(諸子百家)에 의한 백가쟁명(百家爭鳴)의 시대(時代)였다.

그러한 시대적 요청은 또한 전통적인 신분 질서가 약화(弱化)되고 능력 위주의 인재(人才)를 두루 찾는 풍조가 형성되었다. 그 시대는 국인(國人)과 야인(野人)을 가리지 않고 인재를 필요로 하였으며, 초야에 묻혀있던 현자(賢者)들이 제후에게 의탁하여 자신의 의지를 펴거나 재능

16 육군대학(2000), 전게서, pp. 39-40 기원후(AD) 1세기 말엽에 후한의 반고(班固)가 저술한 전한시대(前漢, B.C 20~A.D24)의 역사인 한서(漢書)의 자료편 예문지(藝文志)에는 당시까지 전해진 고대 중국의 각종 서책 596가지의 이름이 기록되어 있다. 이 가운데 병서로 분류된 것이 53가지나 된다. 당시에 서책이란 나무나 대나무를 엷게 쪼갠 목간(木簡)이나 죽간(竹簡)에다 먹으로 글귀를 적어서 가죽끈으로 엮어 만든 것으로 특히 병서는 극히 귀중한 兵家의 秘傳이었다. 반고는 병서를 4가지로 분류하고 있다.

첫째, 권모파(權謀派)이다. 권모란 正으로서 나라를 지키는 기책으로서 군을 움직이며 먼저 계책을 세워 행한 뒤에 싸우며 형세를 고루 갖추고 음양을 살펴 기교를 사용하는 자이다. 라고 하고 있다. 정치로부터 전략에 이르기까지 넓은 의미의 계책을 주장하는 파이다. 권모파로는 손자병법, 손빈병법, 오자 등 13가지의 이름이 기록되어 있다.

둘째, 형세파(形勢派)이다. 형세란 번개와 바람처럼 홀연히 일어나고 뒤에 출발했더라도 요지를 먼저 차지하며, 이합집산이 변화무상하고 질풍과 같은 신속함으로 적을 제압하는 자이다. 라고 하고 있다. 이 부류의 병서로서 11가지의 이름이 있으나 오늘날 전해지는 것은 위료자 뿐이다.

셋째, 음양파(陰陽派)이다. 음양이란 천시에 순응하여 움직이고 오행의 변화에 의거하며 귀신을 빌어 그 도움을 받는다고 설명되어 있다. 요컨대 천체의 운행을 가지고 모든 현상을 파악하는 것으로서 당시에서는 과학이었으나 다른 한편으로서는 미신적인 요소가 많았다. 음양오행설을 전쟁에 적용하는 것으로서 16가지의 이름이 적혀 있으나 전해지는 것은 없다.

넷째, 기교파(技巧派)로서 기교란 손발을 익히고 기계를 자유로이 다루어 공수의 승기를 잡는 것이다. 라고 기술되어 있으니, 무술과 병기의 사용을 중심으로 한 이론이었을 것이다. 13가지의 이름이 있으나 전해지는 것은 없다.

을 발휘할 수 있어서, 병법(兵法)은 물론 사상 및 문화가 비약적으로 발전할 수 있었던 시기였다.

전쟁이 국가사회에서 차지하는 중요성에 대해 좌전(左傳)에서는 유강공의 말을 옮겨 "국가 대사(大事)는 제사(祭祀)와 전쟁(戰爭)이다." 따라서 "끊임없이 전쟁하면 패망(敗亡)의 운명을 면치 못한다."라고 했으며, "한 나라가 무력에 의존하여 다른 나라를 위협하여 복종을 강요하면, 결국 재앙을 초래한다[래태흉(來兌凶)]."라고 경고했다. 또한 "도리에 맞게 군사를 사용하면 강성(强盛)할 것"이며, "덕이 있는 나라는 무적(無敵)이다."라고 하여 난세(亂世)에도 덕치(德治)의 중요성을 강조하고, "민심(民心)을 얻기만 하면, 전쟁에서 승리도 어렵지 않다." "군대가 전쟁에서 승리할 수 있는 까닭은 사졸들이 많아서가 아니라, 상하(上下)가 한뜻으로 화합(和合)했기 때문이다."라고 강조한다.[17] 손자병법에서는 이를 '道'라는 단일 글자로 치국(治國)과 치병(治兵)뿐만 아니라 병법 전편의 근저(根底)에 흐르는 사상(思想)으로 삼고 있다.

4. 손무(孫武)의 가계(家系)

孫武의 字는 장경(長卿)이며 제(齊)나라 낙안(樂安) 지금의 산동성 혜민현 출신이다. 그의 생몰(生沒) 시기는 알려진 바 없으나, 대략 공자와 같은 시기(BC. 552~479)로 알려졌다.

17 전게서, 김동기 · 부무길(1997), pp. 81–84 참조.

그는 정치적으로 제(齊)나라의 대표적인 신흥 세력이었던 군사세가(軍事世家)인 전(田)씨 가문의 후손이다. 그의 조상은 진(陳)나라 왕족으로 본성이 규(嬀)씨였으나, 왕족 간 내부 투쟁으로 BC. 627년 公子 진완(陳完)이 제나라로 망명하자 제(齊)나라 환공(桓公)은 공정(工正)이라는 벼슬을 내려 머물게 하고 전(田) 씨로 성을 바꾸어(田琓) 100여 년 동안 번성하였다. 그의 4대 후손인 환자무우(桓子無宇)에게는 세 아들이 있으니 전걸(田乞), 전양저(田穰苴) 및 전서(田書)였다.[18]

첫째 아들인 전걸(田乞)은 경공(景公)의 통치가 부패하고 횡포하여 사회적 혼란이 격화되던 시기에 대부(大父)로서 조세를 공정하게 담당하여 백성에게 덕(德)을 쌓았다. 그의 아들 전성자(田成子)도 민심이 떠난 간공(簡公)을 보필하면서 부친처럼 정무를 공정하게 처리하여 백성의 칭송을 받았으며, 결국 간공을 폐하고 평공(平公)을 옹립(擁立)하여 재상(宰相)이 되어 제나라에 전씨 가문이 등장하게 된 기초를 다졌다. 그의 아들 전양자(田襄子)도 대를 이어 재상(宰相)이 되었다.[19] 여기서 전양자는 손무와 동일 항렬(行列)이다.

둘째 아들 전양자는 명장으로 비범한 군사적 재능을 보유하여 문덕(文德)이 높아 대중이 믿고 따르며, 무용(武勇)이 높아서 적을 위압하여 굴복시킨다고 칭송받았다. 그는 제나라 장군으로 발탁되어 진(晉)과 연(燕)나라를 몰아내고 제나라 땅을 수복한 공로로 경공으로부터 대사마(大司馬) 벼슬을 하사받아 사마양저(司馬穰苴)라 불리었다. 그 후 그는 고대 왕들의 사마법(司馬法)을 새롭게 저술하여 병학사상에 기여하였

18 상게서, pp. 100–106.

19 상게서, pp. 101–102 참조.

다.[20]

셋째 아들 전서(田書)는 손무의 조부(祖父)로서 거(莒)나라 정벌에 공을 세워 경공으로부터 손씨(孫氏) 성과 동안(東安) 즉, 현 산둥성 혜민원을 봉지로 하사받았다. 손무는 그의 선조들이 대대로 군사에 밝았기 때문에 어릴 적부터 군사적 가풍(家風)에서 자랐으며, 사회 환경도 병법 연구에 매우 유리한 편이었다.

그가 성장한 지역이었던 제나라는 뛰어난 군사 전략가였으며 태공병법(太公兵法)의 저자인 강태공(姜太公)이라 부르는 강자아(姜子牙)의 봉지(封地)였다. 그 뒤에는 대 정치가이자 군사가(軍事家)인 관중(管仲)의 활동 터전이 되어 군사적 유산이 풍부하게 전해 내려왔다. 게다가 환공이 패권을 잡은 이래, 제나라는 당시 중국의 정치, 경제, 외교, 군사 활동의 중심지가 되어 천하의 영웅호걸들이 모여드는 곳이었다. 손무는 이 같은 주변 환경의 혜택을 받아 어렸을 때부터 병법에 친숙할 수 있었다.

그러나 손무 대(代)에 제나라가 다시 내란에 빠지자, 그는 오(吳)나라로 건너가 오왕 합려의 등극(BC. 515) 3년 후(BC. 512), 오자서(伍子胥)의 천거로 등용되었다. 오왕 합려와 손무의 운명적인 만남은 『史記』 65권에 오기(吳起)와 함께 『손자오기열전(孫子吳起列傳)』에 매우 짧은 기록이 남아 있다. 오나라에 머물게 된 손무는 오자서와 함께 합려를 보좌하였다.

손무(孫武)는 등용 직후, 초나라를 공격하려는 오왕을 만류하고, 거

20 김동기 · 부무길(1997), 전게서, pp. 103–104 참조.

의 6년 동안 단계적으로 초나라를 교란하여 국력을 소진시킨 후, 비로소 "BC. 506년에 초나라를 공격하여 수도 영도(郢都)까지 점령하였으나, 합려의 동생 부개(夫概)의 왕위 찬탈 기도로 초나라를 귀속시키지 못한 채 철수하였다. 이에 대해 전한 시대 회남자(淮南子)의 『兵略訓』에서는 "군주와 신하의 믿음이 무너지면, 저 위대한 손자라도 적과 맞서 싸울 수 없다[君臣乖心, 孫子不能以應敵]."는 구절로 전해지고 있다.[21]

손무의 말년에 대해서는 거의 알려진 바가 없다. 단지, 오왕 형제의 왕권 다툼과 함께 "오나라가 장강(長江)에서 초나라의 수군을 대파할 때 함께 출전한 합려의 아들 부차(夫差)의 교만함과 독선적인 성격을 알고 합려와 오자서의 극구 만류에도 불구하고 사의(辭意)를 표명하였다. 오왕은 손무에게 월나라의 국경에 인접한 부춘(富春)에 영토를 주었고, 그 후 손씨 가문은 대대로 그곳에서 병법을 가르치며 살았다."[22]라고 전해진다. 따라서 오나라에서 손무의 활동 기간은 6~7년(BC. 512~505)에 불과하다.

손자병법에서 국가경영의 첫 번째 요소로 군주의 도(道)를 들고, 다섯 번째 법(法)에서 정부 관료 및 장수의 관도(官道)를 강조한 점에 비추어 볼 때, 손무는 당시의 세태(世態)에서 자신의 이상(理想)을 펼칠 수 없음을 깨닫고 스스로 물러났을 것이다. 불후의 병서를 남긴 그가 등용된 지 불과 6~7년 만에 승승장구하던 오나라에서 사직하고 은거한 점에 미루어 보아, 그는 출세나 권력 지향적인 사람이 아니라, 난세에 전

21 유동환(2008, 전게서, pp. 223-224 참조.

22 이종학, "손자병법의 철학적 기초에 대한 연구," 『군사평론』 제400호, (육군대학, 2009), p.52.

쟁 없는 천하를 꿈꾸던 평화 사상가이며 병학(兵學) 이론가였음을 짐작하게 한다. 그러한 추정은 사기(史記)에 그에 대한 기록은 등용 시 일화(見吳王) 이외에 거의 기록되지 않은 이유를 어느 정도 설명해 준다.

손무의 가계에 대한 개관(槪觀)이 시사(示唆)하는 바는 그의 병법이 군사세가(軍事世家)의 비법(秘法)이라는 점이다. 당시 학문(學文) 전수(傳受)의 주요 방법은 가학(家學)이었다. 특히 병서는 비밀을 요구하기 때문에 주로 병가(兵家)의 비법으로 은밀히 전수되었다. 손자병법도 저자의 100년 후손인 손빈에게 전수(傳授)되었음은 당연하다. 이는『은작산 한묘죽간』발견 시 손자병법이 손빈병법과 함께 발굴되었다는 의문을 설명해 준다. 또한 손자병법에서 많은 문단들이 '孫子曰'로 시작되는 이유도 선조의 비법을 전수받은 손빈이나 그 후손들이 훼손된 원본을 정성스레 옮겨 쓰는 과정에서 덧붙여진 존칭어일 것으로 추론(追論)할 수 있다.

손자병법에는 병가(兵家)라는 뜻을 가진 문구가 두 번 나온다. 첫 번째는 計篇의 '此兵家之勝, 不可先傳也'이다. 여기서 승(勝)의 뜻 중 '탁월한'을 적용하여 '병가의 탁월한 비법'은 경험하여 터득(攄得)할 수 있을 뿐, 언어로서 다 전수할 수 없다.'라는 의미이다. 두 번째는 구지편의 '信己之私威, 加於敵'으로 '私'는 '개인이나 개인의 집안에 관한 사적(私的)인 것' 즉, '병가의 비법'이라는 뜻으로, 이 문구는 '자신(자국)의 병가(兵家)의 비법의 위력을 널리 확신시켜[信己之私威], 적대 성향의 주변 군소 제후들을 압박한다(加於敵).'라는 의미이다.

당시의 난세에 손무 가계의 여정(旅程)은 도가사상을 구현할 수 있는 군주를 찾아 헤매던 과정으로 볼 수 있다. 그리고 그의 기이한 말년(末年)의 행적도 그 연장선에 있었을 것이다. 전쟁의 파괴와 살육뿐만 아니라, 백성들의 고통을 누구보다도 더 잘 알고 있었을 그는 도가사상(道家思想)과 병법(兵法)을 모순 없이 결합하여 전쟁이 영원히 종식된 이상(理想) 세계(世界)를 실현하고자 병법을 저술하였을 것이라는 추리(推理)도 비약(飛躍)만은 아닐 것이다. 그 맥락에서 『銀雀山漢墓竹簡 陣忌問壘』의 말미(末尾)에 실려 있는 "曰智孫氏之道者, 必合於天地."[23]라는 문구에서 '必合於天地'의 天地는 당시의 지배적 사상이었던 도가사상의 음양이기(陰陽二氣)를 현상계에서 가장 포괄적으로 대표하기 때문에, 이는 '손자병법은 도가사상에 합치(合致)된다.'라는 뜻으로 해석할 수 있다.

제2절
당시의 지배적 思想

시대적 선후(先後)[24]를 고려할 때, 손무에게 가장 많은 영향을 주었을 당시의 지배적인 사상은 전통적인 주역(周易)[25]일 것이다. 주역은 괘상

23 유동환(2008), 전게서, p.52.

24 諸子百家 중 儒家의 공자는 손무와 동일 세대이고, 法家의 한비자(韓非子: BC. 280~233), 墨家의 묵자(墨子: BC. 470~390), 名家의 상앙(商鞅: BC.?~338) 등은 모두 손무의 후세 사상가인 반면, 道家의 노자(老子)는 손무보다 한세대 앞선 사람일 뿐만 아니라 그의 『道德經』은 유구한 전통을 가진 周易의 사상적 측면을 집대성한 것이다.

25 주나라 문왕이 지었다고 알려진 『주역(周易)』은 『역경(易經)』과 『역전(易傳)』 두 부분을 포함하며 2만 4,000자이다. 『역경』은 卦, 爻 두 가지 부호를 중첩하여 이루어진 64괘 384효, 卦辭, 爻辭로 구성되어 있으며 이는 卦象에 따라 길흉화복을 점쳤으며, 『역전』은 경전의 해석을 통해 철학적인 관점을 나타내고 세계관, 윤리학설 및 풍부하고 소박한 변증법을

(卦象)에 따라 길흉화복(吉凶禍福)을 점쳤던 역경(易經)과 철학적인 관점을 나타낸 세계관(世界觀), 윤리학설(倫理學說) 및 풍부하고 소박한 변증법을 담고 있는 역전(易傳)으로 구분한다. 미신을 배척한[26] 손무의 인식 형성에 영향을 준 것은 사상적 측면을 다룬 역전(易傳)일 것이다. 여기서는 손무보다 한 세대쯤 앞선 사상가로 주역(周易)을 『道德經』으로 집대성한 것으로 평가받는 노자(老子)의 도가사상(道家思想)을 중심으로 당시의 지배적 사상을 검토한다.

1. 개요

고대 중국인들은 우주 만물의 생성, 변화, 발전하는 법칙을 음양이기(陰陽二氣)의 조화(調和)와 호응(呼應)의 관계로 인식한다. 그러나, 그 조화와 호응 관계를 자기중심적인 이분법적 대립(對立) 관계(關係)로 인식하여, 인간사의 모든 갈등이나 분쟁 또는 전쟁이 발발한다고 생각한다. 그러한 전통적인 사상이 주역(周易)의 역전(易傳)이다. 그것은 인간사를 포함한 우주 만물의 생성과 변화 및 발전을 도(道)라는 一元에서 근원하는 陰 · 陽(초기에는 剛 · 柔) 二氣의 조화와 호응의 관계로 설명한다.

담고 있어 중국의 철학사상 주요한 위치를 차지하고 있다. 따라서 엄밀히 말하자면 道家思想은 음양 세력의 교감 작용을 철학 범주로 격상시킨 『주역』의 『역전』에 해당한다.

26 손자병법, 전게서, 구지편에서 '상서로움 등 점치는 것을 금하고 의구심을 없앤다는 뜻을 갖는 금상거의(禁祥去疑)'를 강조한다.

주(周)의 통제력이 쇠(衰)하자 대두된 군웅할거(群雄割據)의 난세에 이르러, 전쟁 승리를 추구하는 병법과 함께 그 전쟁을 종식(終熄)시켜 천하태평(天下泰平)을 갈망하는 사상가들이 각기 초점이 다른 현실 지향적 사상(思想)을 주창하게 되었다. 제자백가(諸子百家)로 지칭되는 춘추 · 전국 시대의 대표적인 사상에는 노자와 장자의 도가(道家)[27], 공자의 유가(儒家)[28], 관자와 한비자의 법가(法家)[29], 묵자의 묵가(墨家)[30], 공손룡과 등석 등의 명가(名家)[31], 손자(孫子)와 오자(吳子)를 포함한 병가(兵家)[32] 등이 있다.

그중에서도 자연주의와 인본주의 사조(思潮)를 대표하는 사상가는 주(周)나라의 노자와 노(魯)나라의 공자(BC. 551~479년)이며[33], "노자가

27 도가(道家): 노자(老子)와 장자(長子)의 허무 · 염담(恬淡), 무위(無爲)의 설(說)을 받든 학파로, 만물의 근원으로서 자연을 숭배하였다. 儒家와 더불어 양대 학파를 이룬다.

28 유가(儒家): 공자(孔子: BC. 551~479)의 학설과 학풍을 신봉하고 연구하는 학자나 학파로서 핵심 사상은 인의예(仁義禮)이다.

29 법가(法家): 德治보다 法治를 중하게 여겨 형벌을 엄하게 하거나 공정(公正)하게 하는 것이 나라를 다스리는 근본이라고 주장하는 학파로서 관자(管子), 상앙(商鞅), 신불해(申不害), 한비자(韓非子: BC. 280~233) 등이 포함된다.

30 묵가(墨家): 노(魯)나라의 사상가 묵자(墨子 BC. 470~390)의 사상을 받들고 실천하던 학파로서, 절대적인 천명에 따라 겸애(兼愛)와 흥리(興利)에 노력하여 근검할 것을 주장하고 禮樂이나 전쟁을 반대하였으며 영혼과 귀신의 실재를 역설하여 종교적인 색채를 띠기도 하였다. 특히 재물을 불리어 이익을 늘린다는 興利는 자체의 兼愛나 그 방법인 勤儉과 배치된다는 비판을 받는다.

31 명가(名家): 명목(名目)과 실제(實際)가 일치해야 함을 주장한 학파로서. 세상이 혼란한 이유는 명목과 실제가 일치하지 않기 때문이라고 보았으며, 대표적 인물로 등석(鄧析), 윤문자(尹文字), 공손용자(公孫龍子) 등이 있다.

32 병가(兵家): 제자백가 가운데 병술(兵術)을 논하던 학파. 춘추 · 전국 시대에 크게 발달하였으며, 대표적 인물로 손자(孫子)와 오자(吳子) 등이 있다.

33 柳正基 責任監修, 『四書三經』 (서울: 금성문화사, 1990), p.67. 공자가 34세에 노자에게 문례(問禮)했다는 점에 미루어 보아 노자는 공자와 동시대인이거나 십수 년 연장자였을 것이다.

전통적인 자연주의에 사상에 기조를 두고 형이상학적(形而上學的)이고 신비주의적(神秘主義的)인 우주의 본성과 인간의 내면세계(內面世界)를 다루었던 데 비해, 공자는 형이하학적(形而下學的)이고 현실주의적(現實主義的)인 인간의 외면세계(外面世界)를 다루고 있다."[34]

노자는 전통적인 『주역(周易)』의 사상적 측면을 대표하는 『易傳』을 『도덕경』으로 집대성한 사상가로서 道에 기원하는 음(陰) · 양(陽) 二氣의 조화와 호응을 통해 우주 만물이 창조되고 발전하며 변화한다고 본다[一元二氣論]. 자연의 섭리에 따르면, 인간의 인식상(認識上) 대립으로 보이는 음과 양은 대립이 아니라, 동일한 근원(道)에서 분화되어 조화와 호응을 통해 무한하게 생성, 변화, 발전하는 두 가지 기운이다. 현상계(現象界)에서 인간이 인식하는 모순과 대립 관계는 실상계(實象界)에서는 창조와 발전을 위한 조화와 호응의 관계이다. 따라서 현상계에서 살아가는 인간이 그 근원인 실상계를 되돌아보는 것이 道에 이르는 길이며, 이에 따른 치국(治國)이 태평(太平)의 길이다.

반면, 공자의 사상적 기조는 인의(仁義)이다. 그것은 위정자(爲政者)의 입장에서 덕치(德治)를 베풀어 온 백성과 함께 행복을 누리자는 실용주의적 정치이념이며, 인류애(人類愛)의 발현(發顯)이다. 덕치(德治)는 수기(修己)를 전제하며, 위정자가 학문에 정진하고 수양하는 목적은 궁극적으로 백성을 편안하게 하기 위함[修己以安百姓]이다. 백성의 입장에서 인의(仁義)는 인륜(人倫)의 본질로서 충효예(忠孝禮)를 최고의 선(善)으로 삼고 있다. 덕치(德治)와 충(忠)은 바로 정(正)이요, 대의(大義)

34 오강남, 『노자의 도덕경』 (서울: 현암사, 2007), p.8.

이다. 위정자는 위정자대로, 백성은 백성대로 그들 사이의 모든 관계가 정(正)과 대의(大義) 즉, 광명정대(光明正大)할 때, 천하는 태평하고 안락하여 살기 좋은 세상이 되는 것이다. 그러나 위정자와의 실질적 관계에서 백성의 충효예(忠孝禮)가 일방적인 충(忠)의 의미로만 남게 되어, 본래의 정(正)과 대의(大義)는 편의적인 통치(統治)의 도구로 변질되기 쉬웠다.

2. 노자(老子)의 도가사상(道家思想)

노자의 사상을 개관(槪觀)하기 위해, 그의 도덕경(道德經)을 임의대로 재분류하거나 그 사상을 요약하려는 시도는 무모(無謀)한 일일 것이다. 그러나 손자병법을 해석하기 위한 구조(構造)를 설정하는 목적에 부합하게 도(道)의 본체(本體)와 본성(本性), 도를 터득하는 방법, 도를 따르는 삶과 치국(治國), 그리고 끝으로 전쟁 관련 문구로 한정하여 개관한다.

가. 개요

『道德經』은 여러 이설(異說)이 있지만, 전통적으로 기원전 6세기에 살았다고 하는 노자(老子)가 남긴 글이라고 알려져 왔으며, 겨우 5천 자 남짓의 81장으로 나누어져 있다. 이는 중국 고전 중에서 주석서(註釋書)가 가장 많은 저서(著書)이다. 중국에서만 약 1,500권의 주석서가 나왔고, 그중에서 약 350종이 현존하고 있다. 영어로도 가장 많이 번역된 책으로 현재까지 100종 이상의 번역서가 나왔다. 근래에 헤겔이나 하이데거 같은 철학자나 톨스토이 같은 사상가가 도덕경을 읽었다는 사실은 널리 알려져 있다. 특히 헤겔의 변증법은 노자의 '음양(陰陽) 이기(二氣)의 창조적 조화와 호응'을 '有-無-成(Being-Nothing-Becoming)[35]'으로 환언(換言)하여 인식론적 대립 개념의 지양 발전으로 표현한 것에 불과하다.

"도덕경은 도덕이나 윤리를 가르치는 저서가 아니라, 도(道)와 덕(德)에 관한 경전(經傳)이다. 도(道)는 우주의 궁극 실재(實在) 또는 근본 원리요, 덕(德)이란 그 도가 구체적인 현상계(現象界)나 인간세(人間世)에서 자연스럽게 구현될 때 얻어지는 힘이다."[36] 그것은 논어(論語)처럼 주로 백성을 규율(規律)하려는 것이 아니라, 지도자나 위정자들을 가르치는 것이 목적이었다.

천하를 다스리는 위정자 또는 지도자들은 천하를 품을 수 있거나, 천하를 자신과 동일시할 수 있어야 한다. 그것은 만물을 품어서 존재하는 자연을 닮는 것이며, 자연의 섭리(攝理)에 따라 천하를 다스리는 것이다. 인간세의 모든 갈등이나 불화, 분쟁이나 전쟁, 백성들의 가난과 불행의 근원은 천하를 품을 수 없는 사람이 인위적(人爲的)으로 천하를 다스리는 데 기인(起因)한다고 본다. 요컨대 인위(人爲)는 자기중심적인 거짓(僞)이지 결코 진(眞)이 될 수 없다.

도덕경은 실상계(實狀界)의 도(道)로부터 출발하여 우주 만물이 생성, 변화, 발전하는 현상계(現象界)에 존재하는 인간이 도를 깨닫는 방법을 '실상계로 되돌아가는 것'으로 설명하며, 전편에 걸쳐 도(道)를 따

35 李端錫, 『헤겔 철학사상의 이해』 (서울: 한길사, 1981), p.98.

36 오강남(2007), 전게서, pp. 8–9.

르는 삶과 치국(治國)을 자연의 섭리에 비추어 비유법(比喩法)이나 반어법(反語法) 또는 은유법(隱喩法)으로 설명한다.

나. 우주 만물의 시원(始原)으로서 도(道)의 본성(本性)

도(道)의 본체는 실상계(實象界)의 도(道)로부터 우주 만물이 창조, 변화, 발전하는 그 무엇이며, 그 본성은 현상계(現象界)에서 우리가 보고 따를 수 있는 자연의 섭리(燮理)이다. 상대적 관점에서 전자는 형이상학(形而上學)으로, 후자는 형이하학(形而下學)으로 구분할 수 있으나, 공히 사유(思惟)나 직관(直觀)에 의해서만 파악할 수 있는 형이상학(形而上學)이다.

도(道)는 영원하여 이름을 붙일 수도 볼 수도 없는 미묘한 하늘과 땅의 시원[無名天地之始, 故常無慾以觀其妙]이자, 만물이 되돌아가는 본원(本元)[37]으로 유(有)와 무(無)가 하나로 혼합된 신비로운 그 무엇(有無混成)이다. 굳이 이름을 붙인다면 만물의 어머니이고[有名萬物之母], 굳이 보고자 한다면 있음, 없음로 되돌아가는 순환만 볼 수 있다[常有慾以觀其徼]. 그 둘은 이름만 다른 신비함[同謂之玄]이며 모든 것들이 낳아서 되돌아가는[出生入死][38] 신비의 문[衆妙之門][39]이다.

인간이 볼 수 있는 것은 현상계의 만물에 불과하나, 그 근원을 생각하고 되돌아가는 이치를 거슬러 올라가면 실상계의 도(道)에 이른다. 따

37 불교에서 본원(本元)은 죽어서 돌아가는 곳이며, 귀원(歸元)은 죽어서 본원(本元)으로 돌아간다는 뜻이다.

38 노자, 전게서, 50장. 門은 出生入死하는 곳이다.

39 상게서, 1장 참조.

라서 보이는 현상계는 보이지 않는 실상계의 그림자이며, 인간이 만든 가공(架空)의 세계일 뿐이다.

실상계의 도(道)는 무(無)와 유(有)가 미분화된 그 무엇이다. 그로부터 一元의 氣가 생기면[道生一] 이것이 有 즉, 현상계의 시작이다. 일기(一氣)는 있음의 기운으로서 완전한 기운(太極)이지만, 창조를 위해서 불완전한 음양(陰陽) 이기(二氣)로 다시 분화한다[一生二]. 불완전한 二氣는 상호 조화하고 호응하여 제3의 빈 기운인 충기(沖氣)가 형성되고[二生三] 이 기운이 채워지고 변화하여 우주 만물이 생성된다[沖氣爲化].[40]

道는 있음[有]과 없음[無]의 혼성(混成)이다. 없음은 실상계에만 존재하는 것이 아니라 현상계에서도 있음을 인식하는 전제(前提)로만 존재한다. 아름다움(美)을 아름다움으로 인식하기 위해서는 추[醜]함이 전제되어야 하며[天下皆知美之爲美, 斯惡已], 선(善)이 선으로 인식되기 위해서는 선하지 않음[惡]이 전제되듯이[皆知善之爲善, 斯不善已], 있음을 있으므로 인식하기 위한 전제는 없음이다. 현상계에서 없음은 있음을 인식하는 전제로서 항상 무의식적으로 인식되어 왔다. 요컨대 있음과 없음은 상생(相生)[41]하며, 없음은 있음이 되돌아가는 본원이다[反者道之動][42].

40 노자, 전게서, 42장 참조.

41 상생(相生): 음양오행설에서, 금(金)은 수(水)와 수는 목(木)과, 목은 화(火)와, 화는 토(土)와 토는 금(金)과 조화를 이룰 수 있다는 뜻이다. 이의 반대는 상극(相剋)으로 오행설에서, 금(金)은 목(木)과 목은 토(土)와 토는 수(水)와 수는 화(火)와 화는 금(金)과 조화를 이루지 못함을 이르는 말이다. 이 문구에서의 상생(相生)은 상호의존적으로 존재함을 의미한다.

42 상게서, 40장.

道로부터 창조된 만물(萬物)은 근원적으로 유(有)와 무(無)라는 존재와 비존재, 그리고 음(陰)과 양(陽)이라는 불완전한 두 기운을 타고난다. 완전한 一氣가 불완전한 二氣로 분화되지 않거나, 陰陽의 두 기운이 조화와 호응의 관계가 아니라 대립 관계라면, 우주 만물의 창조와 변화 및 발전은 중지되거나 존재하지 않는다. 또한 음양(陰陽)이 호응하더라도 빈 기운이 형성되지 않는다면, 그것을 채워서 새로운 것이 생성(生成)될 수 없게 된다. 따라서 비움은 채움의 전제이다. 그리고 그와 같은 우주(宇宙) 만물(萬物)이 생성, 변화, 발전하는 섭리는 순환(循環)하기 때문에 영원(永遠)하다.

만물이 생성되고 변화하여 발전하기 위해서는 비워져야 한다. 완전한 채움은 그 자체로 끝나지만, 계속적인 비움은 계속 채워져 영원히 생성, 변화, 발전할 수 있다. "채움은 단일의 이로움이 있으나, 비움은 모두에게 베풀 수 있는 무한한 쓰임새가 있다."[43] "道는 비움으로 인해 그 쓰임새가 무궁하고, 결코 다 채워지지 않기 때문에 모든 것들이 다 모이는 심연(深淵)이자, 만물의 근원이며, 그 깊고 고요함으로 인해 영원(永遠)하게 된다."[44]

또한 "도(道)는 모든 것을 낳아주고, 덕(德)은 모든 것을 길러주며, 물(物)은 그것을 꼴(形) 지우고, 세(勢)는 그것을 완성한다. 도와 덕은 만물의 근본이니 낳았으되 가지려 하지 않고, 이루었으되 의지하지 않으며, 길렀으되 지배하지 않는다."[45] 그러므로 도의 본성을 "구태여 형용(

43 노자, 전게서, 11장 故有之以爲利, 無之以爲用.

44 상게서 4장 道沖而用之, 或常不盈, 淵兮, 萬物之宗, 湛兮, 似或常存.

45 상게서, 51장 道生之, 德畜之, 物形之, 勢成之. 是以萬物莫不尊道而貴德, 生而不有, 爲而

形容)하라고 한다면 크다고 할 수 있다. 크다는 것은 끝없이 뻗어 나가는 것이며, 끝없이 뻗어 나간다는 것은 멀리멀리 가는 것이고, 멀리멀리 가는 것은 결국 되돌아오는 것(循環)이며, 되돌아오기 때문에 영원하다."[46] 그러함에도 불구하고 인간은 물(物)과 세(勢)에만 집착하여 모양새를 꾸미기 위해 물질을 탐하고, 치적(治積)을 쌓고 지배하기 위해 권세(權勢)만 추구하여 불행을 자초(自招)한다.

다. 道에 이르는 길

실상계(實像界)인 道로부터 분화되어 생성된 우주 만물이 형상을 이루고 있는 현상계(現象界)에서 살아가는 인간이 도를 깨닫는 길은 현란한 현상계에 현혹되거나 안주하지 않고, 그 시원(始原)인 실상계로 되돌아가, 그 근원을 견지(堅持)하면서 다시 현상계의 정수(精髓)를 이해하는 것이다. 도(道)에 이르는 길은 감각기관으로 보거나 듣거나 느끼는 것이 아니라, 오직 마음의 눈으로 보고, 이성(理性)의 귀로 들으며, 내면적 성찰(省察)을 통해 깨닫는다.

"유(有)를 통해서 무(無)의 실마리를 찾는다. 유무(有無)가 혼합 · 일치된 실상계의 道를 견지하면서 현상계의 유(有)에 접근하여 유(有)를 통해서 무(無)를 이해한다."[47] 그것은 "태고의 道를 견지하면서 현상계를 보면서도 그 되돌아감을 생각할 때, 비로소 그 시원(始原)을 알 수

不恃, 長而不帝, 是謂玄德; 10장. 生而不有, 爲而不恃, 長而不帝 참조.

46 상게서, 25장 强爲之名曰大, 大曰逝無限, 逝曰遠, 遠曰反.

47 상게서, 1장 및 25장 참조.

있으니, 이를 도(道)를 깨닫는 실마리라고 일컫는다."[48]

"완전한 비움으로 참된 고요를 유지하면서, 온갖 것들이 무성하게 자라나는 만물을 보면서도 그것들이 되돌아가는 뿌리를 생각하면, 거기서 고요함을 찾고, 영원한 도(道)를 알게 된다."[49] 이 과정은 "어머니(道)를 생각하면서 그 자식(萬物)을 알고, 다시 그 근원인 어머니로 되돌아가는 것이다."[50]

도(道)에 이르는 사고(思考)는 대립 관계로 인식했던 것들을 조화와 호응을 이루는 하나로 파악하는 것이다. 음(陰)과 양(陽)이 그러하듯이 자웅(雌雄), 흑백(黑白), 영욕(榮辱)에 대한 이분법적 분별지(分別智)를 버리고, 상호 조화, 호응하는 하나로 파악하면, 道로 되돌아가게 된다.[51]

道를 터득하는 길은 현란한 현상계에 현혹됨이 없이, 참된 믿음이 있는 정수(精髓)를 발견하는 것이다. "道가 밖으로 드러난 형상에는 그것을 구성하는 질료(質料)가 있고, 그 질료 중에는 정수(精髓)가 있다. 그 정수는 지극히 참되어 믿을 수 있으니, 그 믿음이 바로 도(道)이며 만물의 시원(始元)임을 알게 된다."[52]

현란한 현상계의 정수(精髓)를 파악하기 위해서는 현상계에 관한 잡다한 지식을 버려야 한다. 그것은 깊은 사유(思惟)를 통해 정수가 아닌

48 노자, 전게서, 14장 執古之道, 以御今之有, 能知之古始, 是謂道紀.

49 상게서, 16장 致虛極守靜, 夫物芸芸, 各復歸其根, 歸根曰靜, 知常曰明

50 상게서 25장 旣得其母, 以知其子, 旣知其子, 復守其母

51 상게서, 27장 참조

52 상게서, 21장 惚兮恍兮, 其中有象, 恍兮惚兮, 其中有物, 其中有精, 其精甚眞, 其中有信

것들을 버리는 과정이다. 즉, "학문은 지식을 습득하는 과정이지만, 도에 이르는 길은 습득한 지식을 버리는 과정이다."[53]

깊은 사유(思惟)를 위해서는 감각적, 물질적, 도락적(道樂的) 탐닉에서 벗어나야 한다. "감각적(目, 耳, 味) 탐닉(耽溺)은 마음의 눈으로 보거나, 귀로 듣거나, 맛볼 수 없게 만들며, 즐거움을 쫓는 도락(道樂)은 사람의 마음을 요동치게 만들고, 귀한 재화는 사람의 행동을 그르치도록 만들기 때문이다."[54] 도(道)의 궁극 실제에 대한 접근은 보이지 않는 것을 보고, 들리지 않는 것을 듣고, 맛볼 수 없는 것을 음미(吟味)할 수 있는 내적 성찰(省察)을 통해서만 가능하다.

따라서 "감각(感覺)을 억제하고, 사유(思惟)에 정진하되, 현상계에 대한 집착을 삼가면, 도에 대한 믿음이 흔들리지 않을 것이다."[55] 道는 내적 성찰(省察)과 각성(覺醒)을 통해서 깨닫기 때문에, "멀리 나가면 나갈수록 오히려 현상계의 현란함에 미혹(迷惑)되어 더 알 수 없게 된다. 성인은 문밖을 나가지 않고도 천하를 알고, 창밖을 엿보지 않고도 하늘의 도(道)를 볼 수 있으며, 억지로 행(行)하지 않고도 다 이룬다."[56]

라. 道를 따르는 삶

도가사상(道家思想)은 철저히 왕(王)이나 공(公) 등 지도자나 위정자와 그들을 가르치는 성인(聖人)의 수준에서 논(論)한다. 그 사상은 인간

53 상게서, 70장 爲學日益, 爲道日損

54 상게서, 12장 五色令人目盲, 五音令人耳聾, 五味令人口爽, 馳騁畋獵, 令人心發狂, 難得之貨令人行妨

55 노자, 전게서, 52장 塞其兌, 閉其門, 終身不動

56 상게서, 47장 其出彌遠, 其知彌少, (중략), 不出戶, 知天下, 不闚牖, 見天道, 無爲而成.

세의 백성들을 자연 상태로 보기 때문에, 도에 따르는 삶과 치국(治國)이란 인간세에서 우러러 본받을 만한 성인(聖人)이나 백성을 다스리는 왕(王)이 따라야 하는 道에 근원하는 자연의 섭리(攝理)이다.

도가사상은 인간세의 모든 불화나 갈등, 전쟁이나 분쟁은 결국 천하(天下)를 다스리는 지도자나 위정자가 천하(天下)라는 자연의 섭리(攝理)를 알지 못한 채, 소아적(小我的)으로 지배하려 하거나, 무엇인가 이루려 하거나, 성취하려는 욕심에 기인(基因)하는 것으로 본다. 요컨대, 자연의 섭리에 반한 인위적인 것들은 모두 거짓이며 위선(僞善)으로서, 대아(大我)인 자신을 망치게 된다.

"자연(自然)은 스스로를 위해서 존재하지 않기에 영원하듯이, 성인(聖人)도 자신을 뒤에 둠으로써 앞서고, 버림으로써 존재하며, 비움으로써 이룰 수 있다."[57] "만물이 의지하고 살아가도 마다하지 않으며, 모든 것을 이루지만 이름을 드러내지 않고, 만물을 입히고 기르지만 주인 노릇하지 않는다."[58] "언제나 욕심이 없으니 작다고 할 수 있으며, 만물이 모여드나 주인 노릇하지 않으니 크다고 말할 수 있다. 성인(聖人)은 자신을 드러내지 않고 큰일을 하고 있으니 능히 큰일을 이룰 수 있다."[59]

도(道)를 따르는 성인(聖人)의 삶은 물의 성질에 비유된다. "물은 온갖 것을 이롭게 할 뿐, 다투지 않고, 모두가 싫어하는 낮은 곳을 찾아가

57 상게서, 7장 天地所以能長且久者, 以其不自生, 聖人後其身而身先, 外其身而身存, 非以其無私邪, 故能成其私.

58 이 문구는, 상게서, 10장에서는 "신비한 덕(玄德)은 낳고 기르되 소유하려 하지 않고(生之, 畜之, 生而不有), 모든 것 이루나 거기에 의존하지 않으며(爲而不恃), 지도자가 되어도 지배하려 하지 않는다(長而不宰)."라고 환언(換言)된다.

59 노자, 전게서, 34장 萬物恃之而生而不辭, 功成不名有, 衣養萬物而不爲主, 常無慾, 可名於小, 萬物歸焉而不爲主, 可名爲大, 聖人不自爲大, 故能成其大.

며, 마음은 심연(深淵)과 같아 모든 사람을 가리지 않고 베풀며, 온갖 탁하고 더러운 것들을 고요하게 정화(淨化)한다. 겨룰 일이 없으니 다툴 일도 없다."[60]

성인(聖人)의 포용성과 완전성은 어느 하나도 버릴 수 없는 온전(穩全)함이다. "성인은 언제나 모든 사람을 돌봐 주고, 아무도 가리지 않으며, 모든 물질을 아껴서 어느 것 하나 버리지 않는다. 왜냐하면, 선(善)한 사람은 선하지 못한 사람의 스승이며, 선하지 못한 사람도 선한 사람의 귀감(龜鑑)이 되기 때문이다."[61] 따라서 성인은 "신분을 업신여기거나, 출생지를 싫어하지 않는다. 싫어함이 없으므로 싫어함을 받지도 않는다. 성인은 자신을 알되 스스로 드러내지 않으며, 자신을 사랑하되 스스로 치켜세우지 않기 때문에, 다른 사람을 업신여기거나 싫어할 필요도 없게 된다."[62]

성인(聖人)이 말이 적음[小]은 자연이 그러함과 같다. 만물을 낳고 기르는 자연도 말이 별로 없다.[63] 도(道)의 이치(理致)는 너무나 자연스러워서 말할 필요도 없다. 반면, "인간이 말이 많음은 궁(窮)함의 표현이며, 중심(中心)이 없기 때문이다."[64] 따라서 말이 많으면 많을수록 "믿

60 상게서, 8장 水善利萬物而不爭, 處衆人之所惡, 居善地, 心善淵, 與善人, 夫唯不爭, 故無尤.

61 상게서, 27장 是以聖人常善救人, 故無棄人, 常善救物, 故無棄物, 故善人者, 不善人之師, 不善人者, 善人之資.

62 상게서, 72장 無狎其所居, 無厭其所生, 夫唯無厭, 是以不厭, 是以聖人自知, 不子見, 自愛, 不自貴.

63 상게서, 23장 希言自然.

64 상게서, 5장 多言數窮, 不如守中.

음이 부족하게 되고 불신(不信)이 따르기 마련이다."[65]

성인은 상반된 성질로 인식되는 것들도 자연의 법칙에 따라 하나로 본다. 자연은 "휘어야 온전해지고, 굽어야 곧아질 수 있으며, 움푹 파여야 채워질 수 있고, 헐려야 새로워지고, 적으면 얻게 된다. 성인은 그러한 상반된 두 가지 성질들을 하나로 품고, 그것을 세상사의 본보기가 삼는다. 더 나아가 스스로를 드러내어 보이지 않으므로 밝게 빛나고, 스스로 옳다고 주장하지 않으므로 돋보이며, 자기 자랑하지 않기에 공로를 인정받게 되고, 뽐내지 않기에 오래가며, 겨루지 않기에 세상과 더불어 겨루지도 않는다. 정성을 다하여 온전한 하나로 되돌아가므로 집착하지도 않는다."[66]

마. 道를 따르는 치국(治國)

천하를 다스리는 지도자는 우주 만물의 시원(始原)을 이해하고, 만물이 생성, 변화, 발전하는 원리를 따라야 비로소 참된 다스림이 이루어진다. 그것은 道의 이치(理致)를 터득하고 자연의 섭리(攝理)를 따르는 것이다. 지도자는 자신을 천하(天下)와 일체화(一體化)해야 한다. 이는 소아(小我)에서 대아(大我)로, 소우주(小宇宙)로부터 대우주(大宇宙)로 나아감을 의미한다. 그러한 지도자는 무엇보다도 먼저 자신에게 인색(吝嗇)[67]해야 한다.

65 상게서, 23장 信不足焉, 有不信焉.

66 노자, 전게서, 22장 曲則全, 枉則直, 窪則盈, 敝則新, 少則得, 是以聖人抱一爲天下式, 不自見故明, 不自是故彰, 不自伐故有功, 不自矜故長, 不唯不爭, 故天下莫能與之爭, 誠全而歸之, 有道者不處.

67 상게서, 59장 자신에게 인색(吝嗇)하다는 뜻은 모든 것을 함부로 하지 않고(無爲, 不敢),

예로부터 하나를 얻어 존재(存在)하는 큰 것들이 있으니, “하늘은 맑음이라는 하나를 얻어 하늘이 되고, 땅은 편안함이라는 하나를 얻어서 땅이 되었으며, 신은 영묘(靈妙)함이라는 하나를 얻어 신이 되고, 골짜기는 채움이라는 하나를 얻고, 만물은 삶이라는 하나를 얻어 존재하며, 왕은 천하의 귀감(龜鑑)이라는 하나를 얻어서 왕이 되었다.”[68] 만약 그 존재들이 그 하나를 버리거나 둘 이상을 가지려 한다면, 균열(龜裂)되고 흔들려서, 다하거나 무너진다. 지도자도 만인의 귀감(龜鑑)으로서 본분(本分)을 잃으면 나라가 무너진다.

지도자나 위정자에게 아(我)란 땅과 하늘과 도(道)처럼 크기 때문에, 땅을 닮고 하늘을 닮아 도(道)에 이르러, 그 현상계인 자연을 닮아야 한다. 우주 만물과 일체화된 자아(自我)를 인위적으로 이루려고 하거나, 욕심을 부리거나, 일을 도모하려는 것은 자신과 천하를 망치는 일들이다. 따라서 천하의 다스림이란 인위(人爲)에서 벗어나 천하(天下)의 시원(始原)인 무(無)에 기반을 둔 무위(無爲), 무욕(無慾), 무사(無事), 무지(無知)에 의한 다스림이다.[69]

하늘이 내려준 왕은 천하를 자아(自我)와 일체화된 하나로 파악하여, “천하를 내 몸처럼 귀하게 여기고 사랑해야 하며[70], 나라의 온갖 궂은 일과 어려운 일들을 도맡아서 처리하고[71], 백성의 마음을 자신의 마음

일을 벌이지 않으며(無事), 마음을 비우고 욕구를 없애는 것(無欲)이다.

68 상게서, 39장 天得一以淸, 地得一以寧, 神得一以靈, 谷得一以盈, 萬物得一以生, 侯王得一以爲天下貞.

69 노자, 전게서, 29장 참조.

70 상게서, 13장 愛以身爲天下.

71 상게서, 78장 受國之垢, (중략), 受國不詳.

으로 삼아,[72] 자신과 하나가 된 천하를 신분과 출생지를 빌어서 구분하거나 나누지 않는다.

道라는 자연의 섭리(攝理)에서 일탈하여, 인위적인 규범(規範)으로 천하를 다스리고자 하면, 더 많은 어려움을 야기(惹起)하게 된다. 즉, "현자(賢者)를 숭상하지 않으면, 백성들은 다투지 않고, 얻기 어려운 재물을 귀하게 여기지 않으면, 백성들은 도둑질을 하지 않게 되며, 욕심 낼만한 것을 보이지 않으면, 백성들은 현혹(眩惑)되지 않는다. 요컨대, 야심(野心)을 버리고, 야욕(野慾)을 줄여서 인위적으로 하려고 하지 않는다면, 다스려지지 않은 것은 하나도 없게 된다."[73]

천하를 다스리는 지도자상(指導者像)에는 네 가지가 있다. "최상(最上)의 지도자는 자연의 섭리(攝理)에 따라 너무나 자연스럽게 다스리기 때문에, 백성들이 그 존재마저 알지 못하는 자(者)이다. 차선(次善)의 지도자는 윤리적 덕치주의(德治主義)를 펴서 백성으로부터 칭송(稱頌)과 예찬(禮讚)을 받는 자이며, 그다음은 백성들이 두려워하는 자이다. 최하위 지도자는 도덕성을 상실하여 백성들로부터 비웃음을 받는 자이다."[74]

첫 번째 지도자는 유유자적(悠悠自適)하며 말을 아끼면서 공들여 일을 이루어도 백성들은 모두 자기들이 스스로 이루었다고 생각하여 자발성(自發性)이 충만(充滿)해진다. 다스림이란 본래 물꼬를 트고 물의 흐

72 상게서, 49장 以百姓心爲心.

73 상게서, 3장 不尙賢, 使民不爭, 不貴難得之貨, 使民不爲盜, 不現可欲, 使民心不亂, 虛其心, 弱其志, 爲無爲無不治. 37장에서는 이를 반어법으로 환언한다.

74 상게서, 17장 太上, 不知有之. 其次, 親而譽之. 其次, 畏之. 其次, 侮之.

름을 조절하듯이 백성들이 스스로 고도의 능력을 발휘하도록 뒤에서 또는 아래로부터 북돋아 주는 것이다.[75]

두 번째 지도자는 윤리적 덕치주의(德治主義)로서의 유가(儒家)를 비판한다. 그것은 그럴듯하나 인위적 위선(僞善)의 극단이다. 자연의 큰 道를 버리고 인위적인 도덕(道德) 규범(規範)을 만드는 것은 오래가지 못하거나 지도자의 야심과 욕심을 채워주는 교묘한 수단으로 변질(變質)된다. 즉, "큰 道가 무너지면 인의(仁義)가 필요하고, 지혜로운 자가 나타나면 큰 거짓이 난무(亂舞)하며, 육친이 화목하지 못하면 효(孝)와 자애(慈愛)가 등장하며, 국가가 혼란에 빠지면 충성(忠誠)이라는 말이 대두된다."[76] 지도자는 하늘이며 자연이기 때문에, 인위적인 엄격한 윤리적(倫理的), 율법적(律法的) 규범(規範)과 제도(制度)를 통해서 다스리면, 자연에서 멀어지고 백성의 자유와 자율성은 질식되어 혼란(混亂)을 야기(惹起)한다.

즉, "도(道)를 잊은 후에 덕(德)이 생기고, 덕이 상실된 후에는 인(仁)이 나타나며, 인이 사라지면 예(禮)가 등장한다. 무릇, 예는 충신(忠臣)이 드물 때 대두되며, 혼란이 시작되는 시점이다. 仁義禮를 의식하는 것은 뿌리가 아니라 꽃에 불과하며, 우매(愚昧)함의 시원(始原)이다. 지도자는 꽃보다는 뿌리를 중시한다."[77] 반면, "성(聖)스러운 채 하지 않고 지혜로움을 버리면, 백성들의 이익은 백배가 되며, 인애(仁愛)나 의리(義理)를 버리면 백성들은 효도와 자애로움을 회복하고, 재간(才幹)

75 오강남(2007), 전게서, 17장 해설 p.84. 참조.

76 노자, 전게서, 18장 大道廢, 有仁義, 慧智出, 有大僞, 六親不和, 有孝慈.

77 상게서, 38장 참조.

을 부리기나 이(利) 보려는 마음을 버리면 도적(盜賊)이 없어진다."[78]

세 번째 지도자의 행태(行態)는 법(法)의 두려움을 기반으로 국가사회의 질서를 확립하려는 자이다. '백성이 위엄(威嚴)을 두려워하지 않으면, 더 큰 위엄이 필요하게 되니,[79]' "백성들이 죽음을 두려워하지 않는다면, 어찌 죽임으로써 백성들을 두려워하게 만들 수 있는가?"[80]

마지막 네 번째는 도덕성 상실 및 부정부패로 인해 백성으로부터 비웃음을 받는 최하위 지도자상으로서 '대도(大道)에서 벗어나면 대도(大盜)가 된다.'[81] "백성이 기아(飢餓)에 허덕이는 까닭은 윗사람의 주지육림(酒池肉林)을 위해 세금이 과다하기 때문이며, 백성을 다스리기 어려운 까닭은 윗사람이 자신의 공적(功績)을 쌓으려 하기 때문이고, 백성이 죽음을 가볍게 여기는 까닭은 윗사람이 오래 살겠다고 하기 때문이다."[82] "여유 부분을 덜어서 부족 부분을 채우는 하늘의 도(道-자연현상)와 정반대로, 인간세(人間世)는 가난한 백성에게서 빼앗아 유복한 사람에게 더해준다." 그러나 혜택받은 그들에게는 국가가 위기에 처하면, "천하를 위해 봉사(奉仕)하리라 결코 기대할 수 없다."[83]

실상계(實相界)의 道가 그러하듯이, 현상계(現象界)에서 자연을 닮은 지도자는 이분법적(二分法的) 분별지(分別智)를 벗어나 모든 현상을 하

78 상게서, 19장 絕聖棄智, 民利百倍, 絕仁棄義, 民復孝慈, 絕巧棄利, 盜賊無有.

79 상게서, 72장 民不畏威, 則大威至.

80 상게서, 74장 民不畏死, 奈何以死懼之.

81 상게서, 53장 참조.

82 노자, 전게서, 75장 民之饑, 以其上食稅之多, 民之難治, 以其上之有爲, 民之輕死, 以其上求生之厚.

83 상게서, 77장 天之道, 損有餘而補不足, 損不足以奉有餘, 孰能有餘以奉天下.

나로 파악해야 한다. 하나란 완전, 온전, 통일된 것이며, 그러하므로, 그 형상은 크고 무한하며 시원(始原)이며 다시 본원(本原)으로 순환한다. 인간세에서도 높고 낮은 것, 귀하고 천한 것들을 하나로 품고 그중에서 낮고 천한 것들을 오히려 본(本)으로 삼아야 한다.[84] 진정한 선(善)과 믿음의 실천은 분별하지 않고, 자연 그대로 받아들이는 것이다. "성인은 고정된 마음이 없이 백성의 마음을 자기 마음으로 삼는다. 선(善)하건 선하지 않건, 선으로 대하는 것이 선을 이루는 것이며. 믿음이 있건 없건 믿음으로 대하는 것이 믿음을 이루는 것이다."[85]

道는 이상(理想)이 아니라 세상의 풍진(風塵)과 함께한다. 무위자연(無爲自然)이란 인간세에서 아무것도 하지 않음을 의미하는 것이 아니라, 중지할 줄 알고(知止) 만족할 줄 아는(知足) 것이다. "족(足)함을 알면 욕되지 않고, 멈출 줄 알면 위태롭지 않아 영원할 수 있다."[86] "족할 줄 아는 만족이 영원한 만족이다."[87]

도가적 낙관주의로서, "道는 항상 억지로 일을 하지 않으나, 안 되는 것이 없다. 억지로 하려고 하지 않아도 만물은 스스로 변하고, 고요하게 욕심을 부리지 않으면 천하는 스스로 안정(安定)된다."[88] 그것은 치국(治國)의 관점에서 "지도자인 내가 억지로 하려고 하지 않으면 백성은 스스로 변하며, 내가 고요함을 좋아하면 백성은 스스로 바르게 되고,

84 상게서, 39장 참조.

85 상게서, 49장 聖人無常心, 以百姓心爲心, 善者吾善之, 不善者吾亦善之, 德善, 信者吾信之, 不信者吾亦信之, 德信.

86 상게서, 44장 知足不辱, 知止不殆, 可以長久.

87 상게서, 46장 禍莫大於不知足, 咎莫大於欲得, 故知足之足, 常足矣.

88 상게서 37장 道常無爲而無不爲, 無爲–自化, 不欲以靜–自定.

내가 억지로 일을 벌이지 않으면 백성은 스스로 부유해지며, 내가 욕심(慾心)을 버리면 백성은 스스로 다스려진다."[89] 요컨대, "정도(正道)로 국가를 다스리며, 기책(奇策)으로 용병(用兵)하나, 천하는 일을 벌이지 않고 얻는다."[90]

인위적으로 지나쳐서는 안 되는 까닭은, "세상은 너무나 다양하고 복합적인 신령(神靈)한 기물(奇物)이기에 함부로 뭘 하겠다고 하여서는 안 되며, 함부로 뭘 하겠다고 덤비는 자는 그것을 망치게 되고, 그것을 휘어잡으려는 사람은 다 잃고 만다. 그런 연유로 성인은 과도한 사치나 과도하게 넉넉하고 편안한 삶을 멀리한다."[91] 이는 용기(勇氣)의 관점에서, "감히 해보려는 용기를 가지면 죽기 마련이고, 감히 하지 않으려는 용기를 견지(堅持)하면 산다."[92]

인위적인 과도(過度)함을 경계해야 하는 까닭은 인간세의 순환(巡還) 때문이다. "政事가 엉성하면 그 백성은 오히려 순박(淳朴)해지고, 정사가 치밀하면 할수록 백성은 더 비뚤어진다. 불행이 다하면 행복이 도래하고, 행복이 다하면 불행이 기다린다. 누구도 그 끝을 알 수 없으니 절대적인 올바른 것이란 없다. 올바른 것은 기행(奇行)으로 되돌아오고, 善은 다시 요사스러움으로 변하니, 인간의 미혹(迷惑)은 사라지지 않는다. 그러므로 성인은 두루 살피되 차별하지 않으며, 청렴(淸廉)하되 남에게 상처를 입히지 않으며, 강직하되 지나치지 않으며, 빛나되 요란(擾

89 노자, 전게서, 57장 我無爲而民自化, 我好靜而民自正, 我無事而民自富, 我無欲而民自樸.

90 상게서, 以正治國, 以奇用兵, 以無事取天下.

91 상게서, 29장 天下神器, 不可爲也, 爲者敗之, 執者失之, 是以聖人去甚去奢去泰.

92 상게서, 73장 勇於敢則殺, 勇於不敢則活.

亂)스럽지 않아야 한다."[93]

요컨대, 백성을 순박(淳朴)하게 만들고, 조용하고 자연스럽게 다스려야 한다. "예로부터 도(道)를 잘 행하는 사람은 백성을 총명하게 만들지 않고, 오히려 우직(愚直)하게 만들었다. 백성을 다스리기 어려운 까닭은 꾀나 모략(謀略)이 많기 때문이다. 꾀나 모략으로 국가를 다스리면 국가를 해치고, 꾀나 모략을 버리고 다스리면 국가에 복(福)이 된다. 이 양자를 다 아는 것은 하늘의 법도(法道)를 아는 것이며, 그 법도를 따르는 것을 신비한 德이라고 부른다."[94]

무위자연(無爲自然)으로 지칭되는 도가사상은 아무것도 하지 않음이 아니라, 자연처럼 서서히 도리(道理)에 맞게 하거나 이루는 것이다. "함이 없이 하고[爲無爲], 일을 벌이지 않고 이루며[事無事], 욕심을 버리려고 욕심낸다[欲不欲]"라는 뜻으로, "세상에서 가장 어려운 일도 반드시 쉬운 것으로부터 시작되고, 세상에서 가장 큰 일도 반드시 작은 것에서 비롯되니, 어려운 일은 쉬울 때부터 도모하고, 큰일도 작을 때부터 해야, 마지막에 가서는 큰일을 하지 않고서도 큰일을 이룬다. 그렇다고 작고 쉬울 때의 일을 너무 가볍게 받아들이면, 그만큼 더 달성 가능성이 작아지고 더 어려워지기 때문에, 작은 일도 어렵게 생각하여 전념(專念)해야, 마지막에 가서는 어려움이 없어진다."[95]

93 상게서, 58장 其政悶悶, 其民淳淳, 其政察察, 其民缺缺, 禍兮福之所倚, 福兮禍之所伏, 孰知其極, 其無正, 正復爲奇, 善復爲妖, 人之迷, 其日固久, 是以聖人方而不割, 廉而不劌, 直而不肆, 光而不耀.

94 상게서, 65장 古之善爲道者, 非以明民, 將以愚之, 民之難治, 以其智多, 故以智治國, 國之賊, 不以智治國, 國之福, 知此兩者, 亦稽式, 常知稽式, 是謂玄德.

95 상게서, 63장 天下難事, 必作於易, 天下大事, 必作於細, 圖難於其易, 爲大於其細, 是以聖人終不爲大, 故能成其大, 夫輕諾必寡信, 多易必多難, 是以聖人猶難之, 故終無難矣.

그 이유는, "아름드리나무도 털끝에서 싹트고, 9층 누대도 땅바닥에서 올라가며, 천 리 길도 발밑에서 시작되듯이, 인간사의 모든 난제(難題)도 일이 벌어지기 전에 처리하고, 어지러워지기 전에 다스려야 한다. 왜냐하면, 안전할 때 보존하기 쉬우며, 조짐이 보이지 않을 때 도모하기 용이하고, 무르고 약할 때 녹이기 쉬우며, 미세할 때 흩뜨리기 쉽기 때문이다."[96]

요컨대, "일이 벌어진 후에 처리하려고 덤비면 실패하고, 집착하면 잃게 된다. 성인(聖人)은 억지로 행하지 않기 때문에 그르치지 않고, 집착하지 않기 때문에 잃을 것도 없다. 사람들이 일할 때는 언제나 거의 다 완성될 무렵에 실패하기 쉬우므로, 시작할 때처럼 마지막까지 신중하면, 일을 그르치지 않는다."[97]

지도자는 본래가 백성 앞에 서 있고 그 위에 위치하기 때문에, 굳이 앞에 서고자 하거나 높아지려 할 필요가 없을 뿐만 아니라, 오히려 자세를 낮추고 뒤에 서야 한다. 요컨대, "백성 위에 있고자 할 때 항상 말을 낮추면 위에 있더라도 그들이 중압감을 느끼지 않고, 백성보다 앞서고 싶을 때 백성 뒤에 몸을 두면, 비록 앞서더라도 백성이 해롭게 생각하지 않으니, 천하가 즐겁게 추앙(推仰)하되 싫어하지 않고, 다투지 않으니 천하와 다툴 일도 없다."[98] "세상이 道로 돌아감은 마치 개천과 계

96 상게서, 64장 合抱之木, 生於毫末, 九層之臺, 起於累土, 千里之行, 始於足下, 爲之於未有, 治之於散未亂, 其安易持, 其未兆易謀, 其脆易泮, 其微易散.

97 상게서, 65장 爲者敗之, 執者失之, 是以聖人無爲故無敗, 無執故無失, 民之從事, 常於幾成而敗之, 愼終如始則無敗事.

98 노자, 전게서, 66장 是以欲上民, 必以言下之, 處上而民不重, 欲先民, 必以身後之, 處前而民不害, 天下樂推而不厭, 以其不爭, 故天下莫能與之爭.

곡의 물이 강이나 바다로 흘러드는 것과 같다."[99] "강과 바다가 백곡(百谷)의 왕이 되는 이유는 자신을 낮추기를 좋아하기 때문이다."[100] "큰 나라가 하류(下流)와 같다면 천하가 모여들어 교류(交流)하게 된다."[101]

3. 노자와 손무의 사상적(思想的) 연계(連繫)

손무의 주요 활동 시기는 오왕 합려 시대이다. 그가 오왕과 만난 것은 오왕 등극(BC. 515) 후 3년(BC. 512)이다. 당시 손무의 나이가 30대 전후이고 60수를 살았다면, 그의 생존 기간은 BC. 545~485 어간(於間)으로 공자가 살았던 시기(BC. 552~479)와 엇비슷하다. 또한 "공자가 34세에 노자에게 문례(問禮)했다"[102]는 점에 비추어 보아, 노자는 공자나 손무보다 한 세대 연장자로 볼 수 있다.

노자와 공자 그리고 손무는 거의 동시대 사람들이기 때문에 사제(師弟) 관계가 아닌 한, 누가 누구의 사상에 영향을 받았다고 말하기는 어려울 것이다. 그러나 세 사람 공히 태고(太古)의 道라고 지칭되는 주역(周易)의 영향을 받으며 성장했다고 말할 수 있다. 노자의 도덕경은 주역을 집대성했다고 평가받으며, 유가(儒家)의 오경(五經)에 주역이 포함되는 이유도 공자가 그 영향을 받았음을 의미한다. 결국 손무도 주역

99 상게서, 32장 譬道之在天下, 猶川谷之於江海..

100 상게서, 61장 江海所以能爲百谷王子, 以其善下之, 故能爲百谷王.

101 상게서, 61장 大國若下流, 天下之交.

102 柳正基(1990), 전게서, p.67.

(周易)의 역전(易傳)은 물론 한 세대 앞선 노자의 도가사상의 영향을 받았을 것으로 추정(推定)할 수 있다.

그러나 그 영향으로부터 발전시킨 세 사람의 사상(思想)은 상이하다. 노자는 조화와 호응을 통해 생성, 변화, 발전하는 자연(自然)의 섭리(攝理)를 따르도록 가르친 전통적인 사상을 도덕경(道德經)으로 완성하였고, 공자는 전통적인 사상이 전쟁의 질곡(桎梏)에서 벗어나는데 전혀 기여하지 못했다는 점을 비판하여 인의예(仁義禮)라는 인위적인 규범으로 인간세의 질서(秩序)를 확립하여 태평성대(太平聖代)를 달성할 수 있다고 보았을 것이다.

당시의 난세(亂世)에, 노자나 공자 등 평화 사상가들은 전쟁을 거부하거나 부정했던 반면, 손무는 당시에 불가피한 전쟁을 영구평화를 달성하는 수단으로 논(論)한다. 그는 道를 따르는 군주와 장수의 탁월한 지략(智略) 위주의 온전(穩全)한 승리(勝利)[전승(全勝)]를 통해서 천하통일(天下統一)을 달성하여 전쟁을 종식시킬 때, 비로소 도가사상이 지향하는 영구평화(永久平和)를 달성할 수 있다고 보았을 것이다. 손무는 평화와 전쟁을 목적과 수단으로 일체화함으로써, 당시 도가사상이 만물의 대립 개념을 조화와 호응의 관계로 보면서도, 전쟁과 평화만은 양립할 수 없는 것으로 보았던 사상적(思想的) 모순(矛盾)[103]을 극복하여 전쟁철학(戰爭哲學)으로 승화(昇華)시켰다.

노자의 도가사상에서 전쟁을 직접적으로 언급한 것은 30, 31, 33,

103 도가사상은 無와 有, 陰과 陽으로 대표되는 상이한 성질들을 대립이 아니라 조화되고 호응하는 하나로 파악하면서도, 전쟁과 평화는 별개이거나 상호 양립할 수 없는 대립 관계로 본다. 손무는 불가피한 전쟁을 평화의 수단으로 모순 없이 정교하게 일체화했다는 점에서 도가사상의 모순을 극복했다고 볼 수 있다.

68, 69, 73, 76장 등 7개 장에 불과하다. 무위자연(無爲自然)의 다스림을 주장하는 도가사상의 관점에서 전쟁은 인위(人爲)의 극단으로 道와 정면으로 배치되지만, 道는 이상(理想)이 아니라 세상의 풍진(風塵)과 함께하기 때문에, 전쟁을 부정하는 대신, 부득이한 경우에만 절제된 방식으로 수행해야 한다는 지극히 소극적이며, 현실 도피적인 주장을 한다. 이에 비해, 손자는 도가사상의 음 · 양의 조화와 호응 관계처럼, 온전한 승리[전승(全勝)]를 추구하는 전쟁을 천하통일(天下統一)이라는 영구평화(永久平和)를 달성하는 수단으로 전환하여 병법(兵法)의 철학적 근본으로 논(論)하였다.

따라서 비록 본질과 목적은 상이(相異)하지만, 양자의 사상적 흐름이 유사함을 느낄 수 있다. 도가사상은 정도(正道)가 본질인 천하의 다스림을 논하며, 손자병법은 그 연장선에서 괘도(詭道) 즉, 속임수가 본질인 용병(用兵)의 관점에서 그 사상을 전쟁과 결부시켜 재창조한다. 그 중에서 가장 중요한 유사성은 도가사상과 손자병법 공히 어디에서도 백성이나 부하들을 탓하는 문구를 찾아볼 수 없다는 점이다. 그것들은 오직 최고위 수준의 지도자나 위정자들의 역할(役割)과 책임(責任)만을 논한다. 그럼으로써, 막강한 권력을 실질적으로 행사하는 위정자나 지도자가 실정(失政)이나 실패(失敗)에 대한 자기반성에 앞서 백성을 탓하거나 부하들을 문제 삼을 여지를 철저히 배격(排擊)한다.

도가사상과 손자병법의 연계성에 대한 추가적인 예를 든다면, 아래와 같다. 손자병법에서 道는 당시의 지배적인 사상(思想)을 고려할 때, 단순한 도덕(道德) 정치(政治)를 의미하는 것이 아니라, 도가사상의 구현(具顯)을 의미한다. 그것은 전쟁대비 다섯 가지 정사(政事)의 근본으로서, 도(道)는 주변 제후들과의 관계(天)와 적대국과의 상대적 관계(地)

를 좌우하고, 훌륭한 인재 등용(將)과 올바른 법(法) 이행을 좌우한다. 그리고 道는 궁극적으로 파괴와 살육에 의한 승리[破勝] 대신, 온전한 승리[全勝]를 지향한 병법(兵法)으로 제시한다.

손자병법 전편(全篇)의 논리 구조는 도가사상의 근본인 "道는 모든 것을 낳아주고(道生之), 德은 모든 것을 길러주며(德畜之), 물(物)은 그것을 꼴 지우고(物形之), 세(勢)는 그것을 완성하며(勢成之)",[104] 다시 道로 되돌아가는 과정을 기본 논리로 삼고 있다. 즉, 도와 덕은 천하의 인재와 백성들을 모이게 하고(計篇), 그들을 규합하여 군을 조직하여 전비 태세(形)로 꼴 지우며(形篇), 그 태세를 탁월한 지략(智略) 위주 용병(用兵)으로 세(勢)로 전환하여 승리하며(勢篇 이하), 전승(戰勝)의 성과를 확대하기 위한 확전(擴戰) 여부에 대해 감성적 화(火)를 다스려 이성적인 결심[火攻篇]을 강조하여 계편으로 되돌아간다.

특히 도덕경 57장의 "올바름으로 국가를 다스리고[以正治國], 기책(奇策)으로 용병하며[以奇用兵], 천하는 아무 일도 하지 않고 얻는다[以無爲取天下]."[105]에서 '以正治國, 以奇用兵'은 손자병법 계(計)편과 형(形)편에서 '정도(正道)로서 (국가를 다스려) 인재와 백성들을 규합하여 전비 태세를 구축하고[以正合], 이를 궤도(詭道-奇策)로 용병하여 세(勢)로 전환하여 승리한다[以奇勝].'와 일치(一致)한다. 또한, '以無爲取天下'의 의미는 구지(九地) 편에서 승리 후 '천하의 외교 관계를 다투지 않고, 천하의 권세를 회유(懷柔)하지 않는다[不爭天下之交, 不養天下之權].'로 환언하여 전반적인 논리(論理)의 틀을 완성한다.

104 노자, 전게서, 51장 道生之, 德畜之, 物形之, 勢成之.

105 상게서, 57장 以正治國, 以奇用兵, 以無爲取天下.

노자는 도덕경 30장에서 "무력으로 천하에 군림(君臨)하려는 시도는 결코 도(道)가 아니며, 도가 아니므로 군림(君臨)하더라도 결코 오래가지 못한다. 전쟁은 그 대가(代價)가 따르기 마련이어서, 나라가 황폐(荒廢)해지고 큰 전쟁 이후에는 반드시 흉년(凶年)이 이어진다."[106]고 그 폐해를 강조한다. 이에 대해 손무는 작전 편과 모공 편에서 전쟁의 목표(目標)를, 난세를 종식(終熄)시켜 영구평화를 달성하기 위한 '승리할수록 더 강해지는 것[勝敵而益强]'으로 삼고, 이를 위해 적을 살육하여 증오심과 적개심을 심어주거나[殺敵者怒也], 국가를 황폐화(荒廢化)시키는 물리적인 직접 충돌(破勝) 대신, 온전한 승리(全勝)를 위한 방법으로 '지모(智謀)로써 적을 다스리는' 모공(謀攻)을 제시한다.

그리고 전쟁은 오로지 부득이한 경우에 해야 할 뿐만 아니라, "훌륭한 사람은 목적을 달성했으면 그만이지 함부로 군림(君臨)하거나 뽐내거나 교만(驕慢)하지 않는다."[107] "승리를 자랑하거나 찬양하는 것은 살인(殺人)을 미화(美化)하는 셈이며, 살인을 즐기는 사람은 결코 세상에서 큰 뜻을 펼 수 없다."[108]라는 노자의 주장을 손자병법은 작전 편에서 "승리를 천하가 극찬한다면, 그것은 최선의 승리가 아니다. 그 까닭은 진정으로 전쟁을 잘하는 사람은 이미 승리에 유리한 여건을 조성해 두었기 때문에, 탁월한 기책(奇策)도 지혜롭다는 명성(名聲)도 용맹스럽다는 공적(功績)도 드러나지 않기 때문이다."[109]로 환언(換言)한다.

106 노자, 전게서, 30장 不以兵强天下, 物長則老, 是謂不道, 不道早已. 其事好還, 師之所處, 荊棘生焉, 大軍之後, 必有凶年.

107 상게서, 30장 善者果而已, 不敢以取强, 果而勿矜, 果而勿伐, 果而勿驕.

108 상게서, 31장 而美之者, 是樂殺人, 夫樂殺人者, 則不可得志於天下矣.

109 손자병법, 전게서, 작전편 戰勝而天下曰善, 非善之善者也, (중략), 故善戰者之勝也, 無奇

도덕경 76장의 "부드럽고 약한 것[柔弱]이 강하고 견고한 것[剛堅]을 이긴다."[110]는 주장은 손자병법은 모공(謀攻) 편에서 유약(柔弱)을 연성권력(Soft Power)인 지략(智略)으로, 강견(剛堅)은 경성권력(Hard Power)인 물리력으로 대체(代替)한다. 그리고 도덕경 73장의 "감히 해보려는 용기(勇氣)를 가지면 죽기 마련이고, 감히 하지 않으려는 용기를 견지(堅持)하면 살아남는다."[111]라는 구절에서, 전자의 용기는 상호 파괴와 살육이 필수적으로 수반되는 직접접근(直接接近)으로, 후자의 용기는 온전한 승리를 지향한 간접접근(間接接近)으로 제시한다. 그 두 가지 원리는 '온전한 승리[全勝]를 위한 지략(智略) 위주 간접접근'으로 요약하며, 이를 세(勢) 편 이하의 용병(用兵) 일반론과 용병의 실제에 걸쳐 '지략 위주 간접접근'을 전술적, 작전적 및 전략적 상황에 따라 구체적으로 논한다.

도덕경에서 알고 이긴다는 의미는 주로 자기 성찰(省察)과 관련된다. "상대방을 아는 것은 지혜(智慧)로움이며, 자신을 아는 것은 깨달음이다. 상대방을 이기는 것은 힘이 있음이요, 자기를 극복하는 것이 강(剛)함이다. 자기를 알고 스스로 만족할 줄 아는 것은 부유(富裕)함이며, 자기를 극복하기 위해서는 뜻이 있어야 한다. 본래의 제자리를 잃지 않으면 영원할 수 있다."[112] 이에 대해 손자병법은 항상 적을 아는 것 못지않게 자신을 알 것을 함께 언급하며[知彼知己], 자기 극복의 중요성을 군

勝, 無智名, 無勇功.

110 노자, 전게서, 76장 柔弱勝剛堅.

111 노자, 전세서, 73장 勇於敢則殺, 勇於不敢則活.

112 상게서, 33장 知人者智, 自知者明, 勝人者有力, 自勝者强, 自足者富, 强行者有志, 不失其所者久.

쟁 편에서는 다섯 가지 다스림[오치(五治): 一人之耳目과 4치(治氣/治心/治力/治變)]로, 그리고 화공 편은 편명 자체가 감성적 화(火)를 다스린다[火攻]는 뜻으로 제시한다.

도덕경 68장의 "훌륭한 전사(戰士)는 무용(武勇)을 자랑하지 않고, 훌륭한 전쟁지도자는 분노(憤怒)하지 않으며, 훌륭한 용병가(用兵家)는 직접 대적(對敵)하지 않으니, 이를 겨루지 않는 덕(德)이라고 말한다."[113]는 주장과 69장의 "감히 주인 노릇하는 대신, 손님 노릇을 하고, 한 치 전진(前進)에 집착하는 대신, 한자쯤 뒤로 물러서는 것이 행(行)하지 않으면서 행하는 것이며, 쇄노(鎩弩) 자루 없이 적을 물리치고, 적이 없는 성을 탈취하며, 병력 없이 지키는 것이다. 이때 적을 가볍게 보면 재앙(災殃)과 환난(患難)이 막대하나, 서로 맞붙어 싸우게 되면 승리하더라도 슬퍼하는 승리가 된다."[114]는 주장은 손자병법 모공편에서 파괴에 의한 승리[破勝]와 온전한 승리[全勝]를 대비시키며, 그 방법으로 물리적인 직접 충돌을 지략 위주 간접접근과 대비시켜 제시하며, 그 폐해(弊害)에 대해서는 작전 편과 군쟁 편에서 강조한다.[115]

도덕경 23장 "道의 이치(理致)는 너무나 자연스러워 말할 필요가 없다. 말이 많으면 많을수록 믿음이 부족하게 되고, 불신(不信)이 따르기 마련이며,"[116] 5장 "인간이 말이 많음은 중심이 없는 궁(窮)함의 표현이

113 상게서, 68장 善爲士者不武, 善戰者不怒, 善戰敵者不與, 是謂不爭之德.

114 상게서, 69장 吾不敢爲主而爲客, 不敢進寸而退尺, 是謂行無行, 攘無臂, 扔無敵, 執無兵, 禍莫大於輕敵, 故抗兵相加, 哀者勝矣.

115 손자병법, 전게서, 작전편 ① 및 ②문단과 군쟁편 ②문단 참조.

116 노자, 전게서, 23장 希言自然, 信不足焉, 有不信焉.

다."[117] 라는 주장은 손자병법 행군 편의 징후로 본 부대 상태에서, "장수가 장황하게 간곡하게 얘기하는 것은 부하들의 신망(信望)을 잃었기 때문이요, 자주 상(賞)을 주는 것은 떳떳하지 못하거나 궁색하기 때문이며, 자주 벌을 주는 것은 서로 통하지 않기 때문이요, 먼저 난폭하게 대한 후에 부하들을 겁내는 것은 처사(處事)가 지극히 정제(精製)되지 못하기 때문이다."[118]라고 환언(換言)한다.

도덕경 22장의 자연은 "휘어야 온전해지고, 굽어야 곧아질 수 있으며, 움푹 파여야 채워질 수 있고, 헐려야 새로워지고, 적으면 얻게 된다."[119]는 이치(理致)는 군쟁 편에서 '돌아감으로써 더 빨리 가는 계책[迂直之計]'과 구지 편에서는 '내가 굽히고 있음을 적이 믿도록 만드는 굴신지리(屈信之利)로 표현한다.

도덕경의 무위(無爲), 무사(無事), 무욕(無慾)의 관점에서, "도(道)는 항상 억지로 일을 하지 않으나, 안 되는 것이 없다. 제후(諸侯)나 왕(王)이 이를 지키면, 만물(萬物)이 스스로 변하고, (중략), 욕심을 버리고 조용히 있으면, 천하(天下)가 스스로 안정된다."[120] 요컨대, "내가 조용히 있기를 좋아하면 백성은 스스로 바르게 되고, 내가 일을 벌이지 않으면 스스로 부유해지며, 내가 욕심을 버리면 스스로 다스려진다."[121]는

117 상게서, 5장 多言數窮, 不如守中.

118 손자병법, 전게서, 행군편 諄諄翕翕, 徐與入入者, 失衆也. 數賞者, 窘也, 數罰者, 困也, 先暴而後畏其衆者, 不精之至也..

119 노자, 전게서, 22장 曲則全, 枉則直, 窪則盈, 敝則新, 少則得.

120 상게서, 37장 道常無爲而無不爲, 候王若能守之, 萬物將自化, (중략), 不欲以靜, 天下將自定..

121 상게서, 57장 我好靜而民自正, 我無事而民自富, 我無欲而民自樸.

원리(原理)는 구지 편에서 "돌아갈 곳이 없는 위험에 빠뜨리면, 병사들은 타이르지 않아도 경계하며, 구하지 않아도 얻게 되고, 언약(言約)하지 않아도 가까워지며, 명령을 내리지 않아도 믿게 된다."[122]라도 유사한 의미로 환언(換言)한다.

무위자연(無爲自然)으로 지칭되는 도가사상은 아무것도 하지 않는다는 뜻이 아니라, 자연처럼 서서히 도리(道理)에 맞게 이루거나 조치(措置)해 나간다는 뜻이다. 그 관점에서 63장에서는 "어려운 일도 그것이 쉬울 때부터 도모하고, 큰일도 그것이 작을 때부터 이루어 나감으로써, 마지막에는 큰일을 하지 않고도 어려운 큰일을 이룰 수 있다."[123]는 주장을 손자병법에서는 "전쟁을 잘하는 자(者)의 승리는 탁월한 기책(奇策)도, 지혜롭다는 명성(名聲)도, 용맹스럽다는 공적(功績)도 알려지지 않는다. 왜냐하면, 이미 승리할 수 있도록 사전에 조처(措處)해 두어서, 이미 패(敗)한 적(敵)에 대한 승리이기 때문이다."[124]라는 사전에 유리한 여건조성을 강조하는 의미로 언급한다.

끝으로, 도덕경 61장에서 "강과 바다가 백곡(百谷)의 왕자(王者)가 되는 이유는 자신을 낮추기를 좋아하기 때문이며"[125], 66장에서 "큰 나라가 하류(下流)와 같다면, 천하(天下)가 모여들어 교류하게 된다."[126]는 원리는 손자병법 구지(九地) 편에서 큰 나라를 정벌한 후, 천하(天下)를

122 손자병법, 전게서, 구지편 其兵不修而戒, 不求而得, 不約而親, 不令而信.

123 노자, 전게서, 68장 圖難於其易, 爲大於其細, 是以聖人終不爲大, 故能成其大

124 손자병법, 전게서, 형편 故善戰者之勝也, 無奇勝, 無智名, 無勇功, (중략), 其所措勝, 勝已敗者也

125 노자, 전게서, 61장 江海所以能爲百谷王子, 以其善下之, 故能爲百谷王

126 상게서, 66장 大國若下流, 天下之交

다투는 대신, “자국의 도(道)의 실천과 탁월한 지략(智略)의 성과를 주변 제후들에게 널리 펼치는 것만으로, 그들의 성(城)과 나라를 얻을 수 있으니, 그럴 경우, 법령에 없는 상을 주고 정사(政事)에 없는 칙령(勅令)을 내려서 칭송(稱頌)한다.”[127]라는 주변 제후국들을 자발적으로 귀속(歸屬)시키는 개념으로 발전한다.

127 손자병법, 전게서, 구지편 信己之私威, 加於敵, 故其城可拔, 其國可隳, 施無法之賞, 懸無政之令

제3장

해석의 내재적(內在的) 구조(構造)

해석의 내재적(內在的) 구조는 병서(兵書)에 명시되어 드러난 구조로서 해석에 논리적 문맥이나 맥락 또는 저술상의 특징 등 해석에 논거(論據)를 제공하는 요소들이다. 여기에는 앞의 외연적 구조에 영향을 받아 형성된 저자(著者)의 지배적 사상으로 반영된 전쟁과 평화 사상(思想)이나 그 사상이 저서에 투영되어 나타난 사상적인 명시개념, 그리고 전편(全篇) 및 각 편(篇)의 논리 구조(論理構造)와 저술상 특징(特徵) 등이 포함된다. 그중에서 전편 및 각 편의 논리 구조에 대한 인식은 손자병법의 체계성 연구의 출발점이다.

제1절
저자의 전쟁과 평화 思想

어떤 저서를 통해 추리(推理)하려는 저자의 사상(思想)이란 저서의 전반적인 논리와 모순되지 않는 주제(主題)에 관한 일정한 인식(認識)이나 견해(見解)이다. 그 사상은 저서에서 논리적 정합성(整合性)을 가진 통일된 저술상 체계로 나타나기 때문에, 저서 전체의 논리와 개념들을 지배한다. 손무의 사상은 그가 손자병법을 저술하면서 품고 있었던 생각으로, 그의 저서가 지향하는 궁극적인 목적이다.

특히, 손자병법은 전쟁 승리의 진법(陳法)을 논하는 다른 병법서와 달리, 추상적인 원리와 개념들로 구성되어 있으므로, 그것들을 다 이해하기 위해서는 주제(전쟁) 관련 저자의 사상을 먼저 생각해야 할 필요성이 대두된다. 여기서는 당시의 시대상 및 지배적인 사상과 연계시켜 저자의 사상을 추론(推論)하고 저서의 논리적 흐름과 결부시켜 그 의의를 발견한다.

1. 사상(思想) 형성의 배경(背景)

군웅(群雄)이 할거하던 춘추시대 말기에 살았던 병법가로서 손무는 전쟁을 당사국 간의 승패 문제로 한정시키지 않고, 주변 제후들과의 관계 속에서 장기적인 국가의 흥망성쇠(興亡盛衰)와 결부시켜 생각하지 않을 수 없었을 것이다. 전쟁으로 점철된 시대(時代)에 패전국(敗戰國)은 물론, 승전국(勝戰國)임에도 불구하고 전쟁의 폐해(弊害)와 민심의 피폐(疲弊)를 틈탄 제3국에 의해 멸망했던 국가들,[1] 하나의 전쟁에서 완벽한 승리를 달성했더라도 자만심(自慢心)으로 무모(無謀)한 확전을 거듭하여 패망의 전철(前轍)을 밟게 된 나라들,[2] 한때는 부국강병을 통해 천하를 겨루던 국가가 무분별한 세력 확장과정에서 살육(殺戮)과 파괴(破壞)를 일삼아, 주변 제후들의 반동맹(反同盟)과 복수심을 부추겨[3] 끝없는 전쟁의 소용돌이에서 헤어나지 못하고, 망국(亡國)을 자초한 열강들의 부침(浮沈)과 백성들의 고통을 보아 온 손무는 전쟁 승리의 무상(無常)함을 누구보다도 더 잘 알고 있었을 것이다. 그와 같은 강대국의

1 손자병법, 전게서, 작전편 夫鈍兵挫銳, 屈力殫貨, 則諸侯乘其弊而起, 雖有智者, 不能善其後矣.

2 상게서, 화공편 非利不動, 非得不用, 非危不戰. 怒而主不可以興師, 將不可以慍而致戰.

3 상게서, 작전편 殺敵者怒也.

흥망성쇠(興亡盛衰)에 대한 손무의 역사 인식(認識)은 그에게 한 차례의 일시적인 승리보다는 전승(戰勝) 이후의 영구평화에 중점을 두도록 만들었을 것이다.

2. 손무의 전쟁과 평화 사상(思想)

손무의 전쟁에 관한 사상(思想)은 그의 병법서 전편에 걸친 논리적 흐름을 당시의 시대상이 말해 주었던 것들[4]을 당시에 지배적이었던 도가사상으로 외연(外延)시켜 추정할 수 있다. 병법가로서 손무는 누구나 쉽게 생각하듯이 천하통일(天下統一)을 달성해야 전쟁이 없는 영구평화의 시대가 올 것으로 생각했을 것이다. 그러한 영구평화(永久平和)를 지향한 천하통일을 전쟁의 궁극목적(窮極目的)으로 설정하여, 그 목적을 달성하기 위한 전쟁의 목표와 수단 및 방법들은 일반적인 전쟁과 전혀 상이하다.

누구나 알고 있듯이, 천하 통일은 적대국들에 대한 연속적인 전승(戰勝)을 요구한다. 그러나 열강들의 각축장(角逐場)에서 전승(戰勝)에 불가피한 상호 파괴와 살육은 천하 통일을 불가능하게 만들거나, 가능하다고 하더라도 누적된 적개심과 복수심으로 오래가지 못하여, 그 이후의 평화도 지배층의 일시적인 평화일 뿐 결코 천하를 위한 영구평화가 될 수 없다.

4 여기에는 전쟁의 폐해에서 백성들의 고통에 대한 惻隱之心과 평화에 대한 염원 등이 포함될 것이다.

저자는 영구평화를 지향하는 천하통일이라는 전쟁의 궁극목표를 달성하는 수단으로서 전쟁 목표와 수단 및 방법을 모색하면서, 전통적인 도가사상의 이상(理想)과 전쟁 승리의 원리(原理)를 결부시킨다. 먼저, 평화 시 도가사상을 실천하는 군주에 의해 천하의 백성과 명장(名將)들을 포함한 인재(人才)들을 모아서 압도적인 국력이나 군사력의 우세(優勢)를 달성하는 것[5]이며, 파괴가 본질인 전쟁에서 도가사상의 실천으로서, 작전(作戰) 편은 전쟁의 목표를 국력의 소진과 적개심 및 복수심을 증폭시키는 상호 파괴와 살육에 의한 승리가 아니라, 승리할수록 더 강해지는 승리[勝敵而益强]를 제시한다. 그리고 모공(謀攻) 편은 그 목표(目標)를 달성하는 방법으로 물리적 직접 충돌에 의한 파괴와 살육에 의한 파승[破勝]이 아닌, 온전한 승리[全勝]를 위한 지략(智略) 위주 간접접근(間接接近)을 제시한다.

손무는 그와 같은 전쟁의 목표와 방법으로 천하통일을 달성했을 경우에만, 그 이후 도가사상의 이상(理想)이 구현되는 영구평화를 존속(存續)시킬 수 있다고 보았을 것이다. 따라서 병법을 저술한 손무의 전쟁과 평화 사상(思想)은 '도가사상이 실현되는 영구평화를 지향한 천하통일'로 추정할 수 있다.

그와 같은 손무의 전쟁과 평화 사상을 전쟁의 궁극목적으로 보았을 때, 그가 제시한 전쟁 대비 다섯 가지 정사(政事) 중 도(道)는 도가사상에서 제시한 道에 따라 국가를 다스리면 천하의 백성과 인재(人才)들이

5 이는 손자병법, 전계서, 계편의 국가경영의 다섯 가지 政事(經之以五)의 延長으로 形篇의 도를 실천하고 법을 보존하여(修道以保法) 구축되는 일칭수(鎰稱銖)의 전비 태세를 말한다.

모여든다는 함의(含意)와 일치되며, 그럼으로써, 군주와 장수 및 백성들이 빈말이 아닌, 진정으로 생사(生死)를 함께하게 될 것이다[道者, 可與之生, 可與之死, 而不詭也]. 군주의 도행(道行)과 관리(官吏) 또는 장수의 관도(官道)만으로 압도적인 우세(優勢)를 달성하여 이미 승패가 정해진다[修道而保法, 故能爲勝敗之正]는 형(形) 편의 논리로 전개된다.

작전 편에서 제시한 연속적인 전쟁의 목표인 승리할수록 더 강해지는 승리[勝敵而益强]에 앞서 각 개 전쟁의 목표로서 적(敵)을 살육하면 적의 증오심이나 복수심을 자극하는 반면, 적의 재화를 탈취하여 쓰면 그것을 빼앗긴 자기 장수를 바보 멍청이로 생각하여 상하 불신을 조장하여 온전하게 승리[全勝]할 수 있다고 강조한다. 이는 그가 승리할수록 더 강해지는 승리는 단순히 천하통일을 위해 강력한 힘을 축적하는 방법만이 아니라, 물리적 및 정신 · 심리적으로 온전한 승리[全勝]를 달성할 때, 비로소 천하통일(天下統一)은 물론, 그 이후의 평화도 영속(永續)될 수 있다고 기대했을 것이다.

그와 같은 저자(著者)의 사상(思想)을 추론(推論)하는 또 다른 측면은 전쟁의 궁극목적에 대한 다음과 같은 두 · 세 가지의 질문에 대해 손자병법의 논리적 흐름과 결부시켜 답하는 과정으로 대신할 수 있다. 그 첫 번째 질문은 '손자병법은 단순히 전쟁 승리의 보편적 원리만을 제시하려 했던 것인가?'이다. 만일 그 이상의 것을 말하고자 했다면, 두 번째 질문은 '전쟁의 궁극목적을 천하의 패권장악(霸權掌握)으로만 보았는가?'이다. 만약 그렇지 않다면, 마지막 질문으로 '손무가 꿈꾸었던 천하통일 이후의 천하는 어떤 모습이었을 것인가?'이다.

전쟁의 질곡(桎梏)에서 백성들이 신음하던 시대상과 전통적인 도가사상을 그의 저서에서 발견할 수 있는 몇몇 글귀나 개념들과 연계시켜 본다면, 그 질문에 대한 답은 어렵지 않게 추론(推論)할 수 있다. 첫 번째 질문에 대한 답으로서, 손자병법은 단순히 단일 전쟁에서 승리를 추구하는 보편적 원리만을 제시하는데 머무르지 않는다. 작전 편에서 '승리하면 할수록 더 강해지는 승리[勝敵而益强]'를, 그리고 지형 편과 구지 편에서 자국의 파괴를 최소화하려는 원정전(遠征戰)을, 그리고 天下를 논하는 모공편의 "必以全爭於天下"와 구지편의 "不爭天下之交, 不養天下之權"라는 문구에 비추어 볼 때, 손자병법은 전통사상에서 강조한 부득이(不得已)한 단일 전쟁에서 승리를 추구하는 원리만을 다루지 않고 연속적인 승리를 염두에 두고 있다고 볼 수 있다.

두 번째 질문은 연속적인 전쟁 승리의 목적이 당시에 군주라면 누구나 꿈꾸었을 천하를 통일하여 패권(覇權)을 장악하는 것인가? 만약 천하통일 자체가 전쟁의 목적이라면, 그 목적을 달성하는 과정은 살육과 파괴가 필수적인 연속적인 정복(征服)을 요구할 것이다. 이 경우, 전쟁에 필연적인 파괴는 물론, 천하의 백성들의 적개심과 복수심은 당연한 것으로 받아들여야 한다. 그러나 손자병법은 일관되게 물리적으로나 정신 · 심리적으로 온전하게 천하를 다툴 것을 강조한다는 점에서, 손무가 생각하고 있는 전쟁의 목적은 단순한 물리력에 의한 천하통일이나 패권 추구 이상의 것이며, 구지편에서는 그 궁극목적을 달성할 수 있는 用兵을 왕도(王道)와 패도(覇道)를 겸비한 왕패지병(王霸之兵)으로 부른다.

마지막 질문으로서, 그렇다면 손무(孫武)가 꿈꾸었던 천하통일 이후의 세상은 어떤 모습일 것인가? 손자병법은 계편(計篇)에서 다섯 가지 정사(政事)의 첫 번째 요소로서 道를 들고, 주요 편의 결론으로서 保國 · 安民을 언급하며, 살육과 파괴가 초래할 적개심(敵愾心)과 증오심(憎

惡心) 심화(深化)를 경계하고[작전편의 殺敵者怒也], 천하를 다투되 반드시 온전한 상태를 유지할 것을 강조하면서[모공편의 必以全爭於天下], 패도(覇道)는 물론, 왕도(王道)를 지향한 승리를 이상(理想)으로 언급한 점[구지편: 王覇之兵]에 비추어 보아, 그가 꿈꾸었을 천하통일 이전과 이후의 세상은 道가 실현되어 전쟁이나 갈등이 없는 영구평화(永久平和)일 것이라는 추론(推論)이 가능하다. 그와 같은 전후(戰後)의 비전(Vision)을 지향(指向)하기 위해서는 전쟁 준비를 위한 정사(政事)는 도(道)에 근본을 두어야 할 뿐만 아니라, 전쟁 자체도 온전한 승리[전승(全勝)]를 통해 천하가 통일되어야 하며, 통일된 천하도 道에 의해 다스려질 때 비로소 가능하다고 보았을 것이다.

요컨대, 저자의 전쟁과 평화 사상은 도가사상의 道가 구현되는 '영구평화를 지향한 천하통일'이다. 그것은 전쟁의 최종상태(End State)이자 戰後의 비전(Vision)이며 궁극목적이다. 道를 실현하는 군주와 탁월한 지략(智略)을 갖춘 장수에 의한 온전(穩全)한 승리(勝利)[全勝]를 통해, 승리할수록 더 강해져서[勝敵而益强] 천하 통일이 가능하고, 그 이후의 영구평화도 보장할 수 있을 것이다.

따라서 '영구평화를 지향한 천하통일'이 전쟁의 궁극목적이며, 온전한 승리를 통해 '승리할수록 더 강해지는 것[勝敵而益强]'이 연속적인 전쟁의 목표이고, 각개 전쟁의 목표는 '온전한 승리[全勝]'이며, 그 방법은 지략(智略) 위주 간접접근(間接接近)'이다.

손무는 道를 실천하는 지도자만이 온전한 상태로 천하를 통일할 수 있을 뿐만 아니라, 천하통일 이후의 영구평화도 구현할 수 있다고 보았을 것이다. 그 관점에서, 그는 당시의 지배적인 도가사상(道家思想)을 온전한 승리(全勝)를 위한 전쟁 목표와 모순 없이 결합하고 있다. 손무는 온전한 승리의 요체(要諦)로서 도(道)와 지략(智略)을 들고 있다. 계편의 道는 군주에 의한 국가경영과 다스림의 근본일 뿐만 아니라, 法의 한 요소인 관도(官道)는 조정이나 하부 관리(官吏), 더 나아가 군 지휘조직 내의 道로서 일관되게 강조한다.

작전 편과 모공 편에서는 영구평화를 지향한 합목적적인 전쟁의 목표와 방법을 제시한다. 작전 편에서는 승리하면 할수록 더 강해지는 승리[勝敵以益强]를 천하통일에 이르는 연속적인 전쟁의 목표로 제시한다. 이는 구체적으로 피 · 아의 직접 충돌로 적을 살육하여 적의 적개심이나 복수심을 자극하는 대신, 장수 수준의 지략 다툼에서 승리하여 적의 재화를 빼앗아 적병들이 자기 장수를 바보 멍청이로 생각하게 만들고[取敵之利者貨也], 포획한 적병(敵兵)을 선무(宣撫)하고 부양(扶養)시켜 자군(自軍)에 편입시켜 승리할수록 더 강해지는 승리를 달성하려 한다. 모공(謀攻) 편은 편명 자체가 지모(智謀)로써 적을 다스리거나 통제한다는 의미로서, 그럼으로써, 파괴에 의한 승리(破勝)가 아니라, 온전한 승리(全勝)를 추구할 것을 강조한다. 요컨대, 작전 편의 전쟁 목표[勝敵以益强]을 달성하는 방법으로써, 모공편은 온전한 승리를 위해 적의 포획(捕獲)을 지향하는 '지략(智略) 위주 간접접근(間接(接近)'을 제시한다.

손자병법은 파괴나 살육에 의한 승리 자체(모공편의 破勝)를 최하책(最下策)으로 제시한다. 저자는 전쟁의 파괴나 살육으로 인한 적의 적개심이나 복수심의 자극(刺戟)을 경계(警戒)함으로써[작전편의 殺敵者怒也], 당시에 대부분의 평화 사상이 전쟁을 부정(不正)하거나 죄악시(罪惡視)하는 근본 이유에서 벗어나, 전쟁을 영구평화를 구현하는 수단으로 제시한다. 전쟁 승리의 효과나 천하통일이 오래가지 못하고 또 다른 전쟁을 잉태(孕胎)하는 이유는 전쟁에서 불가피한 살육과 파괴, 그로 인한 적에 대한 적개심과 복수심의 증폭(增幅), 그리고 전승국(戰勝國)의 강압(强壓)이나 교만(驕慢) 또는 부도덕성(不道德性) 때문이다. 손무는 전쟁의 그러한 불가피한 본성(本性)을 道에 의한 다스림과 온전한 승리를 위한 지략 위주 간접접근을 통해서 피할 수 있다고 생각했을 것이다.

인간세(人間世)의 모든 모순 · 대립 관계가 조화와 호응의 관계로 변화할 때, 우주 만물이 태어나고 성장한다고 주장하면서도, 전쟁과 평화만은 양립할 수 없는 것으로 거부하는 전통적인 평화 사상을 뛰어넘어, 손무는 전쟁을 영구평화를 달성하는 수단으로 호응(呼應)시키고 합일(合一)시킨다. 그는 군주의 道와 장수의 탁월한 지략(智略)이 전쟁의 파괴성을 온전성(穩全性)으로 대체하여, 온전한 승리[全勝]를 달성하는 것을 전쟁 목표로 설정하여 전쟁의 궁극목적인 '영구평화를 지향한 천하통일'을 달성하는 수단으로 양립(兩立)시킨다.

요컨대, 전쟁에서 승리만이 아니라, 승리 이후에도 영구평화를 지향하면서 합목적적(合目的的)인 전쟁을 다루었다는 측면(側面)에서 손자병법은 진정한 전쟁철학(戰爭哲學)을 논했다고 평가할 수 있다. 그럼으로써, 전쟁을 단순한 '정치의 연속'에서 도(道)를 실천하기 위한 "정치의 연속"으로 논한다. 평화 시도(道)를 실천하는 정치로부터 전후(戰後)에도 도가 실현되는 정치로 연속되기 위해서는 전쟁 수행도 물리적 파괴(破壞)나 살육(殺戮)이 아니라, 도(道)와 지략(智略)에 의존하여 온전한 승리를 추구해야 한다.

그와 같은 손무의 전쟁관(戰爭觀)은 정치의 다른 수단으로서 전쟁의 본질을 파괴와 살상으로 상정한 클라우제비츠의 "전쟁은 다른 수단에 의한 정치의 연속에 불과하다.[6]"는 명제(命題)와 유사한 것처럼 보이지만, 그 본질(本質)은 전혀 상이하다. 손자병법은 전쟁 전 · 후에 道가 구현되는 경국(經國)과 치국(治國)을 전제함으로써 다른 수단에 의한 정치의 연속이나 수단으로서 전쟁이 아니라, 평화라는 보편적인 가치를 지향하는 합목적적인 정치의 연속으로서 전쟁을 논(論)하며, 그 수단의 본질도 사졸들의 유혈(流血)의 정도에 따른 승리[全勝]가 아니라, 장수들의 지략 위주 싸움에 패배하여 자기 장수를 바보 멍청이로 생각하는 적의 사졸들을 포용하는 온전한 승리를 강조한다.

3. 사상적(思想的) 명시개념(明示概念)

사상적 명시개념은 저자의 묵시적(默示的)인 전쟁과 평화 사상이 저서에 반영되어 드러난 개념들이다. 사상(思想)은 저서 전반의 논리와 개념들을 지배하기 때문에, 사상적 명시개념도 전편에 걸쳐 일관되게 그의 사상을 대표한다. 여기에는 도(道)와 관도(官道), 안민(安民)과 보국(保國), 온전한 승리[全勝], 탁월한 지략(智略), 그리고 이성(理性)에 의한 감성(感性)의 다스림 등이 포함된다. 이 개념들의 대부분은 이미 저자의 사상(思想)을 설명하면서 이미 언급한 바 있으나, 여기서는 그 효과와 결부시켜 더 구체적으로 부언(附言)한다.

6 Carl von Clausewitz, *On War*, ed. and trans., Michael Howard and Peter Paret, (NJ: Princeton Univ. Press 1976), p.87. 클라우제비츠는 2,500여 년 이후에야 이를 자기 저서의 핵심 명제로 삼고 있다.

가. 도(道)와 관도(官道)

손자병법에서 道는 計篇과 形篇 및 九地篇에서만 직접 언급하지만, 전편(全篇)의 논리를 지배하고 있다. 계편에서 '道는 백성이 윗사람과 뜻을 같이하여 진정으로 생사(生死)를 함께하는 것[道者, 令民與上同意也, 故可與之死 可與之生, 而民不詭[7]也].'으로, 주로 전쟁 수행의 관점에서 정의하지만, 道에 의한 정사(政事)는 모두 군주의 도행(道行)의 결과로 형성될 뿐만 아니라, 그 결과로 구축된 비교요소(七計)들도 모두 도(道)와 관도(官道)를 실천한 결과로 볼 수 있다. 따라서 묵시적으로 道에는 도가사상의 道行의 결과로써, '모든 계곡물이 강과 바다로 모여 들 듯이 천하의 백성과 인재들이 모여들게 된다,'는 의미가 포함된다고 볼 수 있다.

특히 形篇은 道行의 결과로 구축된 이상적인 전비태세(戰備態勢)를 논하면서, '道를 닦고 法을 보전하는 것[修道而保法]'만으로도 '승패를 바로잡는[勝敗之正],' '일칭수(鎰稱銖)[8]라는 압도적으로 우세한 전비태세를 구축할 수 있음'을 설명하고 있다.

구지(九地) 편에서는 '모든 용기를 하나로 갖추게 만드는 것은 정사(政事)의 도[齊勇若一 政之道也]'로서 계편의 도(道)에 대한 정의를 다른 의미로 언급하면서, '굳셈과 유약이 모두 득(得)이 되는 것은 조성한 상황(地)의 이치로 그렇게 된다[剛柔皆得, 地之理也].'고 부언한다. 특히

7 중한사전에 궤(詭)는 '속이다, 책망하다, 위배하다, 배반하다'라는 뜻이 있으며 여기에서는 '속이다, 배반하다'라는 뜻이 적절하다.

8 鎰은 24냥이며 銖는 1냥의 1/24이다. 따라서 鎰로써 銖를 저울질(鎰秤銖)하는 비율은 576 : 1이다.

'강유개득(剛柔皆得)'에서 강유(剛柔)는 도가사상 이전에 도(道)라는 일기(一氣)에서 시작한 우주 만물의 두 가지 기운인 음양 이기(陰陽 二氣)의 다른 표현이었다는 점에서 道를 달리 표현했다고도 볼 수 있다.

따라서 도(道)와 관도(官道)는 전쟁 이전에 이미 승패를 가늠할 수 있는 평화 시의 경국(經國)과 치국(治國)의 철학이며, 전쟁 승리의 원리를 다루는 병법의 전편(全篇)은 묵시적으로 그 효과에 기반을 두고 논리를 전개하며, 천하통일 이후의 영구평화를 유지하기 위해서도 도와 관도에 기반을 두고 천하가 다스려져야 함을 암시(暗示)한다.

손자병법에서 앞서 언급한 전쟁의 목표와 방법을 가능케 하는 저변(底邊)에는 항상 도와 관도에 기반을 둔 치국(治國)과 치병(治兵)을 통해 발현될 수 있는 '함께하는 힘'이 깔려있다. 그 몇 가지 예로서, 계편에서 道에 기반을 두고 국가를 경영하고 다스림으로써, '국제적인 지지(支持)와 지원(支援)을 획득할 수 있고(天地孰得) 천하의 훌륭한 인재들을 등용할 수 있으며(將孰有能),' 등용된 인재(人才)들의 관도(官道)에 의해 '법(法)이 잘 이행될 수 있으며(法令孰行)' 그럼으로써, '더 강한 군대를 조직하고(兵衆孰强) 더 잘 훈련된 병력을 육성(士卒孰練)'할 수 있게 된다.

작전편에서 도(道)와 관도(官道)는 포획한 '적의 병사들을 회유(懷柔)하고 진휼(賑恤)하여[卒善而養之] 승리할수록 더 강해질 수 있도록 해주는[勝敵而益强]' 포용(包容)의 힘으로 작용하며, 모공편에서는 '장수의 탁월한 지략으로 적의 도전 의지를 약화시키고(伐謀), 외교적으로 고립시키는(伐交) 등 전쟁이나 전투 없이 적을 굴복시키는[不戰而屈人之兵]' 배경적인 힘에는 군주의 도(道)와 장수의 관도(官道)의 탁월성이 작용한다.

구지편에서 절망적인 상황에 빠뜨려 존속할 수 있게 하며[投之亡地然後存], 살아남을 수 없는 상황에 빠뜨린 후에 살아 남는다[陷之死地然後生].'는 주장이 그 반대의 효과로 나타나지 않는 유일한 조건은 자기들의 군주와 장수의 도의 실천과 지략의 탁월성에 대한 신뢰심(信賴心)이다. '대국을 정복한 후, 그들의 백성들이 취합(聚合)하지 못하게 만들고[伐大國則其衆不得聚], 그 사졸들이 흩어져서 모이지 못하게 하며[卒離而不集], 부대가 모이더라도 다스려지지 못하게 하고[兵合而不齊], 주변국과 외교 관계를 맺지 못하게[則其交不得合]' 만드는 가능성도 도(道)와 관도(官道)에 따라 국가와 군이 잘 다스려진다는 믿음이 좌우할 것이다.

끝으로, 용간(用間) 편에서 적을 먼저 알기 위한(先知) 반간(反間)의 운용도 후대(厚待)만이 능사가 아니라, 군주가 도를 구현하고 장수가 관도를 실천할 때, 비로소 자국을 배반하여 상대국과 협력을 가능케 할 것이다. 요컨대, 군주와 장수에 의한 도와 관도의 실천적 효과를 전제(前提)하지 않는다면, 손자병법의 이상적인 개념(概念)이나 논리(論理)들은 아마도 관념론(觀念論)에 불과하여, 실천적 측면에서 제기(提起)될 수 있는 무수한 반론(反論)에 대해 답하기 어려울 것이다.

나. 안민(安民)과 보국(保國)

도(道)의 연장선에서, 손자병법의 기저(基底)에는 '安民을 위한 保國'의 정신이 면면(綿綿)히 흐르고 있다. 계편의 첫 번째 문단에서 전쟁을 '국가 존망의 기로[存亡之道]'임을 말하기 전에, 먼저 '백성의 삶과 죽음이 좌우되는 현장[死生之地]'임을 들어서 신중히 살펴 잘못이 있어서는 안 되는 국가의 대사(大事)로 규정한다. 따라서 손자병법에서 나라를 보호하고 지키는 일은 군주에 대한 맹목적인 충성만이 아니라, 백성들이 안심하고 편안하게 살 수 있도록 道를 실천하는 나라를 보호하고, 더 나아가 영구평화를 지향한 천하통일이라는 궁극목적이 전제(前提)된다.

이는 당시 전쟁의 목적으로서, '도덕 정치를 베풀지 않으면 제후들이 나서서 토벌하고 체포하며,' '군사를 일으켜 불의(不義)를 토벌(討伐)해야 한다.'는 정의(正義)의 전쟁 맥락(脈絡)에도 일치한다. 손무의 가계(家系)가 진(陳)나라에서 제(齊)나라로 다시 오(吳)나라로 건너가 뜻을 펼치려 했으나, 결국 오왕의 아들 부차의 사람됨을 알고 사직(辭職)한 후 은둔하면서 병법을 가르치며 살았다는 점에 비추어 볼 때, 손자병법에 흐르는 보국(保國)의 개념은 부도덕하거나 폭정을 일삼아 백성을 도탄에 빠지게 만드는 군주가 아니라, 도덕(道德) 정치(政治)를 구현하여 국가와 백성을 보호하고 부흥시킨다는 의미가 포함된다.

道에 의한 안민(安民)과 보국(保國)이라는 사상적 명시개념은, 작전편에서 '전쟁의 이치를 아는 자만이 백성의 생명을 관장(管掌)하고, 국가 안위를 좌우하는 주체가 될 수 있으며,'[9] 모공 편에서는 '무릇 장수는 국가를 보좌하는 자(者)[10]'로, 지형 편에서는 군주의 명령(令)이라도 상황에 부합하지 못하면 따르지 않을 수 있으니 '이는 자신의 이름을 떨치거나 책임을 회피하기 위해서가 아니라, 오로지 백성의 안전을 보존하고 도(道)를 따르는 군주[主孰有道]에게 이롭다고 생각하여 그러하니 국

9 손자병법, 전게서, 작전편 故知兵之將, 民之司命, 國家安危之主也.

10 상게서, 모공편 夫將者 國之輔也.

가의 보배[國之寶也][11]'라고 할 수 있으며, 화공(火攻) 편에서는 확전 결심 시, 감성적 火를 다스려야 하는 이유도 '국가의 안전을 보장하면서 동시에 군을 온전하게 보존하기 위해서[12]' 라는 등 주요 편의 결론으로 안민(安民)과 보국(保國)을 군주나 장수의 역할과 책임으로 부언(附言)하고 있다.

다. 온전(穩全)한 승리(勝利)

온전한 승리[全勝]는 전쟁을 평화의 수단으로 정당화하는 근본 개념(概念)이다. 온전한 승리를 통해서 승리할수록 더 강해질 수 있으며, 승리할수록 더 강해져야만 천하 통일이 가능하다. 그리고 파괴와 살육이 아닌, 온전한 승리로 천하를 통일한 경우에만, 비로소 적개심과 증오심 그리고 복수심을 최소화시켜, 그 이후의 영구평화로 나아갈 수 있게 된다.

손자병법에서 '全'을 포함하는 문구는 주로 모공 편에서 발견된다. 거기서는 파괴에 의한 승리[破勝]와 대비시켜 온전한 승리[全勝]의 중요성을 나열법으로 강조하며,[13] 그 결론으로 '반드시 천하를 온전한 상태로 다투어야 한다[必以全爭於天下].'고 주장하여 온전한 승리만이 전쟁이 영구평화를 달성하는 수단임을 암시(暗示)한다.

모공편 이외, 작전 편에서는 자국을 보전(保全)하면서 온전하게 승리하는 攻·守의 이상적인 전비태세[故能自保而全勝也]를 논하며, 지형

11 상게서, 지형편 故進不求名, 退不避罪, 唯民是保而利於主, 國之寶也.

12 상게서, 화공편 此安國全軍之道也.

13 상게서, 모공편 全國爲上, 破國次之, 全軍爲上, 破軍次之, (후략).

편에서는 상황판단의 관점에서 '국제적 상황 및 적과의 상대적 상황 요소를 다 알아야 비로소 승리가 온전해질 수 있다[知天知地 勝乃可全]'고 주장하여, 전쟁의 목표가 온전한 승리임을 다시 강조한다. 끝으로, 화공 편에서는 전쟁 종결과 관련하여 감성적 화를 다스려[火의 攻] 이성적(理性的)으로 확전(擴戰)을 결심하는 것이 '국가를 안전하게 하고, 군을 온전하게 보존하는 길[此安國全軍之道也]'이라고 결론짓는다.

손자병법에서 온전한 승리[全勝]는 전쟁의 궁극목적과 수단 및 방법을 연계시키는 고리이다. 온전한 승리를 전제로 승리할수록 더 강해지는 것을 전쟁의 목표로 삼을 수 있으며, 그 목표를 달성하는 방법으로서 지략 위주 간접접근을 전편(全篇)에 걸쳐 열거(列擧)한다.

라. 탁월한 지략(智略)

손자병법은 군주의 道와 장수의 탁월한 지략(智略)에 의존한 온전한 승리를 전제(前提)로 전쟁을 난세(亂世)에 평화를 달성하는 수단으로 논한다. 온전한 승리를 달성하는 방법으로써 간접접근(間接接近)은 전적(全的)으로 탁월한 지략(智略)에 의존하며, 세(勢) 편 이하의 논리 전개는 이 방법을 점진적으로 구체화(具體化)하여 설명하는 과정(過程)에 불과하다.

무위자연(無爲自然)에 근본을 둔 도가사상은 인간의 인위적(人爲的)인 '지(智)'를 간교(奸巧)함과 위선(僞善)의 상징으로 부정하지만, 다른 한편으로는 '기책(奇策)으로 용병한다(以奇用兵).'는 현실주의적 관점에서 온전한 승리를 위해 적을 상대한 지략을 발휘하는 궤도(詭道)는 수용한다. 그리고 용병에서 지략은 무형의 연성권력(軟性權力, Soft Power)으로서 '부드럽고 약한 것이 굳고 강한 경성권력(硬性權力, Hard

Power)을 극복한다[柔弱勝堅强].'는 도가사상의 이치(理致)에도 부합(符合)된다.

지략(智略)은 물리적 직접접근을 간접접근으로 전환하는 요체이다. 직접(直接)은 중간에 아무것도 개재(介在)시키지 않고 바로 충돌하는 관계인 반면, 간접은 중간에 어떤 매체를 통하여 맺어지는 관계라는 사전적 정의에 비추어 볼 때, 전쟁이나 용병에서 피 · 아 물리적 충돌은 직접접근이며, 물리적 직접 충돌 이전(以前)이나 과정(過程)에 탁월한 지략(智略)이 발휘되는 것이 간접접근이다. 간접접근은 행동하기 이전에 한 발 뒤로 물러서서 생각할 것을 요구하기 때문에, 도가사상에서 '감히 하려고 용기(勇氣)를 부리면 죽고, 감히 하지 않으려는 용기를 견지(堅持)하면 산다.'[14]는 이치(理致)에서 '용감(勇敢)'과 '용불감(勇不敢)'을 직접과 간접으로, '살(殺)'과 '활(活)'을 파승(破勝)과 전승(全勝)으로 대비시킨 의미가 된다.

전통적인 군사력 운용의 이상(理想)은 물리적 충돌의 효율성을 극대화한 승리(破勝)이지만, 탁월한 지략 위주 간접접근은 물리적 충돌에 앞서 유리한 조건을 조성하여 물리적 직접 충돌을 최소화하거나 직접 충돌이 없는 온전한 승리를 추구한다.

손자병법 전편(全篇)은 명시적 또는 묵시적으로 장수의 탁월한 지략 발휘의 원리와 그 조건 및 성과를 설명하고 있다. 그 첫 편인 계(計)편 내용의 약 40%는 장수의 등용과 지략 발휘의 본질(本質)인 속임수(詭道)에 관해 설명하여 병법(兵法)의 대요(大要)를 개관(槪觀)하고, 모공

14 노자, 전게서, 73장 勇於敢則殺, 勇於不敢則活.

편은 온전한 승리를 위한 지략 위주 간접접근을 일반론으로 논하며, 그 이하 편들은 그 방법을 실제 상황과 결부시켜 구체화한다.

예를 들어, 실허 편은 적 부대와 직접 충돌하는 대신, 나의 의도와 형상을 모르게 하여 적이 드러낼 허(虛)를 이용하는 원리를 설명하고, 군쟁 편은 적을 의도적으로 움직여서 허를 노출시켜 공격하거나, 지형 편은 그 원리를 피 · 아의 처지(處地)나 입지(立地) 등 실제 상황(地)과 결부시켜 논하면서, 구지 편은 인간의 정서적 본성(天性)이나 주변 제후와의 관계 즉, 천하(天下)와 연계시켜 유리한 조건을 조성하는 등 모두 탁월한 지략 위주 간접접근을 기반(基盤)으로 논리(論理)를 전개한다.

당시의 난세(亂世)에 물리적 직접 충돌에 의한 상호 파괴로 달성한 승리[파승(破勝)]는 승리하더라도 궁극적인 평화는 물론, 국가의 존속마저 보장하기 어렵게 된다. 오직 온전한 승리[전승(全勝)]에 의해서만 영구평화를 지향한 천하 통일이라는 전쟁의 궁극목적을 달성할 수 있을 것이며, 그 승리를 달성하는 유일한 방법은 장수의 탁월한 지략(智略) 위주의 간접접근이다.

마. 이성(理性)으로 감성(感性)의 절제(節制) 및 통제(統制)

손자병법에서 '이성(理性)에 의한 감성(感性)의 절제(節制) 및 통제(統制)'는 감성적, 본능적 충동이나 욕구를 억제하여 무위자연(無爲自然)으로 되돌아가는 전통사상을 병법으로 구현하려는 저자(著者)의 사상적 명시개념이다. 감성의 절제 및 통제는 이성적인 지략 위주 간접접근을 위한 필요조건으로, 전쟁에서 감성적, 본능적, 물리적인 직접 충돌의 유혹(誘惑)을 극복하기 위해 장수는 자기 자신은 물론 부하들을 다스릴 것을 요구한다.

감성(感性)의 절제 및 통제는 계(計) 편에서 속임수[詭道]가 본질인 용병(用兵)에 내재(內在)된 개념이며, 세(勢) 편의 전세(戰勢)의 험함[其勢險]과 맺고 끊음이 짧은[其絕斷] 본질(本質)로 전환하는 요소이다. 군쟁 편의 정동(靜動)의 부대 태세, 지휘 집중[一人之耳目] 및 네 가지 다스려야 할 요소[治 氣 · 心 · 力 · 變]와 구지 편의 '그윽하여 조용하고, 다스려져 엄정한[靜以幽, 正以治]' 상태, 그리고 화공(火攻) 편의 감성적 화(火)를 다스림(攻) 등은 모두 감성적 충동 및 유혹을 극복하여, 오로지 냉철한 이지력(理智力)에 의존한 간접접근의 조건으로서 전편(全篇)에 걸쳐 강조한다.

제2절 전편(全篇)의 논리 구조(論理構造)

손자병법 전편(全篇)에 걸친 편명(篇名) 자체의 논리 구조는 도덕경 51장의 "도(道)는 모든 것을 낳아주고[道生之], 덕(德)은 모든 것을 길러주며[德畜之], 물(物)은 그것을 꼴 지우고[物形之], 세(勢)는 그것을 완성하며[勢成之]"[15], 다시 道로 순환하는 과정을 기본 논리로 삼고 있다. 즉, 도와 덕은 천하의 인재와 백성들을 모이게 하여 길러주며(計篇), 그들을 규합하여 군을 편성 · 조직하여 전비태세(戰備態勢)로 꼴 지

15 노자, 전게서, 51장 道生之, 德畜之, 物形之, 勢成之.

우며(形篇), 그 태세(態勢)를 탁월한 지략으로 운용(運用)하여 세력(勢力)으로 발휘하여 승리하며[勢篇 이하], 전승의 성과를 확대하기 위한 확전(擴戰)을 위한 이성적 결심[火攻篇]을 위해 다시 불가불찰(不可不察)해야 하는 계편(計篇)으로 순환(循環)된다.

저서(著書) 전편(全篇)의 논리 구조(論理構造)는 전편에서 차지하는 각 편의 위상(位相)을 규정하여 각 편의 상세해석에 문맥(文脈)을 제공하는 기본적인 구조이다. 각 편의 위상에 부합한 각 편의 논리 구조는 문단별 상세해석의 논거(論據)로 적용할 경우, 이 논리 구조가 제공하는 문맥(文脈)에 따른다. 논리 구조는 본 절에서 파악하는 전편(全篇)의 논리 구조와 각 편(篇)의 논리 구조로 구분되며, 이는 본서(本書)의 4장에서 다루는 각 편의 구조적 상세해석에 문맥과 맥락의 논거로 사용된다.

해석은 한자의 다양한 뜻과 용법의 선택에 따라 그 의미가 달라진다. 그러한 경향은 손자병법이 십가주(十家註) 또는 십일가주(十一家註) 등의 무수한 주해서(注解書)들이 모두 다수의 주해자(註解者)를 병기(併記)하는 이유이다. 한자의 다양한 뜻 중 적합한 의미를 선택하기 위해서는 특정 선택 기준이 있어야 한다. 그 기준이 바로 앞뒤 문구나 문장 또는 문단들의 의미가 상호 연결되는 문맥(文脈)이며, 그 문맥을 드러내어 주는 것이 바로 논리 구조이다.

본래 전편의 논리 구조는 각 편의 편명(篇名)의 재해석과 포괄 개념들을 도출하여 그 포괄 개념들의 유의미(有意味)한 연계(連繫)를 통해 파악하지만, 손자병법에서는 편명(篇名) 자체의 한자가 각 편의 내용을 대표하는 것처럼 보이지 않기 때문에, 편명부터 의미분석을 통해 파악할 것을 요구한다.

1. 편명(篇名)의 재해석과 각 편의 포괄(包括) 개념(槪念)

전편의 논리 구조를 파악하기 위한 첫 단계는 각 편의 내용을 대표할 수 있도록 편명(篇名)을 적합하게 해석하고, 그 내용을 포괄할 수 있는 개념을 제시하는 것이다. 왜냐하면, 대부분 한자로 구성된 편명(篇名)에 대한 해석이 각 편의 대표성과 논리성에 문제를 제기(提起)하기 때문이다.

대표성 있는 편명으로 재해석하기 위해서는 먼저 한자로 구성된 편명이 단일 의미를 갖는 하나의 단어가 아니라, 각개 한자가 독립적인 고유 의미를 갖는 단어들의 축약어(縮約語)라는 점을 고려해야 한다. 단일 한자로 표현된 편명에는 계(計), 형(形), 세(勢) 편이 해당한다. 이 예를 든다면, 計는 묘산(廟算)의 算과 결합하여 드러나는 '이해득실을 가린다.'는 계산(計算)의 약어로서, 계편은 '개전결심(開戰決心)을 위한 승산판단(勝算判斷)'의 의미이다.

두 개의 한자로 조합되어 단일 단어처럼 보이는 편명도 각개 한자가 독립적인 뜻을 갖는 약어들의 결합이라는 점을 고려해야 한다. 두 개의 한자가 결합된 용법에는 '목적어(명사)+서술어(동사)'나 '수식어(형용사)+주어(명사)' 또는 '대등어의 결합(명사+명사)' 등 세 가지로 대별(大別)할 수 있다.

그 중 첫 번째 용법인 목적어(명사)+서술어(동사)의 예는 작전(作戰)편으로, 이는 현대의 단일 용어인 임무를 완수하기 위한 부대 운영이라기보다는, '作戰'은 단일 용어로는 '군의 운용' 즉, '용병'이라는 의미를 갖지만, '戰을 作하다'로 풀이할 경우에는 '戰'은 戰爭의 약어로서, '作'은 '짓다, 일으킨다.'라는 뜻이다. 따라서, 작전(作戰)은 '전쟁을 짓는다.'

또는 '전쟁기획(戰爭企劃)'으로 이해할 때, 비로소 작전 편의 전체 내용을 대표하는 편명이 될 수 있다. 다른 예로서, 행군(行軍)도 '軍의 이동'에 중점을 둔 의미만이 아니라, 더 포괄적으로 전장에서 '군(軍)을 행(行)한다고 즉, 운용(運用)한다'는 의미이며, 간자(間者)를 운용(運用)한다는 용간(用間)도 이에 해당한다.

두 번째 용법인 수식어(형용사)+주어(명사)의 예는 地形, 九地, 九變이 해당한다. 예를 들어, 단일 용어로서 '지형(地形)'은 '지리적 형태'라는 협의(狹意)이지만, 독립적인 '地'와 '形'의 결합으로 볼 때. '地形'에서 '地'는 '처지(處地), 입지(立地), 지위(地位) 등 처하거나 직면한 상황(狀況)을 대표하며, '形'은 유형(類型)의 약어로서, 지형(地形)은 처하거나 당면한 '상황(狀況)의 유형(類型)'이다. 특히 병법에서 지형(地形)은 자연지리를 기반으로 적과의 상대적 관점에서 처한 상황(狀況)의 유형이다. 그리고 구지(九地)에서 九는 단순한 숫자가 아니라, '무궁한 또는 다양한'이라는 의미를 갖는다. 따라서 구지(九地)는 다양한 처한 상황들이며, 구변(九變)은 무궁한 상황변화라는 의미가 된다.

세 번째 용법인 목적어(명사)+동사의 결합의 예로서, 모공(謀攻)은 지모(智謀)로써 다스리다[攻].'처럼 수단과 방법을 지칭하는 용법이다. 이 유형에는 軍爭(軍에 의한 승리 다툼), 火攻(불로서 공격 또는 火를 다스림) 등이 포함된다.

마지막 용법은 실허(實虛)로서 이는 '실(實)과 허(虛)'의 결합이지만, 그처럼 단순한 두 글자의 합이 아니라 '나의 실(實)로서 적의 허(虛)를 친다.'는 의미이다. 이상의 용법 분류는 각 편의 편명을 대표성 있게 재해석하는 데 유용하다.

가. 계편(計篇)

'計'는 후세에 시계(始計)로 표현하고 있다. 이에 대한 기존 해석은 주로 '근본적인 계책'이나 '戰爭 企劃'이다. 그러나 전쟁기획은 작전 편이 더 적합하므로, 본 편에서 계(計)를 묘산(廟算)의 산(算)과 연계하여 계산(計算)의 약어로 보면, 그 의미 중 '이해득실을 따지다.'를 선택하여, 편명(篇名)은 '개전결심(開戰決心)을 위한 승산판단(勝算判斷)'으로 추정하는 것이 합당하다. 본편은 다음 5개 문단으로 구성된다.

①문단은 국가 대사(大事)로서 전쟁의 중요성에 비추어, 신중히 살피지 않으면 안 된다는 당위성을 논하고[國之大事, 〈중략〉, 不可不察也], ②문단은 전쟁에 대비하는 다섯 가지 정사(政事)와 그 구성요소 및 의의(意義)를 설명하며, ③문단은 국력 및 군사력의 상대적 비교 요소와 관점을 열거하고, 마지막 ⑤문단은 그 요소들의 관점에서 승산을 판단해야 한다고 결론짓는다. 이상 다섯 개 문단은 일관되게 개전결심을 위한 승산판단(勝算判斷)으로 귀결된다.

그러나 장수의 등용(登用)과 세('勢)의 본질(本質)로서 속임수[詭道]와 그 예를 나열하는 ④문단은 계(計) 편의 전반적인 논리(論理)에서 벗어난다. 손자병법의 첫 편부터 논리에 부합되지 못한 것처럼 보이는 이 문단을 특별히 제시한 이유에 대한 타당한 설명이 손자병법의 논리 구조(論理構造) 구비(具備) 여부를 평가하는 관건(關鍵)이 될 수도 있다. 이 문단은 승산판단의 맥락(脈絡)이 아니라, 대부분의 서론(序論)이 그러하듯, 병법의 서편(序篇)으로서 전편(全篇)을 개관(槪觀)하는 문단으로 이해함으로써, 그 논리적 타당성이 부합된다.

즉, 전쟁은 크게 두 가지 분야와 영역(領域)으로 구분할 수 있다. 하나는 전쟁에 대비한 경국(經國)과 양병(養兵)이며, 다른 하나는 적을 상대한 용병(用兵)이다. 전자(前者)는 전쟁 대비 국가경영과 다스림 등 주로 正道(政事)가 지배하는 군주의 영역(領域)이며, 후자(後者)는 그로 인해 구축된 전비태세(戰備態勢)를 운용하여 세력(勢力)으로 발휘하여 승리를 다투는 장수의 영역으로, 그 본질은 속임수[詭道 또는 奇策]이다.

저자는 計篇에서 ④문단 이외는 일관되게 정도(正道)를 강조하여 논리를 전개하다가 적을 상대한 용병의 본질은 속임수(詭道: 奇策)를 논하여, 형(形)편까지는 일관되게 정도(正道)를 강조하다가, 세(勢)편 이후부터는 궤도(詭道)를 본격적으로 논(論)해야 하는 논리적 모순에서 벗어나기 위해, 병법의 서편(序篇)에서 미리 그 대요(大要)를 언급할 필요성을 느꼈을 것이다. 그것이 바로 본편의 ④문단이다.

요컨대, 계편의 편명은 '개전결심(開戰決心)을 위한 승산판단(勝算判斷)'이며, 그 첫 번째 포괄(包括) 개념(概念)은 합목적적인 '전쟁대비 국가경영과 개전 결심을 위한 승산 판단이며, 두 번째 포괄 개념은 전편(全篇)의 개관(概觀)'으로 볼 수 있다.

나. 작전편(作戰篇)

작전 편에 대한 기존 해석은 '전쟁을 일으킴' 또는 전쟁 비용과 군수물자에 중점을 둔 '전쟁 지속성' 등이다. 그러나, 합당한 의미는 작(作)의 뜻 중 '짓다'와 '일으키다'를 선택하면, 편명의 의미는 '전쟁을 지어서 일으키다.'이고, 현대 용어로는 '전쟁기획(戰爭企劃)'으로서, 다음 3개 문단으로 구성된다.

먼저 ①문단은 일일 전쟁 비용의 막대함을 들어서(日費天金), 장기전은 승리하더라도 과도한 국력과 군사력을 소모하여 오히려 주변 제후들

에게 망할 수 있음을 강조하고,

②문단은 원거리 수송(遠輸)이나 국경 부근의 전쟁(近師)의 폐해(弊害)를 나열하면서, 戰爭의 害를 다 알아야 비로소 利로운 戰爭을 할 수 있다고 강조한다.

③문단은 원거리 수송의 최소화 방법으로 현지조달의 가치와 이점을 나열하고, 적으로부터 양식과 장비 및 병력을 탈취 또는 포획하여 활용함으로써, '승리할수록 더 강해지는 승리(勝敵而益强)'라는 연속적인 전쟁 목표를 제시하면서 결론을 맺는다.

따라서 위의 내용을 대표할 수 있는 작전(作戰)의 의미는 '전쟁을 작(作)하다 또는 전쟁을 지어서 일으키다.'이며, 현대 용어로 '전쟁기획(戰爭企劃)'이다. 계편에서 개전 결심을 위해 승산을 판단하였다면, 이제 전쟁을 기획해야 하며 기획에서 최우선적인 것은 전쟁 목표를 설정하고, 그 목표를 달성하기 위해 요구되는 전쟁 비용을 분석하는 것이다. 그 맥락에서 포괄 개념은 "영구평화를 지향한 천하통일"이라는 전쟁의 궁극목적을 지향한 연속적인 전쟁의 목표로서 '승리할수록 더 강해지는 승리[勝敵而益强]'를 제시하고, 요구되는 전쟁 비용을 일비천금(日費天金)으로 산출(算出)하여 제시한다.

다. 모공편(謀攻篇)

모공(謀攻)은 주로 공(攻)을 공격(攻擊)의 약어로 보고, 그 결과로써 적 굴복(屈服)에 중점을 두고, '모계(謀計)로써 적 굴복' 또는 '교묘한 책략으로 적 굴복' 등으로 해석하여 왔다. 그러나 본 편은 '승리할수록 더 강해지는 전쟁 목표를 달성하는 방법으로서, 편명인 모공(謀攻)에서 공(攻)의 뜻 중 공격보다는 '다스리다.'를 선택하여, '지모(智謀)로써 적을 다스리다.'가 적합하며, 본편은 다음과 같은 4개 문단으로 논리가 전개된다.

①문단은 파괴에 의한 파승(破勝)과 대비시켜 온전한 승리[全勝]를 부각시키고[全國爲上, 破國次之, 〈후략〉], ②문단은 그 우선순위에 따라 치는(伐) 대상을 나열(上兵伐謀, 其次伐交, 其次伐兵, 其下攻城)한 후, 공격이나 장기전이 아닌(非)[16] 다른 방법으로 적을 굴복시켜[屈人], 반드시 천하를 온전하게 다툴 것[必以全爭於天下]을 강조한다.

③문단은 상대적인 군사력의 비율(比率)에 따른 용병법과 군주에 의해 야기될 수 있는 전쟁에서 세 가지 재앙[故軍之所以患於君者三]을 강조하며,

끝으로 ④문단에서는 군주와 장수의 능력 및 상호 관계 측면에서 승리를 아는 다섯 가지 조건(知勝有五)을 제시하면서, 그 측면에서 지피지기(知彼知己)를 부언한다.

상기 4개 문단을 대표하는 모공(謀攻)[17]이라는 편명은 지모(智謀)로써 敵을 다스림'이 적절할 것이다. 편명에 따른 포괄 개념은 작전 편에서 제시한 전쟁 목표[勝敵而益强]를 달성하는 방법으로써 물리적 직접 충돌에 의한 파승(破勝)이 아닌, '온전한 승리[全勝]를 위한 방법으로,' 지략(智略) 위주 간접접근의 원리(原理)와 그 조건(條件)들'이다.

16 손자병법, 전게서, 모공편에서는 부전(不戰: 不戰而屈人之兵)과 비전(非戰: 屈人之兵非戰也)이라는 두 가지 유사한 용어를 사용한다. 非는 '아니다.'를, 不는 '말라(금지)'의 뜻을 선택하여, 여기서는 不戰은 '전쟁을 하지 않고'라는 의미로, 非戰은 '전쟁이 아닌 다른 방법으로'라는 의미로 해석한다.

17 상게서, 謀攻篇에서 '攻'의 뜻 중 '공격'보다는 '다스리다'를 선택하면, 그 편명은 '지모(智謀)로써 적을 다스린다.'는 의미가 된다. 상게서, 火攻篇에서도 '攻'의 뜻에 '다스리다'를 적용하면, '화를 다스린다.'는 뜻으로 해석할 수 있다.

라. 형편(形篇)

본 편의 형(形)은 노자의 도덕경(道德經)에서 "도(道)는 모든 것을 낳아주고(道生之), 덕(德)은 모든 것을 길러주며(德畜之), 낳아서 길러준 만물(萬物)로 꼴 지은(物形之) 형상(刑象)이며, 형상을 세(勢)로 전환하여 그것을 완성한다[勢成之]." 따라서 형(形)은 동적(動的)인 세(勢)로 전환되기 이전의 정적(靜的)인 형상(形象)으로서 전비태세(戰備態勢)이다.

형(形)이라는 기존의 편명은 군형(軍形)으로 알려져 왔기 때문에, 기존의 해석은 대부분 '군의 태세(態勢)' 또는 '軍의 모습'에 맞추어져 왔으나, 군의 생긴 모양이나 상태인 형상(形狀)이나 형세(形勢)와 군의 전쟁에 대비한 태도나 자세인 태세(態勢)가 적절할 것이다. 본편은 다음과 같은 4개 문단으로 구성된다.

①문단은 전비태세의 관점에서 적이 승리하지 못하게 만든 연후[先爲不可勝]에, 적이 노출할 기회를 포착하여 승리(以待敵之可勝)하는 공수(攻守)의 이상적 태세[藏於九地之下, 動於九天之上]를 자기를 보존하면서 온전하게 승리[自保而全勝]하는 태세로 설명하고, ②문단은 승리에 유리한 전비태세(戰備態勢)에 의한 승리는 결코 밖으로 드러나거나 어긋날 수 없다고 강조하며, ③문단은 그러한 태세(態勢)는 도(道)를 닦고 법(法)을 지키는(修道而保法) 것만으로 조성할 수 있다고 강조한다.

마지막 ④문단은 그러한 이상적인 전비태세는 계량적(計量的)으로는 576으로 1을 저울질하는[鎰稱銖] 격이라는 압도적 우세(優勢)로, 형상적(形狀的)으로는 천 길 계곡에 물을 가두어 터뜨리기 직전[若決積水於千仞之谿者]의 형세(形勢)와 비유한다.

이상의 내용을 대표할 수 있는 편명의 의미는 '정적(靜的)인 전비태세

(戰備態勢)'이며, 그 포괄 개념은 자신을 보존하면서 온전하게 승리[自保而全勝]할 수 있는 '이상적인 有 · 無形의 전비태세'로 규정할 수 있다.

마. 세편(勢篇)

'세(勢)'는 '병세(兵勢)'로 알려져 왔기 때문에, 기존 해석은 주로 '용병(用兵)의 기세(氣勢)' 또는 '용병의 세력(勢力)' 등이다. 세(勢) 편은 아래의 5개 문단으로 구성된다.

①문단은 형-세-실허 편을 종합적으로 개관(槪觀)한다. 형편은 治-分數, 制-形名으로, 세편은 無敗-奇正, 실허 편은 所加-如以碬投卵]으로 묘사하고, ②문단은 세(勢)의 본성을 기(奇)와 정(正) 두 가지 요소의 조합으로 규정하며, 그 무궁한 변화와 상생(相生)의 무단성(無斷性)을 강조한다. 이는 정도(正道)로 규합한 군의 형상(形像)인 전비태세를 기책(奇策)으로 운용하여 조성되는 전세(戰勢)를 이정치국(以正治國) 이기용병(以奇用兵)으로 그 본성(本性)을 요약한 것이다. 그러나 무궁한 변화 및 상생과 연계시키면, 세는 군의 규모와 상황에 따라 달라지는 무궁한 기책(奇策)을 발휘해야 함을 강조한다.

③문단은 전세(戰勢)의 본성[其勢險, 其節短]과 그 본성을 활용하여 적을 움직이도록 유인하는 원리[形之敵必從之, 予之敵必取之]를 논하고, ④문단은 장수는 오로지 자신이 발휘(發揮)한 전세(戰勢)에 의거(依據)하여 승리를 달성[求之於勢]해야 함을 강조한다.

⑤문단은 전세(戰勢)를 위임(任勢)받은 훌륭한 장수가 발휘하는 勢의 본질과 그 속성을 천이길 높은 산에서 둥근 돌을 굴릴 때의 세력(勢力)으로 형상화(形象化)한다[如轉圓石於千仞之山].

이를 종합적으로 고려할 때, 대표성 있는 편명인 '勢'는 '勢力'의 약어이지만, 形篇의 정적(靜的)인 전비태세를 운용(用兵)하여 발휘되기 때문에 '역동적(力動的)인 전세(戰勢)'가 합당하다. 그 포괄 개념은 '전세(戰勢)의 구성 요소(要素)들과 그 본성(本性)'이며, 사전적 의미로 세력(勢力)이란 '남을 복종시키는 기세(氣勢)와 힘'이며, 그 현대적 의미는 국가적 또는 군사적 전비태세를 운용하여 발휘되는 국력(國力)이나 군사력(軍事力) 등의 힘(力)이다. 여기서 국력이나 군사력은 관련 수단이 아니라, 국가적 및 군사적 수단을 탁월한 지략(智略)으로 운용(運用)하여 발휘(發揮)되는 힘이다.

여기서 엄밀하게 구분해야 할 의미는 군사적 수단과 힘이다. 군사적 수단은 정도(正道)로 규합한 수단(形)이며, 군사력(軍事力)은 그 수단을 궤도(詭道)로 운용하여 발휘되는 힘이다. 그러나 흔히 군사적 수단의 투입을 군사력 발휘와 동일시하는 경향이 있다. 그러나 이는 본질적으로 엄청난 차이가 있다. 즉 군사적 수단인 부대를 투입만 하면, 부대원이 발휘하는 각개 전투력의 합으로 전투력이 발휘되기도 하지만, 장수가 탁월한 기책(奇策)으로 적을 유인하고 기만하면서 부대들을 운용하면, 상승 효과적인 힘이 발휘되며, 이를 위해서는 반드시 장수의 탁월한 지략(智略)이 요구된다.

바. 실허편(實虛篇)

실허(實虛) 편의 실허에 대한 기존의 해석은 주로 '실허의 운용' 또는 '충실함(강점)과 빈틈(약점)' 등이다. 그러나 실제로는 '나의 실(實)로서 적의 허(虛)를 친다.'는 의미이다. 실(實)은 나의 대부대나 주력(衆)이며, 허(虛)는 적의 분산된 소부대나 준비되지 않은 허점이나 취약점이다. 본 편은 다음 6개 문단으로 구성된다.

①문단은 기세(氣勢)의 관점에서 할 수 없게 만들거나 예상치 못하게 만들어 나타나는 적의 허에 나의 실을 지향(指向)하는 원리로써, 적이 반드시 쫓아 올 곳으로 아 유인 부대를 내보내고, 적이 미처 생각하지 못한 곳으로 달려간다[出其必趨也, 趨其所不意].라고 설명한다.

②문단은 나의 태세(態勢)와 의도(意圖)를 알 수 없게 만들어[我無形], 적이 무엇을 해야 할지 몰라서 허(虛)를 드러내는 원리를 설명한다.

③문단은 나는 적의 태세와 의도를 다 알고, 적은 나의 그것을 모르게 만들어[形人而我無形], 오로지 적이 나에 대비하도록 만들어[使人備己], 나는 하나로 집중하면서 적은 분리 · 분산시키는[我專而敵分] 원리로 설명한다.

④문단은 나는 결전(決戰)의 장소와 일시(日時)를 선정하여 알지만(知戰之地/日), 적은 그것을 모르게 만들어(不知戰地/日), 나의 부대들은 천리(千里) 떨어져 있더라도 회전(會戰)이 가능[可千里而會戰]하지만, 적은 단일 부대 내에서도 상호 구할 수도 없게 만드는[相互不能救] 원리를 설명한다.

⑤문단은 적의 허(虛)를 드러내는 방법[策之, 作之, 形之, 角之]별 실허의 관점을 설명하며, 마지막 여섯 번째는 적을 변화시켜서 승리를 달성하는 이상(理想)을 신의 경지(境地)라고 일컫지 않겠는가[能因敵變化取勝, 謂之神] 라는 물음으로 강조한다. 이 문단들의 내용을 대표하는 편명은 글자 그대로 "적의 허(虛)를 조성하여 나의 실(實)로 치는 것"이다.

사. 군쟁편(軍爭篇)

군쟁(軍爭)의 편명에 대한 기존 해석은 '간접접근(間接接近)'이나 '상대적인 승리 다툼' 또는 '승리하는 계략(計略)과 방법' 등이며, 아래 6개 문단으로 전개된다.

①문단은 '우직지계(迂直之計)'를 우회하면서도 먼저 도달하는 계책으로, '적보다 늦게 출발하면서도, 먼저 도달하는[後人發, 先人至]' 글자 그대로 가장 단순한 간접접근의 원리를 설명하고, ②문단은 군사적 승리 경쟁의 양면성(兩面性)을 [軍爭爲利, 軍爭爲危][18]로 강조하면서, 직접접근의 위험을 나열하여 간접접근의 이점(利點)을 부각(浮刻)시키며, ③문단은 간접접근을 위한 고려 사항으로 주변 제후의 의도(意圖)와 군을 행하기 어려운 지형[19]을 다 알고, 향간(鄕間)을 활용하여 지리적 상황이 주는 이점을 다 파악할 것을 강조한다.

④문단은 역동적(力動的)인 간접접근을 위한 첫 번째 조건으로서 속임수로 위치하고[以詐立], 利로써 적을 움직이고(以利動), 분산 및 집중으로 적을 변화시키며[以分合爲變者], 그 조건으로서 군의 정동(靜動)의 태세(態勢)를 강조하고,

⑤문단은 그 두 번째 조건으로서 아 지휘 집중과 적의 지휘 교란(攪亂)을 언급한다.

⑥문단은 간접접근의 세 번째 조건으로서, 정신 · 심리적 다스림을 4치(四治)로 제시하며, 장수의 조건으로 사고(思考)의 유연성(柔軟性)과

18 십일가주에서는 이를 '軍爭爲利, 衆爭爲危'로 표현한다. 그럴 경우, 세편에서 단순히 험한 勢와 절제되고 통제되어 절(絕)과 단(斷)이 있는 戰勢를 대비시켜 설명한 경우와 유사하다. 즉, 군쟁은 절제되고 통제된 간접접근에 의한 승리 다툼이고, 중쟁은 무절제한 직접적인 승리 다툼이다.

19 손자병법, 전게서, 구지편에서 산림(山林), 험조(險阻), 저택(沮澤)을 비지(圮地)로 부르며, 이를 군을 행하기 어려운 길(難行之道)이라고 정의한다.

분별지(分別智)를 강조한다. 이상의 문단들을 대표할 수 있는 편명의 의미는 '군사적 승리 다툼'이며, 그 포괄 개념은 '실허편의 실(實)로서 허(虛)를 치기 위한 역동적인 간접접근의 원리(原理)와 그 조건(條件)들'이다.

아. 구변편(九變篇)

'구변(九變)'에 대한 기존의 해석은 '용병의 무궁한 변화' 또는 '아홉 가지 변칙(變則)'이며, 다음 4개 문단으로 구성된다.

①문단은 다섯 가지 지리적 유형별 용병(用兵)의 원칙과 다섯 가지 해서는 안 되는 것들을 대비시켜 무궁한 상황변화에 따른 분별(分別) 및 사고의 유연성(柔軟性)을 강조한다.

②문단은 용병(用兵)과 치병(治兵)의 무궁한 변화의 술(術)에 통달했을 때, 비로소 그 이치(理致) 터득(攄得)이 가능함을 강조하고, ③문단은 변화의 술(術)은 반드시 이(利)와 해(害)를 동시에 고려해야[必雜於利害] 하며, 그 예로서 주변 제후들을 다루는 세 가지 원칙이 있으나, 그 원칙에 따른 막연한 낙관적 기대에만 의존하지 않고, 예상되는 문제에 대한 자신의 대비책(大備策)만 믿어야 한다고 주장한다.

끝으로 ④문단은 장수가 위험을 자초(自招)하게 될 다섯 가지 과도함[將有五危]을 제시하여 장수의 성격, 가치 또는 사고의 경직성(硬直性)을 경고(警告)한다.

위 내용을 대표할 수 있는 편명의 의미는 '승리 경쟁에 있어서 무궁한 상황변화의 활용(活用)'으로 제시할 수 있으며, 그 포괄 개념은 '상황변화에 따른 응변술(應變術)과 그 조건(條件)들'로 집약할 수 있다.

자. 행군편(行軍篇)

'행군(行軍)'의 기존 해석은 '작전 활동' 또는 '행군과 숙영'이다. 행군편은 다음 5개 문단으로 논리가 전개된다. ①문단의 주요 자연 지리적 상황(山地, 水上, 斥澤地, 平陸地)별 상대적으로 유리한 군의 이동 및 적을 상대로 한 배치[處軍相敵]의 원칙에 이어서, ②문단은 군의 안전을 위해 피하거나 반드시 수색해야 할 의심 지역[必亟去之, 必謹覆索之]을 제시한다.

③문단은 상황 요소로서 각종 징후에 의한 적 의도와 피 · 아 부대 상태를 파악하는 방법을 제시하고, ④문단은 양적(量的)인 우세(優勢)에서 질적(質的)인 우세로의 전환(轉換)과 이때 적에 대한 과소평가(過小評價)의 위험(危險)을 경고한다. 끝으로, ⑤문단은 치병(治兵)에 있어서 벌(罰)을 집행하는 경우와 법령(法令) 이행의 원칙을 제시하는 등 5개 문단으로 구성된다.

위의 5개 문단의 내용을 대표할 수 있는 '行軍'의 의미는 '실제 전장(戰場) 상황에서 군(軍)의 운용'으로서, 군을 이동하거나 배치하는 원리이며, 그 포괄 개념은 '전장에서 군의 이동 및 배치와 군 운용의 원리 및 파악해야 할 상황 요소들'이다. 여기서 상황 요소들은 자연지리를 기반으로, 적 의도 및 기도, 피 · 아 부대 상태와 법령 이행 상태로 대별 할 수 있으며, 이 요소들은 이후 편의 지(地)의 의미를 대표한다.

차. 지형편(地形篇)

지형(地形)에 대한 기존의 해석은 '지형과 용병' 또는 '땅의 형상'이다. 지형 편은 다음 5개 문단으로 구성된다. ①문단은 여섯 가지 자연지리를 기반으로 한 당면한 상황 유형별 상대적 점거 여부에 따른 용병의 원칙을 제시하고, ②문단은 상황 요소로서 여섯 가지 잘못된 부대 상태와 그 원인을 장수의 과오(過誤)로 설명하며, ③문단은 장수는 실제 상황 요소를 종합적으로 판단하여 진퇴 여부를 결심하기 때문에, 이와 상반된 군주의 영(令)은 따르지 않을 수도 있음을 부언(附言)한다.

④문단은 치병(治兵)에 있어서 인애(仁愛)의 상반된 효과를 언급하면서, 인애의 합목적성을 강조하고, ⑤문단은 부대 상태, 치병 상태 및 지리적 유 · 불리 측면에서 승리 가능성을 확률로 설명하며, 그 측면에서 지피지기(知彼知己)면 승리가 위태롭지 않으며[勝乃不殆], 여기에 지리적 상황[20]과 주변 제후와의 관계 상황을 다 알면[知天知地], 비로소 온전한 승리가 가능[勝乃可全]하다고 끝을 맺는다. 이들 내용들을 대표할 수 있는 편명의 의미는 당면한 자연지리에 기반을 둔 '상황의 유형'이며, 이에 따른 포괄 개념은 '파악하고 평가해야 할 '다양한 상황 요소들'이다. 여기서 지(地)는 처지(處地) 입지(立地) 등의 약어로서 당면한 자연지리를 기반으로 피 · 아의 거의 모든 상황요소들을 포괄한다.

카. 구지 편(九地 篇)

'九地'에 대한 기존 해석에는 '지리와 용병', '아홉 가지 땅' 또는 '아홉 가지 전략지리' 등이 있으며, 다음과 같은 10개 문단으로 논리가 전개된다.

①문단은 아홉 가지 전략 지리적 상황 유형별 용병의 원칙을 제시하고

②문단은 적을 물리적 및 정신 · 심리적으로 분리, 불신, 이간(離間),

20 지리적 상황(地理的 狀況)은 자연지리 요소를 포함한 피 · 아 부대 상태, 상하관계, 법령 시행 상태 등 제 상황 요소들이 망라된다.

불협화(不協和), 분산 및 통제 불능케 만들어, 그 결과를 평가하여 움직이거나 나아가며, 적을 내 뜻대로 움직여 적의 속도가 미치지 못할 바[21]를 이용하고, 생각하지 못한 길을 경유(經由)하여 경계하지 않는 곳을 공격한다는 역동적(力動的)인 간접접근(間接接近)의 원리(原理)를 구체적으로 설명한다.

③문단은 원정전(遠征戰)에서 적지 종심 깊게 들어가 아군의 마음과 힘을 오직 한 곳에 집중하도록 만드는 방법을 제시하며,

④문단은 더 나아가, 주변 제후들이 연합할 수밖에 없도록 전략 상황을 조성하는 방법을 설명하고. ⑤문단은 원정전(遠征戰)에서 장수가 해야 할 일과 고려사 항을 제시하며, 추가적인 고려 사항으로서 주변 제후들의 외교적 의도, 군을 운용하기 어려운 전략 지리적 상황에 관한 구체적인 정보(情報)의 중요성을 강조한다.

⑥문단은 장수가 고려해야 할 첫 번째 고려 사항인 전략 상황별 원리(原理)의 무궁한 변화[九地之變]에 따른 전략(戰略) 지향(志向)을 설명하고, ⑦문단은 두 번째 고려 사항으로서, 인간의 정신 · 심리적 원리[人情之理]의 관점에서, 큰 나라를 정벌한 후 전과(戰果)의 공고화(鞏固化)를 실천적 관점에서 예시한다.

끝으로, ⑧문단은 세 번째 고려 사항으로, 적이 내가 신념(信念)을 굽히는 것처럼 믿게 만드는 이점[屈信之利]을 적의 의도에 따르는 것처럼 따라가다가 결정적인 순간에 나의 의도(意圖)를 펼쳐서 승리하는 방법으로 설명한다.

21 본 글에서 '所'는 '일정한 곳이나 지역, 자리, 지위, 위치 등' 주로 場所를 지칭하는 의미에 추가하여 정신 · 심리적 의지나 뜻이라는 의미를 포괄하는 '바'로 해석한다.

이상의 내용을 대표할 수 있는 '九地'의 의미는 '전략 상황 유형의 다양성과 무궁한 변화'이며, 그 포괄 개념은 '인간의 감성적 본성 측면의 전략 지리 상황별 원칙(原則)과 지향(志向) 및 전과(戰果)의 공고화(鞏固化)'이다. 특히 구지 편은 이전 편에서 다루었던 제 원리들을 전략적 수준에서 종합적으로 구체화하여 설명한다.

타. 화공(火攻) 篇

'火攻'에 대한 기존의 해석은 '불(火)로서 적 공격', 또는 '화공(火攻)과 전쟁 종결(終結)' 등이다. 화공 편은 다음 3개 문단으로 구성된다.

①문단은 물리적 불(火)에 의한 공격의 다섯 가지 대상과 구비 조건[發火/ 起火/風起의 時/日]을 논하고,

②문단은 불이 일어나는 상황에 따른 대응 방식과 화공의 효과를 수공(水攻)과 대비시켜 설명한다.

마지막 ③문단은 전과(戰果) 공고화의 중요성을 강조하면서, 확전(擴戰) 결심(決心) 시 감성적 火[憤, 慍]를 다스릴 것을 강조한다. 이 경우 火攻은 '火의 攻'으로서 攻의 의미 중 '다스리다.'를 선택하면, '감성적 火를 다스림'[22]이라는 의미이다. 이 두 가지로 대별(大別)되는 내용을 대표할 수 있는 화공의 의미는 '물리적 火攻과 감성적 火의 다스림'이며, 포괄 개념은 '화공의 원리와 감성적 火를 다스린 이성적(理性的) 확전(擴戰) 결심(決心)'이다.

22 각개 글자의 뜻을 갖는 火攻은 '火의 攻'으로 火는 '노여움, 분노, 격분' 등 심리상태를 의미하며, 攻은 '공격하다, 거세하다' 뿐만 아니라, '다스리다'라는 의미를 갖기 때문에 '火의 攻'이란 '분노나 노여움을 다스림'이다.

파. 용간(用間) 篇

마지막 편인 '용간(用間)'이라는 편명에 대한 기존 해석은 '정보전' 또는 '간첩 사용 방법' 등이다.

본 편에서 ①문단은 출중한 성공[成功出於衆] 즉, 온전한 승리를 달성하기 위해 먼저 아는 것(先知)의 결정성(決定性)과 이를 위한 간자(間者) 운용의 중요성(重要性)을 강조하고, ②문단은 다섯 가지 간자의 유형을 정의하고 설명한다.

③문단은 성공적인 간자를 운용하기 위해 요구되는 군주와 장수의 능력 및 자질과 그 비밀성을 강조하며, ④문단은 적에 관한 세부적인 정보의 근원으로서 반간(反間)의 중요성을 강조하며, 온전한 승리[全勝]의 요체로서 최상의 지혜(智慧)를 활용한 다양한 간자(間者) 운용을 설명한다. 이상의 내용을 대표할 수 있는 편명의 의미는 '간자 운용'으로 기존 해석과 다르지 않으며, 그 포괄 개념은 온전한 승리에 있어서 '先知의 결정성과 간자 운용의 중요성'이다.

2. 각 편의 포괄 개념들의 유의미(有意味)한 연계

전쟁이 불가피한 난세(亂世)에 평화(平和)는 오직 연속적인 전승(戰勝)에 의한 천하통일(天下統一)을 달성했을 때 비로소 기대할 수 있다. 따라서 그 시대에 일반적인 전쟁은 평화와 극단적으로 대칭되는 불가피한 수단이다. 그러나 영구평화(永久平和)를 지향한 천하통일의 수단으로서, 전쟁은 상호 파괴와 살육으로 인한 적개심과 증오심 그리고 복수심을 고취(鼓吹)시키는 물리적 직접 충돌에 의해서가 아니라, 지략(智略)

위주의 간접접근에 의한 온전한 승리[全勝]를 통해서 승리할수록 더 강해지는[勝敵而益强] 경우에만 가능해진다. 저자는 道를 국가경영과 다스림의 근본으로 삼는 군주와 탁월한 장수의 지략(智略) 위주 간접접근만이 온전한 승리로 천하통일을 달성할 수 있을 뿐만 아니라, 그 이후의 영구평화도 보장할 수 있다고 본다.

표 3은 각 편명의 개념과 포괄 개념을 배열하여 전편의 논리 구조를 도식(圖式)한 내용이다.

〈표 3〉 각 편명의 개념과 포괄 개념

전쟁의 궁극목적 : 영구평화를 지향한 천하통일				
편 명	計	作 戰	謀 攻	形
개 념	개전결심을 위한 승산 판단	전쟁 기획(企劃)	智略으로 敵을 다스림	靜的인 전비태세
포 괄 개 념	전쟁 대비 국가경영과 개전(開戰) 결심을 위한 승산 판단 및 전편의 개관	연속적 전쟁 목표 : 승리할수록 더 강해지는 승리	온전한 승리를 위한 지략 위주 간접접근의 원리와 조건	이상적인 유무형의 전비태세
개 념 분 류	**전쟁 일반론: 전쟁의 합목적성**			
위 상	개전결심을 위한 상황 평가	전쟁 목표와 비용	목표 달성 방법(方法)	정적인 전비태세
영 역	**정도(正道)가 본질인 군주의 정사(政事)의 영역**			
편 명	勢	實 虛	軍 爭	九 變
개 념	動的 戰勢	實로서 虛를 지향	군사적 승리 다툼	무궁한 상황 변화
포 괄 개 념	戰勢의 요소와 본성	戰勢의 지향점으로 虛 조성의 원리	역동적인 간접접근의 원리와 그 조건	상황변화에 따른 응변술(應變術)과 그 조건
개 념 분 류	**용병 일반론: 군사력의 본성(本性)과 지략 위주 간접접근**			
위 상	동적(動的)	상대적(相對的)	역동적(力動的)	무궁(無窮)한 상황변화
영 역	궤도(詭道)가 본질인 장수의 용병(用兵)의 영역			

<table>
<tr><th>편명</th><th>行 軍</th><th>地 形</th><th>九 地</th><th>火 攻</th></tr>
<tr><td>개념</td><td>용병의 실제</td><td>전장 상황의 유형(類型)</td><td>전략 상황의 다양성과 변화</td><td>감성적 火의 다스림</td></tr>
<tr><td>포괄 개념</td><td>전장 상황과 결부시킨 유리한 군 이동 및 배치</td><td>全勝을 위해 알아야 할 다양한 상황 요소와 상황별 원리</td><td>정신 · 심리적 본성 측면의 전략 상황별 원칙 및 志向과 戰果의 공고화</td><td>화공의 원리 와 감성적 火를 다스림</td></tr>
<tr><td>개념 분류</td><td colspan="3">용병의 실제: 전장 상황의 유형과 간접접근의 원리</td><td>전과 공고화</td></tr>
<tr><td>위상</td><td>정적 · 상대적</td><td>동적 · 상대적</td><td>역동적 변화</td><td>계편으로 환원</td></tr>
<tr><td>영역</td><td colspan="3">실제 상황에서 장수의 용병(用兵) 영역</td><td>군주와 장수의 영역</td></tr>
</table>

用 間
間者의 운용
先知의 결정성과 간자 운용의 중요성
전편(全篇)의 논리적 기반

개념 분류로서, **전쟁(戰爭) 일반론(一般論)**은 계(計)~형(形) 편에 이르는 4개 편이 해당하며, 계(計)편에서는 전쟁 대비 정도(正道)가 본질인 정사(政事)를 통해 구축된 비교 요소에 입각한 개전결심(開戰決心)을 위한 승산판단(勝算判斷)으로부터 전쟁의 궁극목적을 '영구평화를 지향한 천하통일'로 암시하고, 작전(作戰)편은 전쟁기획(戰爭企劃)으로서 합목적적인 전쟁 목표로서 온전한 승리를 제시하며 그 방법으로서 모공(謀攻)편은 지모(智謀)로 적을 다스린다는 지략(智略) 위주 간접접근을 설명하며, 마지막 형(形)편에서는 유 · 무형의 정적(靜的)인 전비태세(戰備態勢)를 논한다.

용병(用兵) 일반론(一般論)은 세(勢) 편으로부터 구변(九變) 편에 걸쳐서, 연속적인 전쟁 목표에 승리할수록 더 강해지는 승리[勝敵而益强]

로 제시하고 그 목표를 달성하는 방법으로 지략 위주 간접접근을 설명한다. 세(勢) 편은 정적(靜的)인 전비태세를 운용하여 발휘되는 동적(動的)인 전세(戰勢)의 요소를 정(正)과 기(奇)의 융합(融合)으로 규정하여 궤도(詭道)가 본질인 용병으로 발휘되는 전세(戰勢)의 본질은 정도(正道)에 의해 구축된 전비태세를 궤도(詭道)로 운용하여 발휘되기 때문에, 그 두 가지 본성을 정(正)과 기(奇)의 조합으로 설명하여 용병도 속임수만이 아니라, 정도(正道)의 본성도 융합된다는 점을 잊지 않을 것을 부각시킨다. 나의 실(實)로서 적의 허(虛)를 친다는 실허(實虛)편은 전세(戰勢)의 지향점으로서 허(虛)를 조성하는 원리를 다루며, 군사적 승리 다툼인 군쟁(軍爭) 편은 역동적(力動的)인 간접접근의 원리(原理)와 그 조건(條件)들을 설명하며, 무궁한 상황변화를 다루는 구변(九變) 편은 상황변화에 따른 간접접근의 응변술(應變術)을 그 조건(條件)들과 결부시켜 설명한다.

용병(用兵)의 실제(實際)에서는 전장 상황의 유형(類型)과 그에 따른 간접접근의 적용을 다루는 행군(行軍)~구지(九地) 편에 이르는 4개 편이 해당 된다. 여기서는 앞의 용병 일반론을 전장의 실제 상황 요소와 결부시켜 작전적 및 전략적 수준의 지략 위주 간접접근으로 구체화한다.

용병의 실재(實在)에서, 행군(行軍) 편은 전장의 자연 지리적 상황과 결부시킨 군의 유리한 이동 및 배치를 정적(靜的)이며 상대적 관점에서 논하고, 전장 상황의 유형(類型)이라는 지형(地形) 편에서는 온전한 승리[全勝]를 달성하기 위해 알아야 할 다양한 상황 요소와 상황별 원리를 동적이며, 상대적 관점에서 논하며, 다양한 전략 상황을 다루는 구지(九地) 편은 정신 · 심리적 본성(本性) 측면의 전략 상황별 원칙(原則)

및 지향(志向)과 전과(戰果)의 공고화(鞏固化)를 논(論)하며, 마지막 물리적 화(火)에 의한 공격과 감성적 火의 다스림이라는 화공(火攻) 편에서는 물리적 화공(火攻)의 원리와 감성적 火를 다스려 전과(戰果)를 공고화(鞏固化)하고 확전(擴戰)을 결심하기 위한 이성적(理性的) 결심(決心)을 강조하는 계편으로 다시 순환된다.

끝으로 용간(用間) 편은 전편(全篇)을 다루는 논리의 기반(基盤)으로서 먼저 적을 알아야 하는 선지(先知)의 결정성과 간자(間者) 운용의 중요성을 논한다. 여기서 개념적인 분류는 전쟁 일반론, 용병 일반론, 용병의 실제, 그리고 병법 전편의 논리 기반으로서 선지(先知) 등 4가지로 분류할 수 있으며, 보다 더 구체적으로 〈표 4〉와 같이 여섯 가지로 세분할 수 있을 것이다.

〈표 4〉 전편 논리 구조의 개념적 분류

편 명	計	作戰	謀攻	形	勢	實虛	軍爭	九變	行軍	地形	九地	火攻	用間
개념적 분류	전쟁(戰爭) 일반론(一般論)				용병(用兵) 일반론(一般論)				용병(用兵)의 실제(實際)				전편의 기반(先知)
구체적 분류	승산판단과 전쟁기획, 전쟁 목표, 방법, 전비태세				戰勢의 指向點		간접접근의 역 동성과 변화		전장의 실제 상황과 간접접근			전과 공고화 및 확전 결심	
전쟁 수행의 수준	**전략적(戰略的)**				**작전적(作戰的)**						**전략적(戰略的)**		

첫째, 전쟁 일반론은 전쟁의 합목적성을 설명하는 계 편에서 형 편에 이르는 4개 편이 해당된다. 계편은 평화 시 합목적적인 전쟁 대비 국가경영과 개전결심을 위한 이성적인 승산판단을 다루며, 이어서 작전 편

은 합목적적인 전쟁의 목표로서 '온전한 승리[全勝]를 통한 승리할수록 더 강해지는 승리[勝敵而益强]'를 제시하고 전쟁 비용의 막대함을 강조한다. 그리고 모공 편은 그 목표 달성 방법(方法)으로서 온전한 승리[全勝]를 지향한 지략 위주 간접접근'을 일반론으로 제시한다. 전쟁 일반론은 평화 시, 군주의 정사(政事)의 영역으로, 그 본질은 정도(正道)이다. 특히 후편인 形篇은 政事를 통해 구축되는 전비태세(戰備態勢)라는 점에서 군주의 영역에 포함할 수 있으나, 전비태세는 정적 요소이지만 적과의 상대적 태세를 논하여 용병 일반론과도 연계되는 전쟁 일반론이다.

둘째, 용병(用兵) 일반론은 모공 편의 지략 위주 간접접근을 군사력의 본성(本性) 및 지향(志向)과 결부시켜 제시한다. 여기에는 勢 篇으로부터 九變 篇에 이르는 4개 편이 해당하며, 각 편별로 정적(靜的), 동적(動的), 상대적(相對的), 역동적(力動的) 관점(觀點)에서 점진적으로 구체화하면서 설명한다.

먼저 세(勢) 편은 정적(靜的)인 형(形) 편의 전비태세를 동적(動的)으로 운용하여 발휘되는 전세(戰勢)의 관점에서, 그리고 실허편은 그 전세(戰勢)가 지향해야 할 허(虛)를 조성하는 방법을 상대적(相對的) 관점에서 논(論)한다. 더 나아가, 군쟁 편은 먼저 적을 역동적(力動的)으로 유인하여 허(虛)를 드러내는 지략 위주 간접접근을 본격적으로 설명하며, 구변 편은 직면할 상황(地)의 무궁한 변화에 부응하는 것을 응변술(應辯術)로 규정하면서, 간접접근의 조건으로서 분별지(分別智)를 강조한다.

특히 형(形)편 이전(以前)은 군주의 정도(正道)에 의한 정사(政事)를 통해 구축된 정적(靜的)인 전비태세의 영역(領域)이며, 세(勢)편 이하(

以下)는 그 전비태세를 장수의 괘도(詭道) 즉, 기책(奇策)으로 발휘되는 동적(動的)인 전세(戰勢)의 영역(領域)으로 발전한다. 이는 계편 ④문단에서 장수를 등용하여 위임하는 전세(戰勢)의 본질은 속임수라고 규정하여 병법 전편(全篇)을 개관했던 해당 편(篇)이 바로 세(勢)편 전후(前後) 편임을 보여준다.

셋째, 용병(用兵)의 실제(實際)는 용병 일반론(一般論)을 전장의 실제상황(狀況)과 결부시켜 실천적 원리를 점진적으로 구체화하면서 논한다. 여기에는 행군(行軍) 편에서 화공(火攻) 편에 이르는 4개 편이 해당한다. 행군(行軍) 편은 군을 운용하는 유리한 부대의 이동 및 배치의 원리와 함께 파악해야 할 상황 요소들을 주로 상대적 관점에서 설명하며, 지형(地形) 편은 다양한 자연지리에 기반을 둔 실제 상황을 상대적 및 역동적인 관점에서 논한다. 끝으로, 구지(九地) 편은 전략 지리에 기반을 둔 다양한 상황 유형별 전략의 원칙과 지향(志向) 및 인간의 감성적(感性的) 본성(本性)을 이용한 나의 집중(集中)과 적 분산[我專而敵分]의 원리를 역동적(力動的)으로 설명한다. 특히 구지 편과 화공(火攻) 편은 전략 상황과 인간의 감성적 본성을 고려하여, 전과(戰果)의 공고화(鞏固化)와 이성적(理性的) 확전(擴戰) 결심(決心)을 다룬다는 점에서 별도의 전략적 수준으로 세분할 수 있다.

특히, 용병의 실제에서 종전(終戰)이나 확전(擴戰)에 관한 문제는 구지 편 중반부(中盤部)와 화공 편 후반부(後半部)가 해당된다. '영구평화를 지향한 천하통일'이라는 궁극목적을 달성하기 위해서는 단일 전쟁에서의 온전한 승리(全勝)만이 아니라,' 천하통일에 이르는 연속적인 온전한 승리를 요구하기 때문에, 전과(戰果)의 공고화와 함께 확전 여부에 대한 결심은 필수적이다.

구지(九地) 편은 '전과의 공고화(鞏固化)'를 이전 편의 제 원리들을 다양한 전략 상황에 종합적으로 적용하여 실천적으로 설명하며, 화공(火攻) 편은 그 일환(一環)으로 감성적 화(火)를 다스려(攻) 이성적으로 확전(擴戰)을 결심(決心)할 것을 강조하여 전승(戰勝) 이후(以後) 변화된 새로운 전략환경에서 계(計) 편의 개전결심을 위한 이성적 승산판단의 논리로 되돌아간다.

끝으로, 용간 편은 손자병법의 전편(全篇)에 걸친 논리 전개의 기반(基盤)으로 볼 수 있는 적보다 먼저 아는 것(先知)의 결정성(決定性)과 그 방법 및 수단으로서 간자운용(間者運用)의 중요성(重要性)을 본격적으로 다룬다.

요컨대, 손자병법은 전쟁수행의 수준(Level of Warfare)별로 계(界) 편에서 형(形) 편에 이르는 4개 편은 국가 및 군사 전략적 수준에서 전쟁 일반론을 논하고, 세(勢) 편 이하 구변(九變) 편에서는 작전적 수준의 용병 일반론을, 행군(行軍)부터 화공(火攻) 편까지는 용병의 실제를 작전적 수준과 전략적 수준의 실천적 논의로 되돌아간다. 전쟁 수행의 수준은 전술적, 작전적 및 전략적 수준으로 구분하나, 손자병법은 군주나 최고위 장수의 관점에서 병법을 다루기 때문에 전술적 수준은 거의 언급하지 않는다.

손자병법 전편의 논리 구조는 일반론으로부터 구체적인 실제 상황의 원리로, 정적인 원리로부터 동적 및 역동적인 원리로, 전략적 수준으로부터 작전적 수준의 원리로, 이성적(理性的) 관점에서 감성적(感性的)인 인간의 본성[天性]의 관점으로 논리가 전개된다.

용병원리(用兵原理)의 점진적인 구체화는 형(形) 편의 정적(靜的), 세(勢) 편의 동적(動的), 그리고 실허편의 상대적(相對的), 군쟁편의 피·

아 역동적(力動的) 관점으로, 상황의 무궁한 변화(구변편)를 고려하여 전개되며, 상황의 점진적 구체화는 적과 대치하여 軍을 行하면서 파악해야 할 정적인 전술적 상황(행군 편), 다양한 동적인 작전적 상황(지형 편)과 인간의 감성적 본성(天性) 및 주변 제후와의 관계(天)를 결부시킨 역동적인 전략적 상황(구지 편)으로 전개되며, 전반적으로 지형 편까지는 이성적(理性的), 객관적(客觀的) 관점이지만, 구지 편과 화공 편은 인간의 감성적(感性的) 본성 측면과 주변 제후들과의 관계와 결부시켜 전개한다.

그처럼 점진적으로 구체화시켜 나가는 논리 전개 방식은 인간사(人間事)에서 가장 복합적인 전쟁을 분석적으로 다루기 위해서 불가피했을 것이다. 그러한 점진적인 구체화 과정은 가끔 유사한 원리가 중복되거나 상충(相衝)되는 것처럼 보일지라도, 해당 편의 위상(位相)에 비추어 보면, 중복이나 상충이 아니라 고유의 논리 전개의 일환(一環)임을 알게 된다.

제3절
저술상(著述上) 특징(特徵)

전편의 논리 구조를 파악하는 과정에서 도출할 수 있는 저술상 특징으로는 일관된 관점과 논리 전개의 특징 및 표현기법의 특징을 들 수 있다. 이 특징들은 전편(全篇)의 논리 구조와 함께 사용하는 반어법(反語法), 과장법(誇張法) 또는 나열법(羅列法) 및 비유법(比喩法) 등의 표현기법은 손자병법의 구조적 해석에 유용한 논거(論據)를 제공한다.

1. 일관(一貫)된 관점(觀點)

일관된 관점은 손자병법이 첫 편부터 마지막 편까지 일관되게 견지(堅持)하는 입장(立場)이나 견해(見解)이다. 영구평화를 지향한 천하통일이라는 전쟁의 궁극목적을 달성하는 수단으로써, 이상적인 전쟁의 목표와 방법을 설명하는 손자병법에서 일관되게 견지(堅持)하는 관점은 내용의 이해와 해석의 범위를 유의미하게 한정하여, 손자병법의 해석을 분명하게 해준다. 손자병법의 일관된 관점은 전쟁 중심적(戰爭 中心的)이며, 그것도 선제전(先制戰)과 원정전(遠征戰)을 다루고, 군주나 장수의 전략적 또는 작전적 수준에서 논(論)하며, 그 수준에서 유리(有利)한 조건(條件) 조성(造成)에 중점을 두고, 선지(先知)를 전제(前提)하는 등 다섯 가지이다.

첫째, 전쟁 중심적이다. 저자의 사상(思想)이 영구평화를 지향(志向)할지라도 손자병법은 그 수단으로서 난세(亂世)에 불가피한 전쟁을 다루기 때문에, 병법의 내용 자체를 평화 시 일상사나 처세술과 직접 관련시키는 것은 부적합하다. 계(計) 편에서 도(道)를 실천하는 경국(經國)과 치국(治國)을 다루었으나, 그것은 평화를 위해서가 아니라 전쟁에 대비한 정사(政事)의 중점을 제시하기 위함이다. 작전(作戰) 편에서 전쟁의 폐해(弊害)를 논하지만, 그것은 전쟁의 억제나 예방을 강조하기 위해서가 아니라, 전쟁에서 온전한 승리[全勝]를 달성해야 함을 강조하기 위한 것이다. 또한 모공(謀攻) 편에서 벌모(伐謀)와 벌교(伐交) 또는 부전(不戰)과 비전(非戰)을 논하지만, 그것은 국태민안(國泰民安)이나 전쟁 억제를 위해서가 아니라, 적을 굴복(屈服)시키기 위한 일관된 목적을 달성하는 방법으로 제시한다.

당시에 풍미(風靡)한 도가사상의 영향을 받은 저자는 군주의 정사(政事)는 정도(正道)를 따라야 하고[以正治國], 적을 상대로 승리를 다투는 용병(用兵)에서만 기책[以奇用兵]을 허용한다는 점에서, 만약 속임수(詭道)가 본질인 손자병법의 제 원리들을 국제관계나 국가경영 또는 기업관리나 인생사와 결부시켜 인용한다면, 온갖 속임수가 난무하는 세상사(世上事)나 인생사(人生事)로 오도(誤導)하는 셈이 되어, 저자의 원(原)개념(槪念)에서 완전히 벗어나게 될 것이다.

둘째, 선제전(先制戰)과 원정전(遠征戰)을 일관되게 다루고 있다. 천하 통일을 달성하기 위한 전쟁은 현상 유지나 전쟁 억제 등 방위전(防衛戰)이 아니라, 오직 연속적인 선제전과 원정전의 성격을 갖는다. 손자병법의 합목적성은 개전(開戰) 시 신중한 승산 판단을 논한 계(計) 편으로부터 구지 편의 원정전의 원리(爲客之道)에 이르기까지 오직 선제전과 원정전을 논하기 때문에, 자국 영토나 국경 주변의 전장화(戰場化)는 결코 허용되거나 목적에 부합되지 않을 수 있다. 정책적 요구의 특성상 방위전(防衛戰)에서 출발할 수밖에 없는 전략 상황에서, 손자병법으로부터 정책적 또는 전략적 실마리를 찾기 위해서는 전쟁 억제나 선제기습의 파괴력과 심리적 충격 등 추가적인 개념들을 결부(結付)시킬 것을 요구한다. 더군다나 그 근본(根本)은 현세(現世)에서 초강대국일지라도 전쟁의 궁극목적은 당시와 같은 영구평화를 지향한 천하통일과 전혀 결부(結付)시킬 수 없다는 점이다.

셋째, 손자병법은 군주(君主)와 장수(將帥)의 전략적 또는 작전적 수준의 원리(原理)를 논(論)하고 있다는 점이다. 손자병법에서 다루는 국력이나 군사력 운용의 원리는 최상위 군주나 장수의 전략적 또는 작전적 수준의 원리들이다. 그 수준은 국가 전비태세를 구축하기 위한 군주의 道와 法이 지배하며, 지략(智略) 위주 간접접근은 무엇보다도 장수의 탁월한 지략(智略)이 요구되는 수준이다.

비록, 계(計) 편에서 상대적 비교 요소로서 '어느 편의 부대가 더 강하거나[兵衆孰强], 사졸들이 더 숙련되었는가[士卒孰練]를 언급하고 있지만, 그것은 개전(開戰) 결심(決心)을 위한 비교 요소로써, 전자는 평화시 군주의 도(道)에 따라 모여든 백성들로 군을 편성하여 장수의 탁월한 용병(用兵)의 결과로써, 후자는 훌륭한 장수의 치병(治兵)의 결과로써 언급된다. 그리고 군쟁(軍爭) 편에서 부대의 기민(機敏)한 정동(靜動)의 태세와 지휘주목(指揮注目) 및 다섯 가지 다스림[五治]을 강조하나, 이는 장수의 지략 위주 간접접근을 구현(具現)하기 위한 조건으로서, 장수 수준의 용병(用兵)과 치병(治兵)의 중요성을 언급하는 것이다. 지형(地形) 편에서는 여섯 가지 패(敗)할 부대의 상태(狀態)를 언급하지만, 그 상태는 주로 장수의 용병(用兵)과 치병(治兵)의 과오(過誤)[23]로 나타나는 현상들이다. 손자병법은 온전한 승리[全勝]를 위한 지략 위주 간접접근은 물론, 사졸들의 숙련도(熟練度), 부대의 강약(强弱), 단결력(團結力)과 병사들의 사기(士氣) 등의 모든 문제들은 전적(全的)으로 장수의 용병(用兵)과 치병(治兵)의 결과로 드러난다고 단언(斷言)[24]한다.

넷째, 유리한 조건(條件) 조성(造成)에 초점을 둔다. 군주와 장수의

23 손자병법, 전게서, 지형편 凡此六者, 非天地之災, 將之過也 참조.

24 상게서, 세편 善戰者, 求之於勢, 不責之於人 참조.

영역인 전략적 및 작전적 수준의 간접접근은 하위 수준의 승리에 유리한 여건을 조성하는 것이 목적이다. 주로 평화 시에 달성되는 모공 편의 벌모(伐謀)나 벌교(伐交)도 그 자체가 목적이 아니라, 적을 굴복시키기 위한 국가 전략적인 유리한 조건으로 언급한다. 그 조건에서 유사시 적에게 위압(威壓)을 가(加)할 때 비로소, 전쟁이나 전투 없이도 적을 굴복시킬 수 있게 된다[不戰而屈人之兵].

전쟁을 결심하고 수행하는 과정에서 상위 전략적 및 작전적 수준의 간접접근은 해당 수준의 승리에 유리한 조건을 조성하는 것이 목적이다. 직접접근(直接接近)과 대비되는 간접접근(間接接近)이란 우회기동(迂回機動)도 포함하지만, 그것은 어의적(語義的)으로 직접적인 물리적 충돌에 앞서, 어떤 다른 요소를 개입시키는 것이다. 다른 요소란 바로 장수의 탁월한 지략(智略)이며, 지략 발휘의 목적은 유리한 조건을 조성하여 하위 수준의 파괴(破壞)와 살육(殺戮)을 최소화하는 것이다.

다섯째, 적보다 먼저 아는 것(先知)을 전제(前提)로 논리를 전개한다. 손자병법의 논리는 군주에 의한 승산(勝算) 판단과 장수의 지략(智略) 발휘 조건으로서, 먼저 아는 것[先知]을 전제(前提)한다. 선지(先知)의 결정성과 중요성에 대한 세부적인 설명은 용간(用間) 편에서 직접 다루지만, 거의 전 편에 걸쳐 온전한 승리[全勝]를 달성하기 위한 지략 발휘의 조건으로서, 적을 알고 나를 알고[知彼知己], 국제적 및 주변적 정세와 상황을 다 알아야 하며[知天知地], 나는 적을 알고 적은 나를 모르게 만드는(形人而我無形) 조건을 전제로 논리를 전개한다.

손자병법에서 앎(知)과 승리(勝)의 관계를 언급한 문구에는, 계편의 장수가 국가경영 요소인 다섯 가지 정사(政事)의 의미를 깨달으면 승리하고[凡此五者, 知之者勝], 모공편에서 피 · 아 군주와 장수의 능력과 상호관계로서 다섯 가지[知勝有五]를 알면 위태롭지 않으며[故曰 知彼知己, 百戰不殆], 지형편의 자연지리를 기반으로 피 · 아의 실제 상황을 알고, 분별(分別) 있게 군을 운용하면, 반드시 승리하며[夫地形者, 兵之助也 〈中略〉 知此而用戰者, 必勝], 피 · 아 부대 상태를 알면[知彼知己] 승리가 위태롭지 않으며[勝乃不殆], 국제정세 및 인간의 정서적 본성[천성(天性)] 측면에서 피 · 아 실제 상황을 알면[知天知地], 비로소 온전한 승리가 가능하다[勝乃可全]. 그리고 구지 편은 인간의 정서적 본성과 결부시켜 다양한 전략 상황별 전략(戰略) 지향(志向)을 알 때, 비로소 왕도(王道)와 패도(霸道)를 구사할 수 있는 군(軍)이라고 반어법으로 강조한다[四五者一不知, 非王霸之兵也].

더 나아가, 비록 먼저 알아야 한다고 명시하지 않았더라도, 병법 전체는 그것을 전제(前提)로 논리가 전개되고 있다. 즉, 계편의 용병의 본질인 궤도(詭道)를 구현하는 전제(前提)로서, 모공(謀攻) 편의 지모(智謀)로써 적을 다스리기 위한 전제로서, 형편의 '나를 보존하면서 온전하게 승리[自保而全勝]'하기 위한 이상적인 공수(攻守)의 태세[善守者, 藏於九地之下, 動於九天之上]를 갖추는 조건으로서, 그리고 세 편과 실허 편의 핵심 개념과 군쟁 및 구변 편의 간접접근 및 그 조건들은 모두 적의 의도와 피 · 아 태세 및 활동에 관하여 먼저 아는 것[先知]을 전제로 논리가 전개된다. 마지막으로, 용간 편은 먼저 적을 알아야만 탁월한 승리를 달성할 수 있다[所以動而勝人, 成功出於衆者, 先知也]고 결론짓는다.

先知의 대상은 적에 관한 정보만이 아니다. 실제 상황에서 온전한 승리[전승(全勝)]의 원리를 논하는 행군과 지형 편은 자연지리의 다양한 상황별 유형과 피 · 아 부대 상태 및 치병 상태, 그리고 법령 이행 상태를, 구지 편은 주변 제후들의 관계와 인간의 감성적 천성(天性), 그리고 그 무궁한 변화까지 다 알 것을 요구한다. 손자병법에서 모든 원리는 적을 잘 모르거나, 아군의 유 · 무형의 실정(實情)을 파악하지 못하거나, 주변국들의 정세[天]와 작전 환경[地]을 잘 모른다고 전제하면, 병법의 경험적(經驗的) 및 논리적(論理的) 타당성(妥當性)에 많은 의문이 제기될 수 있다.

현대적 교리(敎理)에서는 전장 상황에 관해 먼저 보고(先見), 먼저 안다(先知)는 것은 주로 적에 대해 아는 것을 강조하지만, 손자병법에서 알아야 하는 대상은 적(敵)뿐만 아니라, 반드시 나를 올바로 알 것을 강조한다. 그 관점에서, 손무(孫武)는 이미 정보화 시대에 새롭게 부각되는 적 상황에 관한 정보는 물론, 아 상황과 환경에 관한 일반 정보를 함께 알도록 강조하였다. 손자병법의 상세(詳細) 해석에서 이상의 여섯 가지 일관된 관점을 견지(堅持)하지 않는다면, 원개념에서 일탈(逸脫)하기 십상(十常)일 것이다.

2. 논리전개(論理展開)의 특징(特徵)

거시적(巨視的)인 논리전개의 특징은 앞의 1항에서 제시한 전편(全篇)의 논리 구조로 이미 설명하였기 때문에, 여기서는 미시적(微視的)인 특징으로서, 각 편의 논리 구조와 논리전개의 특징을 개관하고 그 구조와 특징을 문단별 상세해석의 논거(論據)로 사용한다.

첫째, 각 편의 논리전개의 일반적인 특징은 글자 그대로 단순한 의미

[25]에서 출발하여, 점진적으로 복합적인 개념으로 발전시켜 구체화[26]하거나, 그 개념구현에 요구되는 유 · 무형의 조건들을 부언(附言)[27]한다.

둘째, 각 편은 대부분 연결구나 문단을 사용[28]하여 전 · 후 편의 의미를 연계(連繫)시키거나 암시(暗示)한다. 전 · 후 편을 동시에 연계시키는 대표적인 문단의 예는 세(勢)편의 ①문단이다. 이 문단 중 전반부인 '凡治衆如治寡, 分數是也. 鬪衆如鬪寡, 形名是也'는 이전 편인 형(形) 편과 관련되며, 중반부인 '三軍之衆, 可使必(畢)受敵而 無敗者, 奇正是也'는 해당 세(勢)편의 핵심이며, 후반부의 '兵之所加, 如以碫投卵者, 實虛是也'는 후편인 실허 편과 관련된다.

직후 편과 연결하는 문구의 대표적인 예는 군쟁 편의 ⑦문단[29]은 우직지계(迂直之計)의 조건으로 분별력[…勿迎, 勿從, 勿攻, 勿食,, 勿遏, 勿迫,)을 강조하면서, 동시에 후편인 구변 편의 다양한 상황에서

25 글자 그대로의 가장 단순한 예로는, 손자병법, 전게서, 실허편에서 氣力의 虛 관점에서 佚勞나 飽飢를 먼저 설명하고, 상게서, 군쟁 편에서는 迂直之計를 글자 그대로 시간과 공간 측면에서 '돌아감으로써 먼저 도착'하는 後人發, 先人至를 먼저 설명한다.

26 상게서, 실허편에서 虛勢를 통해 敵不知其所守/攻으로, 形人而我無形에 의한 我專而敵分의 개념으로 발전하며 군쟁편에서는 나의 분산을 통해 적을 분산시켜 상대적 집중을 달성하는 以分合의 복합적, 구체적인 개념으로 발전된다.

27 손자병법, 전게서, 군쟁편에서 以分合 즉, 우직지계(迂直之計)의 조건에 관한 논의는 그 이하 모든 문단에 해당한다. 즉 ④문단은 우직지계를 위한 정동(靜動)의 부대 태세를, ⑤문단은 적 지휘교란 vs 아 지휘집중과 적 기세 및 심리적 교란 vs 아 기/력/심/변의 통제(治)를 그리고 요구되는 장수의 조건으로 분별력을 ⑥문단에서 강조한다.

28 대표적인 문구로는 상게서, 모공편 以虞待不虞者勝은 그 後篇인 작전편의 先爲不可勝 以待敵之可勝으로, 군쟁편의 故用兵之法 高陵勿向…窮寇勿迫 此用兵之法也는 구변편의 途有所不由…君命有所不受와 연계되고 있다.

29 상게서, 군쟁편 ⑦문단은 '故用兵之法, 高陵勿向, 背丘勿逆, 佯北勿從, 銳卒勿攻, 餌兵勿食, 歸師勿遏, 圍師必闕, 窮寇勿迫, 此用兵之法也'이다.

의 분별지(…有所不由, 不擊, 不攻, 不爭, 不受)[30]와 연계시킨다. 수 개 편을 건너뛰어 후편과 연계를 암시하는 문단은 이미 언급했던 계 편의 ④문단 속임수(詭道)에 관한 문단으로서, 이는 세(勢) 편 이전의 형편에 이르는 전쟁 일반론은 정도(正道)가 본질인 정사(政事)와 관련되고, 세편 이하는 궤도(詭道)가 본질인 用兵과 관련됨을 시사하여 병법의 본질과 본성이 대별된다는 점을 개관하는 문단이다. 작전편의 '近師者貴賣'는 구변 편의 '絕地無留'나 구지 편의 '散地則無戰'은 '輕地則無止'와 연계된다.

3. 표현기법(表現技法)의 특징

손자병법은 어려운 한자의 다양한 뜻과 더불어 과장(誇張), 반복(反復), 나열(羅列) 등의 강조법(强調法)과 자연현상과의 비유법(比喻法)을 흔히 사용하기 때문에 핵심 개념을 파악하기 어려우며, 동일한 개념을 물리적 측면과 정신 · 심리적 측면으로 제시하기 때문에 유의하지 않으면 별개의 개념으로 오해하기 쉽다. 표현기법의 특징에 대한 이해는 그로 인한 혼란을 줄이면서, 핵심 개념 파악에 도움이 될 것이다. 그러한 표현기법의 특징으로는 다음 다섯 가지를 들 수 있다.

첫째, 전쟁의 물리적 측면과 정신 · 심리적 측면을 함께 설명한다. 손자병법이 물리적 직접 충돌을 지양(止揚)하고, 지략 위주 간접접근을

30 途有所不由, 軍有所不擊, 城有所不攻, 地有所不爭, 君命有所不受.

추구하기 때문에, 그러한 기법상의 특징은 필수적일 뿐만 아니라, 바로 그러한 특성 때문에, 주로 물리적 파괴의 효율성만 지향하는 다른 병법(兵法)에 비해 탁월(卓越)하다고 볼 수 있다.

그와 같은 표현법은 전편에 걸쳐 일반적이다. 대표적인 예로는 계(計) 편의 궤도(詭道)에서 속이는 행위는 외형적 또는 물리적이지만, 요망하는 효과는 적의 마음을 변화(變化)시키는 것이다. 직접적인 표현으로는 '물리적으로 대비하지 않은 곳을 공격[攻其無備]하고' '생각하지 못한 곳에 나타난다[出其不意].'라는 문구가 해당한다. 구지 편과 화공 편은 전반적으로 정신 · 심리적 측면(兵之情)'에서 '인간의 정서적 본성의 이치[人情之理]' 관점에서 논의하며, 그중에서 화공 편은 편명 자체가 물리적인 화공(火攻)과 정신 · 심리적 '화(火)를 다스림(攻)'이라는 유 · 무형적인 두 가지 의미를 갖는다.

둘째, 관련 요소들을 나열하다가, 마지막 문구에서 특별히 강조하거나 경계해야 할 사항을 부언(附言)한다. 그 대표적인 예는, 작전 편에서 적으로부터 획득한 식량과 마초(馬草)의 가치를 20배 이상으로 열거하다가, '적을 살상(殺傷)하면 적의 분노와 적개심을 고취(鼓吹)시키는[故殺敵者怒也] 반면, 적으로부터 재물을 빼앗아 활용하면, 적의 사졸들이 식량을 지키지도 못한 채 싸우라고만 명령하는 자기 장수를 바보멍청이(貨)라고 비난하게 만든다[取敵之利者貨也].'는 지략싸움에서 실패한 자기 장수에 대한 적 사졸들의 심리적 효과를 강조한다.[31] 다른 예로서, 모공 편에서 상대적 전투력 비율에 따른 용병법을 열거하면서,

31 손자병법, 전게서, 작편 편 故智將務食於敵, 食敵一鐘, ... 故殺敵者怒也, 取敵之利者貨也 참조.

압도적 우세를 강조하다가 마지막 문구[32]에서 '적의 소부대에게 견제당하면(故少敵之堅), 적 대부대에 포로가 된다[大敵之擒也]'고 유의 사항을 부언한다. 이는 압도적인 우세를 달성한답시고, 적의 소규모 유인부대에 집중하면, 오히려 적의 속임수에 넘어가 견제당하여, 적 대부대에게 포로가 될 수 있음을 경고하는 문구이다. 이와 유사한 표현기법은 행군 편과 지형 편에서도 발견된다.[33]

셋째, 세부 사항을 연속적으로 나열하여 함축적인 의미를 강조한다. 예를 들어 작전 편에서 전쟁 비용이 일일 천금이 필요하다는 의미를 강조하기 위해, 세부적인 비용을 나열[34]하고, 전장이 국경에 가까울 경우 그 폐해(近師者貴賣)를 말꼬리를 이어 열거[35]하여 강조한다. 그러한 강조법은 작전 편 이후 각 편에서도 1회 이상 발견된다.

넷째, 또 다른 강조법으로서, 자연현상에 비유하여 열거하는 방식이다. 이는 당시의 무위자연(無爲自然)을 주장하는 도가사상의 영향을 잘 반영해 주고 있다. 그중에서도 가장 극적(劇的)인 예는 세(勢) 편에서 훌륭한 기책 발휘(善出奇者)는 기(奇)와 정(正)의 변화(奇正之變)와 기정상생(奇正相生)의 무궁함을 자연의 섭리(攝理)를 들어 장황하게 비유

32 상게서, 모공 편 故用兵之法, 十則圍之, 五則攻之, 倍則分之, 敵則能戰之, 少則能守之, 不若則能避之. 故少敵之堅, 大敵之擒也.

33 상게서, 행군 편 兵非貴益多, 雖無武進, 足以并力料敵, 取人而已. 夫唯無慮而易敵者, 必擒於人과 지형편 故戰道必勝, 主曰無戰, 必戰可也. 戰道不勝, 主曰必戰, 無戰可也. 故進不求名, 退不避罪.

34 손자병법, 전게서, 작전 편 馳車千駟, 革車千乘, 帶甲十萬, 千里饋糧, 則內外之費, 賓客之用, 膠漆之材, 車甲之奉.

35 상게서, 작전 편 貴賣則百姓財竭, 財竭則急於丘役, 力屈財殫, 中原內虛於家, 百姓之費, 十去其七. 公家之費, 破車罷馬, 甲胄弓矢, 戟楯矛櫓 丘牛大車, 十去其六.

[36]한다. 그와 같은 비유법은 형 편[37], 실허편[38] 및 구지 편[39]에서도 발견할 수 있다. 그러한 나열식 비유법들을 모두 유의미하게 받아들일 경우, 부분적으로 핵심 개념에서 벗어날 수 있으나, 글자 그대로만 해석할 경우 실천적 의미를 왜곡(歪曲)할 수도 있다.

다섯째, 관련 요소들을 나열하다가, 그중 특정 요소만 구체적으로 설명하고 강조하여 이후 편과의 연계(連繫)를 도모한다. 그 대표적인 예는 계편에서 승산 판단을 위한 비교 요소로 일곱 가지를 열거[40]한 후, 그중에서 특별히 장수와 관련하여 장수의 등용과 그 역할 및 용병의 본질을 궤도(詭道)로 제시하여 병법 전체가 형(形)편과 세(勢)편으로 대별(大別)됨을 시사(示唆)[41]한다. 모공 편에서는 적을 공격하는 방법으로서 벌모(伐謀)로부터 공성(攻城)까지 우선순위별로 나열한 후, 최하책인 攻城의 폐해만을 구체적으로 열거[42]하여 그 상책의 중요성을 부각(浮刻)

36 상계서, 세 편 無窮如天地, 不竭如江海, 終而復始, 日月是也. 死而更生, 四時是也. 聲不過五, 五聲之變, 不可勝聽也. 色不過五, 五色之變, 不可勝觀也. 味不過五, 五味之變, 不可勝嘗也.

37 상계서, 형 편 擧秋毫不爲多力, 見日月不爲明目, 聞雷霆不爲聰耳와 勝者之戰, 若決積水於千仞之谿者, 形也.

38 상계서, 세 편 夫 兵形象水, 水之形, 避高而趨下, 兵之形, 避實而擊虛, 水因地而制流, 兵因敵而制勝. 故兵無常勢, 水無常形, 能因敵變化而取勝者, 謂之神. 故五行無常勝, 四時無常位, 日有短長, 月有死生.

39 상계서, 구지 편 故善用兵者, 譬如率然, 率然者, 常山之蛇也. 擊其首則尾至, 擊其尾則首至, 擊其中則首尾俱至.

40 상계서, 계 편 主孰有道, 將孰有能, 天地孰得, 法令孰行, 兵衆孰强, 士卒孰練, 賞罰孰明.

41 상계서, 將聽吾計用之必勝, (중략), 勢者, 因利而制權也. 兵者詭道也.

42 손자병법, 전게서, 모공편 故上兵伐謀, 其次伐交, 其次伐兵, 其下攻城. 攻城之法, (중략), 此攻之災也.

시킨다. 그러한 예는 군쟁 편[43]에서도 발견할 수 있다.

여섯째, 대부분의 용어나 문구는 한 단계 이상의 추리(推理)를 요구하는 함축적인 뜻을 갖는다. 따라서 글자 그대로의 이해나 해석은 그 단편만을 이해하거나 곡해(曲解)하는 셈이 된다. 그러한 표현상의 특징은 용어나 문구를 전후 문맥을 고려하여 추론(推論)할 때만 비로소 다 이해할 수 있게 된다. 대표적인 예를 들면, 군쟁 편의 '이환위리(以患爲利)'는 글자 그대로는 기존에는 '환란(患亂)을 오히려 이(利)로 전환한다.'고 해석하지만, 그 실천적 함의는 '적에게 나의 환난(患亂)을 보여주어 적이 그것을 이(利)로 인식하여 쫓도록 유인하여 나타나는 적의 허를 이용하여 승리(勝利)를 달성한다.'로서, 3단계 이상의 추리를 요구한다. 몇 단계 추리를 요구하는 그와 같은 문구는 전편에 걸쳐 발견할 수 있다. 이상의 여섯 가지 표현기법의 특징에 대한 이해는 유사한 문구를 논거(論據)를 들어서 상세(詳細) 해석(解析)하는데 도움이 된다.

43 상게서, 군쟁편 擧軍而爭利, 則不及, 委軍而爭利, 則輜重捐. 是故, 捲甲而移, 日夜不處, 倍道兼行, (중략), 則三分之二至.

제4장

각 편의 논리 구조와 구조적(構造的) 상세(詳細) 해석

본 장(章)에서는 각 편의 논리 구조를 파악하여 해석의 구조를 완성하고, 그 내재적 구조요소들이 제공하는 맥락(脈絡)이나 문맥(文脈) 또는 논거(論據)에 따라, 각 편의 내용을 상세(詳細) 해석(解析)한다. 그와 같은 구조적 해석 과정에서도 부분적으로 구조요소와 상세해석 사이에 상호 타당화나 변화가 이루어지는 해석학적 순환(循環)이 적용된다.

각 편의 논리 구조(論理構造)는 전편(全篇)의 논리 구조를 구성하는 단위이기 때문에, 전체의 부분으로써 위상(位相)에 부합해야 할 뿐만 아니라, 전후(前後) 편들과의 연계성도 엄밀하게 유지해야 한다. 각 편의 논리 구조는 앞서 도출한 해당 편의 포괄 개념으로 귀결되는 문단(文段)들의 논리전개 방식으로 파악된다.

문단별 구조적 상세해석은 전편 및 각 편의 논리 구조를 기반으로 외재적 및 내재적 구조요소들이 제공하는 맥락(脈絡)이나 논거(論據)를 선택하여 세부적으로 해석한다. 본 장은 전편(全篇)의 논리 구조 파악 시 개념적으로 분류한 전쟁(戰爭) 일반론(一般論), 용병(用兵) 일반론(一般論), 그리고 용병(用兵)의 실제(實際)와 선지(先知)의 결정성(決定性) 등 4개 節로 편성한다.

제1절
전쟁(戰爭) 일반론(一般論)

전쟁 일반론은 '영구평화를 지향한 천하통일'이라는 전쟁의 궁극목적을 지향(志向)한 계편(計篇)의 전쟁대비(戰爭對備) 국가경영(國家經營)

과 개전결심(開戰決心)을 위한 승산판단(勝算判斷), 작전편(作戰篇)의 그 궁극목적을 달성하기 위한 연속적인 전쟁의 목표로서 승적이익강(勝敵而益强)과 막대한 전쟁 비용(戰爭 費用)을, 그리고 모공편(謀攻篇)은 그 목표 달성을 위한 이상적인 방법으로서 싸우지 않고 적을 굴복시키는 것으로[不戰而屈人之兵] 제시하고, 형(形) 편에서는 이를 위한 이상적인 유 · 무형의 정적(靜的)인 전비태세(戰備態勢)를 제시하는 4개 편이 해당한다.

1. 제1편 계(計)

'計'는 후세(後世)에 시계(始計)로도 표현하였다. 이에 대한 기존 해석은 주로 '근본적인 계책(計策)'이나 '전쟁기획(戰爭企劃)'이었다. 이는 계(計)를 계획(計劃)의 약어로 본 편명(篇名)이었다. 그러나 전쟁기획은 작전편이 적합하므로, 본편의 계(計)를 묘산(廟算)의 산(算)과 결합하여 계산(計算)의 약어로 보아, 계산의 뜻 중 '이해득실을 따지다.'를 선택하여, 편명(篇名)을 '개전결심(開戰決心)을 위한 승산판단(勝算判斷)'으로 해석하였다. 그와 같은 뜻을 갖는 본편의 첫 번째 포괄 개념은 합목적적인 전쟁대비 국가경영의 실효성(實效性)을 비교하는 개전결심(開戰決心)을 위한 승산판단(勝算判斷)이며, 두 번째 포괄 개념은 병법의 서편(序篇)으로서 전편(全篇)에 대한 개관(槪觀)이다. 본 편은 이 두 가지 포괄 개념을 다음의 5개 문단으로 논리가 전개된다.

① 孫子曰, 兵者, 國之大事(-也), 死生之地, 存亡之道, 不可不察也.

② 故經之以五, 效(校)之以計, 而索其情 一曰道, 二曰天, 三曰地, 四曰將, 五曰法. 道者, 令民與上同意者也, 故可與之死, 可與之生, 而民不詭(弗畏+危)也. 天者, 陰陽, 寒暑, 時制也. (-順逆, 兵胜). 地者, (-高下), 遠近, 險易, 廣狹, 死生也. 將者, 智, 信, 仁, 勇, 嚴也. 法者, 曲制, 官道, 主用也. 凡此五者, 將莫不聞, 知之者勝, 不知者不勝.

③ 故效(校)之以計, 而索其情. 曰 主孰有道(+?) 將孰有能(+?) 天地孰得(+?) 法令孰行(+?) 兵衆孰强(+?) 士卒孰練(+?) 賞罰孰明(+?) 吾以此知勝負矣.

④ 將聽吾計, 用之必勝, 留之. 將不聽吾計, 用之必敗, 去之. 計利以聽, 乃爲之勢, 以佐其外. 勢者, 因利而制權也. 兵者, 詭道也. 故能而示之不能, 用而示之不用, 近而示之遠, 遠而示之近. 利而誘之, 亂而取之, 實而備之, 强而避之, 怒而撓之, 卑而驕之, 佚而勞之, 親而離之. 攻其無備, 出其不意. 此兵家之勝, 不可先傳也.

⑤ 夫 未戰而廟算勝者, 得算多也. 未戰而廟算不勝者, 得算少也. 多算勝, 少算不勝, 而況於無算乎. 吾以此觀之, 勝負見矣.

주: • ( )의 **진한 글자**는 죽간(竹簡)에서 확인된 글자이다.
• ( )의 연한 글자는 죽간에는 없거나 유실 또는 판독 불가능한 문자 또는 문구를 십일가주 내용으로 대체한 것이다.
• ( )는 죽간의 한자를 십일가주의 상이한 한자로 대체한 것이다.
• (+)는 죽간에는 없으나 십일가주에만 있는 문자나 문구이다.
• (-)는 죽간에는 있으나 십일가주에는 없는 문자나 문구이다.

가. 계(計) 편의 논리 구조

계편의 ①문단은 전쟁은 국가의 대사(大事)로서 마땅히 잘 살펴 잘못이 없어야 한다(不可不察)[1]는 당위성으로부터 시작하여, ②문단은 전쟁

1 不可는 '옳지 아니하다, 眞理나 道德的 規準에 맞지 않다'이며 不察은 '잘 살피지 않아서 생긴 잘못'이기 때문에 不可不察은 '잘 살피지 않아서 잘못이 생겨서는 도리를 다하지 못한 것이다.'로 당위성이 강조되도록 해석해야 한다.

에 대비한 국가경영의 다섯 가지 정사(政事)와 그 본질 및 구성 요소들을 설명하며, ③문단은 국가경영의 결과로 형성된 이해득실을 가리는 상대적인 평가(評價) 요소(要素)와 그 관점을 제시하고, ⑤문단은 그 비교 요소들의 관점에 따라 승산(廟算)을 판단하여 승산이 높을 경우에만 개전(開戰)을 결심(決心)할 것을 강조한다. 따라서 ④문단을 제외한 나머지 문단들은 개전 결심(開戰 決心)을 위한 승산판단(勝算判斷)으로 귀결되는 일관된 논리전개 방식을 보여준다.

그러나, ④문단은 장수의 등용 기준과 그의 역할(乃爲之勢)의 본성(本性)을 속임수(詭道)로 규정하여 설명하기 때문에, 승산판단으로 귀결되는 논리 구조에서 벗어난 것처럼 보인다. 대신 대부분 저서(著書)의 서론(序論)이 그러하듯, 서편으로서 전체를 개관(概觀)하는 내용으로 이해함으로써, 그 문맥의 타당성을 설명할 수 있게 된다. 병법의 전반적인 논리적 흐름에 비추어 볼 때, 이 문단은 병법 전체의 구성이 평화 시 전쟁대비 정사(政事)를 통해 전비태세(戰備態勢)를 구축(形篇)하는 정도(正道)가 지배하는 군주의 영역과 유사시 그 태세를 운용(用兵)하여 전세(戰勢)로 전환하여 승리하는 장수의 奇策이 지배하는 영역(勢篇 이하)으로 대별(大別)된다는 점을 개관하는 문단으로 이해함이 타당하다. 〈표 5〉는 계편에서 각 문단이 포괄 개념으로 귀결되는 논리전개 과정을 보여주고 있다.

〈표 5〉 계(計) 편의 논리전개

편명	計: 개전결심(開戰決心)을 위한 승산판단(勝算判斷)				
위상	편명인 개전결심을 위한 승산판단과 저서의 序篇으로서 전편(全篇)을 개관(槪觀)				
포괄 개념	합목적적인 전쟁대비 다섯 가지 政事와 그 실효성으로서 7 計에 의한 이성적 · 객관적 승산 판단과 병법 전편의 개관(槪觀)				
문단	① 序頭	② 전쟁 대비 政事	③ 비교 관점	④ 전편의 개관	⑤ 승산 판단
논리 전개	兵者 國之大事 不可不察	전쟁대비 經國과 治國의 5가지 政事 와 그 본질(正道)	그 결과로써 일곱 가지 비교 요소와 관점	군주의 전쟁대비 政事의 正道와 장수의 用兵 詭道	비교 요소에 입각한 이성적, 객관적 승산판단

요컨대, 계편의 논리 구조는 서두에서 '전쟁은 국가대사(國家大事)로서 마땅히 잘 살펴 잘못이 없어야 한다(不可不察)'라고 운(韻)을 뗀 후, 불가불찰의 두 가지 사항으로 평화 시 전쟁에 대비한 국가경영과 그 결과로 형성된 상대적 비교 요소에 입각한 이성적, 객관적 승산판단을 일관되게 논(論)하면서, 저서(著書)가 군주의 정도(正道)가 본질인 정사(政事)와 장수의 괘도(詭道)가 본질인 용병(用兵)으로 구분된다는 점을 개관한다.

특히 대부분 국력이나 군사력에 대한 상대적 비교분석은 주로 조성된 가용한 힘을 비교하는 요소나 가중치 설정에 중점을 두는 데 비해, 손자병법의 개전 결심을 위한 승산판단 요소들은 그 힘의 원천인 평화 시 도(道)를 실천하는 국가경영의 다섯 가지 정사(政事)로부터 출발하는 논리전개 방식은 우주 만물이 시원(始原)에서 출발하여 경국(經國)과 치국(治國)의 道를 논하는 논리는 그 근원(根源)으로부터 출발하는 도가사상(道家思想)의 논리와 일치한다.

나. 문단별 구조적 상세해석(詳細解析)

문단별 구조적 상세해석은 각 편을 문단별로 구분하여, 각 문단이 각 편의 논리 구조에서 차지하는 문맥에 따라 해석(解釋)하고 그 해석을 해설(解說)하는 형식을 취한다.

① 孫子曰, 兵者國之大事, 死生之地, 存亡之道, 不可不察也.

〈문맥〉

계(計) 편의 논리 구조에서 본 문단은 전쟁을 정의하고, 개전(開戰)을 위한 승산판단에서 신중히 살펴야 하는 일을 군주나 장수의 도덕적 규범(規範)으로 강조하고, 신중하게 살펴야 할 두 가지 사항으로서, 그 이하 문단의 전쟁대비 국가경영과 그 결과로써 개전결심(開戰決心)을 위한 승산판단(勝算判斷)의 중요성을 강조한다.

〈해석〉

손자가 이르길, '전쟁은 국가의 대사[國之大事]로서 백성들의 죽음과 삶이 걸려 있는 현장[死生之地][2]이며, 국가의 존망이 좌우되는 갈림길[存亡之道]이니, 추호(秋毫)라도 잘 살피지 않아서 잘못이 있어서는 안 된다[不可不察].'

2 여기에서 地는 땅이나 장소라기보다는 상황의 의미를 가지며 앞에서 논한 地의 확대 개념으로 해석한다.

〈해설〉

이 문단은 병서(兵書)의 첫 문단으로, 전쟁을 신중히 살펴야 하는 일을 군주나 장수의 도덕적 규범(規範)으로 강조하고, 신중히 살펴야 할 일로 규정하여, 그 이하 문단들을 이끌어 간다. 당시에 국가대사(國家大事)는 전쟁(戰爭)과 조상(祖上)에게 제사(祭事) 지내는 두 가지였다. 그러므로, 조상의 제사를 종묘(宗廟)에서 지내듯이 개전결심을 위한 승산판단도 조상을 모시는 사당(祠堂)에서 묘산(廟算)하지 않으면 안 되었을 것이다.

② 故經之以五, 效(校)之以計, 以(而)索其情. 一曰道, 二曰天, 三曰地, 四曰將, 五曰法. 道者, 令民與上同意也, 故可與之死, 可與之生, 民不詭也. 天者, 陰陽寒署 時制也, (ㅡ順逆, 兵勝也). 地者, (ㅡ高下), 廣狹, 遠近, 險易, 死生也. 將者, 智, 信, 仁, 勇, 嚴也. 法者, 曲制, 官道, 主用也. 凡此五者, 將莫不聞, 知之者勝, 不知者不勝.

〈문맥〉

② 문단은 전쟁에 대비하는 다섯 가지 정사(政事)의 정의와 그 요소들을 나열한 후, 그것들의 실효성을 비교분석을 하여 깨닫는 자(者)만이 승리할 수 있다고 강조한다.

〈해석〉

잘 살펴야 하는 사항이란 '전쟁에 대비하여 국가를 경영하는 다섯 가지 사항'이며, '그 결과를 헤아려서(計) 그것들에 실효성(實效性)을 부여하여(效), 상대적인 정황(情況)을 가려보는 것이다[以(而)索其情].'다섯 가지 사항의 첫 번째는 이르길 도(道)이고, 두 번째는 천(天)이며, 세

번째는 지(地)이고, 네 번째는 장(將)이며 다섯 번째는 법(法)이다.'

"道者, 令民與上同意也, 故可與之死, 可與之生, 民不詭也."道는 백성들이 윗사람과 뜻을 같이하여 생사(生死)를 함께하겠다는 빈말이 아니라, 진심으로 말하는 결과로 드러난다[民不詭也].'

"天者, 陰陽 寒署 時制也, (-順逆, 兵勝也)."天은 천지(天地), 천하(天下) 또는 천성(天性)의 약자로서, 주변 제후들과의 국제적 관계나 인간의 정신 · 심리적 감성인 천성(天性)의 관점에서, 인간세(人間世)의 이원적인 조화와 호응 또는 대립 관계[陰陽]와 중립적이거나 적극적인 관계[寒署], 그리고 그 관계 형성의 이유를 과거 · 현재 · 미래[時制]와 결부시켜 파악해야 한다. 천(天)의 항목들이 이치(理致)나 도리(道理)에 부합하거나[順理], 어긋남[逆理]에 따라 전승(戰勝)이 좌우된다[兵勝也].

기존 주해서(注解書)에서는 천(天)을 기후(氣候)나 기상(氣象) 등 자연현상의 관점에서 해석하지만, 그럴 경우, 천하를 다투는 전략적 수준의 병법에서 주변 제후들과의 관계를 고려하지 않은 전술적 수준의 병법으로 전락(轉落)하게 된다. 따라서 천(天)은 천하(天下)나 천지(天地) 등을 지칭하는 국제관계나 주변 제후들과의 관계의 관점에서 해석함이 타당하다. 더군다나 구지 편 이하에서 천(天)은 인간의 감성적 및 정신 · 심리 상태인 천성(天性)을 대표하기도 한다.

"地者, 高下, 廣狹, 遠近, 險易, 死生也."지(地)도 대부분 지형(地形)을 생각하지만, 그것은 단순한 지형이 아니라, 적과의 상대적 입지(立地), 처지(處地)의 관점에서 자연지리를 기반으로 한 당면한 상황(狀況)의 의미로 이해해야 한다. 예를 들어 순수한 지형에서 사지(死地)는 존재하지 않으며, 적과의 상대적 입장에서 사지(死地)도 생지(生地)가 될 수 있다. 그러므로, 地는 자연지리를 기반으로 적과의 상대적인 입장과 부대의 지휘관계로서 윗사람과 아랫사람(高下), 포용성과 편협성[廣狹], 소원함과 친근함[遠近], 험악함과 편안함[險易], 막힘과 트임[死生] 등 인간관계 상황의 관점에서 해석해야 합당하다.

"將者, 智, 信, 仁, 勇, 嚴也."장수(將帥)가 갖추어야 할 능력과 자질은 지혜(智慧), 신의(信義), 인애(仁愛), 용기(勇氣) 및 엄정(嚴正)이다.'

"法者, 曲制, 官道, 主用也. 凡此五者."'法'의 요소에는 '국가와 군의 전쟁 지휘조직과 시호통신(視號通信) 및 훈련을 포함하는 각종 제도나 규정[曲制], 국가조직 및 군 내부에서 행해지는 공직자나 지휘관의 도(道)와 윤리(倫理)[官道], 그리고 전쟁 지속력 또는 작전 지속성 등 국가의 모든 소용(所用)을 말하는 국용(國用) 또는 주용(主用)을 포괄한다.

"將莫不聞, 知之者勝, 不知者不勝."장수라면, 이 다섯 가지 政事에 관해서 한 번쯤 들어보지 못했을 리 없을 것이나, 그 다섯 가지 정사의 실천적 의미와 중요성을 깨닫고 분별하여 다스리는 자(者)는 승리하고, 그럴 수 없는 자(者)는 승리하지 못한다.'여기서 지(知)의 사전적 의미 중 알다 뿐만 아니라, 깨닫다, 분별하다, 다스리다를 적용한다.

〈해설〉

"故經之以五, 效之以計, 以索其情."이 문구는 ①문단의 잘 살펴 잘못이 없어야 할 사항(不可不察)으로 두 가지를 개관하고 있다. 첫 번째는 다섯 가지 정사(政事)로 전쟁에 대비한 국가를 경영하는 것이며(經之以五), 두 번째는 그 결과를 헤아리는 일곱 가지 비교 요소(7計)에 실효성(實效性)을 부여하여(效之以計) 그 정황을 판단하는 것이다(而索其情).

‘經之以五事’는 본 문단의 도(道)를 실천하는 다섯 가지 政事에 입각한 전쟁 대비 경국(經國)과 치국(治國)의 중점을, 그리고 ‘效之以計’는 ③문단의 국가경영 결과에 실효성을 부여하여(效) 이해득실을 가리는 요소와 그 관점을, 그리고 ‘以索其情’은 ⑤문단은 그 요소들에 의한 승산판단을 각각 대표하는 것으로 볼 수 있다.

‘效之以計’에서 죽간의 ‘효(效)’는 실효 또는 효능의 약어이며, ‘之’는 앞의 국가경영의 결과를 지칭한다. 따라서 ‘效之以計, 而索其情’은 ‘국가 경영(經國)과 다스림(治國)의 결과로써 이해득실 비교 요소(以計)에 실효성을 부여하고(效之), 이로써 그 정황을 가려본다[以索其情]’는 의미가 된다. 죽간의 ‘효(效)’는 중한사전에서 십일가주의 ‘교(校)’와 그 의미가 동일하다. 그러나 ‘校’의 뜻 중 ‘사실(査實)하다.’[3] 즉, ‘事實을 조사하여 알아본다.’라는 의미를 적용하면, ‘校之以計, 而索其情’도 ‘비교 요소의 관점에서 국가경영의 결과를 조사하여 알아보아 그 정황을 가려본다.’가 되어 ‘실효성을 평가한다(效).’는 의미와 동일하다. 이는 손자병법의 논리전개는 물론, 용어 사용의 엄밀성을 보여주는 문구이다.

“道者, 令民與上同意者也, 故可與之死, 可與之生, 民不詭也.”이 구절에서 ‘令’을 명령으로 이해하여 자칫 백성들이 윗사람과 뜻을 같이하도록 홍보하거나 가르친다는 의미로 해석할 수 있으나, ‘令’은 중한사전의 뜻 중 ‘하여금 하도록 시키다.’를 선택하고, ‘與’의 뜻 중 ‘좋아하다’라는 의미에 초점을 맞추면, ‘백성들이 윗사람을 좋아하여 스스로 뜻을 같이하도록 이끈다.’로서, 평소에 백성을 위한 치국(治國)의 결과로써 자

3 이희승 감수, 『민중 엣센스 국어사전』 (경기: 민중서림, 1994, 재판)

발적으로 뜻(同意)을 함께하도록 만든다는 의미로 해석함이 합당하다.

또한 '같은 뜻(同意)'이란 지도자가 자신과 백성을 일체(一體)로 생각하고, 천하를 자신의 몸처럼 아끼고 돌보는 도가사상의 실천을 의미하지만, 전쟁을 준비하고 수행하는 관점에서, 그 뜻이란 전쟁의 명분(名分)은 물론, 그 목적에 대한 확고한 신념(信念)으로, 승리 후에도 도(道)를 구현하려는 합목적성으로 개재(介在)된다.

마지막 문구인 '속이지 않는다'는 '不詭也'는 현실적으로 특별한 의미를 갖는다. 이 문구는 백성들 특히, 고위 관리나 장수들이 군주를 '속이지 않는다.'는 의미로서 여기서는 '말장난이 아닌, 진심으로'라고 해석하였다. 비록 道의 구현이 아니더라도, 그들은 군주에게 이구동성(異口同聲)으로 자신의 충정(忠情)을 과시하기 위해 목숨을 바쳐 충성하겠다고 쉽게 말하는 세태(世態)와 구분하려는 함의(含意)를 갖는다. 道는 가식이나 빈말로서가 아니라, 진심으로 생사(生死)를 함께하게 만든다.

죽간 손자에서는 철저히 '民'과 '人'을 구분한다. '民'은 자국의 백성이나 군인을 총칭하는 반면, '人'은 적군이나 적의 백성을 지칭하거나, 피아(彼我)를 구분하지 않는 일반적인 사람을 지칭하기도 한다.

"天者, 陰陽 寒署 時制也, 順逆, 兵勝也. 地者, 高下, 廣狹, 遠近, 險易, 死生也."에서 '天'과 '地'에 대한 해석의 관점은 손자병법의 전체 논리 구조 파악은 물론, 후편의 상세해석에서도 관건이 된다. '天'은 天氣나 天候 또는 天象 등 자연현상이 아니라, 하늘 아래 온 세상을 뜻하는 천하(天下)나 세상 · 우주 · 세계를 뜻하는 천지(天地)의 약어로서, 국제적 또는 주변국과의 관계 상황이라는 의미이다.

'地'도 가장 단순한 地形이나 地理 등 자연지리뿐만 아니라, 處地, 立地 또는 地位 등 처한 환경이나 상황 또는 신분(身分)의 의미로 해석해야 한다.

기존 해석처럼, '天'과 '地'의 뜻을 자연현상으로 제한할 경우, 전후 문맥의 관점에서 야기될 수 있는 문제는 첫째, 전쟁(戰爭)에 대비(對備)한 '다섯 가지 政事로 국가를 경영한다(經之以五).'는 맥락에서, 자연적인 天과 地는 전쟁 수행을 위한 중요한 고려 요소는 될 수 있으나, 정사의 대상은 될 수 없다는 점이다.

둘째, 비교 요소 중 '천지숙득(天地孰得)'은 기존에는 자연적인 天과 地가 어느 편에게 더 유리[득(得)]한가? 라고 해석하고 있지만, 그럴 경우, 자연현상이 제공하는 유 · 불리는 쌍방의 구체적인 행동 방안(공격이나 방어 등)을 염두에 두고 평가할 수는 있지만[4], 전쟁의 이해득실 판단에서 자연현상은 쌍방에게 거의 동일한 영향을 미치기 때문에, 자연현상으로서 天地孰得은 성립되지 않는다. 대신, 天을 천하(天下) 또는 천지(天地)라는 세상이나 세계를 일컫는 단일 용어로 이해할 때, '국제적 관계나 적과의 상대적 관계 상황이 어느 측에 더 유리한가?'로 해석되어 합당하게 된다.

셋째, '天'을 기상(氣象)이나 기후(氣候) 등 자연현상으로 간주하면, 그것을 제외한 네 가지는 후편에서 중요한 요소로 다루어지고 있는 반면, '天'의 요소는 거의 언급되지 않는다[5]는 점이다. 더군다나, 당시의

4 정보판단에서 지형이나 기후의 현상에 대한 평가의 중점은 피 · 아의 공격작전이나 방어작전에 유 · 불리점이다.

5 天의 요소 중 음양(陰陽)은 유일하게 행군편의 貴陽而賤陰에서 찾아볼 수 있으나 이는 陰地나 陽地의 의미로 사용하며, 시제(時制)에 관련된 문구는 화공편의 發火有時, 起火有日. 風起之日이나 주로 火攻에 유리한 바람부는 시간이나 건조하고 바람부는 날을 지칭하는데 사용된다.

난세의 전쟁에 대비한 政事의 중점으로 무엇보다도 중요한 주변 제후들과의 외교 관계(국제관계) 개선을 손무가 병법에서 간과한 셈이 되며, 더군다나 이는 영구평화를 지향한 천하통일이라는 전쟁의 궁극목적 달성에 전혀 부합하지 못한다.

넷째. 기존 주해의 관점에서 대부분 '天'을 천시(天時)로도 본다. 天時의 사전적 의미에는 ① 하늘이 부여한 호기, ② 기후나 천후, ③ 때, 시간 등 세 가지가 포함되지만, 손자병법에서는 첫 번째 의미인 ①의 의미를 간과한 채, 오직 ②와 ③의 의미만 적용하는 셈이 된다. '하늘이 내린 호기'나 '때가 되었다.'라는 천시(天時)의 실질적인 의미는 하나님으로 정해준 운명적인 시기(時期)라기보다는, 천하의 정세나 여건이 어느 때보다도 자국에게 유리한 시기라는 뜻으로, 주로 전쟁에서 직접 통제할 수 없는 주변 정세나 여건이며, 그것들은 주로 주변 제후들과의 관계를 통해 형성된다. 따라서 '天'에 대한 해석은 주변 제후들과의 국제적 관계라는 의미로 해석해야 전후 문맥에 합당하다.

'天'을 자연현상으로부터 하늘 아래 온 세상이라는 천하(天下)나 세계(世界), 세상(世上)이라는 뜻으로 주변 제후와의 관계 즉, 국제적 관계라는 의미로 확대하여 해석하면, 그 논리적 이점은 먼저, 천(天)은 전쟁대비 국가경영의 중대한 요소가 될 수 있을 뿐만 아니라, 제후(諸侯)라는 용어를 종종 언급하는 후편들과도 연계되며,[6] 특히 그 의미는 구지

6 天을 주변 제후와의 관계(국제관계)로 해석할 경우, 이후 편에서 天이나 諸侯 또는 天下라는 용어는 다음과 같이 언급된다.

작전편: 夫鈍兵挫銳, 屈力殫貨, 則諸侯乘其弊而起, 雖有智者, 不能善其後矣.

모공편: 故上兵伐謀, 其次伐交; 必以全爭於天下.

군쟁편: 故不知諸侯之謀者, 不能豫交, 不知山林險阻沮澤之形者, 不能行軍, 不用鄕導者, 不能得地利.

편에서 중점적으로 다루고 있음을 알게 된다. 그 맥락에서 지형 편에서 '天과 地를 다 알면 승리가 온전해 진다[知天知地, 勝乃可全].'는 문구에서 '知天知地'도 그다음 편인 주로 전략적 상황을 다루는 구지 편을 다 알아야 한다는 의미가 되며, 이는 저술상 특징 중의 하나인 후편과의 연결구로써 의미를 갖는다.

다음은 '地'도 자연지리 형상이나 지리적 요소라는 의미보다는 처지(處地)나 입지(立地) 또는 지위(地位)의 약어로서 '자연지리와 결부된 적과의 상대적인 상황이나 군 내부의 상황 또는 지휘관계 등의 상황을 포괄하는 의미로 확대해야 한다. 그럴 경우, '地'는 전장의 실제에서 자연지리에 기반(基盤)을 둔, 피 · 아의 상대적 관계, 군 내부의 상하 지휘 및 리더십 관계 등 전쟁에서 직접 통제하거나 다스릴 수 있는 관계 상황이 된다.

'天'과 '地'를 '관계 상황'으로 파악할 때, 비로소 전쟁대비 다섯 가지 정사(政事)는 현대 국가안보의 정의[7]와 일치한다. 그것은 평화 시 유리한 국제관계 개선, 적대국보다 상대적으로 더 유리한 여건조성, 그리고

구변편: 衢地合交; 是故屈諸侯者以害, 役諸侯者以業, 趨諸侯者以利.
행군편: 凡此四軍之利, 黃帝之所以勝四帝也.
지형편: 知天知地, 勝乃可全.
구지편: 諸侯之地三屬, 先至而得天下之衆者, 爲衢也; 衢地則合交; 故善用兵者, 譬如率然, (중략), 夫吳人與越人, 相惡也. 當其同舟而濟遇風, 其相救也如左右手; 四達者, 衢地也. (중략), 衢地吾將固,其結; 是故, 不知謀者, 不能豫交; 夫 霸王之兵, 伐大國則其衆不得聚, 威加於敵 則其交不得合. 是故, 不爭天下之交, 不養天下之權.

7 US. Department of Defense, *Joint Publish 1–02 The Department of Defense Dictionary of Military and Associated Terms* (12 April 2001 As Amended Through 9 June 2004) 에서 국가안보란 대외관계에서 유리한 입장 달성, 적대국에 비해 상대적인 군사적 또는 방위적 이점 달성, 적대행위나 파괴행위에 성공적으로 대처할 수 있는 방위 태세 발전 및 유지 등을 통해서 제공되는 조건으로 정의된다.

국내적 안보태세 구축과 합치된다. 즉, 道와 天은 대외관계에서 상대국보다 더 유리한 국제관계의 조건에 해당하고, '地'는 적대국과의 상대적 관계에서 유리한 상황 조건으로서, 道와 將 및 法은 적대행위에 성공적으로 대처할 수 있는 방위 태세의 개선과 관련된다.

'天'의 그러한 의미의 연장선에서 그 요소인 '음양(陰陽)'은 '천지 만물을 만들어 내는 상반하는 성질의 두 가지 기운[음양(陰陽)]으로서, 二元的인 대립이나 갈등 또는 조화와 호응 관계'라는 본래의 의미에 부합하게 전쟁이 불가피한 상호 관계로서 주변국들과의 역학관계(力學關係)라는 의미를 갖는다. 또한 '寒暑'는 춥고 더운 관계라는 뜻으로서, 주변 제후들과의 관계에서 우호 협력관계나 적대관계로 볼 수 있다. 특히 중한사전에서 '寒'의 '냉담하다'는 뜻과 '서(署)'의 '배치(背馳)되다.'는 뜻을 적용하면, '中立 또는 무관심한 관계(寒)'와 '서로 반대되어 어긋나는 관계'(署)로 해석할 수 있다. 국제적이나 적대국과의 관계에서 그와 같은 관계는 시제(時制) 즉, 과거(過去), 현재(現在), 미래(未來)라는 시제에 걸쳐 조성되기 때문에, 과거, 현재, 미래에 걸친 역사적 안목을 가지고 고찰해야 함을 의미한다.

즉, 현 국가 간 관계는 과거의 관계에서 비롯되고 그 연장선에 있다. 전쟁 결심에서 국가 간의 관계는 과거의 업보(業報)와 현재의 이해관계 및 미래를 지향한 전쟁의 명분과 정당성이 좌우한다. 더 나아가 과거와 현재의 관계가 전쟁에 유리하더라도 그것만으로는 부족하다. 적대국을 격파한 이후[戰勝 以後]에 조성될 미래의 국제질서가 자국은 물론, 주변국에도 더 유리할 것으로 인식시킬 수 있어야 한다. 따라서 전후(戰後)의 세계질서가 공히 더 나은 평화의 여건조성이라는 궁극적인 목적에 동조할 수 있어야 한다는 의미를 내포한다.

그러한 의미를 갖는 '시제(時制)'는 구변(九變) 편에서 '과거의 업보(業報)를 들어서 주변 제후를 부리고(役諸侯者以業), 현재의 해(害)를 가하여 주변 제후를 굴복시키며(屈諸侯者以害), 전후(戰後)의 상호 유리한 전망(展望)을 인식시켜 따르게 만든다[趨諸侯者以利].'는 의미로 구체화된다. 죽간에만 명시된 마지막 문구인 '順逆, 兵勝也.'는 특별한 의미를 갖는다. 본 편의 ③문단에서 언급하는 비교평가 요소들 중 '천(天)과 지(地)는 어느 편이 더 유리한가?'라는 천지숙득[天地孰得]에서 천(天)의 요소인 음양(陰陽), 한서(寒暑), 시제(時制)는 단순하게 유 · 불리의 평가보다는 이치(理致)와 도리(道理)의 관점에서 부합 여부를 평가할 수 있으므로 그 의미를 특별히 구체화한 내용이다. 여기서 천(天)의 음양, 한서, 시제에 대한 평가는 단순히 '어느 편이 더 득이 되는가? 라기보다는 그 요소들이 이치(理致)나 도리(道理)에 부합한 순리(順理)나, 어긋나거나 거스르는 역리(逆理)의 관점에서 순역(順逆) 여부에 따라 승리 가능성이 좌우된다고 부언한 문구이다.

'地'는 전쟁에서 통제가 요망되는 지리적 요소를 기반으로, 적과의 상대적 관계나 부대 내부의 상하(上下), 지휘관계 등의 의미로 규정할 경우, 그 세부 요소에 대한 해석도 그 의미에 따라 해석해야 한다. 즉, '高下'는 지위(地位)의 높고 낮은 상하관계를, '광협(廣狹)'은 포용성과 편협성을, '원근(遠近)'은 소원함과 친근함을, '험이(險易)'는 상호 관계의 험악함과 편안함을, 그리고 '사생(死生)'은 막힘과 트임의 관계이다. 특히 죽간 손자병법에서만 볼 수 있는 '高下'는 '地位의 높고 낮음'으로 '地'를 인간관계로 이해하는 단서가 된다. 만약 자연지리의 높고 낮음을 뜻했다면 아마 고저(高低)로 표현했을 것이다.

손자병법에서 그와 같은 의미를 갖는 직접적인 '地'의 예로는, 計篇

의 '死生之地'나 形篇의 '立於不敗之地'등이다. 이들 문구에서 '地'의 의미는 땅이나 장소라기보다는 처지(處地)나 입지(立地) 등 당면한 상황이라는 의미로 사용된다. 더군다나 간접적인 예로는, 지형 편의 '원지(遠地)'나 '괘지(掛地)', 또는 구지편의 '重地', '衢地', '死地'등은 순수한 자연 지리적 유형이라기보다는, 피아 부대의 상대적 위치에 따라 조성되는 상황의 유형들이다. 더 나아가, 행군 편을 포함한 지형 편과 구지 편 등 '地'가 포함된 篇名의 내용에는 자연 지리적 유형뿐만 아니라, 피 · 아 부대 상태나 법령 이행 상태 그리고 리더십의 효과를 포괄하고 있다. 따라서 '地'는 자연지리에 기반을 둔 피 · 아의 상황과 군 내부의 상하관계 등의 상황을 지칭하며, 지형(地形)이란 그러한 상황의 유형이다. '地'의 그러한 의미는 현대 군사용어로 "METT-TC"임무(Mission), 적(Enemy), 지형 및 기상(Terrain and Weather), 가용한 부대 및 지원(Troop and Support available), 가용한 시간(Time available) 및 민간 고려 사항(Civil considerations) 등을 망라하는 종합적인 상황 요소들과 유사하다.

"將者, 智, 信, 仁, 勇, 嚴也."장수의 능력과 자질로서 그 첫 번째인 '지혜(智慧)'는 모공편의 '全勝을 위한 智略 위주 간접접근'을 구현하기 위한 핵심 요소이며, 그 이외의 자질들은 모두 군주와의 관계와 치병(治兵) 즉, 리더십의 결정적인 요소들로 볼 수 있다.

두 번째, '신의(信義)'는 장수의 탁월한 용병의 지혜와 군 내부에서 실천되는 道[官道]에 대한 군주나 병사들의 신뢰심(信賴心)이다. 군주의 입장에서 병권(兵權)을 전적으로 위임하는 장수에 대한 신뢰(信賴)는 결정적이다. 특히 적을 속이면서 탁월한 기책(奇策)을 발휘해야 하는 간접접근은 자기 군주에게도 믿기 어려운 행위이기 때문에 군주도 장수를 불신하기 쉬울 것이다. 그러므로 군주가 장수를 믿지 못한다면, 간접접근의 적용은 불가능할 뿐만 아니라, 적용하더라도 성공할 가능성도 없을 것이다.

세 번째, '인애(仁愛)'는 부하들의 마음을 하나로 집중시켜 장수의 뜻대로 정교하게 부릴 수 있어야 하는 간접접근을 위한 필수조건이다. 그것은 자기 부하들뿐만 아니라, 포획한 적의 사졸들에 대한 자애심(慈愛心)으로 나타날 수 있으며, 그들을 내 편으로 만들어[작전편-卒供而養之] 연속적인 전쟁 목표인 '싸울수록 더 강해지는 승리[勝敵而益强]'을 달성하는 데 결정적이다.

넷째, '용기(勇氣)'는 도가사상의 용감(勇敢)[8]과는 다소 상이하다. 용감은 감히 해보려는 용기[勇於敢]로서, 직접접근에 요구되는 용기이며, 간접접근을 위한 용기는 감히 하지 않으려는 용기[勇於不敢]를 요구하기 때문이다. 지략(智略) 위주 간접접근은 철저히 자신을 통제하고 절제하여 감성적 유혹이나 충동을 극복하려는 용기를 요구한다. 더 나아가, 용기는 상황에 부합하지 않는 군주의 진퇴(進退) 명령(命令)도 거부할 수 있는 신념(信念)[9]도 포함한다.

마지막으로, '엄정(嚴正)'은 정교한 간접접근에 따라 부대나 부하를 움직이는 데 필수적이다. 이는 군쟁 편에서는 간접접근의 조건으로서 부대의 정동(靜動) 태세와 지휘집중(一人之耳目) 및 네 가지 다스림[治

8 노자, 전게서, 73장 감히 하고자 용기를 부리면 죽게 되고, 감히 하지 않으려는 용기를 견지하면 살 수 있다(勇於敢則殺, 勇於不敢則活).

9 손자병법, 전게서, 지형편 主曰無戰, 必戰可也. 戰道不勝, 主曰必戰, 無戰可也. (중략) 唯民是保而利於主 참조.

氣 · 治心 · 治力 · 治變]으로 설명한다. '엄정'은 반드시 올바름(正)을 따름에 있어서, 자신은 물론, 부하에게도 엄격해야 함을 의미한다.

"法者, 曲制, 官道, 主用也."이 구절에서 '法'의 요소에는 국가 및 군의 지휘조직과 시호통신(視號通信) 및 훈련 등을 포함하는 각종 제도나 규정[曲制], 국가조직의 공직자나 군 내부의 지휘관이 행하는 도덕과 윤리[官道], 그리고 전쟁 지속력 및 작전 지속성 등 나라의 모든 소용(所用)을 의미하는 주용(主用)을 포함한다.

計篇에서 '法'은 군사적 측면만이 아니라, 국가적 측면에서 해석되어야 합당하다. 그 맥락에서 '곡제(曲制)'는 군사적 지휘구조뿐만 아니라, 국가 행정 및 관료조직을 총칭하며, 전시 전쟁 지휘 및 지원체계를 망라한다. 그것은 바로 法令이 이행되는 분야로서 법령으로 규정한 각종 제도나 규정이 포함된다. '曲制'가 유형적인 국가조직이나 군 구조 또는 제도라면, 그것이 운영되는 정신은 '관도(官道)'이다. 그것은 어휘적으로 官의 道로써 조직이나 제도(曲制)가 운영되는 조직 내의 道이다. 道는 군주와 백성 간의 치도(治道)인 데 비해, '관도'는 국가나 군 조직이 백성을 다루는 도(道)로서, 군주의 도(道)는 결국 관도(官道)를 통해 구현된다. 따라서 관도는 공직자 상하 간, 공직자와 백성 간의 관계에서 표출되는 공직사회의 기강(紀綱)과 윤리(倫理)이며, 軍 조직 내에서 행해지는 장수의 용병(用兵)과 치병(治兵)의 道이자, 모든 군을 이끌어가는 리더십의 道이다. '주용(主用)'[10]은 총체적인 국가 자원 및 재화로부

10 主의 뜻 중 '주인, 주된, 가장 중요한, 주관'에서 '주된이나 가장 중요한'을 선택하고 用의 뜻 중 '능력, 용도, 작용'과 중한사전의 '비용, 효과, 효용, 필요'에서 '비용이나 필요'를 선택하면, 主用은 '주된 비용이나 필요'라는 의미가 된다.

터 국가의 전쟁 지속력에 이르는 國用[11]과 전쟁 및 작전의 지속성이다.

> ③ 故效(校)之以計, 而索其情. 曰: 主孰有道,(+?) 將孰有能,(+?) 天地孰得,(+?) 法令孰行,(+?) 兵衆孰强,(+?) 士卒孰練,(+?) 賞罰孰明,(+?) 吾以此知勝負矣.

〈문맥〉

계편의 논리 구조에서 이 문단의 문맥은 전시 대비 군주의 다섯 가지 정시(政事)에 의한 경국(經國)과 치국(治國)의 결과로써, 그 실효성(實效性)이 드러나는 일곱 가지 비교 요소와 그 관점을 제시하며, 이를 통해서 ⑤문단의 개전 결심을 위한 승산판단[廟算]으로 귀결된다.

〈해석〉

앞에서 설명한 전쟁대비 경국(經國)과 치국(治國)의 결과로 이해득실을 가리는 비교 요소에 실효성을 부여하여(效) 그 정황(情況)을 가려본다. 이른바(가라사대), 어느 편의 군주가 道를 더 잘 구현하고 있는가? 어느 편의 장수가 더 유능(有能)한가? 국제적 관계와 당면한 적과의 상대적 상황은 어느 편이 더 유리(有利)한가? 어느 편의 법령(法令)이 더 잘 시행(施行)되고 있는가? 어느 편의 군대가 더 강하고, 사졸들은 더 잘 훈련되었는가? 상벌은 어느 편이 더 분명(分明)한가? 이것들을 통해서 승부를 알 수 있지 않겠는가?

11 손자병법, 전계서, 작전편 전반에 걸쳐 戰勝의 害를 주로 法의 관점에서 논하여 利로운 戰勝의 당위성을 강조하고 있다. 여기서 法은 주로 主用을 의미하며(凡用兵之法 馳車千駟 革車千乘 帶甲十萬, 후략) 主用은 金(日費千金), 貨(屈力殫貨), 用(取用於國), 糧(因糧於敵)으로 國用(久暴師則國用不足)과 동일하며 국가의 資源 및 財貨로도 언급한다.

〈해설〉

이 문단에서 '效之以計, 而索其情'은 ②문단과는 달리, 본 문단의 서두로서 헤아려서[計] 그것들의 효험(效驗)을 살펴보아[效之以計] 그 정황(情況)을 가려본다[而索其情]이다. 일곱 가지 비교 요소는 군주의 다섯 가지 정사(政事)에 따른 국가경영의 결과로 나타난 현상이기 때문에, 그 요소들의 상호작용 관계를 엄밀하게 규정하기는 어려우나, 〈그림 5〉처럼 그 상관관계를 개략적으로 도식(圖式)할 수 있을 것이다.

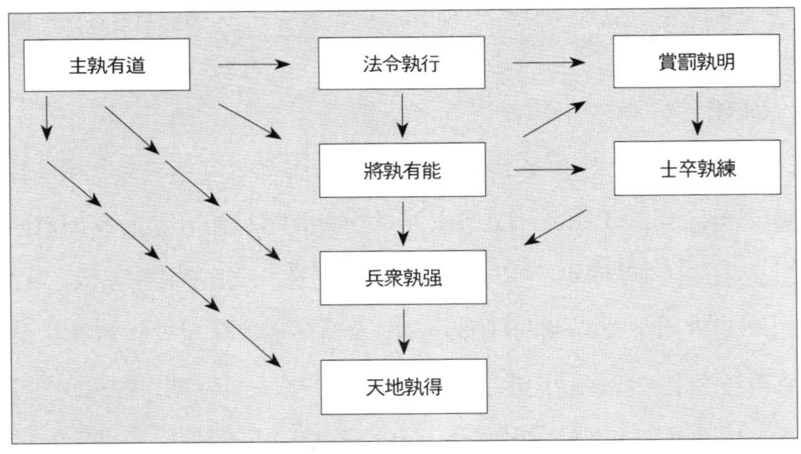

〈그림 6〉 7계(計)의 상관관계(相關關係)

유능(有能)한 장수의 등용(登用), 효율적인 법령의 시행 및 상벌의 공정성은 군주의 道에서 출발하며, 군 조직 내부의 법령 및 상벌의 분명한 시행, 兵衆의 강약과 士卒들의 숙련도는 능력 있는 장수에 의한 다스림[治兵]과 法令[曲制 및 官道] 시행의 결과이며, 군대의 강약은 일부 군주의 도에 의해 모여든 태세이면서 동시에 장수에 의한 치병(治兵)과 용병(用兵)이 좌우한다. 모든 요소들은 결국 군주와 장수가 道를 닦고 행하며, 法을 정비하고 기강(紀綱)을 확립 · 보존하는 일[形篇의 修道而保法]로 귀결(歸結)된다.

'주변 제후(天)들과 적대국과의 상호 관계 상황(地)에서 누가 더 유리한가(天地孰得)?'는 피 · 아에 대한 주변 제후들의 지원(支援) 또는 저항(抵抗) 여부가 관건이며, 최선의 경우 연합(聯合)일 것이며, 이 관계는 적과의 상대적인 군의 강약(兵衆孰强) 측면의 승리 가능성에도 영향을 미칠 것이다.

특히 '賞罰孰明'에서 '明은 理致에 부합하다.'이며, 이는 마땅히 '賞'을 줄 만한 사람에게 賞을 주고, '罰'을 주어야 할 사람에게 벌을 주는 법 집행의 공정성(公正性)을 의미한다. 현실 세계에서 이치에 부합한 상벌(賞罰)의 집행은 생각보다 쉽지 않다. 지형 편에서는 罰을 주어서는 안 되는 경우와 벌을 주어야 하는 경우를 예를 들어, 상벌의 어려움을 예시하고 있다.[12] 賞은 물리적인 상금이나 재화만이 아니라, 정신적인 격려, 칭찬, 등용(登用)이나 승진(昇進)이 결정적이다. 특히 인재 등용이나 승진은 그 효과를 조직 전체에 장기적으로 파급시켜, 목적에 부합하는 조직 분위기 조성과 조직 문화로 정착시키는 근원(根源)으로 작용한다.

12 손자병법, 전게서, 지형편 사졸들의 입장을 충분히 알지 못한 상태에서 잘못의 원인은 고려하지 않고 벌을 주면, 그 벌을 받아들이지 못하게 되고(卒未親附而罰之, 則不服), 자신의 지휘중점에 친숙한 상태에서 잘못에 대해 벌을 주지 않으면 부릴 수 없게 된다(卒已親附而罰不行, 則不可用也.) 참조.

④ 將聽吾計用之必勝, 留之. 將不聽吾計用之必敗, 去之. 計利以聽, 乃爲之勢, 以佐其外. 勢者, 因利而制權也. 兵者詭道也. 故能而示之不能, 用而示之不用, 近而示之遠, 遠而示之近, 利而誘之, 亂而取之, 實而備之, 强而避之, 卑而驕之, 佚而勞之, 親而離之 怒而撓之, 攻其無備, 出其不意. 此兵家之勝, 不可先傳也.

〈문맥〉

본 문단은 앞의 ①-②-③ 문단과 뒤의 ⑤문단에 이르는 개전결심을 위한 승산판단의 맥락에서 벗어나, 그 논리(論理)나 성격(性格)이 전혀 상이(相異)하다. 이는 계편의 두 번째 포괄 개념인 서편(序篇)으로써 병법 전체를 개관(槪觀)하는 문단으로서, 병법이 제1(計)~4(形) 편까지는 정도(正道)가 본질인 군주의 정사(政事)를 통해 구축된 정적인 전비태세를 논하고, 제5(勢)편 이하에서는 그 전비태세를 운용하는 괘도(詭道)가 본질인 장수의 용병(用兵)으로 구분된다는 점을 개관(槪觀)하는 문단이다. 이는 세(世) 편에서 이정합(以正合), 이기승(以奇勝)으로 명시한다.

〈해석〉

장수를 등용(登用)하는 기준으로써, '내가 말한 이해득실 판단 요소를 잘 듣고 관리하여 용병(用兵)하면 반드시 승리(勝利)할 것이니, 그를 머무르게 하고[留之], 그렇지 못하면 반드시 敗할 것이니 그를 떠나보낸다[去之].'

등용된 장수의 역할은, '잘 관리하고 다스린 이해득실 판단의 利點 즉, 비교우위[計利[13]以聽]의 전비태세를 운용하여 세력(勢力)으로 만들

13 계리(計利)는 計의 利 즉, 이해득실 판단의 이점(比較優位)이나 비교우위의 요소를 지칭한다.

어[乃爲之勢], 군주의 전비태세 의 규합(糾合) 이외 전쟁의 다른 모든 것들을 보좌한다[以佐其外]. 세(勢)란 이해득실 판단의 비교우위를 전세(戰勢)로 전환하는 것[제권(制權)]이다.

전세로 전환하는 '용병(用兵)의 본질(本質)은 속임수 즉, 궤도(詭道)이다. 그런 까닭에 능력이 있으면서도 없는 것처럼 보여주고[能而示之不能], 군을 운용하면서도 운용하지 않는 것처럼 보여주며[用而示之不用], 가까이 있으면서도 멀리 있는 것처럼 보여주고[近而示之遠], 멀리 있으면서도 가까이 있는 것처럼 보여주며[遠而示之近]. 이로움(利)을 보여주어 적을 유인하고[利而誘之], 나를 어지럽게 보여주어 적이 그것을 취하도록 만들며[亂而取之], 나를 실(實)하게 보여주어 적이 대비(對備)하게 만들고[實而備之], 강(强)하게 보여주어 적이 피하게 만들며[强而避之], 적에게 비굴하게 보여주어 적을 교만(驕慢)하게 만들며[卑而驕之], 적이 편안하면 힘쓰게 만들고[佚而勞之], 주변 제후들과 친(親)한 것처럼 보여주어 적과 그들을 이간시키며[親而離之], 내가 분노(憤怒)한 것처럼 보여주어 적의 마음을 어지럽혀서[怒而撓之], 그 결과로써 그들이 대비하지 않은 곳을 공격하고[攻其無備], 생각하지 못한 곳으로 나아간다[出其不意]. 이것이 속임수(詭道)가 본질인 용병가(兵法家)의 승리의 비법이지만[此兵家之勝], 결코 미리 전수(傳受)해 줄 수 없는[不可先傳也] 경험을 통해서만 터득할 수 있는 응변술(應辯術)이다.'

〈해설〉

전쟁의 영역은 평시 국력과 군사력을 개발하는 양병(養兵)과 유사시 그것을 운용하는 용병(用兵)으로 대별(大別)할 수 있다. 양병 측면은 전시 대비 정사(政事)의 결과로써 형(形) 편의 전비태세(戰備態勢) 완비에 해당하며, 용병 측면은 그 태세를 장수가 기책(奇策)으로 운용하여 세력(勢力)으로 전환하는 세(勢) 편 이하가 해당한다.

따라서 이 문단은 군주의 정도(正道)가 본질인 정사(政事)를 통해 구축된 전비태세를 논하는 형편(形篇)까지와 그 태세를 속임수(詭道)가 본질인 장수가 운용하여 세력으로 전환하여 승리하는 세편(勢篇) 이하로 구분된다는 병법 전체를 개관(槪觀)하는 문단이다.

특히, 이 문단이 ④문단에 위치한 까닭은, 관련 요소를 열거하다가 특정 요소만을 구체적으로 설명하여 강조하거나 후편과 연계시키는 표현기법상 특징 중의 하나이다. 즉, '어느 편의 장수가 더 유능한가[將孰有能]'를 포함한 비교 요소들을 나열한 ③문단에 이어서, 본 문단은 장수의 용병의 본질인 속임수(詭道)를 구체적으로 나열하여 정도(正導)가 본질인 군주의 정사에 의한 양병(養兵)과 궤도(詭道)가 본질인 장수에 의한 용병(用兵)으로 편성되며 그 두 가지 본질은 형편 이전과 세편 이후로 구분된다는 표현기법이다.

"將聽吾計用之必勝, 留之, 將不聽吾計用之必敗, 去之."에서 將[14]은

14 '將의 뜻에는 將帥보다는 오히려 다양한 뜻과 用例가 있다. 한자 사전의 뜻으로는 '장차, 막 xx를 하려 한다. 마땅히 하여야 한다. 어찌, 오히려' 등이 있으며, 중한사전에는 추가로 '장차 하려고 하다, 장차 할 예정이다, 이끌다, 부추기다. 자극하다' 등이 있다. 여기에서는 '만약 할 수 있다면, 마땅히 하여야 한다.'를 결합한 의미와 하도록 '이끌다'는 의미에 공통적인 '추구하다'를 선택하였다. 구지편에서 전략지향의 예로서 '나는 마땅히 그 뜻을 일관되게 견지하여야 한다(吾將一其志).'로 사용한다. 노자의 도덕경 42장에서 吾將은 '吾將以爲敎父'는 '나도 이 가르침을 으뜸으로 삼고자 한다.'는 의미이며, 37장의 '化而欲作 吾將鎭之以無名之樸, (중략), 不欲以靜, 天下將自定으로, 억지로 하려는 욕심이 동하면 그것을 이름 없는 통나무로 욕심을 억제하고, 욕심이 없이 고요히 있으면 천하가 스스로 안정될 것이다.'로 해석한다.

장수(將帥)의 약어만이 아니라, '만약…. 한다면…. 할 것이다.'라는 가정법으로도 해석할 수도 있다. 이 구절에 대한 해석은 나의 '말을 받아들여서 관리하는(聽)'대상에 따라 달라진다. 기존 해석은 대부분 듣는 대상을 군주(吳王 합려)로 간주하여, '만약 오왕이 나의 승산판단 결과를 받아들여 사용한다면 필승(必勝)할 것이니, 나(손무)는 남아서 그를 보좌할 것이지만'으로 해석한다. 오왕이 저자와 만나기 전에 이미 손자병법을 읽어 보았다는 일화에 비추어 볼 때, 오왕을 찾아가서 자신의 병법에 관한 군주의 반응을 언급하는 것은 합당하지 못할 것이다. 더군다나 저자가 저서의 서문에 자신이 머물거나 떠나는 조건을 언급했을 것이라는 주장도 결코 합당하지 못하다.

대신, 받아들이는 대상을 등용하려는 장수로 간주하고, 聽[15]의 뜻 중 '다스리다, 관리하다'를 선택하면, '만약 내가 말한 이해득실 판단 요소를 듣고 잘 관리하여 용병에 활용하면 반드시 승리(必勝)할 것이니, 그를 머무르게 하고[留之], 그렇지 못하면 필패(必敗)할 것이니, 그를 떠나 보낸다[去之].'라는 장수의 등용(登庸) 기준의 관점에서 해석하는 것이 타당하다. 이를 장수의 등용 기준을 제시하는 문구로 이해할 때, 비로소 다음 구절과도 자연스럽게 연계된다.

"計利以聽, 乃爲之勢, 以佐其外. 勢者, 因利而制權也."이는 등용한 장수의 역할과 그 중점을 논하는 구절이다. 특히 '乃爲之勢, 以佐其外'는 장수가 전비태세의 이점을 세력으로 전환하여 그 세력으로 평화 시 군주의 역할인 국력이나 군사력 개발 이외의 전쟁에 관한 모든 문제들

15 중한사전에 청(聽)의 뜻에는 '듣다, 받아들이다, 따르다'와 '다스리다, 관리하다' 등이 있다.

을 전적으로 보좌한다는 의미이다. 또한 '勢者 因利而制權也'의 利를 대부분 利益으로 간주하여 '勢力이란 적을 利로 유인하여 주도권을 장악하는 것'으로 해석하지만, 利를 앞의 승산판단의 利點(計利)으로 간주하여, '세(勢)란 승산판단의 비교우위(比較優位)를 근본으로[因利], 적을 제압(制壓)하는 권세(權勢)로 만든다[制權]'로 해석하는 것이 본 병법에서 최초로 세력(勢力)을 언급하고 다음 구절과 연계하는 본 구절의 위상(位相)에 더 부합된다.

'兵者詭道也'[16]에서 '兵'을 대부분 전쟁으로 이해하여 '전쟁은 속임수이다'라고 해석하나, 전쟁에는 용병(用兵)만이 아니라, 국제관계, 국내의 백성과의 관계, 군 내부의 지휘관계 등이 포함되므로, 그 모든 관계들을 속임수로 규정하는 것은 부적절할 뿐 아니라, 그 관계에서 속임수는 오히려 역효과를 초래할 것이다. 따라서 이 문구의 병(兵)은 용병(用兵)의 약어로 보아 그 본질을 속임수로 규정하는 문구로서, 적을 상대한 '용병(用兵)의 본질은 속임수이다.'로 해석해야 합당하다.

계(計) 편에서 거론하는 군주의 다섯 가지 정사(政事)를 포함한 모든 개념의 본질은 일관되게 정도(正道)이다. '지혜(智慧)'를 포함한 장수의 자질도 대부분 正道가 본질(本質)이며, 그 '智'마저도 적과 관련되는 용병에서만 속임수가 유효(有效)하다. 그러므로, 저자는 오로지 正道로서 그 본질을 논하는 계(計) 篇에서 형(形) 篇에 이르는 본질(本質)과 양립(兩立) 불가능한 세(勢)편 이하의 용병의 본질인 속임수를 미리 언급하려고 했을 것이다. 이는 도가사상에서 '올바름으로 국가를 다스리

16 兵者詭道也에서 兵은 用兵의 함축어이다. 이는 국력/군사력을 결집하는 본질은 정도(正道)이고 그 운용(용병)의 본질은 궤도(詭道)임을 구분하여 강조하는 序頭이다.

나(以正治國), 기책(奇策)으로 용병한다(以奇用兵).'는 구절을 다른 말로 표현한 것이다. 이를 세(勢)편에서 '정도(正道)로서 규합(糾合)하고, 기책(奇策)으로 승리한다[以正合, 以奇勝]'로 요약한다. 기책(奇策)은 '예상할 수 없는 기발한 계책'이기 때문에, 적의 입장에서는 속임수(詭道)의 다른 표현이다.

속임수의 예를 들어 나열하는 "能而示之不能, 用而示之不用, 近而示之遠, 遠而示之近"와 연계하여 제시한 "利而誘之, '亂而取之, 實而備之, 强而避之, 怒而撓之, 卑而驕之, 佚而勞之, 親而離之"도 속임수의 관점에서. '적에게 나의 이(利)를 보여주어 적을 유인(誘引)하고, '나를 어지럽게 보여주어 적이 취(取)하도록 만들고, 나를 실(實)하게 보여주어 적이 대비하게 만들며[實而備之], 나를 강하게 보여주어 적이 피하게 만든다[强而避之]'로 해석해야 한다. 기존에는 이를 '적이 실(實)하면 나는 대비(對備)하고, '적이 강(强)하면 나는 피(避)한다.'라고 해석했지만, 이는 속임수의 관점(觀點)이 아니므로, 내가 허(虛)하더라도 나를 실(實)하게 보여주어, 적이 공격하지 않고 대비(對備)하게 만든다거나, '내가 약(弱)하더라도 강(强)하게 보여주어 적이 피(避)하게 만든다.'라고 해석해야 한다.

그리고 '怒而撓之'는 '내가 분노(忿怒)하는 것처럼 보여주어, 적장의 마음을 요란(搖亂)시켜 어지럽게 만드는 것'이다. 그 연속선상에서 '卑而驕之, 親而離之,'도 공히 '나의 속이는 행위로 인해 적이 속아서 반응하는 행위로서, '나를 비굴(卑屈)하게 보여주어 적을 교만(驕慢)하게 만들고[卑而驕之], 내가 주변 제후와 친한 것처럼 보여주어, 그 제후와 적을 이간(離間) 시키며[親而離之]라고 해석할 수 있다.

마지막 '佚而勞之'에 대한 기존의 해석은 대부분 '적이 安逸하면 힘쓰도록 만들다.'이며, 적을 끊임없이 괴롭혀 기력(氣力)을 소모시켜 허기(虛氣)를 창출하는 방법으로 갖가지 속임수가 동원되겠지만, 그 자체는 적을 속이는 행위가 아니다. 그러나 이 개념들은 실허편[17]과 군쟁편[18]에서 더 복합적으로 전개된다. 그러나 일(佚)은 국어사전에서 편안하다, 숨다, 실수하다.이며 중국어 사전에서 일(佚)은 '일(逸)과 통용(通用)된다.'고 기술하며, 일(逸)은 안일(安逸)하다, 편안하다, 또는 달아나다, 도주하다. 은둔하다. 숨다. 흩어져 없어지다.의 의미를 가지며, 노(勞)는 국어사전에서 '힘쓰다, 일하다/근심하다. 노력(勞力)하다'라는 뜻을 가지며, 중국어 사전에서는 노동하다, 애쓰다 라는 의미를 가진다. 따라서 '佚而勞之'는 나를 속이는 행위의 관점에서 일(佚=逸)의 뜻 중 '숨다, 은둔하다,'또는 흩어져 없어지게 보여서 겉으로 보이지 않게 하는 등 형(形)편의 아무형(我無形)의 의미를 적용하고, 대신 가장 적합한 노(勞)의 의미로서 '근심하다. 힘쓰다.'를 적용하여, 일관된 속임수의 맥락에서 '나를 겉으로 보이지 않게 숨겨서, 적이 나를 찾기 위해 힘쓰게 만든다.'라고 해석하는 것이 가장 적합한 해석이 될 수 있다.

그와 같은 함의(含意)에 비추어 볼 때, '實而備之, 强而避之'는 '나를 반대로(실하거나 강하게) 보여주어, 적이 공격하지 못하고 오히려 이에 대비하거나 피하게 만든다.'로 해석할 수 있으며, 그로 인해 적이 공격할 수 없게 만들어 적이 공세를 포기하고 수세로 인해 드러날 수 있는 허(虛)를 기대할 수 있다. '卑而驕之'는 '나를 비굴(卑屈)하게 보여주어, 적을 교만(驕慢)하게 만든다.'이며, '親而離之'는 내가 주변 제후와 친근

17 손자병법, 전게서, 실허편 故敵佚能勞之, 飽能飢之, 安能動之.

18 상게서, 以近待遠, 以佚待勞, 以飽待飢.

함을 보여주어, 적과 그를 이간(離間)시킨다.'이다. 이 두 문구는 '나의 속임수에 따라 적이 반응하여 나타나게 될 활용 가능한 적의 허를 노출시킨다는 의미가 포함된다.

손자병법 전편에서 발견할 수 있는 그와 같은 기만책의 유형은 다음과 같이 분류할 수 있다.

첫째, 적이 나의 움직임이나 형세를 반대로 보게 만들어(示之虛僞)[19] 오판하도록 유인하는 정적(靜的)인 기만책(欺瞞策)이다. 여기에는 주로 아 능력(能而示之不能), 의도(用而示之不用), 배치의 원근(近而示之遠, 遠而示之近)을 적이 반대로 보게 만드는 것이며, 실허편의 진정한 아 의도와 배치를 적이 알지 못하게 만드는 아무형(我無形)의 맥락(脈絡)도 포함된다.

둘째, 적에게 나의 약점을 보여주어 적이 그것을 탐하도록 유인(誘引)하는 기만책이다. 여기에는 '利를 보여주어 적이 탈취(奪取)하도록 유인한다[以利誘之].'거나 '내가 혼란한 것처럼 보여주어 적이 취(取)하게 만든다[亂而取之].'는 방법이 해당한다. 이 개념은 세(勢) 편에서는 전세(戰勢)의 본질[20]을 조작하여 적이 쫓거나 취하도록 만들어 나타나는 적의 약점을 이용하는 방법으로 구체화[21] 하며, 군쟁 편에서는 반대로 적의 그와 같은 유인책에 빠지지 않도록 예시(例示)[22]하면서 분별력(分別力)을 강조한다.

19 손자병법, 전게서, 계편 故能而示之不能 用而示之不用 近而示之遠 遠而示之近.

20 상게서, 세편 治亂數也, 勇怯勢也, 强弱形也.

21 상게서, 形之敵必從之, 予之敵必取之. 以利動之, 以本待之.

22 상게서, 군쟁편 餌兵勿食, 佯北勿從.

셋째, 적의 응집력(물리적 분리, 정신 · 심리적 離間)을 약화시키는 방법으로 주변 제후와 내가 친한 것처럼 보여주어 그들을 이간시킨다(親而離之). 이는 구지(九地) 편에서는 인간의 정서적 본성의 이치[人情之理] 측면에서 적을 이간(離間), 분리(分離), 불신(不信)하게 만드는 복합적인 예를 제시(提示)[23]한다.

넷째, 적의 마음을 자극하거나 감성적으로 교란(攪亂)시키는 방식이다. 여기에는 '나를 비굴하여 보여서 적을 교만하게 만든다[卑而驕之].'와 '내가 분노(忿怒)한 것처럼 보여주어 적의 마음을 어지럽게 만든다[怒而撓之].'가 포함된다. 이는 군쟁 편에서 '적의 기운과 마음의 절제력이나 통제력을 빼앗는 것(三軍可奪氣, 將軍可奪心)'으로, 구지 편에서는 '적의 계획대로 내가 따르는 것처럼 믿게 만드는 이점[굴신지리(屈信之利)]'을 구현하여 '교묘하게 일을 성사시키는 방법[교능성사(巧能成事)]'으로 발전한다.

추가하여, 십일가주에만 명시된 '實而備之, 强而避之'에 대한 기존의 해석은 대부분 '적이 실(實)하면 대비하고, 강(强)하면 피(避)한다.'로 해석하나, 그러한 해석은 결코 속임수(詭道)가 아니므로, 속임수 관점에서 위의 문구들은 내가 허약할 경우, 나를 건실하게 보여주어 적이 공격하는 대신, 대비하게 만들고[實而備之], 내가 약할 경우 나를 강하게 드러내어 적이 공격하는 대신, 피하도록 만든다[强而避之]. 라고 해석해야 한다.

마지막 문구인 '攻其無備, 出其不意'에 대한 기존 해석은 전후 문맥과

23 상게서, 구지편 能使敵人, 前後不相及, 衆寡不相恃, 貴賤不相救, 上下不相扶, 卒離而不集, 兵合而不齊.

연계시키지 않고 공격해야 하는 바람직한 장소로만 해석하는 경향이 있으나, 이는 그 앞의 각종 속임수로 드러나게 될 적의 허(虛)를 친다는 문구이다. 이 구절에서 기(其)는 앞의 속이는 행위로 나타나게 될 대비하지 못한 곳[無備]이나, 생각하지 못한 곳[不意]이다. 그러므로 앞의 아홉 가지 문구로 적을 속여서 나타날 것으로 기대하는 적의 '준비되지 않은 허(虛)를 공격하고, 생각하지 못한 곳으로 나아간다.'이다.

"此兵家之勝, 不可先傳也"는 타 분야와는 달리 속임수가 본질인 용병(用兵)은 무궁한 상황변화에 부응해야 하므로, 그와 같은 응변술(應辯術)은 미리 전수(傳授)할 수 있는 성질(性質)이 아니라, 오로지 경험을 통해서 스스로 터득할 수 있는 경험적(經驗的), 통찰적(通察的) 술(術)이라는 의미이다. 이를 일부 주해서는 '이는 병가(兵家)의 승리의 비법(秘法)이기 때문에, 비밀 유지가 관건이다.'라는 요지로 해석하지만, 비법일지라도 가문(학파) 내에서는 전수해 줄 수 있으므로 합당하지 못하다. 이는 전수할 수 있는 성격이 아니라, 오로지 경험을 통해서 스스로 터득(攄得)하고 통찰(洞察)할 수 있는 임기응변술(臨機應變術)이라는 의미로 해석함이 타당하다.

> ⑤ 夫未戰而廟算勝者, 得算多也. 未戰而廟算不勝者, 得算少也. 多算勝, 少算不勝, 而況於無算乎? 吾以此觀之, 勝負見矣.

〈문맥〉

이 문단은 이해득실을 따지는 비교 요소에 따른 이성적(理性的), 객관적(客觀的)인 승산 판단에 관한 논의를 마무리하는 문단으로 앞의 ③ 문단과 직접적으로 연계된다.

〈해석〉

'무릇 전쟁을 하지 않고 종묘(宗廟)에서 이해득실 판단만으로 승리 여부를 알 수 있으니, 승리하는 측은 비교우위(比較優位) 요소가 많을 경우이며, 승리할 수 없는 측은 적을 경우이다. 하물며 전혀 없는 경우는 말해서 무엇하겠는가? 묘산(廟算)의 결과를 주의 깊게 살펴보면 승부 여부를 분별(分別)[24]할 수 있지 않겠는가.

〈해설〉

종묘(宗廟)에서 이해득실을 가려본다는 '묘산(廟算)'에는 세 가지 의의(意義)가 내재(內在)된다. 첫째, 조상의 사당(祠堂)인 종묘에서 승산을 판단하는 이유는 감성적이거나 충동적인 또는 승리에 대한 막연한 기대심리에 의해서가 아니라, 조상신 앞에서 경건한 마음으로 오로지 이성적이고 객관적으로 분석 · 비교하여 판단하고 결심해야 한다는 의미를 갖는다.

둘째, '묘산(廟算)'의 '산(算)'은 ③문단의 '計'와 합하여 계산(計算)되며, 이는 '이해득실을 가린다.'또는 '수량을 헤아리다'라는 의미이기 때문에, 객관적, 계량적인 이해득실 판단이다. 본서에서는 편명(篇名)을 '개전결심을 위한 승산판단'으로 해석한 이유이다.

셋째, 조상에게 제사 지내는 사당(祠堂)에서 전쟁의 승산을 판단해야 하는 다른 측면의 의의는 당시 국가가 행하는 큰일[國之大事]에는 전쟁(戰爭)과 조상에게 제사 지내는 일이라는 점에서 전쟁 결심은 이 두 가

24 見은 '눈으로 보다, 생각하다, 辨別하다(分別하다)' 등의 뜻이 있으며 여기에서는 '변별=분별하다'를 선택한다.

지 국가대사와 결부되는 중대사라는 의미이다.

"未戰而廟算勝者"는 '전쟁에 앞서 승산 판단만으로 이미 승리한 측'이라는 의미로서, ②문단의 다섯 가지 정사(政事)로 국가를 경영한 결과로써, 일곱 가지 비교 요소에 따른 이해득실 판단으로, 전쟁을 하기 전에 이미 승산을 파악할 수 있다는 의미이며, 이는 후편에서 전비태세를 논하는 형(形) 편에서는 '먼저 적이 승리할 수 없게 만든 후, 적이 노출시킬 승리의 기회를 기다리는 태세[先爲不可勝, 以待敵之可勝]'나 '먼저 이겨놓고 싸우는 태세[先勝而後求戰]'또는 '불패(不敗)의 입장에 서서, 적이 드러낼 승리의 기회를 놓치지 않는 태세[立於不敗之地, 而不失敵之敗也]'등과 유사한 의미이다. 개전결심을 위한 승산판단의 이상(理想)은 形篇에서 말하는 계량적으로 일(鎰-576銖)과 수(銖)를 저울질하는 격의 압도적 우세이다. 요컨대 이는 形篇의 정적(靜的)인 전비태세는 계편의 평화 시 국가경영의 다섯 가지 政事[經之以五]를 통해 구축됨을 말해준다.

2. 제2편 작전(作戰)

작전 편에 대한 기존 해석은 '전쟁을 일으킴'또는 전비(戰費)와 군수물자에 중점을 둔 '전쟁 지속력'등이다. 그러나, 합당한 의미는 작(作)의 뜻 중 '짓다'와 '일으키다'를 선택하면, 편명의 의미는 '전쟁을 지어서 일으키다'이며, 현대적 용어로는 '전쟁기획(戰爭企劃)'이다. 작전 편의 위상은 계(計) 편의 합목적적인 승산판단에 이어서, 이제 전쟁을 기획해야 하며, 기획(企劃)에서 최우선적인 과업은 합목적적인 전쟁 목표를 설정하고 그 목표를 달성하기 위해 요구되는 전쟁비용(전쟁 지속성)을 산출하는 것이다. 그러므로 작전편은 영구평화(永久平和)를 지향(志向)한 천하통일(天下統一)이라는 전쟁의 궁극목적(窮極目的)을 지향한 연속적인 전쟁 목표는 '승리할수록 더 강해지는 승리[勝敵而益強]'이며 전쟁비용은 일비천금(日費天金)으로서, 다음과 같은 3개 문단으로 구성된다.

① 孫子曰,(:) 凡用兵之法, 馳車千駟, 革車千乘, 帶甲十萬, 千里饋糧, 則外內之費, 賓客之用, 膠漆之材, 車甲之奉, 日費千金, 然後十萬之師擧矣. 其用戰也, 勝久則鈍兵挫銳, 攻城則力屈, 久暴師則國用不足, 夫鈍兵挫銳, 屈力殫貨, 則諸侯乘其弊而起, 雖有智者, 不能善其後矣. 故兵聞拙速, 未睹巧之久也, 夫兵久而國利者 未之有也.

② 故不盡於知用兵之害者, 則不能盡知用兵之利也. 善用兵者, 役不再籍, 糧不三載, 取用於國, 因糧於敵, 故軍食可足也. 國之貧於師者 遠師者遠輸則百姓貧, 近(+於)師者貴賣, 貴賣則(+百姓)財竭, 財竭則及丘役, 力屈(+財殫), 中原內虛於家. 百姓之費, 十去其七. 公家之費, 破車(軍)罷馬, 甲冑弓(矢)弩, 戟楯矛櫓 丘牛大車, 十去其六.

③ 故智將務食於敵, 食敵一鐘, 當吾二十鐘, 芑秆一石, 當吾二十石. 故殺敵者, 怒也. 取敵之利者, 貨也. 故車戰, 得車十乘以上, 賞其先得者, 而更其旌旗, 車雜而乘之, 卒善而養之, 是謂勝敵而益强. 故兵貴勝, 不貴久. 故知兵之將, 民之司命, 國家安危之主也.

가. 작전 편의 논리 구조

본 편의 각 문단은 전쟁의 폐해와 전쟁비용을 일비천금(日費千金)으로 산출하여 제시하면서 장기전의 폐해를 특별히 강조하면서, 영구평화를 지향한 천하통일이라는 전쟁의 궁극목적을 달성하기 위한 전쟁 목표로서 '승리할수록 더 강해지는 승리[勝敵而益強]'를 제시한다.

①문단은 용병지법(用兵之法)의 법(法)을 국용(國用)이나 주용(主用)의 관점에서 전비(戰費)를 항목별로 자세하게 열거하여, 천대의 전차와 십만의 군사력을 일으키는 비용을 일비천금(日費天金)으로 산출(算出)하고, 그러한 규모의 장기전(長期戰)은 승리하더라도 국력과 군사력의 소모[屈力殫貨, 鈍兵挫銳]로 인해, 주변(周邊) 제후(諸侯)들이 그 틈을 타서 일어나면 막을 길이 없다고 경고하면서, 그러므로 전쟁은 졸속(拙速)이라는 말은 들어본 적이 있으나, 전쟁을 교묘하게 하기 위해 오래 끈다는 말은 들어본 적이 없다. [故兵聞拙速, 未睹巧之久也]고 강조한다. [[국력이 다하고 재화가 바닥나고, 군이 무디어지고 예리함이 다하면]]

②문단은 그와 같은 전쟁의 해(害)를 다 알지 못하면, 이(利)로운 전쟁도 다 알 수 없다고 역설적(逆說的)으로 주장하면서, 전쟁 폐해(弊害)의 원인으로 원거리 수송(遠輸)과 국경 부근의 전쟁(近師)을 예로 들어, 전쟁의 폐해를 나열하면서 강조한다. 이는 구변 편에서 국경을 넘으면 머무르지 않으며[絕地無留], 구지 편에서는 자국의 영토에서는 전쟁을 하지 않으며[散地則無戰], 국경 부근에서는 정지하지 않는다[輕地則無止]라고 강조한다. ③문단은 원거리 수송의 폐해를 최소화하는 방법으로 현지조달의 가치와 중요성을 강조하면서, 전쟁 목표로서 적으로부터 재화를 탈취 활용하여 승리할수록 더 강해질 수 있어야 한다[勝敵而益強]고 결론짓는다. 〈표 6〉은 합목적적인 전쟁 목표인 '승리할수록 더 강해지는 승리'로 귀결되는 작전편의 논리전개를 요약한다.

〈표 6〉 작전 편의 논리 구조

篇名	전쟁을 짓다–전쟁 기획		
包括概念	합목적적인 전쟁 목표로서 '승리할수록 더 강해지는 승리[勝敵而益强]'		
文段	① 일일 전쟁비용	② 전쟁의 폐해	③ 전쟁목표 달성 방법
논리 전개	日費天金으로 전비를 산출하고, 장기전은 망국을 초래함을 경고	전쟁의 폐해를 원거리 수송과 국경 부근의 전장화로 규정하고 그 폐해의 막대함을 나열	현지조달의 이점 및 가치와 적 사졸의 포획 · 선도 및 재화의 탈취 · 활용하여 승리할수록 더 강해질 수 있어야 함을 강조

나. 문단별 구조적 상세해석

① 孫子曰,(:) 凡用兵之法, 馳車千駟, 革車千乘, 帶甲十萬, 千里饋糧, 則外內之費, 賓客之用, 膠漆之材, 車甲之奉, 日費千金, 然後十萬之師擧矣. 其用戰, 勝久則鈍兵挫銳, 攻城則力屈, 久暴師則國用不足, 夫鈍兵挫銳, 屈力殫貨, 則諸侯乘其弊而起, 雖智者, 不能善其後矣. 故兵聞拙速, 未睹巧之久也, 夫兵久而國利者未之有也.

〈문맥〉

본 문단은 전쟁비용(戰爭費用)을 항목별로 자세하게 열거하여 천대의 전차와 십만의 군사력을 일으키는 비용을 日費千金으로 산출하고, 그러한 규모의 장기전(長期戰)은 승리하더라도 국력이 약해지고 재화가 소진되며[屈力殫貨], 군이 무디어지고 예리(銳利)함이 꺾여[鈍兵挫銳]져, 그 틈을 타서 주변 제후(諸侯)들이 일어나면, 막을 길이 없다고 경고하면서 졸속(拙速)일망정 장기전(長期戰)은 피해야 한다고 강조한다.

〈해석〉

'손자가 이르길, 무릇 용병을 위한 법(法-主用)에는 전차 1,000대, 치중차 1,000대, 무장병 10만 명을 천리 밖까지 식량을 보급하기 위한 내 · 외의 비용, 빈객(賓客) 접대 비용, 그리고 무기의 제작 · 정비 · 수리용 자재와 수레 및 갑옷을 조달하는 비용 등 日費千金을 준비한 연후에, 비로소 십만의 군을 일으킬 수 있다. 그러한 비용이 요구되는 전쟁 수행(其用戰)은 승리도 중요하지만, 오래 끈 승리는 군이 무디어지고 예기(銳氣)가 꺾이며, 성을 공략(攻略)하면 힘이 다하고, 군을 오랫동안 전장에 유지하면 국가재정이 바닥난다.'

'무릇, 군사력이 무디어져 예리(銳利)함이 꺾이고, 힘이 다하여, 국가재정이 고갈되니, 그 폐해를 틈타 주변 제후들이 일어나면, 아무리 지혜(智慧)로운 자(者)라도 그 뒷일을 감당할 수 없게 된다. 그러므로 용병에서 졸속(拙速)이라는 말은 들어보았지만, 정교하게 오래 끌어야 한다는 말은 들어본 적이 없으며, 무릇 전쟁을 오래 끌어 국가에 이익이 된다는 말도 들어본 적이 없다.'

〈해설〉

"勝久則鈍兵挫銳, 攻城則力屈, 久暴師則國用不足," 이 구절은 오래 끄는(久) 승리는 군이 무디어지고 예기(銳氣)가 꺾이며, 攻城은 힘이 다하며, 정예군(精銳軍)을 오랫동안 야전의 햇볕에 노출시키면, 국가재정이 바닥나게 된다.

"兵聞拙速, 未睹巧之久也, 夫兵久而國利者 未之有也" 이 구절에 대한 기존 해석의 대부분은 졸속(拙速)을 강조했다거나 속전속결을 강조했다고 한다. 그러나 문맥에 따르면, 장기전이어서는 안 된다는 것을 강조하기 위한 반어법에 불과할 뿐, 결코 졸속을 강조한 내용으로 볼 수 없다. 특히 직선적이고 조급한 직접접근에 의한 파승(破勝)을 최하책으로 강조하면서, 온전한 승리(全勝)를 위한 지략(智略) 위주의 정교한 간접접근을 논하는 후편인 모공(謀攻)으로부터 그 이하 모든 편에 걸쳐 강조하는 저자가 졸속(拙速)을 강조했다는 주장은 합당하지 못하다.

② 故不盡知用兵之害者, 則不能盡知用兵之利也. 善用兵者, 役不再籍, 糧不三載, 取用於國, 因糧於敵, 故軍食可足也. 國之貧於師者遠輸, 遠輸則百姓貧, 近(+於)師者貴賣, 貴賣則(+百姓)財竭, 財竭則急於丘役. 力屈(+財殫), 中原內虛於家, 百姓之費, 十去其七. 公家之費, 破車罷馬, 甲冑弓(矢)弩, 戟楯矛櫓, 丘牛大車, 十去其六.

〈문맥〉

이 문단은 그와 같은 전쟁의 폐해(弊害)를 다 알지 못하면, 전쟁의 이점(利點)도 다 알 수 없다고 주장하면서, 전쟁 폐해(弊害)의 원인으로서 장기전에 이어, 원거리 수송(遠輸)과 국경 부근의 전쟁(近師)을 동시에 예로 들어서, 각 각의 폐해가 막대함을 나열한 후, 그 폐해를 최소화하기 위한 대안(代案)으로 적으로부터 양식을 탈취하여 사용할 것[因糧於敵]을 강조한다.

〈해석〉

'그러므로 그와 같은 용병의 폐해(弊害)를 다 알지 못하면, 용병의 이점(利點)도 알지 못한다. 용병을 잘하는 자는, 징집(徵集)을 반복하지 않고, 군량도 거듭 보내지 않도록 해야 한다. 그러하기 위해서는 전쟁비품(備品)은 본국(本國)에서 가져다 쓰지만, 군량은 적으로부터 탈취

함으로써 넉넉하게 할 수 있다.'

'국가가 전쟁으로 인해 곤궁해지는 이유는 원정전(遠征戰)을 위해 원거리 수송으로 백성들이 빈곤해지고, 국경 부근의 전쟁은 물가가 치솟기[貴賣] 때문이다. 물가가 치솟으면 백성들의 재화(財貨)가 고갈되고, 재화가 고갈되면 노역(勞役) 동원을 할 수밖에 없게 된다. 중원의 힘이 약해지면 집집이 텅 비게 되고, 백성들의 경제력의 60%가 사라지며, 公的인 비용으로 수레와 말, 갑옷과 투구, 활과 화살, 창과 방패, 수송수단 등의 보충을 위해 국고(國庫)의 70%가 사라지게 된다.'

〈해설〉

"不盡知用兵之害者, 則不能盡知用兵之利也. 國之貧於師者遠輸, 遠輸則百姓貧, 近師者貴賣, 貴賣則百姓財竭, 財竭則及丘役, 力屈中原, 內虛於家, 百姓之費, 十去其六. 公家之費, 破車罷馬, 甲冑弓弩, 戟楯矛櫓 丘牛大車, 十去其七."에서, 용병의 폐해(弊害)란 앞 문단의 장기전의 害와 다음 구절의 원거리 수송과 국경 부근 전쟁의 폐해를 말하며, 용병의 利는 본 편의 결론 격인 전쟁의 목표로서 싸울수록 더 강해지는 승리[勝敵而益强]를 말한다. 이 개념은 勢篇에서는 '필히 利와 害를 함께 생각해야 한다[必雜於利害].'로 강조한다.

이 구절들은 장기전의 폐해에 이어, 전쟁으로 국가가 빈곤하게 되는 이유를 원거리 수송(遠輸)이나 국경 부근의 전쟁(近師)의 예를 들어 설명한다. 원거리 수송을 줄이는 방법은 양식(糧食)을 적으로부터 취하는 것[因糧於敵]이며, 이는 ③문단에서 다시 그 가치를 20배로 열거하여 강조한다. 국경 부근의 전쟁(近師)도 그 폐해만 열거하고 피하는 방법은 여기서는 설명하지 않지만, 구변 편과 구지 편의 전략 지리적 상황 유형별 원칙과 연계시켜 제시한다. 구변 편에서는 국경 부근에서는 정지함이 없이'[絕地則無留].' 적 영토 깊숙이 들어간다(輕地則無止).'는 원칙으로, 구지 편에서는 '자국 영토에서는 전쟁을 하지 않는다(散地則無戰)'는 원칙으로 제시한다.

③ 故智將務食於敵, 食敵一鍾, 當吾二十鍾, 芑秆一石, 當吾二十石. 故殺敵者, 怒也, 取敵之利者, 貨也. 故車戰, 得車十乘以上, 賞其先得者, 而更其旌旗, 車雜而乘之, 卒善而養之, 是謂勝敵而益强. 故兵貴勝, 不貴久. 故知兵之將, 民之司命, 國家安危之主也.

〈문맥〉

본 문단은 원거리 수송의 폐해(弊害)를 최소화하는 방법으로 적으로부터 양식과 장비 및 병력을 탈취 · 포획하여 활용함으로써, '승리할수록 더 강해지는 것[勝敵而益强]을 연속적인 전쟁 목표로 제시한다.

〈해석〉

그러므로, 지혜로운 장수는 적으로부터 식량을 얻기 위해 힘써야 한다. 적으로부터 취(取)한 양식 1종(鐘)[25]은 나의 20종에 해당하며, 말 사료 1석(石)은 나의 20석에 해당하는 가치가 있다. 또한, 적을 살육하면 적 사졸들의 적개심과 복수심을 고취시키는 반면, 적의 재화(利)를 탈취하면 적의 병사들은 그것을 빼앗긴 자기 장수를 바보 · 멍청이(貨)로 생각하게 만들어, 상하(上下) 간 불신(不信)을 야기(惹起)할 수 있다.

25 당시 일종(一鐘)은 약 10가마에 해당되고, 일석(一石)은 10 말에 해당된다.

그러므로, 차전(車戰)에서 적 전차 10대 이상을 포획(捕獲)하면, 포획의 원인을 제공한 자(또는 적이 항복하도록 만든 자)를 널리 알려서 기리고, 적 전차의 깃발을 바꾸어 달아 아 전차와 혼합 편성하고, 포획한 적 사졸들을 잘 선도(善導)하고 교화(教化) 및 부양(扶養)하여 활용하면, 그것이 바로 승리할수록 더 강해지는 승리(勝敵而益强)이며, 그러한 장수만이 백성의 생명을 맡을 수 있으며, 국가 안위의 주체(主體)가 될 수 있다.

〈해설〉

"故智將務食於敵"에서 적으로부터 식량을 탈취하는 것을 전쟁에 시달리는 적 백성들을 약탈(掠奪)하는 것까지 포함하는 경향이 있으나, 약탈 행위는 적 백성들의 원망과 분노를 夜氣하는 최악의 방법으로서, 다음 구절에서 결론으로 논하는 승리 할수록 더 강해지는 방법이 될 수 없기 때문에, 적 부대의 식량과 백성들의 식량을 구분하여 이해해야 한다.

"故殺敵者, 怒也, 取敵之利者, 貨也. 故車戰得車十乘以上, 賞其先得者, 而更其旌旗, 車雜而乘之, 卒善而養之, 是謂勝敵而益强." 이 구절은 적으로부터 식량을 탈취하여 적에게 미칠 정신 · 심리적 효과와 함께, 적 전차와 병력을 포획하여 활용하는 등 싸울수록 더 강해지는 승리를 연속적인 전쟁 목표로 제시한다. 이 구절은 다음의 두 가지 논쟁점을 포함하고 있다.

첫 번째 논쟁점은 '故殺敵者, 怒也, 取敵之利者, 貨也'이다. 기존 해석은 대부분 '적을 죽이기 위해서는 내 병사들의 적개심을 고취시키고, 적의 재화(利)를 탈취하기 위해서는 재화를 상(賞)으로 주어야 한다.'

고 해석한다. 그러한 해석은 전 · 후 문구를 목적(위해서) 대 방법(한다)의 관계로 이해하고 또한 상벌(賞罰)을 강조하는 뜻으로만 이해한 결과이다.

그러나 그 뒤 구절에서 승리할수록 더 강해지는 승리를 위해 적을 선무하고 교화할 것을 강조한 점을 고려하면, '적을 죽이기 위해서는 아부대원들의 적개심을 고취시킨다.'는 해석은 논리적으로나 저자의 전쟁과 평화 사상에 비추어 볼 때, 전혀 부합하지 못하다. 그리고 손자병법 전편에 걸친 간접접근의 조건으로서, 장수 자신은 물론, 사졸들의 감성을 엄격하게 절제 및 통제(五治)할 것을 요구하고, 적을 살상하기 위한 적개심 고취는 다음 편인 모공편의 파승(破勝)에 해당하기 때문에, 결코 합당하다고 볼 수 없다.

이 구절은 나의 행위가 유발하게 될 적의 정신 · 심리적 효과를 예시(例示)하는 문구로 이해하고, '승리할수록 더 강해지는 승리'에 부합한 행동을 부각(浮刻)시키는 의도로 해석해야 한다. 그 관점에서, 적을 살상(殺傷)하면 적의 적개심과 증오심 및 복수심을 고취시키는 결과를 초래하는 반면, 적의 재화(利)를 탈취하면 적의 사졸들은 그것을 빼앗긴 자기 장수를 바보 · 멍청이로 생각하게 만드는 효과를 달성하기 때문에, 적의 재화 탈취가 적 사졸에게 미치는 심리적 효과를 부각시키는 문구이다.

특히, '故殺敵者, 怒也'에서 적 파괴나 살육이 초래할 효과는 적의 저항 의지를 오히려 강화시켜, 결사적으로 싸우게 만들어, 쌍방의 피해가 극심(破勝)해지고 전쟁의 장기화가 필연적일 수밖에 없으며, 복수심과 증오심으로 인해 전쟁의 궁극목적인 천하통일 이후의 영구평화도 기대할 수 없게 된다.

이에 비해, '取敵之利者, 貨也'에서 중한사전에서 화(貨)'[26]의 뜻에는 '바보 · 멍청이'라는 의미가 있다. 이 의미를 적용하면, 적으로부터 장비나 양식을 빼앗으면, 싸워보지도 못하고 헐벗고 굶주리는 적 사졸(士卒)들의 입장에서 탈취해 간 적을 원망하기보다는, 그것은 피 · 아 장수들의 지략(智略) 싸움의 실패를 의미하기 때문에, 그것을 빼앗긴 자기 장수를 바보 · 멍청이로 생각하여 상하 신뢰심을 분열시키는 결과를 초래할 것이다. 그와 유사한 적 내부 분열과 직접적으로 관련된 문구는 구지편의 '상하불상부(上下不相扶)'이다.

따라서 적의 利 즉, 적의 사졸이나 식량, 장비 등 재화를 포획하여 사용하고 교화(敎化)하면 적의 적개심이나 증오심을 자극하지 않고, 오히려 적의 사졸들은 두뇌 싸움에서 압도당한 자기 장수를 바보 멍청이로 인식하게 만들어 상하 간 분열(分裂)을 조장하여, 적의 저항 의지를 더 쉽게 붕괴시킬 수 있을 것이다. 특히 간접접근은 물리적 직접충돌에 의한 적을 살상하는 직접접근과는 달리, 주로 적을 포위하여 굴복시키기 때문에 더욱더 그러하다. 그러므로 지략 위주 간접접근은 전쟁의 궁극 목적이나 연속적인 전쟁 목표를 달성하기 위한 유일한 방법이다.

이는 승패의 책임 관점에서, 살상(殺傷)을 수반하는 물리적 충돌에서 패배는 사졸들의 전투 기량의 부족 탓으로 돌릴 수도 있지만, 물리적 직접 충돌 없이 재화를 탈취당하거나 포위되어 포로가 되는 것은 전적으로 피 · 아 장수들의 두뇌 싸움에서 패배이기 때문에, 재화를 빼앗겨 헐벗고 굶주리는 사졸들은 자기 장수를 바보 멍청이로 생각하고 원망할

26 중한사전에서 화(貨)에는 '바보, 멍청이'라는 뜻이 있다.

것이다. 그 효과는 적을 포획하여 더 쉽게 선무(宣撫), 교화(敎化), 회유(懷柔) 및 부양(扶養)하여 귀화(歸化)시키는데 더 기여하며, 적을 굴복시키면 시킬수록 나는 더 강해질 수 있다.

두 번째 논쟁점은 '故車戰得車十乘以上, 賞其先得者'이다. 이를 기존 해석은 주로 '차전(車戰)에서 적 전차 10승 이상을 획득하면, 먼저 획득한 자를 포상(褒賞)해야 한다.' 라고 해석하였으나, 당시의 軍制를 고려할 때 전차 1승과 혁차 1승은 약 100명의 도보 병력이 편성되기 때문에, 전차 10승 이상의 포획은 거의 2개 旅(1여는 500명)에 해당하는 혁혁한 전공(戰功)이다. 그러한 전공을 먼저 세운 자에게 특별히 賞을 준다는 해석은 이치에 합당하다고 보기 어려우며, 더군다나 전쟁기획 과정에서 전쟁 목표를 설정하는 작전(作戰) 편의 위상과 문맥에 비추어 볼 때, 여기서 논공행상(論功行賞)을 논한다고 보는 것은 적절치 못하다.

문맥에 합당하게 해석하기 위해서는 '其先'과 '賞'의 한자 뜻을 재검토할 것이 요구된다. 먼저 '賞其先得者'에서 '其先'은 '조상이나 가계 즉, 근본(根本)'이라는 뜻이 있다. 그 의미를 적용하면 '其先得者'는 '그 획득(포획)의 근본(根本)을 제공한 자' 즉, '내가 포획할 수 있도록 (또는 적이 항복하도록) 근원(根源)을 제공한 자'가 된다. 또한 '賞'의 뜻 중 '기리다, 찬양하다, 칭찬하다'를 적용하면, 아측의 포용성을 널리 알리는 심리전의 일환(一環)으로, '널리 칭송하여 기린다.'로 해석함이 타당하다. 따라서 이 문구는 '차전(車戰)에서 적 전차 열 대 이상을 포획하면, 포획할 수 있도록 근원(根源)을 제공한 자를 널리 알려 기린다.'이다.

이 해석은 도가사상의 포용성(包容性)을 반영한 문구로써, 구지(九地)편에서는 전략적 수준에서 '그 성을 빼앗을 수 있고, 그 국가를 무너뜨릴 수 있게 해주는 자[故其城可拔, 其國可隳]'에게 법령에 없는 상(賞)을 내리고, 정사(政事)에 없는 영(令)을 내려 이름을 널리 알리고 기린다[施無法之賞, 懸無政之令]는 구절과도 맥(脈)을 같이한다.

"而更其旌旗, 車雜而乘之, 卒供而養之, 是謂勝敵而益强"은 전쟁의 목표를 달성하기 위해 장기전을 피하고 적으로부터 식량을 탈취할 뿐만 아니라, 적 장비와 병력을 포획하여 이를 선무(宣撫)하고 교화(敎化)시켜 내 편으로 만들어 군사력 증강을 도모한다는 구절이다. '적 전차의 깃발을 바꾸어 달아 나의 것과 혼합 편성하고, 포획한 적 사졸들을 잘 선도(善導)하고 교화(敎化) 및 부양(扶養)하여 편입하면, 그것이 바로 승리할수록 더 강해지는 승리[勝敵而益强]'라는 연속적인 전쟁의 목표가 된다. 그러므로 본 문단은 그 목표를 달성하기 위한 방법으로서 후편인 지모(智謀)로써 적을 다스린다는 모공(謀攻)편의 적의 격파보다는 포획에 중점을 둔 지략 위주 간접접근 방법과 연계시키는 문단이다.

"故知兵之將, 民之司命, 國家安危之主也." 이 구절은 작전 편의 결론에 해당한다. 여기에서 '知兵之將'이란 단순히 '용병(用兵)을 아는 장수'라 기보다는 이전의 문단이나 구절과 연계하여 '용병의 利와 害를 다 알고 승리할수록 더 강해지는 승리를 아는 장수'는 백성의 생명을 맡을 수 자(者)이며, 국가 안위(安危)의 주체(主體)가 될 수 있다.

3. 제3편 모공(謀攻)

본 편의 명칭인 모공(謀攻)은 주로 공(攻)을 공격(攻擊)의 약어로 간주하여, 그 결과로써 적 굴복(屈服)에 초점을 두고, '모계(謀計)로써 적 굴복' 또는 '교묘한 책략으로 적 굴복' 등으로 해석해 왔다. 그러나 본 편은 온전한 승리를 강조하기 때문에, 공(攻)의 뜻 중 '다스리다.'를 적용하여, '謀攻'이라는 편명의 의미는 '지모(智謀)로써 적을 다스림'[27]이며, 그 포괄 개념은 작전 편에서 제시한 전쟁의 궁극목적(영구평화를 지향한 천하통일)을 달성하기 위한 합목적적(合目的的)인 전쟁 목표[勝敵而益强]를 달성하는 방법으로, '온전(穩全)한 승리[全勝]를 위한 지략(智略) 위주 간접접근(間接接近)과 그 조건(條件)'으로서 '지모(智謀)로써 적을 다스림[謀攻]'이다. 이는 병법 전편(全篇)의 논리 구조에서 모공 편이 차지하는 위상은 작전 편에서 설정한 연속적인 전쟁의 목표에 이어서, 그 목표를 달성하는 방법을 물리적 직접 충돌에 의한 파승(破勝)과 대비시켜, 온전한 승리[全勝]를 위한 지략 위주 간접접근으로 제시하여, 그 이후 편의 논리전개의 중점으로 삼는다. 이를 위해 모공 편은 다음과 같은 4개 문단으로 구성된다.

① 孫子曰,(:) 凡用兵之法, 全國爲上, 破國次之, 全軍爲上, 破軍次之, 全旅爲上, 破旅次之, 全卒爲上, 破卒次之, 全伍爲上, 破伍次之. 是故百戰百勝, 非善之善者也, 不戰而屈人之兵, 善之善者也.

② 故上兵伐謀, 其次伐交, 其次伐兵, 其下攻城. 攻城之法, 爲不得已, 修櫓轒轀, 具器械, 三月而後成, 距堙, 又三月而後已. 將不勝其忿而蟻附之, 殺士卒三分之一, 而城不拔者, 此攻之災(+也). 故善用兵者, 屈人之兵而非戰也, 拔人之城而非攻(+也), 毁(破)人之國而非久也, 必以全爭於天下, 故兵不鈍而利可全, 此謀攻之法也.

27 謀攻에서 '謀'란 計略이나 術策이며, 그것을 모색하는 능력은 智略이다. '攻'은 그 한자 뜻 중 '다스리다'를 선택하여, '謀攻'을 '지략으로 (적을) 다스리다.' 또는 '통제한다.'로 해석한다.

③ 故用兵之法，十則圍之，五則攻之，倍則戰(分)之，敵則能分(戰)之，少則能守(逃)之，不若則能避之. 故少敵之堅，大敵之擒也. 夫將者，國之輔也，輔周則國必强，輔隙則國必弱. 故君之所以患於軍者三，不知軍之不可以進而謂之進，不知軍之不可以退而謂之退，是謂縻軍. 不知三軍之事，而同三軍之政(+者)，則軍士惑矣. 三軍旣惑且疑，則諸侯之難至矣，是謂亂軍引勝.

④ 故知勝有五. 知可以與戰 不可以與戰者勝，識衆寡之用者勝，上下同欲者勝，以虞待不虞者勝，將能而君不御者勝，此五者，知勝之道也.

故曰(:) 知彼知己，百戰不殆. 不知彼而知己，一勝一負，不知彼不知己，每戰必殆.

가. 모공 편의 논리 구조

①문단은 파괴에 의한 승리[破勝]와 대비시켜 온전한 승리[全勝]를 부각시키고[全國爲上，破國次之，〈후략〉]，작전 편의 합목적적[永久平和를 지향한 天下統一]인 연속적인 전쟁 목표(勝敵以益强)를 달성하는 방법으로서 각개 전쟁 목표로 온전한 승리[全勝]의 중요성을 강조하고，

②문단은 승리하는 방법을 최 상책(上策)으로부터 최 하책(下策)인 공성(攻城)까지 나열한 후，攻城之法의 막대한 피해와 장기화를 들어서 그 이전 방책들의 중요성을 부각(浮刻)시켜，지략 위주 간접접근으로 군을 둔화(鈍化)시키지 않으면서 온전한 승리[兵不鈍而利可全]는 물론，궁극목적인 영구평화를 지향한 천하통일[必以全爭於天下]을 위한 방법을 제시한다.

③문단은 상대적 전력비에 따른 용병의 원칙[十則圍之，五則攻之，〈후략〉]을 열거하여，지략 위주 간접접근의 조건으로서 분별지(分別智)를 강조하고，장수의 분별력과 사고의 자유를 저해하는 부정적인 요인(要因)으로서，군주가 장수를 얽어매거나[미군(縻軍)]，장수가 정신을 차리지 못하게 미혹(迷惑)시키거나，장수를 의심하여 수상하게 여기는

의혹(疑惑)을 야기하는 등 군주에 의한 세 가지 우환[君者三患]을 제시한다.

④문단은 지략 위주 간접접근의 긍정적인 조건으로 승리를 아는 다섯 가지(知勝有五)를 제시하며, 그 관점에서 피 · 아 군주와 장수의 관계와 능력을 알고 접근하면, 백번 싸워도 위태롭지 않음[知彼知己, 百戰不殆]을 결론으로 제시한다. 〈표 7〉은 모공편의 논리 구조를 요약하여 보여주고 있다.

〈표 7〉 모공편의 논리 구조

편명	智謀에 의한 攻(智略으로 적을 다스림)			
포괄 개념	'온전한 승리(全勝)를 위한 지략 위주 간접접근과 그 조건'			
논리 전개	▪온전한 승리[全勝] 의 당위성	▪全勝을 위한 지략 (智略) 위주 간접접근	▪간접접근의 조건과 저해(沮害) 요인	▪간접접근에 의한 승리를 아는 요건
	전쟁 목표 달성 방법으로 破勝과 대비한 全勝의 당위성	지략 위주 간접접근(非戰, 非攻, 非久)과 합목적성(必以全爭於天下)	조건은 戰力比에 따른 分別智, 저해 요인은 思考의 自由 제한	지략 위주 간접접근 에서 승리를 아는 다섯 가지 요건

요컨대, 모공 편은 합목적적인 전쟁 목표(勝敵而益强)를 달성하는 방법으로 '온전한 승리[전승(全勝)]를 위한 지략 위주 간접접근'의 당위성과 방법을 설명하고, 그 조건으로서 전력 비율에 따른 용병의 분별지(分別智)와 사고의 자유 보장 측면에서 군주와 장수의 관계 및 능력을 제시하는 순서로 논리가 전개된다.

나. 문단별 구조적 상세해석

> ① 孫子曰, 凡用兵之法, 全國爲上, 破國次之, 全軍爲上, 破軍次之, 全旅爲上, 破旅次之, 全卒爲上, 破卒次之, 全伍爲上, 破伍次之. 是故百戰百勝, 非善之善者也, 不戰而屈人之兵, 善之善者也.

〈문맥〉 본 문단은 온전한 승리[全勝]와 파괴에 의존하는 승리[破勝]를 대비시켜서 작전 편의 합목적적인 전쟁 목표를 달성하는 방법과 온전한 승리[全勝]의 중요성을 부각시킨다. 이 대비법(對比法)에는 물리적 직접 충돌에 의한 파승(破勝) 대신, 지략 위주 간접접근에 의한 온전한 승리라는 함의(含意)가 내재 되어 있다.

〈해석〉

'손자가 이르길, 무릇 용병법(用兵法)에는 국가와 군의 각 제대(國, 軍, 旅, 卒, 伍)를 온전하게 보존하면서 승리하는 것이 최상의 용병법이고, 국가와 군의 각 제대(國, 軍, 旅, 卒, 伍)를 격파하면서 승리하는 것이 차선의 용병법이다. 그런 연유로, 승리할수록 더 강해지는 승리라는 전쟁 목표 달성에 있어서, 백전백승(百戰百勝)이 최선이 아니라, 싸우지 않고 적을 굴복시키는 것[不戰而屈人之兵]이 최선[善之善]이다.'

〈해설〉

마지막 구절인 "是故 百戰百勝, 非善之善者也, 不戰而屈人之兵, 善之善者也."는 작전편의 '승리할수록 더 강해지는 승리'라는 전쟁 목표를 추구하면서 수단과 방법을 가리지 않고 백전백승하는 것이 최선(最善)이 아니라, 싸우지 않고[不戰] 적을 굴복시키는 것이 도덕적인 최고의 이상(理想)이다. 이 문구에서 선지선(善之善)은 '도덕적 기준에 부합한 최고의 선'이라는 의미이다.

② 故上兵伐謀, 其次伐交, 其次伐兵, 其下攻城. 攻城之法, 爲不得已, 修櫓轒轀, 具器械, 三月而後成, 距堙, 又三月而後已. 將不勝其忿而蟻附之, 殺士卒三分之一, 而城不拔者, 此攻之災(+也). 故善用兵者, 屈人之兵而非戰也, 拔人之城而非攻(+也), 毁(破)人之國而非久也, 必以全爭於天下, 故兵不鈍而利可全, 此謀攻之法也.

〈문맥〉

이 문단은 앞 문단의 온전한 승리[全勝]의 중요성 강조에 이어서, 싸우는 방법을 최 상책(上策)으로부터 최 하책인 공성(攻城)까지 나열[上兵伐謀, 〈중략〉, 其下攻城]한 후, 공성법의 막대한 피해와 장기화를 들어서, 그 상책들의 중요성을 부각(浮刻)시키고, 지략 위주 간접접근에 의한 전투나 공격 또는 장기전이 아닌[非 戰 · 攻 · 久] 다른 방법으로 군을 둔화(鈍化)시키지 않고, 예리(銳利)함을 온전하게 보존하면서[兵不鈍而利可全] 목적 달성은 물론, 궁극목적인 영구평화를 지향(志向)하여 반드시 온전하게 천하를 다툴 것(必以全爭於天下)을 강조한다.

〈해석〉

'온전한 승리[全勝]를 위한 최상책은 적의 계략(計略)을 치는 것(伐謀)이며, 다음은 적의 외교 관계를 치는 것(伐交)이고, 그다음은 군대를 치는 것(伐兵)이며, 최하책은 적의 성(城)을 공격하는 것이다. 성을 공격하는 방법(攻城法)은 투척물을 막아주는 큰 방패(櫓)[28]와 성을 공격하기 위한 수레(轒轀)[29]를 수리하고, 높은 누각(飛樓)과 높은 사다리(雲梯) 등 기계(器械)[30]를 갖추는데 3개월이 지나야 가능하며, 城의 높이로 흙더미(距堙)[31]를 쌓는 일은 다시 3개월 이후에야 완성된다. 장수가 장기간 준비를 갖추는데 분(忿)을 삭이지 못하여 병사들에게 개미 떼처럼 성벽에 달라붙어 공격하게 하면, 병력의 1/3이 살상되고도 성을 함락하지 못하니, 그것이 바로 공성(攻城)의 재앙(災殃)이다.

그러므로 용병을 잘하는 자는 싸움이 아닌, 다른 방법[非戰]으로 적을 굴복시키고, 공격이 아닌 다른 방법[非攻]으로 성을 함락시키며, 지구전이 아닌 방법[非久]으로 패배시키는 등 반드시 천하(天下)를 온전하게 다투어야 한다. 그러면 군대도 무디어지지 않으며, 그 정예(精銳)함도 온전해질 수 있다. 그것이 바로 지략(智略)으로 적을 다스리는[모공(謀攻)] 방법이다.

〈해설〉

"故上兵伐謀, 其次伐交, 其次伐兵, 其下攻城. 攻城之法, 修櫓轒轀, 具器械, 三月而止, 距堙又三月而後已, 將不勝其忿而蟻附之, 殺士卒三

28 노병천, 『죽간손자병법』, (서울: 양서각, 2005) p.39. 노(櫓)는 성 위에서 쏘는 화살이나 돌, 뜨거운 물을 막아주는 큰 방패이다.

29 상게서, 분온(轒轀)은 성을 공격할 때 쓰는 수레로서 바퀴가 넷이며 전면은 큰 나무를 배열하고 위는 생 소가죽으로 가리며, 그 안에는 열 명의 장병이 들어갈 수 있다.

30 상게서, 기계(器械)는 성을 공격할 때 필요한 기구로서, 비루(飛樓: 나는 듯이 높이 세운 누각), 운제(雲梯: 성을 공격할 때 썼던 높은 사다리) 등을 말한다.

31 상게서, 거인(距堙): 흙을 높이 쌓아 성 앞에 붙이는 것

分之一, 而城不拔者, 此攻之災也.” 이 구절은 싸우는 방법을 우선순위에 따라 열거하고, 오직 부득이한 경우에만 선택할 수 있는 최 하책(下策)인 공성(攻城)의 장기화와 막대한 피해를 들어 그 상책(上策)의 중요성을 부각(浮刻)시키는 문구이다.

최상책(最上策)인 벌모(伐謀)는 적의 군주와 백성, 군주와 장수, 장수 상호 간의 신뢰심과 의지를 이간(離間), 불신(不信) 및 분열(分裂)시켜 세력을 규합(糾合)할 수 없게 만들어 저항할 엄두조차 내지 못하고 자발적으로 또는 심리적 압박만으로 굴복하게 만드는 것이며, 차 상책인 벌교(伐交)는 국제적, 주변적 교류를 차단하여 적을 고립시켜 종속(從屬)하도록 강요하는 것이다. 이 두 가지가 ①문단에서 제시한 싸우지 않고 적 부대를 굴복시키는 방법(不戰而屈人之兵)이다.

구지 편에서는 이를 인간의 감성적 본성[천성(天性)]과 주변 제후와의 관계[天] 측면에서, '큰 나라[大國]를 정벌하여 그 백성과 패잔병이 다시 모이지 못하게 만들어[伐大國則其衆不得聚] 저항을 꾀할 수조차 없게 만들고[伐謀], 전승(戰勝) 후 그 위세(威勢)를 잔적(殘敵)과 주변 제후들에게 펼쳐서, 그들이 반동맹(反同盟)을 형성하지 못하게[威加於敵 則其交不得合] 만드는 것[伐交]'으로도 설명한다. 그러나 구지 편의 예는 큰 나라를 굴복시킨 후의 벌모(伐謀)와 벌교(伐交)로서 싸우지 않고 주변 작은 나라들을 굴복시키는 방법이다.

종종 벌모(伐謀)와 벌교(伐交)를 전쟁을 억제하는 방법으로 해석하여 손무의 평화사상을 대변한다는 주장을 하지만, 이는 전쟁을 억제하여 평화를 유지하는 방법이 아니라, 온전하게 적을 굴복(屈伏)시키는 전쟁 수행 방법이다. 벌모와 벌교의 그러한 목적을 '반드시 온전하게 천하를 다투어야 한다(必以全爭於天下).'는 직후의 문구와 연계시키면, 더 명확해진다. 굴복(屈伏)이란 항복이나 저항 의지 포기 등 자의적(恣意的) 또는 타의적(他意的)으로 종속(從屬)되거나 합병(合倂)됨을 의미한다.

또 다른 관점에서, 벌모(伐謀)나 벌교(伐交) 또는 벌병(伐兵)에서 '伐'[32]의 뜻 중 '자랑하다' '뽐내다'를 선택하면, '자신의 탁월한 모략(謀略)이나 압도적인 외교 관계 또는 압도적으로 우세한 군사력을 과시(誇示)하고 위압(威壓)하여 적을 굴복시킨다.'는 해석도 가능해진다. 그럴 경우, 이 의미는 구지 편에서 '적에게 위세(威勢)를 가한다(威加於敵).' 라는 의미와 부분적으로 상통(相通)한다.

특히 "攻城之法, 修櫓轒轀, 〈중략〉, 而城不拔者, 此攻之災也."는 공성(攻城)에 필수적인 장기화와 막대한 피해를 구체적으로 나열하여, 그 앞의 상책(上策)을 강조하는 문구로서, 이는 적을 굴복시키기 위한 다양한 방법을 열거하다가 그중 하나의 방법인 공성법(攻城法)을 구체적으로 설명하여 강조하는 손자병법의 표현기법의 특징 중 하나이다.

"故善用兵者, 屈人之兵而非戰也, 拔人之城而非攻也, 破人之國而非久也, 必以全爭於天下. 故兵不鈍 而利可全, 此謀攻之法也."는 온전하게 승리(全勝)하는 방법으로서 주로 군을 운용하는 측면이라는 점에서 '伐兵'의 일반적인 방법을 구체적으로 설명하는 문구로 볼 수 있다. 이 문구에서 유의해야 할 한자는 '불(不)'과 '비(非)'의 구분이다. ①문단의 '不戰而屈人之兵'에서 '不'는 부정의 뜻을 갖기 때문에, 不戰은 '전쟁을 하지 않고'이지만, '屈人之兵而非戰也'에서 '非'는 '아니라'는 의미이기 때문에. '직접적인 전쟁이나 전투가 아닌 다른 방법으로 적을 굴복시킨

32 중한사전에 '伐'의 뜻에는 '공격하다, 치다' 외에 '자랑하다, 뽐내다'라는 의미가 있다.

다.'라는 의미가 된다. 여기서 다른 방법이란 전통적인 방식이 아닌 지략 위주 간접접근을 뜻한다.

전쟁에서 전통적인 군사력의 직접 충돌과 대비(對比)되는 지략 위주 간접접근은 도가사상의 '부드럽고 약한 것이 굳세고 강한 것을 이긴다(柔弱勝堅强)'는 명제(命題)의 실천적 표현이다. 즉, 눈에 보이지 않거나 柔弱한 智略(Soft Power)으로 간접 접근하여 적의 물리력(堅强: Hard Power)을 극복[勝]한다는 의미이다. 그리고 지략(智略)을 대표하는 유(柔)는 상황변화에 적응하는 유연(柔然)함을 뜻하며, 병법 전편에 걸쳐 무궁한 응변술(應辯術)로 강조된다. 弱은 적의 대부대(衆)를 분산하도록 유인하기 위한 소부대(寡)나 미끼부대(군쟁편-餌兵)를 대표한다고도 볼 수 있다.

또 다른 관점에서, 도가사상의 '유약(柔弱)은 살아있는 사람이며, 견강(堅强)은 죽어있는 사람이다[柔弱者生之徒, 故堅剛者死之徒][33]라고 하듯이, 유약한 지략(智略)은 생각의 산물로서, 인간이 생각한다는 것은 살아있음을 의미하는 데 비해, 생각이 없이 힘만으로 밀어붙이는 견강(堅剛)은 육신(肉身)은 살아있어도 정신은 죽어있음과 다르지 않다. 따라서 지략에 의존함은 삶(全勝)을 의미하며, 생각 없이 물리력에만 의존함은 죽음(破勝)을 의미한다.

> ③ 故用兵之法, 十則圍之, 五則攻之, 倍則戰(分)之, 敵則能分(戰)之, 少則能守(逃)之, 不若則能避之. 故少敵之堅, 大敵之擒也. 夫將者, 國之輔也, 輔周則國必强, 輔隙則國必弱. 故君之所以患於軍者三, 不知軍之不可以進而謂之進, 不知軍之不可以退而謂之退, 是謂縻軍. 不知三軍之 事, 而同三軍之政(+者), 則軍士惑矣. 三軍旣惑且疑, 則諸侯之難至矣, 是謂亂軍引勝.

33 노자, 전게서, 76장 柔弱則生以徒也 堅强則死以徒也.

〈문맥〉

이 문단은 지략 위주 간접접근의 조건(條件)으로서, 다양한 상대적 전투력 비율에 따른 용병의 원칙을 제시하여 용병의 분별지(分別智)를 강조하고, 장수의 그러한 분별력(分別力)과 사고의 자유를 저해하는 부정적인 조건으로서, 군주의 불신(不信)과 간섭(干涉)을 패배를 불러들이는 요인으로 경계할 것을 강조하는 문단이다.

〈해석〉

'그러므로, 용병법(用兵法)에는 내가 적보다 열 배이면 완전히 둘러싸서 포위하고, 다섯 배이면 사방에서 공격하며, 두 배이면 전투를 분리하되, 분리된 전투에서 내가 적다면 방어하고, 만약 적이 분리되지 않는다면 피한다. 그러나 압도적 우세에 집착하여, 적의 소부대(유인부대)에게 압도적 우세를 달성하려고 집착하면, 오히려 적의 소부대에게 견제(牽制)당하여, 적의 대부대에게 사로잡히게 된다.'

'무릇 장수는 나라의 귀중한 보좌역(輔佐役)이니 보좌가 주밀(周密)하면 나라는 반드시 강해지고, 보좌에 간극(間隙)이 생기면 나라는 반드시 약해진다. 그 관점에서, 군주로 인해 군대에 우환(憂患)을 초래하는 세 가지가 있으니, 첫째는 군대가 나아갈(進) 수 없음을 알지 못하면서 나아가라고 명령하고[而謂之進], 군대가 물러설(退) 수 없음을 알지 못하면서 물러나라고 명령하는 것[而謂之退]으로, 이를 일컬어 군을 얽어매는 [미군(縻軍)]이라고 말한다. 둘째는 군주가 군정(軍政)을 잘 알지 못하면서 군정(특히 인재 등용)에 관여하여, 군을 홀려서 정신을 차리지 못하게 하는 것이며[미혹(迷惑)], 셋째는 군의 지휘권을 잘 알지 못하면서 군령(軍令)에 개입하여 군을 의심하게 만드는 것[의혹(疑惑)]

이다. 군이 무엇에 홀려서 정신을 차리지 못하고, 서로 의심하게 되면, 주변 제후들에 의한 재앙(災殃)을 초래할(至) 것이니, 이를 일컬어 군을 어지럽혀 적의 승리를 불러드린다고 말한다.'

〈해설〉

"故用兵之法, 十則圍之, 五則攻之, 倍則分之, 敵則能戰之, 少則能守之, 不若則能避之. 故少敵之堅, 大敵之擒也." 이 구절은 다양한 상대적 전투력 비율에 따른 용병의 일반적인 원칙을 제시하여, 지략위주 간접 접근의 조건(條件)으로서 용병의 분별지(分別智)를 강조한다.

특히 '故小敵之堅, 大敵之擒也'에 대한 해석은 그 함의(含意)가 대단히 중요하다. 기존 주해는 주로 '나의 소부대로 (고집스럽게) 버티려 한다면, 적의 대부대에게 포로가 된다.' 또는 '작은 부대로 무리하게 대항하면 큰 적에게 사로잡힐 것이다.' 등 '小'를 나의 소부대로 해석한다.

그리고 이 문구는 손자병법의 표현기법의 특징 중 하나인 관련 요소를 열거하다가 마지막 문구에 경계해야 할 의미를 부언(婦言)하는 문구이다. 즉, 전력비에 따른 원칙을 나열한 후, 경계해야 할 내용으로 압도적 우세를 달성한답시고 '작은 敵에게 나의 대부대를 집중하면, 그 대부대는 견제당하는 셈이 되어[小敵之堅], 적의 대 부대의 포로가 된다.[大敵之擒]'라고 부언하는 내용으로 볼 수 있다.

그 측면에서, '압도적인 우세 달성에만 집착하여[故] 나의 대부대가 적의 소부대에 의해 고착 · 견제되면, 결국 적의 속임수에 넘어가 적 주력에게 포획되거나 격파될 수 있다.'라고 해석함이 합당하다. 이는 군쟁 편에서는 '적의 미끼(유인부대)는 먹지(공격하지) 않는다[餌兵勿食]'로 다시 언급된다.

그리고, 이 구절은 전력비(戰力比)에 따른 일반 원칙을 들어서 용병의 분별지(分別智)를 강조하고 있을 뿐, 온전한 승리를 위한 전력 비율을 논하는 내용은 아니다. 전승(全勝)을 위한 전력비의 이상(理想)으로써, 지략 위주 간접접근을 통해 달성해야 하는 비율은 5~10배 이상이며, 후편인 形篇에서는 계량적으로는 576(鎰)으로 1(銖)을 저울질하는 격으로, 그리고 勢篇에서는 '벼루로 계란을 치는 격(如以碬投卵)'으로 비유한다. 따라서 이 구절의 관건은 전력비에 따른 용병의 원칙이 아니라, 지략 위주 간접접근의 조건으로서 다양한 전력비에 따른 용병의 분별지(分別智)를 강조하는 문구로 보아야 할 것이다.

"夫將者 國之輔也. 輔周則國必强, 輔隙則國必弱. 故君之所以患於軍者三, 不知軍之不可以進, 而謂之進, 不知軍之不可以退, 而謂之退, 是謂縻軍. 不知三軍之事, 而同三軍之政 則軍士惑矣. 不知三軍之權, 而同三軍之任, 則軍士疑矣. 三軍旣惑且疑, 則諸侯之難至矣, 是謂亂軍引勝." 이 문단은 지략 위주 간접접근에 필수적인 분별지(分別智)의 중요성과 사고(思考)와 행동(行動)의 자유(自由)를 저해(沮害)하는 군주의 간섭을 군자삼환(君者三患)으로 제시한다.

특히 모공(謀攻)은 실천적으로 고도의 지략을 발휘하여 적을 속이는 간접접근(間接接近)을 요구하기 때문에, 군주의 입장에서도 종종 장수가 잘못하는 것처럼 보여서, 간섭하려는 유혹(誘惑)에 빠질 수 있다. 따라서 간접접근은 장수에게는 탁월한 지략(智略)과 함께 분별지(分別智)가 요구되며, 군주의 입장에서는 장수에 대한 신뢰(信賴)와 용병에 대한 전적인 위임(委任)이 결정적이다. 장수와 군주와의 잘못된 관계에 대한 본 문구는 장수의 분별지 발휘에 부정적인 조건으로 강조하고 있다. 우리 역사에서 대표적인 예는 임진왜란 시 전장에서 백전백승을 달성한 명장(名將)이신 이충무공을 선조가 불러서 벌을 주었던 이유가 바로 그런 경우이다.

④ 故知勝有五. 知可以與戰 不可以與戰者勝, 識衆寡之用者勝, 上下同欲者勝, 以虞待不虞者勝, 將能而君不御者勝, 此五者, 知勝之道也. 故曰 知彼知己, 百戰不殆. 不知彼而知己, 一勝一負, 不知彼不知己, 每戰必殆.

〈문맥〉

이 문단은 지략 위주 간접접근에서 승리를 아는 다섯 가지 요건(要件)을 군주와 장수의 능력과 관계(關係)를 알고, 피 · 아의 능력을 알고, 대부대와 소부대의 용도를 알고, 상 · 하의 욕구가 동일하다는 것을 알고, 피 · 아의 준비 여부를 안다는 관점에서 적을 알고 나를 아는[知彼知己] 정도에 따른 승패의 확률을 논(論)한다.

〈해석〉

'그런 연유로, 승리를 아는 다섯 가지가 있으니, 그 첫 번째는 적과 더불어 싸우는 것이 가능할 경우와 불가능한 경우를 알면 승리한다[知可以戰與不可以戰, 勝]. 두 번째는 주력 부대(衆)와 기만/유인하는 소부대(寡)의 용법을 분별할 수 있으면 승리한다[識衆寡之用者勝]. 세 번째는 군주와 장수가 같은 욕구(欲求)를 공유(共有)하고 있으면, 승리한다[上下同欲者勝]. 네 번째는 신중하지 못하여 미처 생각하지 못한 적(敵)을 헤아려 분별 있게 기회를 기다리면(待機), 승리한다[以虞待不虞者勝]. 끝으로 장수가 유능하고 군주가 간섭하지 않으면 승리한다[將能而君不御者勝].' 이것들이 승리를 아는 다섯 가지이다. 용병(兵)이 그러하므로(故), 적의 그러함(군주와 장수의 능력과 신뢰 관계)을 알고 나의 그러함을 다 알면[故兵知彼知己] 백번 싸워도 위태롭지 않으며, 적의 그러함을 모르면서, 나의 그러함만 알면[不知彼而知己] 승리 가능성은 절반이며, 피 · 아의 그러함을 전혀 알지 못하면[不知彼不知己] 모든 전쟁이 위태롭다.'

〈해설〉

"知勝有五"는 군주와 장수의 능력 및 상호 신뢰심 측면의 지략 위주 간접접근의 조건이다. "識衆寡之用者勝"는 적을 기만하거나 유인하기 위한 작은 미끼부대(寡)의 운용과 그로서 노출된 적의 虛를 치는 주력부대(衆)의 운용을 아는 자는 승리한다. 기존 해석의 대부분은 이 문구를 ③문단의 상대적 전투력 비율에 따른 원칙을 안다는 의미로 해석하지만, 그러한 해석은 오히려 '싸울 수 있을 때와 없을 때를 알면 승리한다.'는 첫 번째 문구와 관련시키는 것이 더 합당하다. 반면, 이 문구는 간접접근의 구체적인 조건으로서 중과(衆寡)를 주력 부대와 기만 · 유인 부대라고 해석함이 타당하다. 이는 구지 편에서 적의 간접접근을 불가능하게 만드는 '적의 집중 부대(주력)와 기만유인 부대가 서로 믿지 못하게 만드는 것(衆寡不相恃)'으로도 설명한다.

"上下同欲者勝"은 기존에는 장수와 부하들의 동일한 욕구로 해석하지만, 문맥으로 볼 때, 상하는 군주와 장수의 관계이다. 따라서 이는 군주와 장수의 이지력(理智力)의 수준에 관한 문구로서, 여기서 동욕(同欲)이란 전쟁의 궁극목적이나 목표를 달성하는 방법으로써 전승(全勝)을 위한 지략 위주 간접접근에 대한 의지(意志)나 뜻이다.

"以虞待不虞者勝"에서 우(虞)[34]는 '헤아려 예상하다.'라는 의미이며, 불우(不虞)는 '신중하지 못하여 미처 생각하지 못하거나 '앞을 내다보지 못한다'는 의미이다. 따라서 이 문구는 '신중하지 못하여 미처 생각하지 못하는 적에 대해, 헤아려서 분별 있게 기회를 기다리면 승리한다.'라는 의미이다. "將能而君不御者勝"은 군주와 장수의 신뢰 관계에 관한 구절로서 앞 문단에서 반어법으로 강조한 군주에 의한 삼환(三患)이 없어야 함을 의미하나, 먼저 장수의 탁월한 능력을 전제한다는 점이 강조되어야 할 것이다. 즉, 장수가 능력이 있고 군주가 간섭하지 않으면 승리한다.

마지막 구절인 "知彼知己 百戰不殆"는 일반적으로 가장 많이 인용되는 문구이다. 이는 대부분 '적(彼)과 자기(己)에 대해 다 안다.'라는 일반적인 의미로 해석하지만 문맥에 따르면, 안다는 것은 앞의 '승리를 아는 다섯 가지(知勝有五)'를 의미하기 때문에, 이 구절은 '피 · 아 군주와 장수의 능력 및 그들의 상호 신뢰 관계를 아는 것'으로 한정해야 한다. 그럴 경우, 지형(地形) 편에서 '知彼知己'는 본 구절의 군주와 장수의 관계뿐만 아니라, '피 · 아 부대의 가격(加擊)이나 피격(被擊) 가능성을 알면, 승리가 위태롭지 않으며[知彼知己 勝乃不殆]'라는 의미가 되어, 손자병법의 점진적인 논리전개 방식에 부합된다. 이는 막연하게 적과 나를 다 아는 것[知彼知己]이 아니라, 전 · 후 문맥에 따라 알아야 하는 내용이 당연히 달라져야 한다. 더군다나 피아의 정황을 아는 것만으로 승리할 수 있는 것이 아니다. 각 관점에서 적을 알고 그 지식을 활용하여

34 중한사전에서 우(虞)의 뜻에는 '헤아리다, 염려하다, 근심 걱정하다, 예상하다, 예측하다.'가 있다.

유리한 승리의 여건을 조성하고, 나에 관한 지식을 잘 활용하는 이지적 지략이 적용되어야 한다.

모공 편의 철학적 의의(意義)와 손자병법에서 차지하는 위상(位相)에 따라, '智謀로써 적을 다스린다.'는 謀攻도 물리적 파괴를 통해 상대방 군주나 장수의 정신 · 심리에 영향을 미치려는 전통적인 용병방식에서 탈피하여, 장수들의 두뇌 싸움을 통해 상대방을 정신 · 심리적으로 직접 다스리거나 통제하고자 한다. 그러한 편명(篇名)의 의미에 따르면, 모공편은 합목적적인 '연속적인 전쟁 목표(작전 편의 勝敵而益强)를 달성하는 방법으로서 단일 전쟁의 목표인 '온전한 승리[全勝]를 달성하기 위한 지략 위주 간접접근'을 다루고 있다고 볼 수 있다. 이는 파괴가 필연적인 물리적 직접 충돌에 의한 승리(破勝)가 아닌, 전혀 다른 방법을 모색하기 위해서, 물리적 충돌 이전에 유리한 조건을 조성하기 위해서는 지략(智略)이 결정적으로 개입되기 때문에 지략(智略) 위주(爲主) 간접접근(間接接近)이다.

지략 위주 간접접근에서 승패(勝敗)는 사졸(士卒)들의 전투 기량의 우위에 의한 파괴와 살육의 정도에 의해 결정되는 것이 아니라, 최고위 수준의 군주나 장수의 의지와 지략의 탁월성이 좌우한다. 그럴 경우, 승리는 상대방에 대한 직접충돌로 적개심이나 증오심을 고취(鼓吹) 시키는[작전편의 殺敵者怒也] 대신, 자기 군주나 장수의 지략 다툼에서, 그들의 무지(無智)를 탓하여 상하(上下) 분열을 초래할 수도 있다.[작전편의 取敵之利者貨也의 관점]. 지략 위주 간접접근은 군주의 道와 장수의 탁월한 지략(智略) 및 신뢰(信賴)가 진정(眞情)으로 요구되는 접근법이며, 적을 격파하는 대신 포획하는 합목적적인 전쟁 목표(작전편–勝敵而益强)를 달성하는 유일한 방법(方法)으로 제시된다.

4. 제4편 형(形)

편명인 형(形)이란 정적(靜的)인 '생긴 모양이나 상태'를 뜻하는 형상(形狀)과 '일이 되어 가는 사정'이라는 형세(形勢)의 의미가 있지만, 여기서는 '어떤 일이나 상황에 대처하는 태도나 자세'인 태세(態勢)가 적합하지만, 전쟁과 연계시켜 국가적 전비태세(戰備態勢)나, 군사적 대비태세(對備態勢)라는 의미이며, 후편인 세(勢) 편과 차이는 군을 운용하는 용병(用兵) 이전의 형상이나 태세라는 점이다. 본편의 포괄 개념은 전장에서 적과 대처(對處)하여 자신을 보존하면서 온전하게 승리할 수 있는[自保而全勝] '이상적인 有 · 無形의 정적(靜的)인 측면에서 적을 상대로 한 국가적 전비태세(戰備態勢)나 군사적 대비태세(對備態勢)'이다. 손자병법의 전체 논리에 비추어 볼 때, 그와 같은 전비태세는 계(計) 편의 정도(正道)가 본질인 군주의 다섯 가지 정사(政事)에 중점을 둔 전쟁대비 경국(經國)과 치국(治國)의 결과로 구축되며, 이는 도(道)를 닦아 다스리고, 법(法)을 지키는 것만으로 능히 승패를 바로 잡을 수 있는 이상적인 태세[修道而保法, 能爲勝敗正]라고 설명하며, 아래 4개 문단으로 구성된다.

① 孫子曰,(:) 昔之善戰者, 先爲不可勝, 以待敵之可勝. 不可勝在己, 可勝在敵. 故善戰者, 能爲不可勝, 不能使敵之必可勝. 故曰,(:) 勝可知而不可爲. 不可勝者, 守也, 可勝者, 攻也. 守則有餘(不足), 攻則不足(有餘), 善守者, 藏於九地之下, 善攻者, 動於九天之上, 故能自保而全勝也.

② 見勝不過衆人之所知, 非善之善者也, 戰勝而天下曰善, 非善之善者也. 故擧秋毫不爲多力, 見日月不爲明目, 聞雷霆不爲聰耳. 古之所謂善戰者, 勝(-於)易勝者也. 故善戰者之勝也, 無奇勝, 無智名, 無勇功. 故其戰勝不忒, 不忒者, 其所措(+必)勝, 勝已敗者也.

> ③ 故善戰者, 立於不敗之地, 而不失敵之敗也. 是故勝兵先勝而後求戰, 敗兵先戰而後求勝. 善用兵者, 修道而保法, 故能爲勝敗之正(政).
>
> ④ (+兵)法,(:) 一曰度, 二曰量, 三曰數, 四曰稱, 五曰勝. 地生度, 度生量, 量生數, 數生稱, 稱生勝. 故勝兵若以鎰稱銖, 敗兵若以銖稱鎰. (−稱)勝者之戰民也, 若決積水於千仞之谿者, 形也.

가. 형(形) 편의 논리구조

본 형(形) 편은 평화 시 유 · 무형적으로 개발하고 조성한 온전한 승리(全勝)를 위한 이상적인 전비태세(戰備態勢)를 논한다. 이는 도가사상에서 도(道)로써 낳아주고, 덕(德)으로 길러주어, 물(物)로서 꼴 지운 형상(形像)이며, 다음 편인 세(勢)로서 완성한다는 우주 만물의 순환에서 형(形)이며, 이는 세(勢)로 전환하여 완성하게 되는 정적인 형상(形狀)이다. 그러므로 본 편은 군주(君主)에서 장수(將帥)의 영역으로, 정사(政事)의 정도(正道)에서 용병(用兵)의 궤도(詭道)로 논리가 전환되는 경계선에 위치하며, 그 포괄 개념은 자신을 보존하면서 온전하게 승리[自保而全勝]할 수 있는 '이상적인 有 · 無形의 전비태세'로 규정할 수 있다. 이 포괄 개념은 다음과 같은 4개 문단으로 전개된다.

①문단은 적이 승리하지 못하게 만든 연후[先爲不可勝], 적이 노출시킬 기회를 포착하여 승리하는[以待敵之可勝] 공수(攻守)의 태세를 논하며, 합목적적으로 나를 보존하면서 온전하게 승리[自保而全勝]할 수 있는 태세(態勢)를 설명하면서, 형에 의한 승리 가능성과 불가능성을 공격(攻)과 방어(守), 그리고 그 주체를 피아(彼我)로 대비시켜, 이상적인 공방(攻防)의 태세(態勢)를 제시(提示)한다.

②문단은 승리에 유리한 태세(態勢)에 의한 승리는 결코 밖으로 드러

나거나 어긋날 수 없다고 강조하며, 평시부터 개발하고 조성한 승리할 수밖에 없는 이상적인 태세에 의한 승리는 너무나 당연한 승리로 보일 뿐만 아니라, 어긋나지도 않는다고 강조한다.

③문단은 그와 같은 승리의 태세는 도(道)를 닦고 법(法)을 지키는 것(修道而保法)만으로 조성할 수 있다고 주장하면서, 군주의 다섯 가지 정사(政事)의 본질인 정도(正道)를 통해 구축되는 형(形)편이 계(計)편의 연장선에 있음을 시사(示唆)한다.

④문단은 그와 같은 이상적인 전비태세는 계량적(計量的)으로 일(鎰)[576수]로 1[수(銖)를 쳐서 승리하는 격[勝兵如以鎰稱銖]으로, 그리고 자연 현상 측면에서는 '천길 계곡에 물을 가두어 터뜨리는 모습[若決積水於千仞之谿者]'으로 형상화(形象化)한다.

〈표 8〉 형(形)편의 논리구조

편명 의미	形: 靜的인 유 · 무형의 戰備態勢			
包括 概念	자신을 보존하면서 온전하게 승리(自保而全勝)할 수 있는 이상적인 유 · 무형의 전비태세			
文段	■ 전승(全勝)을 위한 전비태세의 정의	■ 미리 조처한 승리 태세의 특성	■ 태세 구축의 영역	■ 계량적, 형상적 전비태세로 제시
논리 전개	먼저 적이 승리할 수 없는 태세에서 적이 나타낼 승리의 기회를 기다리는 자보이전승 (自保而全勝)의 태세	승리할 수밖에 없는 조건에서 기책, 명성 또는 공적이 드러나지 않는 無爲, 無事의 승리	주로 道로 다스리고 法을 보존하는 군주 (政事)의 영역	계량적으로 576로 1을 저울질하는 태세, 形象的으로 천길 계곡에 물을 막아 터뜨리기 직전의 상태에 비유

요컨대, 形篇의 논리구조는 〈표 8〉에 제시된 바처럼, 온전한 승리[全勝]를 위한 전비태세의 정의로부터 미리 조처해 둔 승리의 태세로 달성한 승리의 특성과 태세 구축의 영역 및 이상적인 태세(態勢)를 계량적 및 형상적으로 비유(比喩)하는 논리로 전개된다.

다. 문단별 구조적 상세 해석

① 孫子曰,(:) 昔之善戰者, 先爲不可勝, 以待敵之可勝. 不可勝在己, 可勝在敵. 故善戰者, 能爲不可勝, 不能使敵之必可勝. 故曰,(:) 勝可知, 而不可爲. 不可勝者, 守也, 可勝者, 攻也. 守則有餘(不足), 攻則不足(有餘), 善守者, 藏於九地之下, 善攻者, 動於九天之上, 故能自保而全勝也.

〈문맥〉

이 문단은 '자군(自軍)을 보존(保存)하면서 온전하게 승리할 수 있는 [自保而全勝]' 이상적인 전비태세를 공(攻)과 수(守)를 대비시켜 설명한다.

〈해석〉

'손자가 이르길, 예로부터 전쟁을 잘하는 사람은 먼저 적이 승리할 수 없도록 만들고, 그러한 태세로 적이 노출할 승리 가능성을 기다린다. 적의 승리 불가능성은 나에게 달려 있으나, 나의 승리 가능성은 적에게 달려 있다. 전쟁을 잘하는 사람은 능히 적이 승리할 수 없도록 나를 만들 수는 있으나, 내가 승리할 수 있도록 적을 만들 수는 없다. 그러므로 정적(靜的)인 대비태세[形] 관점에서, '승리여부는 알 수는 있으나, 만들 수는 없다. 나의 승리 불가능성은 지키는 것(守)이며, 나의 승리 가능성은 적을 다스려 적이 허(虛)를 치는 것(攻)이다.

그러므로 자신을 보존하는 것은 지키는 것만으로 충분하나[守則有餘], 온전한 승리[全勝]를 달성하기 위해서는 적을 치는 것만으로는 부족하다[攻則不足].' 이상적인 지키는 태세는 땅속 깊숙이 나를 숨겨두는 것과 같으며[秘藏], 이상적인 치는 태세[善攻者]는 하늘 높은 곳에서 내려다보면서 움직이는 것과 같아야 한다. 그리하여, 능히 자신을 보존하면서 온전한 승리를 달성할 수 있다[故能自保而全勝也].

〈해설〉

"孫子曰, 昔善戰者, 先爲不可勝, 以待敵之可勝, 不可勝在己, 可勝在敵. 故善者, 能爲不可勝, 不能使敵可勝. 故曰: 勝可知而不可爲也. 不可勝, 守, 可勝, 攻也. 守則有餘, 攻則不足." 이 문구에서 '先爲不可勝, 以待敵之可勝'은 먼저 적이 승리할 수 없게 만들고, '以待敵之可勝'은 그 상태에서 적이 드러낼 승리 가능성에 대비하여 기다리는 태세이다. 그러나 단순히 기다리는 것이 아니라, 적을 다스려 드러나는 승리의 기회(機會)를 포착(捕捉)하여 승리할 수 있는 장수이다.

그러므로, '승리는 알 수는 있으나, 승리를 만드는 것은 불가능하다(勝可知而不可爲).'라는 문구는 후편인 실허(實虛) 편의 '승리를 만들 수 있다(勝可爲).'라는 문구와 상충(相衝)되는 것처럼 보이나, 각 편의 위상에 비추어 볼 때, 여기서는 정적(靜的)인 전비태세(形) 관점에서 그렇다는 것이며, 실허 편에서는 적을 변화시켜 허를 창출하는 역동적(力動的)인 측면에서 가능하다는 것으로, 결코 상충(相衝)되지 않는다. 이는 간단한 정적(靜的)인 의미로부터 출발하여, 점진적으로 동적(動的)이고 역동적(力動的)으로 구체화시켜 논리를 전개하는 손자병법의 저술상 특징에 기인(基因)한다.

이 구절에서 논쟁적(論爭的)인 문구는 죽간 손자의 '守則有餘, 攻則不足'이다. 이 문구는 십가주 손자에서는 '守則不足, 攻則有餘'로 반대로 표현하고 있다. 십가주 문구는 우리의 기존 해석과 유사하게, '전투력이 부족하면 방어하고(守則不足), 여유가 있으면 공격한다(攻則有餘).' 라고 해석해 왔던 기존의 해석과 유사하다.

그와 같은 해석은 한 단계 이상의 추리(推理)를 요구하는 손자병법의 해석에서 전투력의 많고 적음[過多]에 따라 방어하거나 공격한다는 누구나 다 알고 있는 평이(平易)한 의미일 리 없다는 것이다. 더군다나 최초로 실질적인 전비태세를 논하는 형편의 위상에 비추어 볼 때, 전투력의 다소(多少)에 따른 공격과 방어를 논했다고 보는 것은 사리(事理)에 맞지 않는다. 따라서 이를 올바로 해석하기 위해서는 무엇보다도 먼저 전후 문맥을 고려해야 한다.

더군다나, 앞 구절에서 攻 · 守에 관한 설명 즉, '적이 승리하지 못하게 만드는 것은 나에게 달려 있으며, 그것은 지키는 것이다[不可勝在己, 不可勝, 守也]. 내가 승리할 수 있게 해 주는 것은 적에게 달려 있으며, 승리를 가능케 하는 것은 적을 다스리는 것이다[可勝在敵, 可勝, 攻也].' 그러한 '守'와 '攻'의 의미와 연계시켜 죽간 손자의 '守則有餘, 攻則不足'을 해석하면, '지키는 것은 지키려는 나의 의지와 능력에 좌우되기 때문에 충분하지만(守則有餘), 적에 의해 좌우되는 나의 승리는 단순히 적을 치는 것만으로는 기준에 미치지 못한다(攻則不足[35]).'이다. 그러한 해석은 본 문단의 마지막 문구인 '故能自保而全勝也'와 연계시키면 명확

35 不足의 사전적 의미는 '필요한 양이나 기준에 미치지 못함'이다.

해진다. 능히 나를 보존하면서 온전하게 승리하는 관점에서 나를 보존[自保]하는 것은 내가 지키는 것만으로 충분하나[守則有餘], 온전한 승리[全勝]를 달성하기 위해서는 적을 단순히 치는 것만으로는 부족하다['攻則不足].는 의미이다.

이 해석에서 가장 중요한 문제점은 攻과 守를 현대적 의미로 공격과 방어를 전술적 수준에서 상대적 관점으로 대비시킨다는 점이다. 그러나 전략적, 작전적 수준에서는 지키면서 치는 공수(攻守) 동시화(同時化)의 행위들로 볼 수 있다. 이점은 당태종(唐太宗) 때 장수 이정(李靖)이 "攻守는 단일 방법인데, 적과 나로 나누어서 두 가지 일로 생각한다(攻守一法, 敵與我分而爲二事)"고 지적한 바와 같다.' 즉, 攻과 守는 나를 지키면서 적을 치는 단일 방법(一法)인데, 이를 더불어 싸우는 적과 나로 구분하여 두 가지 일(二事)로 간주한다(爲)고 정확하게 지적한 바 있다.

또한 '유여(有餘)'와 '부족(不足)'의 뜻으로, 유여를 대부분 '넉넉하다(餘裕).'라는 한 단어로 생각하나, 각개 한자의 뜻을 결합하여 '餘地가 있다.'로 해석하고, 부족도 '양이 모자람'보다는 '요구되는 기준에 미치지 못함'이라는 뜻을 적용하여 여운(餘韻)을 남기는 의미로 해석할 수 있다. 즉, '攻則不足'에서 '치는 것만으로는 기준에 미치지 못한다.'왜냐하면 공격하기 이전에 적의 '허(虛)를 노출시키기 위한 적을 다스리지 않으면 안 된다.'는 지략에 의존한 사전 활동이 요구된다는 의미이다. 정적(靜的)인 태세를 논하는 형편에서 치는 것(攻)만으로 온전한 승리의 기준에 전혀 미치지 못하기 때문에, 역동적(力動的)인 세편(勢篇) 이후부터는 그 태세를 운용하여 적을 다스리는 문제와 함께 충분히 논(論)하게 된다.

② 見勝不過衆人之所知，非善之善者也，戰勝而天下曰善，非善之善者也. 故擧秋毫不爲多力，見日月不爲明目，聞雷霆不爲聰耳. 古之所謂善戰者，勝(−於)易勝者也. 故善戰者之勝也，無奇勝，無智名，無勇功. 故其戰勝不忒，不忒者，其所措(+必)勝，勝已敗者也.

〈문맥〉

이 문단은 평시부터 개발하고 구축한 태세에 의한 승리의 특징은 승리할 수밖에 없는 유리한 조건을 미리 조성한 상태에서의 승리이기 때문에, 당연한 승리로 보일 뿐만 아니라, 결코 어긋나지도 않는다. 는 점을 들어서, 유리한 여건 조성에 의한 승리의 특성과 그 중요성을 강조한다.

〈해석〉

'승리를 보되(見勝), 많은 사람들이 익히 알고 있는 바에 불과하다면, 승리를 다 보지 못한 것이다. 전승(戰勝)을 천하 사람들이 다 잘했다고 말하는 수준이라면, 결코 최상(最上)의 승리(勝利)가 아니다. 왜냐하면, 깃털을 들었다고 해서 힘이 세다고 말하지 않으며, 해와 달을 본다고 해서 눈이 밝다거나, 천둥소리를 들었다고 해서 귀가 밝다고 말하지 않는 이치(理致)와 같다.'

'이른바, 훌륭한 승리는 승리하기 쉽게 조처해 둔 형세(形勢)에서의 승리이기 때문이다. 그러므로 훌륭한 사람에 의한 전쟁에서는 탁월한 기책(奇策)이나 지혜(智慧)롭다는 명성(名聲)이나 용맹(勇猛)스럽다는 공훈(功勳)이 드러나지 않을 뿐만 아니라, 어긋나지도 않는다. 어긋나지 않는 까닭은 그 승리의 여건을 사전에 조처(措處)해 두어 이미 패(敗)

한 자에 대한 승리[勝已敗者也]이기 때문이다.'

〈해설〉

"所謂善者, 勝易勝者也. 故善者之戰, 無奇勝, 無智名, 無勇功, 故其勝不忒. 不忒者, 其所措勝, 勝已敗者也." 이 구절은 평화 시에 승리할 수밖에 없는 전비태세와 상황을 구축하여 달성한 승리는 현장에서는 극히 쉬운 승리로 보이지만, 그것은 사전에 각고(刻苦)의 노력을 기울인 결과이다. 요컨대, 평화 시에 기울인 노력에 비례하여 전승(戰勝) 가능성도 높아진다.

이 의미는 "모든 어려운 일은 쉬운 일로부터 시작되므로, 그것이 쉬울 때 도모해야 하고, 큰일도 반드시 작은 일로부터 시작되므로, 큰일은 작을 때부터 준비해야 한다. 그러므로 성인(聖人)은 문제에 직면하여 큰일을 하지 않고도 큰일을 이룰 수 있다."[36]는 노자의 무위자연(無爲自然) 사상(思想)을 전쟁 대비 측면에서 환언(換言)한 내용으로 볼 수 있다.

현세(現世)의 평화 시 전쟁 대비 국가경영은 국가안보 정책이나 전략에 해당한다. 여기에는 국제적으로 그리고 상대국보다 더 유리한 여건(與件)을 조성하고, 안보 역량을 개발하여 안보태세를 구축하는 지속적인 유·무형의 노력들이 포함된다. 그리고 안보 기능(機能) 측면에서 위협의 근원부터 미리 제거하는 미연방지(未然防止) 기능과 위협의 징후가 나타나면 확대되기 이전에 성공적으로 해소하는 배제(排除) 기능

36 노자, 전게서, 63장 圖難於其易, 爲大於其細, 天下難事, 必作於易, 天下大事, 必作於細, 是以聖人終不爲大, 故能成其大.

은 일반인들에게는 그 위협 자체가 본래 없었던 것으로 인식하고, 위협 대처(對處)에 유리한 조건조성으로 조성된 이상적인 안보태세는 전쟁이 발발하더라도 승리가 너무 쉬워 보여 당연한 승리로 인식하게 된다. 요컨대, 평시부터 유리한 조건(條件)을 조성(造成)하기 위한 지속적인 노력을 기울인 정도에 비례하여 유사시 승리 달성 가능성과 용이성은 상승효과적(相乘效果的)으로 증대되기 때문이다.

③ 故善戰者, 立於不敗之地, 而不失敵之敗也. 是故勝兵先勝而後求戰, 敗兵先戰而後求勝. 善用兵者, 修道而保法, 故能爲勝敗之正(政).

〈문맥〉

본 문단은 이상적인 전비태세(戰備態勢)를 재정의하고, 그러한 태세를 조성하는 영역이 계(計) 편의 평화 시 정사(政事)임을 밝혀, 형(形) 편이 정도(正道)가 본질인 계편의 연장선에 있음을 시사(示唆)하고 있다.

〈해석〉

'전쟁을 잘하는 사람은 패(敗)할 수 없는 상황(狀況)에 위치하여, 적의 패할 기회를 놓치지 않는다. 그런 연유로 승리하는 군은 '먼저 이겨놓고 싸우는 셈'이 되며[是故勝兵先勝而後戰], 패하는 군은 먼저 전쟁을 벌인 후, 승리를 추구하는 셈이 된다[敗兵先戰而後求勝].' 전비태세를 구축하는 형(形) 편의 관점에서, 군주가 '道를 수양(修養)하고 法을 보전[修道而保法]'하는 정사(政事)만으로 싸우기 전에 능히 승패를 바로잡을 수 있다[能爲勝敗正].'

〈해설〉

"故善戰者, 立於不敗之地, 而不失敵之敗也. 是故勝兵先勝而後求戰, 敗兵先戰而後勝." 이 구절은 '패할 수 없는 상황에서 적이 드러낼 패(敗)할 기회를 놓치지 않는다.'는 의미로, ①문단의 '先爲不可勝, 以待敵之可勝'이라는 문구를 좀 더 구체적으로 표현한 것이다. 이는 계(計)편의 '전쟁 이전에 묘산(廟算)만으로 이미 승리한 군[未戰而廟算勝者]'이라는 의미와도 유사하다. 특히 '立於不敗之地'에서 '地'는 장소나 땅이라기보다는, 처해 있는 처지(處地)나 당면한 입지(立地) 또는 상황이다. 이는 地의 확장된 의미를 대변(代辯)한다.

"故善戰者, 修道而保法, 能爲勝敗正" 이 구절은 전비태세가 계(計) 편의 정도(正道)가 본질인 군주의 政事에 의해 구축된다는 점을 말하고 있다. 전비태세를 구축하는 관점에서 군주가 '道로 다스리고 法을 보전[修道而保法]'하는 것만으로 싸우기 전에 '능히 승패(勝敗)를 바로잡을 수 있다[能爲勝敗正].' 왜냐하면 군주가 정도(正道)로서 국가를 다스리고 올바로 법(法)을 준수하면서 국가를 경영함으로써, 주변 제후와의 상대적으로 유리한 여건[天]이 조성되며, 적과의 상대적 관계나 군주와 백성과의 관계 및 조직 내부의 상하 관계의 상황[地]이 결정되며, 천하의 백성과 탁월한 장수(將)를 포함한 인재(人才)를 얻을 수 있으며, 그럼으로써, 강한 군대와 숙달된 사졸(士卒)들을 양성하여 확고한 전비태세를 구축할 수 있기 때문이다.

④ (+兵)法,(:) 一曰度, 二曰量, 三曰數, 四曰稱, 五曰勝. 地生度, 度生量, 量生數, 數生稱, 稱生勝. 故勝兵若以鎰稱銖, 敗兵若以銖稱鎰. (一稱)勝者之戰民也, 若決積水於千仞之谿者, 形也.

〈문맥〉

본 문단은 온전(穩全)한 승리[全勝]를 위한 이상적인 태세(形)를 계량적(計量的) 및 형상적(形相的)으로 비유한 것이다. 계량적으로는 '576으로 1을 저울질하는 격(如以鎰稱銖)'으로, 형상적으로는 '천길 깊은 계곡에 막아놓은 물을 터뜨리는 모습(如決積水於千仞之谿)'에 비유한다.

〈해석〉

'計算法의 첫 번째는 면적[탁(度)]이고, 두 번째는 양(量)으로 나타나며, 세 번째는 數(數値)로 나타나고, 네 번째는 수치를 비교하여 가리며[稱], 다섯 번째는 그리하여, 승리[勝]로 나타난다. 지리는 면적(度)으로 측량(測量)되고, 면적은 량(量)으로 계산되며, 량(量)은 數値로 환산되고, 수치로서 상대적 비교(저울질)가 가능하며, 상대적 비교를 통해 승리 가능성을 가릴 수 있게 된다. 승리의 태세(態勢)는 계량적으로 일(鎰-24냥-24수=276수)로서 1수(銖)를 저울질하는 격인 압도적으로 우세한 상태이며, 패할 부대는 그 반대이다. 형상적(形相的)으로 승리하는 측의 태세는 천길 높은 계곡에 가두어 놓은 물을 터뜨리는 형상과 같으니, 이것이 바로 이상적인 전비태세(戰備態勢)이다.'

〈해설〉

"法: 一曰度, 二曰量, 三曰數, 四曰稱, 五曰勝. 地生度, 度生量, 量生數, 數生稱, 稱生勝. 勝兵如以鎰稱銖, 敗兵如以銖稱鎰." 이 구절에서 '法'은 십일가주에서는 '兵法'으로 부언하여, 그 뒤 문구[一曰度, 二曰量, 三曰數, 등]와 연계되지 않지만, 죽간에서는 '法'으로만 제시하여 이를 計法(計算法)의 약어로 볼 때, 그다음 내용과 일치됨을 알 수 있

다. 이는 태세로서 이해득실(勝敗)을 판단하는 計算法의 탁(度)은 법률과 제도적 면적, 國量(量), 數値(數), 상대적 비교(稱)를 거쳐, 승리 가능성을 알 수 있다는 의미이다. 이러한 계산법을 열거하는 의도는 국력이나 군사력의 상대적 비교는 계량적이며 객관적으로 입증(證驗)해야 함을 강조하고, 논리적 연계 측면에서 본 形篇이 이전의 計篇과 긴밀하게 연계됨을 일러주는 것이다. 그러므로 전쟁 일반론에 계(計) 편부터 형(形) 편까지 포함된다.

"稱勝者戰民也, 如決積水於千仞之谿者, 形也." 승리하는 측의 전쟁하는 백성들의 형세(形勢)를 일컫길, 천길 높이의 계곡의 물을 터뜨리는 모습과 같으니 그것이 형(形)이라는 전비태세이다. '如決積水於千仞之谿者'는 道家思想의 맥락에서 道에 가장 가까운 물(水)의 성질[37]과 溪谷의 성질[38]을 반영한다. 따라서 '如決積水於千仞之谿'로 형상화(形象化)한 태세는 천하의 인재와 백성들이 모여든 방대함과 평화를 갈망하는 전쟁의 명분과 의지가 충만하여 강요하거나 명령하지 않더라도 터뜨리면 자연의 섭리에 따르듯 앞장서서 질주(疾走)하는 태세(態勢)를 의미한다. 이는 다음 세(勢)편에서는 기세(氣勢)에 중점을 둔 '격수지질(激水之疾)'로 형상화(形象化)한다.

37 노자, 전게서, 8장 '물은 만물에 기여할 뿐 다투지 않고, 모두가 싫어하는 낮은 곳을 향한다, 그러기에 물은 도에 가장 가깝다(上善若水, 水善利萬物而不爭, 處衆人之所惡, 故幾於道.).

38 오강남(2007), 전게서, pp.39-40) 道는 溪谷처럼 자기를 낮은 곳에 두고, 항상 비어 있어 모든 것을 그대로 받아들이고, 모든 것을 길러내는 곳이다.

제2절
용병(用兵) 일반론

전쟁(戰爭) 일반론에서는 영구평화를 지향한 천하통일이라는 전쟁의 궁극목적(窮極目的)과 연속적인 전쟁 목표인 승리할수록 더 강해지는 승리[勝敵而益强] 및 그 목표를 달성하는 방법으로서 모공 편의 지략 위주 간접접근에 이어서, 형 편에서는 이상적인 전비태세를 논하며, 제3절 용병(用兵) 일반론은 세 편에서 구변 편에 이르는 4개 편이 해당한다. 본 절에서는 궁극목적을 지향한 전쟁 목표를 달성하는 방법으로서 지략(智略) 위주(爲主) 간접접근(間接接近)을 용병(用兵)을 통해 발휘되는 실질적인 힘인 전세(戰勢)를 동적(動的)인 관점에서, 그리고 실허(實虛) 편은 그 세력이 지향해야 할 허(虛)를 조성하는 방법을 상대적(相對的) 관점에서 논한다. 그리고 군쟁(軍爭) 편은 내가 먼저 움직여서 적이 허를 노출시키도록 유인(誘引)하는 역동적(力動的)인 관점에서 지략 위주 간접접근을 본격적으로 설명하고, 구변(九變) 편은 상황의 무궁한 변화에 따른 용병(用兵)을 응변술(應辯術)로 규정하면서, 그 조건으로서 분별지(分別智)를 강조한다.

그와 같은 용병 일반론은 편의상, 세(勢) 편으로부터 실허(實虛) 편에 이르는 전세(戰勢)의 본질(本質) 및 지향(指向)과 군쟁 편과 구변 편의 간접접근의 역동성(力動性)과 무궁한 변화(變化)로 대별할 수 있다. 전세(戰勢)의 본질 및 지향점은 전세(戰勢)란 전쟁의 세력으로서 적에게 영향을 미치는 용병을 통해 발휘되는 힘인 전력(戰力)이다. 그 힘은 평시부터 구축한 정적(靜的)인 전비태세(형편)를 용병을 통해서 동적(動的)인 세력(勢力)으로 발휘되며(세편), 그 지향점은 노출된 적의 허(虛)

이다(실허 편). 따라서 3개 편은 적의 취약점(虛)을 지향하는 전세(戰勢)라는 단일 개념을 세분하여 분석적으로 논한다.

그러한 분석적(分析的), 점진적(漸進的)인 구체화(具體化) 과정은 전쟁이라는 복합적인 현상을 분석적으로 고찰하여 종합적으로 구체화하기 위한 과학적 접근에서 필수적(必須的)일 것이다. 그러한 접근법은 전장(戰場)의 실제 상황과 결부시켜 논하는 행군 및 지형 편과 역동적인 구지 및 화공 편에 이르는 용병의 실제에서도 유사하게 적용된다.

또 다른 관점에서, 그처럼 분석적으로 구분하는 이유는 형(形)편 이전과 세(勢)편 이하는 관장하는 주체(군주 또는 장수)와 그 본질(正道와 詭道) 및 시기(평시와 전시)가 뚜렷이 구분되기 때문이다. 즉, 형(刑)편 이전에는 평화 시 군주의 정도(正道)가 본질인 정사(政事)를 통해 구축된 정적인 전비태세를 논하고, 세(勢) 편 이하는 그 전비태세를 탁월한 기책(奇策)을 발휘하여 동적인 전세(戰勢)로 전환하여 승리를 달성하는 장수의 궤도(詭道)가 본질인 용병(用兵)의 영역(領域)이다.

지략 위주 간접접근의 역동성과 변화는 군쟁 편과 구변 편에서 논(論)한다. 실허 편이 수동적으로 적을 움직이고 변화시켜 허를 창출하는 상대적 원리를 다루는 데 비해, 군쟁 편은 내가 먼저 능동적으로 움직여서 적을 변화시켜 적 분산(虛)과 아 집중(實)을 달성하는 간접접근의 원리와 그 조건으로서, 군의 정동(靜動)의 태세(態勢)를 설명한다. 이어서, 구변 편은 상황의 무궁한 변화에 따른 원칙(原則) 적용과 함께, 또 다른 간접접근의 조건으로서 장수의 분별지(分別智)와 행동의 자유(自由) 및 사고(思考)의 유연성(柔軟性)을 논한다.

1. 제5편 세(勢)

편명인 세(勢)의 의미는 '동적(動的)인 세력(勢力)'으로서, 상대방에게 영향을 미치는 힘 즉, 국력이나 군사력 등 전세(戰勢)를 말한다. 이 힘은 정적인 태세(形)를 운용[용병(用兵)]하여 발휘되는 동적인 세력이다. 세(勢) 편의 포괄 개념은 온전한 승리(全勝)를 달성하기 위한 이상적인 '전세(戰勢)의 본성(本性)과 요소(要素)'들이다.

용병의 실제에서, 전세(戰勢)는 반드시 형편의 정적인 전비태세에 기초하며, 상대적이어서 그 지향점에 따라 효과가 달라진다. 그러므로 세(勢) 편은 앞의 형편과 이후의 실허 편을 연계시켜 언급할 수밖에 없을 것이며, 다음과 같은 5개 문단으로 구성된다.

> ① 孫子曰,(:) 凡治衆如治寡, 分數是也. 鬪衆如鬪寡, 形名是也. 三軍之衆, 可使畢受敵而無敗者, 奇正是也. 兵之所加, 如以碫投卵者, 虛實是也.
>
> ② 凡戰者, 以正合, 以奇勝.
>
> ③ 故善出奇者, 無窮如天地, 不竭如江海, 終而復始, 日月是也, 死而复生, 四時是也. 聲不過五, 五聲之變不可勝聽也. 色不過五, 五色之變不可勝觀也. 味不過五, 五味之變不可勝嘗也. 戰勢不過奇正, 奇正之變不可勝窮也. 奇正環相生, 如環之無端, 孰能窮之.
>
> ④ 激水之疾, 至於漂石者, 勢也. 鷙鳥之擊, 至於毁折者, 節也. 是故善戰者, 其勢險, 其節短, 勢如彍弩, 節如發機. 紛紛紜紜, 鬪亂而不可亂(+也), 渾渾沌沌, 形圓而不可敗(+也) 亂生於治, 怯生於勇, 弱生於强. 治亂, 數也, 勇怯, 勢也, 强弱, 形也. 故善動敵者, 形之, 敵必從之, 予之, 敵必取之. 以此動之, 以卒待之. 故善戰者, 求之於勢, 不責於人.
>
> ⑤ 故能擇人而任勢. 任勢者, 其戰人也, 如轉木石. 木石之性, 安則靜, 危則動, 方則止, 圓則行. 故善戰人之勢, 如轉圓石於千仞之山者, 勢也.

가. 세(勢) 편의 논리구조

세(勢) 편은 이상적인 '전세(戰勢)의 본성(本性)과 요소(要素)'라는 포괄 개념에 이르는 다음 5개 문단으로 논리를 전개한다.

①문단은 계(計)편의 법(法)의 요소 중 곡제(曲制), 분수(分數), 형명(形名)을 포함하는 형(形)편의 엄정(嚴整)한 전비태세와 세(勢)편의 奇·正으로 조합으로 발휘되는 전세(戰勢)가 지향하는 곳(兵之所加)으로 적의 허(虛)를 노출시켜, 나의 실(實)로 적의 허(虛)를 치는 실허(實虛)편과의 불가분(不可分)의 관계를 개관한다.

②문단은 계(計) 편의 두 번째 포괄 개념인 '병법 전편(全篇)의 개관(概觀)'이 본((勢)편에서 구분된다는 점을, 본편 이전의 계, 작전, 형 편에 이르는 정도(正道)가 본질인 정사(政事)를 통해 규합((糾合)된 전비태세[以正合]를, 본(勢)편 이후 편들에서는 궤도(詭道)가 본질인 용병(用兵)을 통해 발휘되는 전세(戰勢)로써 승리한다[以奇勝]는 점을 요약하는 문단이다.

③문단은 전세(戰勢)를 정(正)과 기(奇)의 조합으로 규정한다. 여기서 정(正)은 정도(正道)가 본질인 정사(政事)를 통해 구축한 형(形) 편의 전비태세를 의미하며, 기(奇)는 이를 궤도(詭道)가 본질인 용병(用兵)을 통해 발휘되는 전세(戰勢)는 정(正)과 기(奇) 두 가지 요소의 결합에 불과하지만, 그 두 가지 요소의 조합(組合)으로 발휘(出奇)되는 전세(戰勢)의 무궁성(無窮性)과 무단성(無端性) 및 순환성(循環性)을 자연 현상에 비유하여 강조한다.

④문단은 전세의 본성(本性)을 험하고(其勢險) 맺고 끊음이 짧음(其節短)으로 규정하고, 그 본성을 지배하는 요소(治亂-數, 强弱-形, 勇怯-勢)들을 활용한 적의 허(虛)를 창출의 원리를 설명한다.

마지막 ⑤문단은 세(勢) 편의 결론으로서, 온전한 승리를 위한 이상적인 전세(戰勢)를 천 길 높이의 산 위에서 둥근 돌을 굴리는 모습으로 역동적으로 형상화(形象化)한다. 요컨대, 세편의 논리구조는 〈표 9〉에 제시한 바와 같다.

〈표 9〉 세(勢) 편의 논리구조

편명	勢 : 動的인 勢力(戰勢)				
포괄 개념	온전한 승리(全勝)를 달성하기 위한 이상적인 전세(戰勢)의 요소(要素)와 본성(本性)				
논리 전개	■ 전세(戰勢)의 불가분성	■ 전쟁의 두 영역	■ 전세의 두 가지 요소와 상승작용	■ 전세의 본성(本性)	■ 이상적인 戰勢의 形象化
	前後 篇과 불가분한 勢篇의 연계성 개관	전쟁의 영역을 군주의 政事의 정도(正道)와 장수에 의한 用兵의 궤도(詭道)로 구분	전세의 奇와 正 요소와 그 변화 및 상생(相生)의 無窮性과 無端性	전세의 두 가지 본성을 활용한 虛 창출의 원리	천 길 높은 산에서 둥근 돌을 굴리는 형상에 비유

첫째, 전후 편과의 상관관계를 개관한 후, 양병(養兵)과 용병(用兵)이라는 전쟁의 두 영역을 正과 奇로 규정하며, 기(奇)와 정(正)의 결합으로 발휘되는 전세(戰勢)의 변화, 순환 및 상생(相生)의 무궁성(無窮性)과 무단성(無斷性)을 설명하고, 전세의 두 가지 본성과 온전한 승리(全勝)에서 전세(戰勢)의 결정성을 강조하며, 이상적인 전세를 천 길 높은 산에서 둥근 돌을 굴리는 모습으로 역동적(力動的)으로 형상화(形象化)하는 논리구조를 갖추고 있다.

둘째, 각 편은 대부분 연결 문구나 문단을 사용[39]하여 전 · 후 편과 의미를 연계시키거나 암시한다. 전 · 후 편을 동시에 연계시키는 대표적인 문단의 예는 본편의 ①문단이다. 이 문단 중 전반부(凡治衆如治寡, 分數是也. 鬪衆如鬪寡, 形名是也)는 전편인 형(形)편과 관련되며, 중반부(三軍之衆, 可使必(畢)受敵而無敗者, 奇正是也)는 본 세(勢)편의 핵심이며, 후반부(兵之所加, 如以碫投卵者, 實虛是也)는 후편인 실허 편과 연계된다.

나. 문단별 구조적 상세 해석

> ① 孫子曰,(:) 凡治衆如治寡, 分數是也. 鬪衆如鬪寡, 形名是也. 三軍之衆, 可使畢受敵而無敗者, 奇正是也. 兵之所加, 如以碫投卵者, 虛實是也.

〈문맥〉

이 문단은 형(形), 세(勢), 실허(實虛) 편의 연계성을 개관하는 문단으로, 동적(動的)인 전세(戰勢)의 본성을 논하는 세 편은 세력(勢力)의 원천으로서, 조직화 되고 엄정하게 훈련된 정적(靜的)인 태세를 설명하는 형편과 함께 동적(動的)인 세력이 지향되어야 할 상대적(相對的) 허(虛)를 논하는 실허 편과 불가분(不可分)의 상관관계에 있음을 논(論)한다.

39 대표적인 문구로는 상게서, 모공편 以虞待不虞者勝은 그 後篇인 작전편의 先爲不可勝 以待敵之可勝으로, 상게편, 군쟁편의 故用兵之法 高陵勿向…窮寇勿迫 此用兵之法也는 구변편의 途有所不由…君命有所不受와 연결되고 있다.

〈해석〉

손자가 이르길, 다수의 무리를 소수의 인원처럼 다스리는 것은 수를 나누어[分數-지휘조직] 바로잡기 때문이며, 많은 무리들을 적은 인원처럼 싸우게 만드는 것은 형명(形名) 즉, 시호통신(視號通信)으로 바로잡기 때문이다. 3군의 대병력이 함께 적을 맞아 싸워도[畢受敵][40] 패하지 않는 까닭은 奇와 正 두 요소가 조합되어 발휘되는 전세(戰勢)를 바로잡기 때문이다. 전세가 가해지는 모습은 마치 '벼루로 계란을 치는 격'이어야 하니, 이것이 바로 실허[實虛]이다.'

〈해설〉

"治衆如治寡 分數是. 鬪衆如鬪寡 形名是也." 이 구절은 계편의 法의 요소인 곡제(曲制) 중 다수를 나누어서 조직화한 분수(分數)와 곡제(曲制)의 일부로서 시호통신(視號通信) 수단인 형명(形名)이 어떻게 전세(戰勢)와 관련되는지를 설명한다. 군주의 영역에서 구축된 군사적 대비태세는 계서적(階序的)인 지휘조직과 통제 수단 및 고도의 훈련 수준을 포함하기 때문에, 이는 形篇에 해당한다. 그와 같은 유·무형적으로 엄정하게 훈련된 태세만이 장수의 탁월한 지략(智略)으로 자유롭게 구사(驅使)할 수 있는 전세(戰勢)의 필요조건[41]이다.

"三軍之衆, 可使畢受敵而無敗, 奇正是." 이 구절은 본편 勢에 해당하며, 전세(戰勢)의 두 가지 요소로서 奇策과 正道를 들고 있다[奇正是]. 분석적으로 전세(戰勢)는 정도(正道)에 의해 구축된 전비태세(形)를 기

40 중한사전에서 수적(受敵)은 '적의 공격을 받다.'이다.

41 이 前提는 군쟁편에서 부대의 정동(動靜)의 태세와 오치(五治)로 구체화된다.

책(奇策)으로 운용하여 발휘된다.

"兵之所加, 如以碬投卵者, 實虛是也." 이 구절은 후편인 실허(實虛)편과 연계하여, 이상적인 병세(兵勢)가 가해져야 하는 곳을 비유법으로 설명한 내용이다. 여기에서 '兵'은 用兵의 약어로서 '용병으로 발휘되는 전세(戰勢)가 가해지는 모습은'이라는 뜻이 된다. '숫돌로 계란을 치는 것과 같으니, 그것이 실(實)로서 허(虛)를 치는 실허(實虛)이다.'

② **凡戰者, 以正合, 以奇勝.**

〈문맥〉

이 문단은 전쟁의 두 영역을 정도(正導)로써 규합하고[以正合], 궤도(詭道)로서 용병하여 승리하는 것[以奇勝]으로 구분하며, 계편의 두 번째 포괄 개념인 '병법 전체 논리를 개관(槪觀)하는 문단으로, 본 병법이 형편 이전과 세편 이후로 대별됨을 직접적으로 간략(簡略)하게 명시하고 있다. 그런 까닭에, 전세(戰勢)가 正과 奇 두 요소의 조합으로 나타나는 이유를 설명한다. 이 구절은 가장 많은 해석상의 논쟁을 불러일으켜 왔다.

〈해석〉

'무릇 전쟁은 정도(正道)로 국가를 다스려 천하의 백성과 인재를 규합(糾合)하여, 군을 조직[合軍聚衆]하여 전비태세를 구축하고[以正合], 그 태세를 괘도(詭道)가 본질인 기책(奇策)으로 운용하여 전세(戰勢)를 발휘하여 승리한다[以奇勝].

또는 정도(正道)로서 국가를 다스려 군을 취합(聚合)하여 전비태세를 구축하고, 그것을 기책(奇策)으로 용병(用兵)하여 '전쟁의 모든 것들을 다 감당한다.[42] 그러한 연유로 전세(戰勢)는 본성적으로 전비태세를 구축하는 올바른 정(正)과 그것을 운용하는 기(奇)의 조합이다.

〈해설〉

이에 대한 기존의 해석은 대부분 '정병(正兵)으로 대처하고 기병(奇兵)으로 승리한다.'라고 해석하여 정(正)과 기(奇)를 부대의 유형으로 해석하여왔다. 즉, '以正合'에서 '正'을 正力, 正兵 또는 正攻法으로, '合'을 대치, 견제 또는 교전으로, 그리고 '以奇勝'에서 '奇'를 奇策, 奇兵, 변칙 또는 임기응변으로, 그리고 '勝'을 '승리하다.'로 해석한 결과이다. 이 해석은 '正'과 '奇'를 운용 목적에 따른 부대 유형으로 해석하고 '合'을 대처로, 勝을 승리로 해석한 결과이다.

그러한 해석에 대한 반론(反論)은, 첫째, 그와 같은 해석을 가능케 한 핵심적인 한자는 '合'이다. 그것을 對峙, 방어 또는 교전의 의미로 이해하나, 손자병법에서 '合'은 그러한 의미나 용법으로 사용되지 않는다. '合'은 대부분 조직화(군쟁 및 구변편의 合軍聚衆=聚合), 집중(군쟁편의 以分合), 和合(행군-久而不合) 또는 동맹구축(구변 및 구지편의 衢地則合交) 등 '합하다'라는 의미로 사용된다.

둘째, 손자병법에서는 攻 · 守를 불문하고 군을 운용하는 본질을 속임수(詭道)로 규정하여 처음부터 나의 행위나 의도를 숨기고, 적의 의도나 행위를 다 알고 나의 그것들은 숨기는 것[43]을 근본으로 논리를 전개

42 이는 중국어 사전에서 승(勝)의 뜻 중 '능히 다 감당한다.'를 선택한 해석이다.

43 이에 해당하는 문구에는 작전편의 藏於九地地下, 動於九天地上과 실허편의 形人而我無

하기 때문에, '以正合'을 正兵(잔꾀를 부리는 것이 아니라, 정정당당하게 싸우는 군대)으로 대치/견제한다.'라는 해석은 합당하지 못하다.

셋째, 세편의 위상(位相)에 비추어 볼 때, 군의 정적인 태세(形篇)에 이어서 동적인 전세(戰勢)의 본질을 논하는 본 편에서 '正'과 '奇'를 역할에 따른 부대 유형인 정병(正兵)이나 기병(奇兵) 등의 약어로 해석하는 것은 논리에 전혀 적합하지 못하다. 그와 같은 부대 유형을 군이 사용한다면, 역동적인 승리를 다루는 군쟁(軍爭) 편 이후에나 사용할 수 있을 것이다.

따라서 전후 편의 문맥을 고려할 때, '以正合, 以奇勝'은 '군주의 正道가 본질인 정사(政事)를 통해 전비태세를 구축하고(形篇), 그 전비태세를 장수의 궤도(詭道)가 본질인 기책(奇策)으로 용병하여 승리한다.'는 의미이다. 이는 도가사상에서 '正道로서 국가를 다스리고(以正治國), 기책으로 군을 운용한다(以奇用兵).'는 의미와 합치된다. 따라서 '正道로서 국가를 다스려 천하의 백성과 인재를 불러 모아 압도적인 전비태세를 구축하고, 그 태세를 장수의 기책(奇策)으로 운용하여 승리를 달성한다.'라고 구체적으로 해석해야 합당하다.

이 문단의 해석에서, 군사적 관점에서 군사적 수단과 군사력(軍事力)을 엄밀하게 구분해야 한다. 통상 우리는 군사적 수단을 적에게 영향을 미치는 힘(力)인 군사력으로 지칭하지만, 그것을 구분하지 못하는 사람은 군사력을 발휘하기 위해 결정적인 기책(奇策)이나 지략(智略)을 개발(開發)하여 발휘하기 위해 고심하기보다는, 군사적 수단인 예하 부대

形 및 구지편의 靜以幽, 正以治 등이 있다.

들을 투입하는 자체를 군사력을 발휘하는 것으로 생각한다. 그 맥락에서, 군사적 수단을 운용하여 군사력을 발휘하기 위한 장수의 지략(智略)은 필요가 없을 것이며, 부대를 투입만 하면 그만일 것이다. 그러나 그 힘은 평화 시 구축된 유형적인 안보 역량이나 군사적 수단들로 갖추어진 대비태세(形)를 탁월한 장수의 지략(智略)에 의해 합목적적으로 적을 지향(指向)하여 운용함으로써 비로소 군사력이라는 힘으로 발휘된다. 그 관점에서 '以正合'은 정도(正道)로서 안보나 군사적 역량들을 규합(糾合)한 태세(態勢)를 지칭하며, '以奇勝'은 그 역량들을 장수가 평화 시 자기계발(自己啓發)한 궤도(詭道)가 본질인 탁월한 지략(智略) 즉 기책(奇策)으로 운용하여 발휘되는 압도적인 전세(戰勢)를 지칭한다.

이 문단의 해석을 병법의 전편(全篇)을 개관한 계(計) 편의 ④문단과 연계시키면, '以奇勝'에서 '勝'[44]의 뜻 중 '다 할 수 있다' 또는 '다 감당할 수 있다.'를 선택하여,[45] '구축된 전비태세를 장수가 기책으로 운용하여 발휘되는 전세(戰勢)를 통해 전쟁의 그 이외 모든 문제들을 다 감당한다.'가 되어, 계편에서 등용(登用)된 장수가 '비교우위의 이점을 세력으로 전환하여 군주의 전쟁 수행의 온갖 문제들을 다 보좌한다[計利以聽, 乃爲之勢, 以佐其外].'는 의미와 상응(相應)하게 된다. '勝'의 그러한 뜻은 다음 ③문단의 '다 듣다(勝聽)', '다 보다(勝觀)', '다 맛보다(勝嘗)'라는 뜻과도 상통(相通)한다.

44 '勝'의 뜻에는 '이기다, 뛰어나다'에 추가하여 중한사전에는 '탁월하다, 우월하다, 월등하다, 능히 감당할 수 있다' 라는 뜻이 있다.

45 이 勝의 뜻은 또한 그다음 문단에서 다 듣다(勝聽), 다 보다(勝觀), 다 맛보다(勝嘗) 등 공히 '다 할 수 있다' 또는 '감당할 수 있다'는 의미로 사용되고 있다.

이 문단은 또한 세(勢)편 자체의 문맥 관점에서, 군주의 정도(正道)로서 규합하여 구축한 정적(靜的)인 전비태세[以正合]를 장수가 궤도(詭道)가 본질인 기책(奇策)으로 운용하여 동적(動的)인 전세(戰勢)로 전환하여 승리한다[以奇勝]는 함의는 ①문단의 '可使畢受敵而無敗, 奇正是也'에서 전세(戰勢)는 '용병의 기(奇)와 전비태세 구축의 정(正)'이다양하게 결합되어 나타나는 이유를 설명하는 문단으로도 볼 수 있다. 군주에 의해 구축된 전비태세를 장수가 기책(奇策)으로 운용하여 발휘되는 전세(戰勢)는 본질적으로 전비태세를 구축하는 올바른 정도(正道)와 그것을 궤도(詭道)가 본질인 기책(奇策)의 조합으로 발휘되기 때문에 전세(戰勢)는 정(正)과 기(奇)의 두 가지 요소들의 조합으로 발휘된다.

그와 같이, 세 편의 문맥에 따라 해석하기 위해, 正과 合, 奇와 勝의 뜻을 달리 선택하면, 더 명확해진다. 사전적 뜻으로 '正'은 '바로 잡다.'를, '合'은 '틀리거나 어긋남이 없다.'를 선택하면, '以正合'은 '어긋남이 없게(合) 바로잡다(正)'이다. 이는 ①문단의 분수(分數)나 형명(形名)이라는 지휘조직이나 지휘통제수단(시호통신)을 염두에 둔 의미에도 적합하다. 그럴 경우, '以正合'은 지휘조직과 지휘통제수단으로 바로잡아 어긋남이 없게 훈련된 전비태세를 지칭한다. 또한 '以奇勝'에서 '奇'의 뜻으로 '기이함'을, '勝'은 '탁월하다'를 선택하면, 이는 '奇異한(또는 詭道) 방법으로 그 효과를 탁월하게 한다.'로서 기책(奇策)에 의한 상승효과(相乘效果) 창출의 의미가 될 수도 있다.

따라서 '以正合, 以奇勝'은 '바로잡아 어긋남이 없는 전비태세(以正合)를 기책(奇策)으로 운용하여 세(勢)의 효과를 상승 효과적으로 발휘한다.'라는 뜻이 된다. 이 경우, '正'은 엄격한 제도나 규정 및 훈련 등으로 바로잡아진 전비태세를 대표하고, '奇'는 그것을 운용하여 상승효과를 창출할 수 있는 기이한 방법(奇策 또는 詭道)을 대표한다.

그럼으로써, 이 문단의 의미는 ③문단의 '전세(戰勢)는 올바름과 기이함의 조합에 불과하다[戰勢不過奇正].'는 의미와 상통(相通)하며, ④문단의 '전세의 본성은 奇의 성질로서 그 기세가 험하고, 正의 성질로서 끊고 맺음이 짧다[其勢險, 其節短].'는 의미와도 일치한다. 더 나아가 ④문단 후반부를 그 본성을 지배하는 요소(正의 數와 形 그리고 奇의 勢)들을 이용하여 적을 유인하거나 움직이도록 만들어 적의 허(虛)를 노출시키는 실허(實虛) 편의 원리를 개관한 것으로 이해함으로써, 세(勢) 편은 앞편의 형(形)편과 후편의 실허(實虛) 편을 연계하는 관점에서, 전후 문단들이 완벽하게 논리적으로 전개됨을 알 수 있게 된다. 마지막으로, 전(戰)을 전쟁보다는 작전적 수준의 대부대 전투(戰鬪)로 한정하여, 장수 수준에서 올바른 관도(官道)로서 군을 다스려(治兵), 단합(團合) 및 단결(團結) 시키고[以正合], 탁월한 지략(智略)으로 적을 속이는 궤도(詭道)를 발휘하여 승리한다[以其勝].라고 미시적 관점에서 해석할 수도 있다. 여기서 장수의 관도(官道)가 요구되는 치병(治兵)은 소위 군 리더십을 의미한다. 그러나 군사적(軍事的)으로만 한정할 경우에는 전후(前後) 문단이나 편과의 논리적 연계성은 다소 제한된다.

③ 故善出奇者, 無窮如天地, 不竭如江海, 終而復始, 日月是也, 死而▩生, 四時是也. 聲不過五, 五聲之變不可勝聽也. 色不過五, 五色之變不可勝觀也. 味不過五, 五味之變不可勝嘗也. 戰勢不過奇正, 奇正之變不可勝窮也. 奇正環相生, 如環之無端, 孰能窮之.

〈문맥〉

본 문단은 전세(戰勢)는 정(正)과 기(奇) 두 가지 요소의 조합에 불과하지만, 그 두 가지 요소의 조합으로 발휘(出奇)되는 전세(戰勢)의 무궁성(無窮性)과 무단성(無端性) 및 순환성(循環性)을 자연 현상에 비유하여 강조한다.

〈해석〉

그러한(용병의 제 문제를 다 감당하는) 전비태세를 장수의 기책으로 운용하여 발휘되는 전세(戰勢)는 당면한 상황과 싸우는 목적과 적 및 아 부대의 규모에 따라 전세의 변화는 천지(天地)와 같이 무궁(無窮)하고, 강과 바다처럼 다 마르지 않으며, 끝나도 다시 시작됨이 해와 달이 그러함과 같으며, 사라졌다가 다시 나타나는 것이 4계절이 그러함과 같다.'

'소리의 요소는 다섯 가지(五聲)[46]에 불과하나, 그 요소들의 조합으로 변화하는 소리는 다 들을 수 없으며, 빛깔은 다섯 가지 색소(五色)[47]에 불과하나, 그 요소들의 조합으로 변화하여 나타나는 색깔은 다 볼 수 없으며, 맛의 요소도 다섯 가지(五味)[48]에 불과하나 그 요소들의 조합으로 나타나는 맛의 변화는 다 맛볼 수 없다. 그러하듯이, 戰勢의 요소도 正과 奇에 불과하나, 그것들이 조합되어 나타나는 변화하는 전세(戰勢)도 결코 다하지 않으며, 奇와 正이 상생하는 순환(巡還)도 끝이 없으니, 누가 그 무궁(無窮)함을 다 헤아릴 수 있겠는가?'

46 五音: 궁(宮), 상(商), 각(角), 징(徵), 우(羽).

47 五色: 청(靑), 황(黃), 적(赤), 백(白), 흑(黑).

48 五味: 산(酸), 함(鹹), 감(甘), 신(辛), 고(苦).

〈해설〉

“聲不過五, 五聲之變, 不可勝聽也. 色不過五, 五色之變不可勝觀也. 味不過五味之變, 不可勝嘗也.” 이 구절에서 ‘不可勝’에서 승(勝)의 원래 의미인 ‘이기다.’를 적용하여, ‘불가승(不可勝)은 ‘다 이길(감당 또는 극복할) 수 없다.”는 의미이다. 그 뜻에 비추어 볼 때, 앞 구절의 ‘以奇勝’도 기책(奇策)으로 그 이외의 모든 것들을 다 감당하다.’로 해석할 수 있다. 승(勝)의 ‘이기다’라는 뜻을 적용하여 ‘불가승(不可勝)’도 ‘하도 많아서 다 감당할 수 없다.’라는 의미가 된다. 국어사전에서는 이를 불가승수(不可勝數)를 예를 들어 ‘하도 많아서 다 셀 수 없다.’로 풀이한다. 그러므로 불가승(不可勝)은 ‘하도 많아서 오감(五感)만으로 다 감당(堪當)할 수 없다.’이다. 그러므로 마지막 구절인 ‘味不過五味之變, 不可勝嘗也.’맛에 관한 감각은 불과 다섯 가지 요소의 조합과 변화에 불과하나, 그것들이 하도 많아서 다 맛볼 수 없다.’이다.

그 관점에서 “戰勢不過奇正, 奇正之變, 不可勝窮也. 奇正環相生, 如環之無端, 孰能窮之?” 이 구절도 앞 문구들에서 단순한 두 가지 요소가 조합되어 나타나는 변화의 무궁함을 열거한 뒤, 奇와 正이라는 戰勢의 두 요소들이 조합되어 나타나는 변화의 무궁함을 비유법으로 설명한다. 奇와 正의 조합의 변화에서 ‘正’의 다양성은 엄격하게 훈련된 부대태세(形)의 다양함은 부대의 대소(大小)와 훈련 및 단결의 정도이며, 奇의 변화란 그에 따라 적절히 구사하는 기책(奇策)의 다양성을 말한다. 간접접근의 관점에서 그것은 유인부대와 본대의 적절한 운용 방법을 의미하며, 이는 다음 ④문단에서 두 가지 요소에 의해 발휘되는 전세의 두 가지 본성(其勢險, 其節短)과 그 변화를 통해 적을 유인하여 드러나는 적의 虛를 이용하는 방법으로 연계된다.

> ④ 激水之疾，至於漂石者，勢也．鷙鳥之擊，至於毁折者，節也．是故善戰者，其勢險，其節短，勢如彍弩，節如發機．紛紛紜紜，鬪亂而不可亂(+也)，渾渾沌沌，形圓而不可敗(+也) 亂生於治，怯生於勇，弱生於强．治亂，數也，勇怯，勢也，强弱，形也．故善動敵者，形之，敵必從之，予之，敵必取之．以此動之，以卒待之．故善戰者，求之於勢，不責於人．

〈문맥〉

이 문단은 전세(戰勢)의 본성과 상대적 성격 및 온전한 승리(全勝)를 위한 장수의 군의 중과(衆寡)에 따른 부대 운영의 중요성을 설명한다. 즉, 전세의 본성을 그 기세가 험(其勢險)하고 그 끊고 맺음이 짧은(其節短) 다스려진 전세(戰勢)로 구분하고, 그 상대적 성질과 지배적 요소를 이용하여 적을 움직여서 적의 허(虛)를 노출시키는 방법을 예시한다.

〈해석〉

'세차게 흐르는 물이 돌을 뜨게 만드니, 그것이 기세(氣勢)요, 사나운 매의 타격이 동물의 뼈를 꺾게 되니, 이것이 맺고 끊는 절(節)이다. 그러므로 전쟁을 잘하는 자(者)의 기세는 험하고(其勢險) 그 끊고 맺음이 짧다(其節短). 험(險)한 기세는 활을 잡아당기는 것과 같고, 맺고 끊음(節)은 화살을 쏘는 순간과 같다. 이 두 가지 본성으로 인해 떠들썩하고 어지럽게 싸워도 혼란하지 않으며, 마구 뒤섞여 갈피를 잡을 수 없게 돌아가면서 싸워도 결코 패(敗)하지 않는다.'

'전세(戰勢)는 상대적이어서 한편이 어지러워지면(亂) 다른 편은 다스려지고(治), 한 편이 용감하면 다른 편은 겁(怯)을 먹으며, 약(弱)하면 강(强)해진다. 다스려짐과 어지러워짐[治亂]은 지휘조직[分數]과 시호통신(視號通信)에 의한 지휘수단[形名]에 좌우되고, 용감함과 겁먹음[

勇怯]은 전세(戰勢)가 지배하며, 강함과 약함(强弱)은 태세(形)에 의해 결정된다.'

'그런 연유로, 적을 잘 움직이는 장수는 태세(態勢, 形)로써 나의 부대 일부가 약한 것처럼 보여주어 적이 반드시 쫓게 만들고[形之敵必從之], 數와 勢로써 부대가 어지럽거나[亂] 겁(怯)먹은 것처럼 보여주어 적이 반드시 취하도록 만든다[予之敵必取之]. 요컨대 利(弱, 怯, 亂)를 보여주어[形之, 予之], 적을 움직여서[以此動之] 나타날 기회를 집단의 무리[졸(卒)] 즉, 本隊(强, 勇, 治)로 기다린다.[以卒待之} '그러므로, 전쟁을 잘하는 장수는 자신의 탁월한 기책(奇策)에 의해 발휘된 전세(戰勢)를 통해 승리(勝利)를 추구할 뿐, 승리를 사졸(士卒)들의 전투기량(戰鬪技倆)에 의존하지 않는다.'

〈해설〉

"水之疾, 至於漂石者, 勢也. 鷙鳥之擊, 至於毁折者, 節也. 是故善戰者, 其勢險, 其節短, 勢如彍弩, 節如發機. 紛紛紜紜, 鬪亂而不可亂, 渾渾沌沌, 形圓而不可敗." 이 구절은 전세(戰勢)의 본성을 빠르고 험한 성질(其勢險)과 통제되어 맺고 끊음이 짧은 성질(其節短)로 구분하고, 이 두 가지 본성을 모두 갖추어야 혼전(混戰)에서도 교란되지 않아 결코 패(敗)하지 않는다고 강조한다. 특히 지략 위주 간접접근은 먼저 정교하게 통제되고 절제된 상태를 유지하다가, 결정적인 순간에 빠르고 험한 기세를 발휘할 것을 요구한다. 이는 군쟁 편에서는 간접접근의 조건으로 제시한 '정동(靜動)의 태세'[49]에서 구체적으로 예시(例示)한다.

49 손자병법, 전게서, 군쟁편 故其疾如風, 其徐如林, 侵掠如火, 不動如山, 難知如陰, 動如雷震.

"亂生於治, 怯生於勇, 弱生於强, 治亂數也, 勇怯勢也, 强弱形也." 이 구절은 전세의 상반된 상대적 속성(治亂, 勇怯 및 强弱)과 그 지배요소(數, 勢, 形)를 설명하고, 그 지배요소를 교묘하게 활용하여 적을 움직이거나 변화시켜 허(虛)를 창출하는 원리를 예시하여 후편인 실허(實虛) 편과 연계시킨다. "故善動敵者 形之敵必從之, 予之敵必取之. 以此動之, 以卒待之" 그러므로 적을 잘 움직이는 사람은 형(形)으로 약하게 보여주어 적이 반드시 따라오게 하고, 적에게 미끼부대(予)를 보여주어 적이 반드시 그것을 취(取)하도록 만들며, 그것들로 적을 움직여서, 나의 졸(卒-집단의 무리) 즉, 본대(本隊)로 노출될 적의 허(虛)를 기다린다.

"故善戰者, 求之於勢, 不責於人." 그러므로, 전쟁을 잘하는 자는 자신이 창출한 다양한 전세(戰勢)로 승리(善戰)을 추구할 뿐, 부하들의 전투 기량을 탓하지 않는다. 이는 각개 병사나 예하 단위부대가 수행하게 될 직접적인 파승(破勝)이 아닌 온전한 승리[全勝]를 추구하기 위해서는 전적(全的)으로 장수 자신의 지략 위주 간접접근으로 조성한 전세(戰勢)로 승부를 걸어야 한다는 의미가 포함되어 있다.

⑤ 故能擇人而任勢. 任勢者, 其戰人也, 如轉木石. 木石之性, 安則靜, 危則動, 方則止, 圓則行. 故善戰人之勢, 如轉圓石於千仞之山者, 勢也.

〈문맥〉

이 문단은 세(勢) 편의 결론으로서, 이상적인 전세(戰勢)를 천 길 높이의 산 위에서 둥근 돌을 굴리는 모습으로 형상화(形象化)한다.

〈해석〉

'유능한 장수를 등용하여 용병(勢)을 위임하면, 위임받은 장수가 부하들을 싸우게 만드는 것[任勢者, 其戰民也]은 나무나 돌을 굴리는 것과 같다. 나무나 돌의 성질은 안정되면 조용히 움직이지 않고[安則靜], 위태로우면 움직이며[危則動], 각지면 멈추고[方則止], 둥글면 굴러간다[圓則行]. 그러므로 전쟁을 잘하는 장수가 창출하는 기세(氣勢)는 천 길 높은 산 위에서 둥근 돌을 굴리는 것과 같으니 그것이 바로 이상적인 전세(戰勢)이다.'

〈해설〉

"故能擇人而任勢, 任勢者" 이 구절에서 '故能擇人而任勢'는 계(計)편 ④문단의 훌륭한 장수를 등용하여 전세(용병)를 위임하는 기준으로서 '將聽吾計用之必勝, 留之. (중략), 計利以聽, 乃爲之勢, 以佐其外.'의 의미를 간명하게 표현한 것이다.

"故善戰人之勢, 如轉圓石於千仞之山者, 勢也."이 비유법의 실질적인 함의는, 첫째 둥근 돌(圓石)에 비유한 원[圓]은 원측행(圓則行)을 대표할 뿐만 아니라, 원만(圓滿)하고 잘 통하여 뜻이 같아(同意) 상호신뢰하는 단합(團合)된 부대를 의미하며, 이는 구지 편의 명령하지 않더라도 장수가 의도하는 방향으로 스스로 나아가는[行] 부대이다.[50] 둘째, 천 길 높은 산은 위험한 입지(立地)를 대표[危則動]하며, 이는 구지 편에서

50 이러한 부대는 손자병법, 전게서, 구지편에서는 부득이한 상황에서 '가르치지(다스리지) 않아도 경계하고(不修而戒), 요구하지 않아도 얻게 되며(不求而得), 언약하지 않아도 따르며(不約而親), 명령하지 않아도 의도를 알고 행하는(不令而信)' 부대로 구체화 된다.

군을 중지(重地)나 위지(圍地) 또는 사지(死地)에 의도적으로 빠뜨려, 마음과 힘을 하나로 합하여(專一) 부득이 싸우도록 만드는 개념과도 연계된다.[51]

2. 제6편 실허(實虛)

편명인 '실허(實虛)'의 의미는 '나의 實로써 적의 虛를 치다.'이다. 실허 편의 포괄 개념은 '전세(戰勢)의 지향점으로서 虛의 본성(本性)과 그것을 창출하는 원리(原理) 및 방법을 상대적 관점에서 아래 6개 문단으로 전개한다.

① 孫子曰, 凡先處戰地而待戰者佚, 後處戰地而趨戰者勞. 故善戰者, 致人而不致於人. 能使敵人自至者, 利之也. 能使敵人不得至者, 害之也. 故敵佚能勞之, 飽能飢之, 安能動之. 出其(+所)不趨也, 趨其所不意. 行千里而不勞者 行於無人之地也. 攻而必取者, 攻其所不守也. 守而必固者, 守其所必(不)攻也.

② 故善攻者, 敵不知所守; 善守者, 敵不知所攻, 微乎微乎, 至於無形, 神乎神乎, 至於無聲. 故能爲敵之司命. 進而不可禦者, 衝其虛也, 退而不可追者, 速而不可及也. 故我欲戰, 敵雖高壘深溝, 不得不與我戰者, 攻其所必救也. 我不欲戰, 雖劃地而守之, 敵不得與我戰者, 乖其所之也.

③ 故形人而我無形, 則我專而敵分. 我專而爲一, 敵分而十, 是以十攻其一也. 則我衆敵寡, 能以衆擊寡, 則吾之所與戰者 約矣. 吾所與戰之地不可知, 則敵之所備者多. 敵所備者多, 則吾所與戰者寡矣. 故備前則後寡 備後則前寡, 備左則右寡, 備右則左寡, 無所不備, 則無所不寡, 寡者, 備人者也. 衆者, 使人備己者也.

④ 故知戰之地, 知戰之日, 則可千里而(+會)戰. 不知戰之地, 不知戰之日, 前不能救後, 後不能救前, 左不能救右, 右不能救左, 而況遠者數十里, 近者數里乎, 以吾度之, 越人之兵雖多, 亦奚益於勝(+敗)哉,(?) 故曰: 勝可爲也. 敵雖衆, 可使無鬪也.

51 상게서, 投之亡地然後存, 陷之死地然後生, 夫衆陷於害然後, 能爲勝敗 참조.

⑤ 故策之而知得失之計, 形之而知死生之地, 作之而知動靜之理, 角之而知有餘不足之處. (+故)形兵之極, 至於無形, 無形, 則深間不能窺也, 智者不能謀. 因形而措勝於衆, 衆不能知. 人皆知我所(+以)勝之形, 而莫知吾所以制勝之形. 故其戰勝不復, 而應形於無窮.

⑥ 夫兵形象水, 水之形(行), 避高而趨下, 兵之形, 避實而擊虛. 水因地而制行(流), 兵因敵而制勝. 故兵無成(常)勢, 水無恒(常)形, 能因敵變化而取勝者, 謂之神. 故五行無常勝, 四時無常位, 日有短長, 月有死生.

가. 실허(實虛) 편의 논리 구조

실허 편은 용병의 세력(勢力)이 지향해야 할 곳(兵之所加)으로서, 적의 허(虛)의 본성(本性)과 그것을 창출(創出)하는 방법을 아래 6개 문단으로 전개한다.

①문단은 실허(實虛)의 가장 단순한 개념으로 기력(氣力)의 관점에서 이(利)나 해(害)를 보여주어 따라오게 만들어 적의 허기(虛氣)를 조성하는 방법으로, 편안(佚)하면 힘쓰게(勞) 만드는 관점에서 이(利)나 해(害)를 보여주어 적이 힘쓰게 만드는 방법을 예시(例示)하고, 적을 끌어들이되 적에게 끌려가지 않는 주도(主導)의 관점에서 설명한다[致人而不致於人].

②문단은 나의 형세(形勢)를 숨기고 숨겨서(微乎微乎) 무형(無形)에 이르게 하고[至於無形], 신비롭고 신비하게 만들어[神乎神乎] 소리가 없는 상태에 이르게 하여[至於無聲], 적이 어찌할 바를 모르게 만들어 드러날 수 있는 허(虛)를 설명하면서, 그럴 능력이면 능히 적의 목숨을 관장(管掌)할 수 있다고 주장하며, 나의 무형(無形)과 무성(無聲)의 상태에서 드러날 수 있는 적의 허를 치거나 나를 지키는 예(例)를 들어서 설명한다.

그리고 역동적으로, 내가 교전(交戰)하고자 한다면, 적이 아무리 높은 성채와 깊은 해자(垓字) 안에 있더라도, 적이 반드시 구해야 할 다른 곳을 친다면, 적이 성 밖으로 나와서 싸우지 않을 수 없게 되고, 내가 싸우려 하지 않는다면, 비록 방어할 장소에 선을 그어 놓더라도 적이 교전할 수 없는 까닭은 적이 생각했던 나의 행위나 장소가 전혀 예상할 수 없기 때문이다. [형상(形像)]

③문단은 나는 적의 형상(形象)과 의도(意圖)[52]를 다 알고, 적은 나의 그것들을 모르게 만들어(形人而我無形), 나는 하나로 집중하고, 적은 분산하지 않을 수 없게 만드는 상대적 실(實)과 허(虛)를 논하며, 적이 나의 형세를 모르면, 다방면에 걸쳐 대비(對備)해야 하므로, 결국 적은 모든 방면이 부족하게 된다. 따라서 부족함이 없는 측은 상대가 자기에게 대비하도록 만드는 자이며, 부족한 자는 상대로부터 대비하도록 강요받는 측이다.

④문단은 그 연장선에서 작전 일시와 장소를 미리 알거나 모르는 관점에서, 부대들의 상호 지원 및 구조 가능성이나 불가능성의 관점에서 실허를 논한다. 나는 교전의 일시와 장소를 다 알고, 적은 그것을 모른다면, 나의 부대들은 원거리 회전(會戰)도 가능하지만, 적은 전 · 후, 좌 · 우 부대 간의 상호 지원이나 구원도 못하게(不能救) 되어, 드러날 수 있는 허(虛)를 상호 지원의 관점에서 논한다.

⑤문단은 적의 의도(意圖)와 형세(形勢)를 드러내는 중점과 방법을 제

52 형(形)의 뜻 중 형상(形像)이란 감각(感覺)으로 포착한 것이나, 마음속의 관념(觀念) 등을 어떤 표현 수단에 의해 구상화(具象化)하는 것으로, 감각적으로 포착한 구상화는 형상(形勢)으로 마음속 관념의 구상은 의도(意圖)로 표현하였다.

시한다. 적이 나의 형세를 알지 못할 경우의 이점을 설명하면서, 상황 의존적으로 형세에 의한 유리한 여건 조성에 의한 승리의 형세는 결코 반복될 수 없음을 강조한다. 적을 다그쳐(策之) 적의 동정(動靜)의 이치(理致)를 알고, 적의 형세(形勢)를 파악[形之]하여 막힘(死)과 트임(生)의 위치(位置)를 파악하고, 적을 헤아려(計) 그의 계책의 득실(得失)을 파악한다. 모든 방향을 수색(搜索)하여 여유가 있거나(有餘), 부족(不足)한 지점을 파악하나, 군(兵)의 형세(形勢)의 극치는 무형(無形)이다.

마지막으로, ⑥문단은 용병의 세력(勢力) 즉 실(實)이 상대방의 허(虛)를 치는 원리를 물의 흐름으로 형상화(形象化)하여[夫兵形象水], 능히 적을 변화시켜 승리를 달성하는 수준을 신(神)의 경지(境地)라고 일컫는다[能與敵化之謂神]고 마무리한다. 〈표 10〉은 실허 편의 논리 구조를 요약하여 보여주고 있다.

〈표 10〉 실허 편의 논리 구조

편명 의미	실허(實虛): 나의 實로 적의 虛를 치다.					
포괄 개념	戰勢(實)의 지향점으로서 虛(허)의 본성과 적의 허를 창출하는 방법					
문단 개념	■虛氣의 관점	■我 無形과 無聲의 관점	■形人而 我 無形의 관점	■결전의 시/공 선택의 관점	■形에 의한 승리의 특성	■전승의 理想
논리 전개	허기의 관점에서 적을 지치게 만들어	나의 의도와 형세를 드러내지 않아 적이 어찌할 바를 모르게 만들어 분산	나는 적의 형세와 의도를 다 알고 적은 모르게 만들어 나는 집중하고 적은 분산	결전의 시·공간 선택으로, 나는 원거리 회전이 가능하고 적은 상호 지원도 불가능케	形에 의한 승리의 특성과 상황 의존적인 승리의 반복 불가능성	능히 적을 변화시켜 달성하는 승리

요컨대, 실허 편은 그 포괄 개념인 '전세(戰勢) 즉 실(實)의 지향점으로서 虛의 본성과 상대적 허 창출의 원리'를 氣力 측면에서 적이 할 수 없게, 나의 의도를 알지 못하여 어찌할 바를 모르게, 속도 측면에서 미치지 못하게(不及) 만들고, 나는 적을 알고 적은 나를 모르게 만들어(形人而我無形), 나는 집중하면서 적을 분산시키는(我專而敵分) 원리를 논하며, 전세(戰勢)의 지향을 물의 흐름에 비유하면서, 온전한 승리(全勝)는 敵을 의도적으로 변화시켜 달성하는 것으로 논한다.

나. 문단별 구조적 상세 해석

① 孫子曰, 凡先處戰地而待敵者佚, 後處戰地而趨戰者勞. 故善戰者, 致人而不致於人. 能使敵人自至者, 利之也, 能使敵人不得至者, 害之也. 故敵佚能勞之, 飽能飢之, 安能動之, 出其(+所)必趨也. 趨其所不意. 行千里而不勞者, 行於無人之地也. 攻而必取者, 攻其所不守也. 守而必固者, 守其所必(不)攻也.

〈문맥〉

본 문단은 허(虛)의 가장 단순한 개념인 허기(虛氣)의 관점에서 교전의 시간과 장소를 주도적으로 설정하여 먼저 도착하여 배치한 후, 적을 기다려 지친 적을 맞이하고, 적에게 利나 害를 보여주어 나를 따라오도록 만들거나 마지못해 이르도록 만들어 허기(虛氣)를 창출하는 방법을 예시한다.

〈해석〉

'전장(戰場)에 먼저 자리 잡고 적을 기다리면 편안하고, 뒤늦게 도착하여 전투를 쫓는 격이면 피로하다. 그러므로 전쟁을 잘하는 자는 적을 끌어들이되, 적에 의해 끌려다니지 않는다. 적이 스스로 오도록 만드는 것은 이(利)를 보여주기 때문이며, 적이 마지못해 이르게 만드는 것은 해(害)를 보여주어 오지 않을 수 없게 만들기 때문이다. 그러한 이치(理致)를 이용하여, 적이 편안하면 피곤하게 만들고, 배부르면 허기(虛飢)지게 만들기 위해서(안정되면 동요하게 만들기 위해서), 적이 반드시 쫓아올 곳에 내가 나타난다.' 이것이 적을 끌고 다니면서 허(虛)를 창출하는 방법이다.'

'천리 길을 나아가더라도 두려워하지 않는 까닭은 적이 없는 곳으로 나아가기 때문이며, 공격하여 반드시 탈취하는 까닭은 적이 지킬 수 없다고 생각하는 곳을 공격하기 때문이고, 방어하면 반드시 고수(固守)하는 까닭은 적이 반드시 공격할(공격할 수 없는) 곳을 방어하기 때문이다.'

〈해설〉

"故敵佚能勞之, 飽能飢之, 出於其所必趨也." 이 구절에서 '出於其所必趨也'는 그 앞 문구인 적이 편안하면 힘들게 만들고, 적이 배부르면 허기(虛氣)지게 만들기 위해서는 '적이 반드시 쫓아올 곳에 내가 나타나야 한다.' 그 반대로 적이 쫓아오지 못할 곳에 내가 나타난다면, 나만 피로해질 것이다. 적이 반드시 쫓아올 곳이란 적이 이익이 된다고 생각하는 곳이거나, 적이 중하게 여겨 구하지 않으면 안 되는 곳이다.

"攻而必取者, 攻其所不守也. 守而必固, 守其所必(不)攻也." 이 구절에서, '攻而必取者, 攻其所不守也'는 '공격하여 반드시 취(取)하는 까닭은 적이 지키지 않는 곳을 공격하기 때문이다.' 그리고 '守而必固, 守其所必(不)攻也.'에서 십가주에서는 '守其所不攻也'이며, 이를 기존에는 방어하되 반드시 굳게 지킬 수 있는 까닭은 '적이 공격하지 않을 곳을 지키기 때문이다.'라고 해석했다. 이는 다음 ②문단의 "故善攻者, 敵不知其所守, 善守者, 敵不知其所攻"이라는 문구를 감안(勘案)하면, 그러한 해석이 타당하다고 생각할 수 있으나, 본 ①문단은 적이 방어하지 않을 곳을 공격하고 공격하지 않을 곳을 방어한다는 의미이며, 뒤의 ②문단은 적이 방어하거나 공격할 곳을 모르게 만든다는 의미이기 때문에 결과적으로는 유사하다고 주장할 수 있으나, 그 문맥은 서로 다르다. 특히 십가주의 의미는 적이 공격하려고 하지 않거나 공격할 수도 없는 엉뚱한 곳을 방어하는 셈이 된다. 그럴 경우, 실허의 상대적 관점에서, 내가 적이 공격할 수도 없는 엉뚱한 곳을 방어한다면, 적이 공격하려는 결정적 지역에서는 나의 병력이 부족하여 오히려 나의 허를 드러내어 주는 셈이 된다.

그러나 죽간에서의, '守其所必攻也'는 방어하되 반드시 굳게 지킬 수 있는 까닭은 적이 반드시 공격할 곳을 지키기 때문이다.' 그러므로, 십가주 불공(不攻)을 죽간의 필공(必攻)으로 바꾸어 '守其所必攻也'[53]가 오히려 적합하다. 왜냐하면, 방자(防者)의 입장에서 상황판단의 관건은 공자(攻者)가 주력을 투입할 곳을 예상하여 그곳을 중점적으로 방어하는 것이 요체(要諦)이기 때문이다. 공자가 반드시 공격할 곳을 예상하여 방자가 중점적으로 지킨다면, 적은 실(實)로서 방어하는 나의 實을 치는 격이 되어 굳게 지킬 수 있게 된다.

또 다른 관점에서, 守와 攻이라는 防禦와 攻擊은 단일 전투에서 적과

53 이에 관한 표기는 노병천(2005), 전게서, p.67에서 유일하게 볼 수 있으며, 그 근거를 죽간으로 제시하나 실제 죽간에는 판독 불가하여 십일가주를 따르는 것으로 명시하고 있다.

의 상대적 관점만이 아니라, 나를 지키면서 적을 치는 공수(攻守)의 동시화 개념으로 본다면, 십일가주 문구는 '적을 쳐서 반드시 빼앗을 수 있는(奪取) 까닭은 적이 지킬 수 없는 곳을 치기 때문이며, 지키되 반드시 굳게 지킬 수 있는(固守) 까닭은 적이 공격할 수 없는 위치에서 나를 지키기 때문이다.'라는 의미로서, 이는 '적이 공격할 수 없는 위치에서 나를 지키면서, 적이 지킬 수 없는 곳에 집중하여 공격하는 공방 동시화 개념으로도 해석할 수 있다. 공방 동시화 개념은 한정된 전투력으로 방어는 병력을 절약하기 위한 목적을 가지며, 공격은 타 지역 방어를 통해 절약한 병력을 공격에 집중하기 위한 목적을 갖는다. 따라서 적이 방어하지 않는 곳을 집중적으로 공격하여 쉽게 그곳을 탈취(奪取)한 후, 적이 반드시 공격할 곳을 방어하여 적의 주력을 견제하는 방어를 통해 병력을 절약하여 적의 후방으로 간접접근하는 모습을 그려볼 수 있다.

② 故善攻者, 敵不知其所守, 善守者, 敵不知其所攻. 微乎微乎, 至於無形, 神乎神乎, 至於無聲, 故能爲敵之司命. 進而不可禦者, 衝其虛也, 退而不可追者, 速而不可及也. 故我欲戰, 敵雖高壘深溝, 不得不與我戰者, 攻其所必救也. 我不欲戰, 雖劃地而守之, 敵不得與我戰者, 乖其所之也.

〈문맥〉

이 문단은 나의 의도(意圖)나 형세(形勢)를 모르게 만들면(我無形), 적은 攻 · 守 측면에서 어찌해야 할 바를 알지 못하여 虛를 노출시키는 원리를 설명한다.

〈해석〉

'그러므로 이상적인 공격은 적이 어디를 지켜야 할지를 모르게[不知其所守] 만드는 것이며, 이상적인 방어는 적이 어디를 공격해야 할지를 모르게 만드는 것이다[不知其所攻]. 그처럼 모르게 만드는 극치(極致)는 나의 형세(形勢)나 의도(意圖)를 나타내지 않는 것[我無形, 我無聲]이다. 여기서 일반적인 소리를 없게 하는[無聲] 것은 형(無形)과 다르지 않기 때문에 무성(無聲)은 아 의도(意圖)를 드러내지 않는 것으로 해석하였다. 그럼으로써, 능히 적의 생명을 관장(管掌)할 수 있게 된다[故能爲敵之司命]. 나아가도 적이 막을 수 없는 이유는 나를 알지 못하는 적의 허(虛)를 치기(衝)[54] 때문이며, 물러나도 추격(追擊)할 수 없는 이유는 적이 미리 알지 못하여 속도가 미치지 못하기 때문이다.'

'적이 나의 형세(形勢)와 의도(意圖)를 모르기 때문에, 내가 싸우고자 한다면 비록 적이 깊은 해자(垓字)에 둘러싸인 높은 성채(城砦)에 있을지라도, 성 밖으로 나와서 싸우지 않을 수 없게 되니, 그 이유는 적이 반드시 나와서 구하지 않으면 안 될 다른 중요한 곳을 공략(攻略)하기 때문이다.' 반대로, '내가 싸우고 싶지 않으면, 비록 땅에 선을 긋고 지키더라도 적이 나와 싸울 수 없는 까닭은 나의 형세(形勢)와 의도(意圖)하는 바가 너무나 터무니없고 괴상망측하여 다른 속셈이 있다고 의심하도록 만들기 때문이다.'

54 충(衝)의 뜻에는 '찌르다, 지향하다, 맞부딪치다'가 있다. 이 중 '찌르다'를 적용하면, '衝其虛'는 '그로서 나타난 허를 친다는 의미이다.

〈해설〉

"故我欲戰, 敵雖高壘深溝, 不得不與我戰者, 攻其所必救也." 내가 싸우고자 한다면, 성안의 적을 치는 대신, 적이 중하게 여기는 성 밖의 적의 애소[愛所]를 공격하여 적을 성 밖으로 끌어내어서 공격하는 경우를 묘사한 것이다. 그러나 그 전제는 적이 나의 의도와 형세(形勢)를 모르게 만드는 것(我無形)이다. 이를 구지 편에서는 '먼저 중시여기는 곳을 탈취하면, 내가 생각한 대로 따라오지(바라는 대로 행동하지) 않겠는가[先奪其所愛則聽矣?]'로 환언(換言)한다.

"我不欲戰, 雖劃地而守之, 敵不得與我戰者, 乖其所之也." 이 구절을 해석하는 관건은 '괴(乖)'의 뜻이나, 죽간에서는 '교(膠)'를 사용하며, 교(膠)란 속일 사(詐)나 거짓 기(欺) 또는 괴(乖)의 방언이라고 해설한다. 이 중 '괴(乖)'의 뜻에는 '어그러지다, 어긋나다' 뿐만 아니라, 중한사전에는 '터무니없고 괴상하다.'라는 '괴류(乖謬)'라는 의미와 국어사전에는 괴팍(乖僻)'하다는 의미가 있다. 기존 해석은 대부분 '어긋나다'를 적용하여, '적이 나아가는 바가 어긋나기 때문이다.' 또는 '적이 나아가는 바를 어긋나도록 만들기 때문이다.'로 해석한다. 내가 방어하는 곳이 적이 나아가는 곳과 어긋나거나 어긋나게 만든다고 해석한다면, 이 또한 내가 엉뚱한 곳을 방어하는 셈이거나 적의 공격 방향을 일시적으로 오도(誤導)한 것에 불과하다.

대신, '터무니없고 괴상하다.'라는 의미를 적용하면, '乖其所之也'는 '내가 의도하는 바가 너무나 터무니없고 괴상망측하여 적이 다른 속셈이 있다고 의심하게 민들기 때문이다.'라는 의미가 된다. 이는 나의 속임수에 너무 많이 속아온 적은 내가 성문을 활짝 열어 두고 성루에서 거문고를 타고 있더라도 이를 또 다른 속임수로 생각하여 공격할 수 없게 됨을 말한다.

③ 故形人而我無形, 則我專而敵分. 我專爲一, 敵分爲十, 是以十攻其一也. 則我衆而敵寡, 能以衆擊寡(+者), 則吾之所與戰者 約矣. 吾所與戰之地不可知, 不可知, 則敵所備者多, 敵所備者多, 則吾所與戰者寡矣. 故備前則後寡, 備後則前寡, 備左則右寡, 備右則左寡, 無所不備, 則無所不寡. 寡者, 備人者也. 衆者, 使人備己者也.

〈문맥〉

본 문단은 나는 적의 형세(形勢)와 의도(意圖)를 다 알고, 적은 나의 그것들을 모르게 만들면[形人而我)無形], 나는 오로지 하나(1)가 되고 적은 열(10)로 분산되어 이를 이르되 10으로 1을 치는 셈이 된다. 그러므로 전반적으로 내가 소수이고 적이 다수일지라도 나는 다수(衆)가 되고 적은 소수(寡)가 되어 능히 소수인 내가 다수인 적을 칠 수도 있다. (즉, 결국 다수로 소수를 공격할 수 있게 된다)고 말할 수 있지 않겠는가?

적이 나와 교전(交戰)할 장소를 모른다면, 적이 대비해야 할 장소가 많아지고, 대비해야 할 곳이 많아지면, 정작 교전(交戰)해야 할 장소에서는 적어진다. 그러므로 적어지는 측(寡)은 대비하는 측이며, 많아지는 측(衆)은 대비하도록 상대방을 부리는 측이다. 요컨대, 나는 적을 알고 적은 나를 모를 경우, 주도(主導)하는 측이 조성하는 상대적 실허(實虛)를 논하고 있다.

刑象: ② 감각으로 포착한 것이나 마음속의 관념 등을 어떤 표현 수단에 의해 구상화(具象化)함. 또는 그 구상화한 모습.

〈해석〉

‘그러므로 전쟁을 잘하는 장수는 적의 형상과 의도를 다 알고, 적은 나의 그것들을 알지 못하게 만든다[形人而我無形].’ 그리하면, ‘나는 전념할 수 있고, 적은 분산되어, 나는 전념하여 하나(1)가 되고 적은 열(10)로 분산되니,’ 피 · 아가 대등한 전투력이라면, ‘나의 1로 10으로 분산된 적을 공격하는 셈이 된다. 따라서 비록 전반적으로 나의 전투력이 열세하고 적이 우세하더라도, 나의 열세한 전투력으로 우세한 적을 공격할 수 있으니, 내가 싸울 곳은 이미 정해지지 않았는가?’

‘내가 싸우려는 곳을 적이 알지 못하면, 적은 대비(對備)해야 할 곳이 많아지고 대비할 곳이 많아지면, 정작 싸워야 할 곳에서는 적어지게 된다. 전방에 대비하면 후방이 적어지고, 후방에 대비하면 전방이 적어지며, 좌측에 대비하면 우측이 적어진다. 그러므로 대비하지 않은 곳이 없으면, 적어지지 않은 곳도 없게 된다.’ 요컨대, ‘열세(劣勢)한 측은 상대방에 대비하기 때문이요, 우세(優勢)한 측은 상대방이 자기에게 대비하도록 만들기 때문이다.’ 그 이치(理致)는 나는 상대방의 의도와 형상을 다 알고[形人而], 적은 나의 그것들을 모르게 만드는 것[我無形]이다.

〈해설〉

“吾所與戰之地, 不可知, 不可知則敵所備者多, 敵所備者多, 則吾所與戰者寡矣. 故備前則後寡 備後則前寡, 備左則右寡, 備右則左寡, 無所不備, 則無所不寡, 寡者備人者也. 衆者使人備己者也.” 이 구절은 앞의 ②문단을 보다 더 구체적으로 부언하면서, 작은 측은 적에 대비하는 측이며, 많은 측은 적이 대비하도록 만드는 자이다(寡者備人者也.

衆者使人備己者也)'라는 원리로 귀결시키고 있다. "내가 교전할 장소를 적이 알지 못하게 하면, 나를 알지 못하는 적은 대비해야 할 곳이 많아지며, 적이 많은 곳에 대비하면, 나와 교전해야 할 장소에서는 적어진다. 그러므로 전방에 대비하면 후방이 적어지고, 후방에 대비하면 전방이 적어진다. 좌측에 대비하면 우측이 적어지고, 우측에 대비하면 좌측이 적어진다. 대비하지 않은 곳이 없는 측은 적지 않은 곳도 없어진다.

특히 이 문단에서 '知'를 '알다'로 해석하기보다는 '예측하다'나 '예상하다'로 해석하여, '나는 적을 다 알고, 적은 나를 알지 못하게 만들다.'를 '나는 적을 예상할 수 있고, 적은 나를 예측 불가능하게 만든다.'라고, 보다 더 현실적 의미로 해석할 수 있다.

④ 故知戰之地, 知戰之日, 則可千里而(+會)戰. 不知戰地, 不知戰日, 則左不能救右, 右不能救左, 前不能救後, 後不能救前, 而況遠者數十里, 近者數里乎.(?) 以吾度之, 越人之兵雖多, 亦奚益於勝(+敗)哉.(?) 故曰, 勝可爲也. 敵雖衆, 可使無鬪.

〈문맥〉

이 문단도 '形人而我無形'의 관점에서, 결전(決戰)의 시간과 장소를 알거나 모름에 따라 천리회전(千里會戰)도 가능하거나, 전후 · 좌우 부대 간 상호 지원마저 불가능함을 대비(對比)시켜 實과 虛를 설명한다.

〈해석〉

'決戰의 시간과 장소를 알면 천리 떨어져 있는 부대들도 회전(會戰)이 가능하지만, 그것을 모르면 동일 부대 내에서도 전방 제대가 후방 제대를 상호 구원하거니 지원할 수 없으며, 좌측 제대가 우측 제대를 상호 구원하거나 지원할 수 없으니, 하물며 원거리 수십리(數十里)나 근거리 수리(數里) 떨어져 있는 경우에는 어떠하겠는가?'

'이 원리에 비추어 볼 때, 비록 오(吳)나라의 군사력이 많다고 하지만, 어찌 모두 승리에 기여(寄與)할 수 있다고 보겠는가? 그런 까닭에 이르길, 승리는 내 마음대로 할 수 있으니, 적이 많더라도 결전(決戰)에 다 참여하지 못하게 만들 수 있기 때문이다.'

〈해설〉

죽간(竹簡)의 "故曰: 勝可擅也."에서 '천(擅)'의 뜻은 십일가주의 '위(爲): 만들다.'와 동일한 의미를 갖는다. 그러나 '천(擅)'의 뜻은 '마음대로 하다.' '하고 싶은 대로 하다,' '멋대로 하다.'이기 때문에, 이 문구는 '그러므로 이르길, 승리는 내 마음대로 할 수 있다.'라고 해석할 수 있다.

⑤ 故策之而知得失之計, 作之而知動靜之理, 形之而知死生之地, 角之而知有餘不足之處. (+故)形兵之極, 至於無形. 無形, 則深間不能窺, 智者不能謀. 因形而措勝於衆, 衆不能知. 人皆知我所(以)勝之形, 而莫知吾所以制勝之形. 故其戰勝不復, 而應形於無窮.

〈문맥〉

이 문단은 상대적인 허(虛)를 창출하기 위한 필수조건으로서, 적의 의도와 형상을 드러내는(形人) 방법 및 내용과 나의 의도와 형상이 드러나지 않는 아무형(我無形)의 경지(境地)가 제공하는 이점(利點)을 설명한다. 더 나아가 그와 같은 형상(刑象)으로 조성한 승리의 조건(條件)은 아무도 알 수 없을 뿐만 아니라, 그러한 승리는 무궁한 상황변화에 의존하기 때문에, 결코 반복되지도 못함을 강조한다.

〈해석〉

'그러므로, 적을 다그쳐 보아[책(策)], 성공과 실패를 헤아릴 수 있으며[策之而知得失之計], 적을 일으켜보아[작(作)] 동정(動靜)의 이치를 알 수 있으며[作之而知動靜之利], 적의 형상(形像)을 드러내 보아[형(形)] 막히고 트인 장소를(死地와 生地)을 알 수 있으며[形之而知死生之地], 적과 다투어 보아[각(角)] 여유가 있거나(實) 부족한(虛) 곳을 알 수 있다[角之而知有餘不足之處].

'더 나아가, 형상(形象)을 통해 다수의 무리가 승리할 수 있도록 조치(措置)해 주지만, 그 무리들은 그것을 알지 못한다. 그러므로 사람들은 승리한 형세(形勢)는 알지라도, 그 승리에 유리의 여건을 미리 조성해 둔 바는 알지 못한다. 그러므로, 형세(形勢)로 승리의 여건을 조성한 그와 같은 전승(戰勝)은 반복되지도 않는다. 왜냐하면, 그러한 승리는 오로지 무궁한 상황변화에 의존해야 하기 때문이다.'

〈해설〉

"**故策之而知動**靜之利, 形之而知**死生之地**, **作之**而知**得失之**理, 角之而知有**餘不足之**處."이 구절들은 십가주 내용이며 그 중 굵은 글자는 죽간 내용으로서, 적의 허(虛)를 창출하기 위해, 적을 움직여보는 방법과 알 수 있는 내용들로 구성된다. 이 구절에 대한 해석은 점진적으로 부언하여 다음 세 가지로 관점에서 해석할 수 있다. 이 구절의 모든 문구에 공통적인 '之'는 적을 지칭하는 지시대명사이다.

죽간은 이를 **'策之而知動, 死生之地'**와 **'計之得失之 餘不足之'**로 기술한다. 그것을 다그쳐 보아 그 움직임과 막히고 트인 장소를 알고, '그 得失(장단점)과 여유있고 부족한 곳을 헤아린다.'이며, 이는 꾀나 방법을 생각해 내는 계책(計策)으로 요약된다. 십일가주는 죽간의 책(策)과 계(計)를 책(策), 형(形), 작(作) 및 각(角)으로 세분한 것에 불과하다.

첫째, '故策之而知動靜之利'는 '책(策)'[55]의 뜻 중 '다그치다'를 적용하여 그러므로, 적을 다그쳐 보아 그들의 동정(動靜)의 유 · 불리를 안다.로, '形之而知死生之地'는 '形'[56]의 뜻 중 '드러내다'를 적용하여, '적의 형상을 드러내 보아 그들이 처해 있는 막힌 사지(死地)와 트인 생지(生地)를 파악한다.'로, '計之而知得失之理'는 '계'의 뜻 중 계산(計算) 또는 계편의 '비교 · 분석한다'라는 뜻을 적용하여 '상대적 전력을 계산(비교 분석)해 보아 이해득실의 이치(理致)를 안다.'로, 그리고 '角之而知有餘不足之處'는 '적과 다투어 보아 배치상의 여유 또는 부족한 곳을 알아낸다.'로 해석할 수 있다.

둘째, 적의 사고방식을 아는 관점에서 이를 더 구체적으로 해석한다면, '적을 다그쳐 보아 그들이 동정(動靜)의 유 · 불리를 판단하는 사고방식(思考方式)을 알 수 있으며,' '적의 모습을 드러내 보아[構想] 그들이 처한 사지(死地)와 생지(生地)가 어디인지를 알 수 있고,' '적과의 상대적 전력을 비교 분석해 보아 그들이 이해득실을 평가하는 이치(理致

55 국어사전에서 '策'은 '일을 꾸미거나 꾀하다(劃策)'라는 의미가 있으며, 중한사전에는 '채찍질하다(鞭策)'라는 뜻이 있다. 여기서는 그 변형으로 '다그치다, 압박하다'는 뜻을 적용한다.

56 '形'의 사전적 뜻에는 '나타내다, 나타나다'가 있으며, 또한 '마음과 감각에 의하여 대상의 모습을 떠올리거나 표현하다'는 의미를 갖는 형상(形象)의 약어로 볼 수 있다.

)를 알 수 있으며,’ ‘적과 다투어 보아 적이 대응하는 과정에서 실(유여)과 허(부족)가 드러나는 정황(情況)을 이해할 수 있게 된다.’라고 해석할 수도 있다.

셋째, 이를 간접접근을 위해 적을 아는 관점에서, ‘〈아는 방법은 생략〉, 적의 이해득실 판단 방식을 알아야, 어떤 유형의 利나 害를 보여주어 적의 결심에 영향을 미칠 수 있을 것인가를 결정할 수 있고, 적의 동정(動靜)의 이치(理致)를 알아야 적을 움직이는데 적합한 유인책(誘引策)을 선택할 수 있으며, 적 주변의 트인 생지(生地)나 막힌 사지(死地)를 알아야 가장 불리한 장소로 유인할 방법을 선택할 수 있으며, 처한 상황이 성공할 여지가 있는지(有餘), 그 기준에 미치지 못하는지(不足)를 알아야 비로소 간접접근을 시도할 수 있다.’라고 해석할 수도 있다. 이 해석은 행군 편 이하 편들이 모공 편의 일반적인 용병법인 지략위주 간접접근을 점진적으로 구체화하여 논한다는 논리적 흐름에 합당하며, 특히 이 구절에서 적을 아는 문제는 전편(全篇)에 걸쳐 기본적인 간접접근의 관점에서 논하여 역동적인 간접접근을 본격적으로 다루는 군쟁(軍爭) 편과 연계시키기 위한 연결구로써 의의(意義)를 갖는다.

“故形兵之極, 至於無形. 無形則深間不能窺. 智者不能謀.” 이 구절은 나의 의도와 형상을 예측 불가능케 만드는 무형(無形)의 중요성을 강조한다. ‘故形兵之極, 至於無形’은 ‘부대 형상(形象)의 극치(極致)는 무형(無形)에 이르는 것이다. ‘내가 무형(無形)이면, 내부 깊숙이 잠입한 적의 첩자일지라도 결코 엿볼 수 없으며, 그리하면 아무리 지혜(智慧)로운 사람일지라도 계책(計策)을 모색(摸索)할 수 없게 된다.’이다. 이는 적이 계책조차 세울 수 없게 만드는 아무형(我無形)은 모공편의 벌모(伐謀)를 작전적 수준에 적용한 내용으로도 볼 수 있다.

因形而措勝於衆, 衆不能知" 형상(形象)으로 다수의 무리가 승리하도록 조처(措處)해 놓더라도, 그들은 자기들이 승리하기 위해 싸웠던 형세(形勢)만 알 수 있을 뿐, 그렇게 조치(措置)해 둔 형상(形像)은 알지 못한다. '形之敵必從之' 형상으로 나를 약하게 보여주어, 적이 반드시 그것을 좇게 만든다. 그러한 의미의 연장선에서, '措勝於衆'은 글자 그대로 '다수의 무리(衆)로 승리할 수 있도록 조치(措置)하다.'이다. 이 경우, 衆寡에서 과(寡)는 주로 적의 허(虛)를 노출시키기 위해 적을 유인하거나 기만하는 '소부대[寡]이며, 중(衆)은 드러난 허를 치는 '대부대[衆]나 본대(本隊)'이다. 이 문구에서 대부대(衆)나 소부대(寡)는 적이 아니라[衆寡不敵], 내가 운용하는 나의 부대들이다.

'因形而措勝於衆, 衆不能知'는 형(形)으로써 대부대가 승리하도록 조치했더라도, 그 대부대는 그것을 알지 못한다. 이는 더 구체적으로 '소부대(寡)로 적을 유인하거나 기만하여 적의 허(虛)를 노출시켜, 대부대의 승리에 유리한 여건을 만들어 주었지만, 그러한 여건에서 싸워 승리한 대부대의 전사(戰士)들은 미리 조처해 둔 유리한 여건은 알지 못한다.'로 해석할 수 있다.

⑥ 夫兵形象水, 水之形(行), 避高而趨下, 兵之形, 避實而擊虛. 水因地而制行(流), 兵因敵而制勝. 故兵無成(常)勢, 水無恒(常)形, 能因敵變化而取勝者, 謂之神. 故五行無常勝, 四時無常位, 日有短長, 月有死生.

〈문맥〉

본 문단은 용병(用兵)을 물(水)의 흐름으로 형상화(形象化)한다. 물의 형상(흐름)가 높은 곳을 피하여 낮은 곳으로 흐르듯이, 용병의 형세(形勢)도 실(實)을 피하고 허(虛)를 친다. 상대방의 허(虛)를 지향하는 용병의 원리를 높은 곳을 피하고 낮은 곳으로 흐르는 물에 비유하여 형상화하면서 그 변화가 무궁함을 논(論)하는 문단이다.

〈해석〉

'무릇 용병은 물로 형상화(形象化)할 수 있으니, 물의 흐름이 높은 곳을 피하여 낮은 곳으로 흐르듯이, 용병의 형세(形勢)도 실(實)을 피하여 허(虛)를 친다. 그러므로, 물은 자연(自然) 지형(地形)에 의해서 그 흐름이 좌우되고, 용병은 적(敵)에 기인(基因)하여 승리가 좌우된다.

군은 항상 일정한 형세(形勢)를 갖추지 못하며, 물도 변함없는 형상이 없으나, 능히 적에게 이(利)를 주어서 적을 변화시켜 승리를 쟁취한다면, 가히 신(神)의 경지(境地)라고 할 수 있지 않겠는가?'

우주 만물을 이루는 금(金)·목(木)·수(水)·화(火)·토(土)의 다섯 가지 오행(五行) 중[57] 어느 하나가 항상 뛰어난 것이 없듯이, 사계절(四時)[58]의 위상(位相)도 항상 일정하지 않으며, 해(日)도 길고 짧음이 있으며, 달(月)도 차면 기울듯이, 우주 만물의 변화무쌍함을 들어서 승리를 위해 적을 변화시키는 방법도 무궁함을 강조하는 문단이다.

〈해설〉

"夫兵形象水, 〈중략〉, 故水因地而制行, 兵因敵而制勝. 兵無成勢,

57 五行: 우주 간에 운행하는 금(金)·목(木)·수(水)·화(火)·토(土)의 다섯 가지의 원기(元氣). 오행 상생(相生)과 오행 상극(相剋)의 이치로서 전 우주 만물을 지배한다.

58 四時:: 1. 한 해의 사계절(四季節) 즉, 춘·하·추·동. 2. 한 달의 네 때 즉, 회(晦)·삭(朔)·현(弦)·망(望). 3. 하루의 네 시간 즉, 단(旦-아침)·주(晝-낮)·모(暮-해 질 무렵)·야(夜). 회(晦-그믐)·삭(朔-초하루)·현(弦-반달)·망(望-보름달)

無恒形, 能與敵化之謂神” 문구에서 ‘能與敵化之謂神’에 대한 해석의 관건은 ‘與敵’에서 ‘與’는 세편의 ‘予’와 동일한 ‘주다’를 선택하면 ‘적에게 이(利)를 주다’이며 ‘化之’에서. ‘化’는 변화의 약어로 지(之)는 적을, 그러므로 이 문구는 ‘능히 적에게 이(利)를 주어서 변화시켜 승리를 만든다면, 가히 신(神)의 경지(境地)라고 일컬을 수 있지 않겠는가? 이다. 이를 앞의 문구들(兵因敵而制勝. 兵無成勢, 無恒形)과 연계하면, 形이나 勢로서 능히 나의 약함이나 겁먹은 모습을 적에게 보여주어서 적을 움직여 드러난 적의 허(虛)를 쳐서 승리를 만들 수 있다면, 이는 가히 신의 경지(境地)라 부를 수 있지 않겠는가?.’이다. 이 문구는 세(勢)편에서 ‘與敵’은 ‘적에게 보여주다.’라는 뜻이다. 그런 연유로, 적을 잘 움직이는 장수는 나의 부대 일부를 形으로 弱하게 보여주어 적이 반드시 쫓게 만들고[善動敵者, 形之, 敵必從之], 數와 勢로서 부대를 어지럽거나(亂) 겁(怯)먹은 것처럼 보여주어 적이 반드시 취(取)하도록 만든다[予之, 敵必取之].라는 구절을 대표하며, 그 의미들은. 적에게 나의 허(虛)를 보여주어 적을 변화시켜 승리를 만들 수 있다[能與敵化之]는 의미이다.

이는 십가주에서는 ‘故兵無常勢, 水無常形. 能因敵變化而取勝者, 謂之神’으로서 보다 더 명확하게 표현한다. ‘그러므로, 용병은 일정한 기세(氣勢)가 없으며, 물도 일정한 형세(形勢)가 없으나, 능히 적을 변화시켜 승리를 쟁취(爭取)한다면, 가히 신의 경지(境地)라고 할 수 있지 않겠는가?.’이다.

기존의 십일가주 손자의 내용인 ‘能因敵變化而取勝者, 謂之神’의 ‘能因敵變化而取勝者’에 대한 기존 해석은 대부분 ‘능히 적을 변화시켜 승리를 쟁취한다.’로 해석하지만, 그와 같은 수동적(受動的)인 의미보다는, ④문단의 '승리는 만들 수 있다. 또는 마음대로 할 수 있다(勝可擅(爲)也).' 라는 능동적(能動的)인 의미를 갖는 문구와 연계하여, '능히 적을 변화시켜 승리를 쟁취(爭取)한다.'로 해석해야 한다. 이 경우, 적의 변화에 따른 융통성이 핵심이 아니라, 적을 변화시키기 위해 나를 움직여 보여주는 선행(先行) 활동(活動)이 관건이 된다. 요컨대, '敵에 기인(起因)하여 승리가 좌우되므로, 그 결정 요인인 나의 허를 보여주어 적(敵)마저 변화시켜 승리를 쟁취할 수 있다면 가히 신(神)의 경지(境地)라고 할 수 있지 않겠는가? 이다.' **兵之形, 避實而擊虛**

이 구절에서 유의해야 할 문구는 '병승피실격허(兵勝避實擊虛)'이다. 이를 기존 해석은 전장의 실제에서 자칫 적의 주력을 피하는 대신, 약한 미끼부대나 유인부대를 쳐서 적에게 견제당하거나 유인되는 오류(誤謬)를 범하기 쉽다. 그 오류에 대해서는 이미 모공 편에서 '작은 적에 견제(牽制)당하면 큰 적에게 포획된다[小敵之堅, 大敵之擒也).'라고 경고한 바 있다. 두 번째 해석은 피(避)는 회피(回避)의 약어로서, '몸을 숨겨서 만나지 않는다.'는 뜻을 선정하면, '적의 주력(主力)을 지향하되, 그중에서 실(實)한 곳(강점; Strong Point)은 피하고 허(虛)한 곳(약점: Weak Point)을 치라'는 미시적 관점에서 해석할 수도 있다.

세 번째 해석은 실허(實虛)라는 편명이 그러하듯 '避實而擊虛는 나의 실(實)로서 적의 허(虛)를 친다.'는 맥락에서, 국어사전에서 피(避)의 뜻 중 '숨다'를 적용하여, 적의 허를 드러내는 과정에서 나의 실(實)이 드러나지 않게 숨겼다가, 적의 허(虛)가 드러나면, 나의 실(實)로 적의 허(虛)를 친다고 해석할 수 있으며, 중한사전에서 피(避)의 뜻 중 '방지(防止)하다.'를 선택하고, 방지의 뜻 중 '어떤 일이나 현상이 일어나지 못하게 막음'을 적용하여, 나의 실(實)이 드러나지 못하게 막고 있다가, 적의 허가 드러나면 나의 실(實)로써 친다는 의미와 유사하게 된다. 또 다른 관점에서 피(避)를 회피(回避)의 약어로 생각하여, 회피의 뜻 중 ①몸을 숨기고 직접 만나지 않음. ②꾀를 부려 직접 책임을 지지 않음. ③일하기를 꺼려 선뜻 나서지 않음 등의 의미를 적용하여, 위의 세 가지 의미를 조합하여, 간접접근의 맥락에서 나의 실(實)을 숨겨서 선뜻 나서지 않고, 꾀를 부려 뒤로 물러나서 조성된 적의 허(虛)를 치다는 의미로도 해석할 수 있다.

본 구절을 전후 편의 문맥과 연계시킨다면, 실허(實虛) 편에서 나의 실(實)이 지향하는 적의 허(虛)는 계편의 속임수를 통해서 형성된 물리적으로 준비되지 않은 곳(無備) 또는 정신적으로 예상하지 못한 바(不意)이며, 작전(作戰) 편의 패(敗)하지 않을 태세에서 놓치지 않아야 할 적이 패할 기회[而不失敵之敗]이다. 또한 세(勢) 편의 利(弱, 怯, 亂)로서 적을 움직이게 만들어(從之, 取之) 나타나는 적의 허(虛)이며, 그 연장선에서 본 편에서는 주로 수동적(受動的) 관점에서 적이 잘못 움직이게 만들거나 변화시켜 창출하는 상대적인 허(虛) 창출(創出)의 원리를 다루며, 후편인 군쟁 편에서는 능동적(能動的)으로 내가 먼저 움직여 적을 움직이거나 변화하도록 유인하는 등 역동적(力動的)으로 허(虛)를 창출하는 원리를 다룬다.

“五行無常勝, 四時無常位, 日有短長, 月有死生.” 이 문구는 우주 만물을 이루는 화(火) · 수(水) · 목(木) · 금(金) · 토(土)의 다섯 가지 요소도 항상 뛰어난 것이 없으며, 사계절도 항상 같은 위상이 없고, 해도 길고 짧음이 있으며, 달도 차면 기울듯이,” 이는 적에게 이(利)를 보여주어서 승리를 만드는 변화술(變化術)의 무궁(無窮)함을 자연의 섭리(攝理)에 비유하여 강조하는 구절이다. 불변인 것처럼 보이는 우주의 진행

(進行) 섭리(攝理)도 그러할진대, 피·아 상호작용 관계를 통해 달성하려는 승리의 변화술(變化術)은 일정한 형식이나 원칙이 존재하는 것이 아니라, 더 말할 나위 없이 무궁한 변화에 따르는 변화무쌍한 응변술(應變術)임을 강조한다.

3. 제7편 군쟁(軍爭)

군쟁(軍爭)이란 '역동적(力動的)인 군사적 승리 다툼이나 승리 경쟁'이며, 그 포괄 개념은 '역동적인 지략 위주 간접접근[迂直之計][59]의 원리(原理)와 그 조건(條件)들'이다. '지략(智略) 위주(僞主) 간접접근(間接接近)'은 앞 편의 실허(實虛)로부터 점진적인 구체화 과정을 거쳐 본편에서는 비로소 내가 능동적(能動的)으로 움직여 적을 유인(誘引), 교란(攪亂)시키거나 분산(分散)시켜, 내가 집중하는 역동적(力動的)인 간접접근의 원리[60]와 그 조건들을 다음과 같은 6개 문단으로 논(論)한다.

① 孫子曰,(:) 凡用兵之法, 將受命於君, 合軍聚衆, 交和而舍, 莫難於軍爭. 軍爭之難者, 以迂爲直, 以患爲利. 故迂其途而誘之以利, 後人發, 先人至, 此知迂直之計者也.

② 故軍爭爲利, 軍爭爲危. 擧軍而爭利, 則不及,(;) 委軍而爭利, 則輜重捐. 是故捲甲而趨, 日夜不處, 倍道兼行, 百里而爭利, 則擒三軍將, 勁者先, 疲(罷)者後, 其法十一而至. 五十里而爭利, 則蹶上將(+軍), 其法半至, 三十里而爭利, 則三分之二至. 是故軍無輜重則亡, 無糧食則亡, 無委積則亡.

59 노자, 전게서, 22장에서 겸손의 위력으로서 曲則全, 枉則直(휘면 온전할 수 있고 굽으면 곧아질 수 있다)는 의미를 역동적인 전장에서의 의미로 환언한 것으로 볼 수 있다.

60 군쟁편 故兵 以詐立 以利動 以分合 爲變者也, (중략), 掠鄕分衆 廓地分利 懸權而動 참조.

③ 是故不知諸侯之謀者, 不能豫交, 不知山林險阻沮澤之形者, 不能行軍, 不用鄕導者, 不能得地利.

④ 故兵以詐立, 以利動, 以分合爲變者也. 故其疾如風, 其徐如林, 侵掠如火, 不動如山, 難知如陰, 動如雷震. 掠鄕分衆, 廓地分利, 懸權而動, 先知迂直之計者勝, 此軍爭之法也.

⑤ (-是故)軍政曰, 言不相聞, 故爲金鼓, 視不相見, 故爲旌旗. 故夜戰多金鼓, 晝戰多旌旗 (+夫)金鼓旌旗者, 所以一民之耳目也, 民旣專一, 則勇者不得獨進, 怯者不得獨退, 此用衆之法也. 故三軍可奪氣, 將軍可奪心.

⑥ 是故朝氣銳, 晝氣惰, 暮氣歸. 故善用兵者, 避其銳氣, 擊其惰歸, 此治氣者也. 以治待亂, 以靜待譁, 此治心者也. 以近待遠, 以佚待勞, 以飽待飢, 此治力者也. 無邀正正之旗, 勿擊堂堂之陣, 此治變者也. 故用兵之法, 高陵勿向, 背丘勿逆, 佯北勿從, 銳卒勿攻, 餌兵勿食, 歸師勿遏, 圍師遺闕, 窮寇勿迫, 此用兵之法也.

가. 군쟁(軍爭) 편의 논리 구조

군쟁 편의 편명(篇名)은 '군사적 승리경쟁(勝利競爭)이나 승리 다툼'이며, 그 포괄 개념은 '역동적(力動的)인 간접접근(間接接近)의 원리(原理)와 그 조건(條件)들'이다. 온전한 승리[全勝]를 위한 승리경쟁 방법은 고도의 지략(智略)에 의존한 간접접근을 요구하며, 그것은 감성(感性)이 아닌 이성(理性)을, 물리력((物理力)이 아닌 이지력(理智力)으로, 직선적 충동(衝動)이 아닌 고도의 인내심(忍耐心)과 분별지(分別智)를 요구한다. 그 맥락에서 군쟁 편은 다음 6개 문단으로 논리가 전개된다.

①문단은 '우직지계(迂直之計)'를 '적보다 늦게 출발하여 먼저 도달하는[後人發, 先人至]' 글자 그대로 공간적인 우회를 통해 시간적으로 먼저 도달하는 계책(計策)으로 설명하고, ②문단은 군사적 승리 경쟁의

양면성(이익과 위험)을 강조하면서[軍爭爲利, 軍爭爲危],[61] 직접적인 승리 경쟁의 거리와 속도에 따른 위험(危險)을 나열하여 간접접근의 중요성을 부각(浮刻)시키며, ③문단은 역동적인 간접접근의 첫 번째 조건으로서, 고려해야 할 사항을 주변 제후들의 의도(意圖)와 군을 운용하기 어려운 지형[62]을 파악하고 상황이 주는 이점을 알아야 할 것을 반어법(反語法)으로 제시한다.

④문단은 간접접근을 보다 더 역동적으로, 속임수로 위치하고(以詐立), 利를 보여주어 적을 움직이며(以利動), 나의 '분산과 집중으로 적을 변화시키는 것(以分合爲變者)'으로 예시(豫示)하면서, 그 조건으로 정동(靜動)의 군의 태세(態勢)를 강조한다. ⑤문단은 간접접근의 두 번째 조건으로서, 적 지휘집중의 교란(變人之耳目)과 대비시켜, 나의 지휘집중[一民之耳目, 民旣專一]을 강조하며, 끝으로 ⑥문단은 간접접근의 세 번째 조건으로서, 네 가지 정신 · 심리적 다스림[治氣, 治心, 治力, 治變]을 제시하며, 장수의 구비조건으로 사고의 유연성(柔軟性)과 상황변화에 따른 용병(用兵)의 분별지(分別知)를 예시하여 후편인 구변편과 연계를 도모(圖謀)한다.

[우(迂)멀다/굽히다/억제, 직(直)곧다/펴다]

61 십일가주에서는 이를 '軍爭爲利, 衆爭爲危'로 표현한다. 그럴 경우, 세편에서 단순히 험한 勢와 절제되고 통제되어 절(絕)과 단(斷)이 있는 戰勢를 대비시켜 설명한 경우와 유사하다. 즉, 군쟁은 절제되고 통제된 간접접근에 의한 승리다툼이고, 중쟁은 무절제한 직접적인 승리다툼이다.

62 손자병법, 전게서, 구지편에서 산림(山林), 험조(險阻), 저택(沮澤)을 비지(圮地)로 부르며, 이를 군을 행하기 어려운 길(難行之道)이라고 정의한다.

〈표 11〉 군쟁(軍爭)편의 논리 구조

편명 의미	軍의 爭: 軍의 力動的인 승리(勝利) 다툼					
포괄 개념	全勝을 위한 역동적인 간접접근(迂直之計)의 원리(原理)와 그 조건(條件)들					
논리 전개	▪迂直之計의 정의	▪간접접근의 중요성	▪추가적인 고려사항	▪간접접근 개념 발전	▪간접접근의 지휘 통제	▪정신…… 심리적 조건
	글자 그대로 단순한 정의	직접접근의 危險과 간접접근의 중요성	주변 제후의 의도, 지리적 제한 및 세부 상황 정보	간접접근의 복합적인 개념 발전과 그 조건	지휘 통제의 조건으로서, 지휘 주목의 확립 및 교란	정신 · 심리적 다스림과 용병(用兵)의 分別知

요컨대, 군쟁(軍爭)편은 〈표 11〉처럼, 온전한 승리(全勝)를 위한 지략 위주 간접접근의 원리를 직접적인 승리 다툼(爭利)과 대비(對比)시켜, 실천적 차원에서 역동적(力動的)으로 구체화하고, 그 조건(條件)으로서 정동(靜動)의 부대 태세, 확고한 지휘주목, 정신 · 심리의 다스림 및 용병(用兵)의 분별지(分別智)를 제시하는 일관된 논리 구조를 갖추고 있다.

나. 문단별 구조적 상세 해석

실허(實虛) 편까지는 지략(智略) 위주 간접접근을, 정적(靜的), 동적(動的) 그리고 상대적(相對的) 관점에서 적을 유인하거나, 움직여서 허(虛)를 창출하는 원리를 제시하였으나, 본 편에서는 적과 상대적으로 승리를 다투는 역동적(力動的)인 지략 위주 간접접근의 원리(原理)와 그 조건(條件)들을 다음과 같은 6개 문단으로 설명한다.

① 孫子曰, 凡用兵之法, 將受命於君, 合軍聚衆, 交和而舍, 莫難於軍爭. 軍爭之難者, 以迂爲直, 以患爲利. 故迂其途而誘之以利, 後人發, 先人至, 此知迂直之計者也.

〈문맥〉

이 문단은 글자 그대로 '이우위직(以迂爲直)'를 '돌아가면서 직선적으로 만든다'로 정의하고, 역동적인 승리 다툼에서 공간적으로 우회 접근(迂回接近)하면서도, 시간적으로는 먼저 도달하는 원리(原理)를 설명한다. 이는 실허 편의 '적을 끌어들이되, 적에 의해 끌려가지 않는다[致人而不致於人]'라는 수동적(受動的)인 원리를 적과 상대적, 역동적 관점에서 구현(具現)하는 원리로 논한다.

〈해석〉

'손자가 이르기를, 무릇 용병법(用兵法)은, 장수가 군주의 명을 받아 백성의 무리를 모아서 군을 조직하여 서로 친분을 맺어 화목하게 만들어 주둔(駐屯)시키지만, 그보다도 더 어려운 일은 적과 역동적(力動的)으로 승리(勝利)를 경쟁하는 것이다.'

'승리 경쟁의 어려움은 결전장(決戰場)으로 가는 길을 우회(迂廻)하면서도 적보다 더 빨리 도달할 수 있도록 만드는 것[이우위직(以迂爲直)]으로, 이는 적에게 나의 환란(患亂)을 보여주어 이것을 적에게 이(利)로 인식시키는 것이다[以患爲利]. 그러하기 위해서는 그 길을 우회하면서 적을 利로 유인하여, 비록 늦게 출발하더라도 먼저 도달할 수 있으니, 이것이 우직지계(迂直之計)를 아는 자라고 말한다.'

〈해설〉

“孫子曰: 凡用兵之法, 將受命於君, 合軍聚衆, 交和而舍, 莫難於軍爭.” 이는 이전 편의 주로 정적(靜的)이거나 상대적 접근과는 달리, 본편에서는 적과 역동적(力動的)인 상호작용(相互作用)의 원리(原理)를 다루기 때문에 더 어렵다는 점을 강조하는 구절이며, 다음 구절은 어려운 이유를 우직지계(迂直之計)를 들어서 설명한다.

“軍爭之難者, 以迂爲直, 以患爲利. 故迂其途, 而誘之以利, 後人發, 先人至者, 知迂直之計者也.” 이 구절에서 ‘以迂爲直’에서 ‘迂’는 우회(迂廻)의 약어로 멀리 돌아간다는 뜻이며, ‘直’은 직행(直行)의 약어로 바로 간다는 의미로서, 공간적으로 멀리 돌아가면서 시간적으로 먼저 도달한다는 의미이다. 다른 관점에서, 우(迂)의 뜻 중 ‘굽히다’를 직(直)은 ‘펴다’라는 뜻을 적용하면, 이는 십일가주 구지(九地) 편의 ‘굽혔다가 펴는 이점[屈伸之利]’에서 굽혔다 편다는 굴신(屈伸)과 동일한 의미가 되며, 또한 죽간 손자의 ‘내가 굽히는 것을 적이 이(利)로 믿도록 만든다는 [屈信之利]’ 문구들과 유사한 의미가 된다. 간접접근(間接接近)의 맥락에서는 앞에서 언급한 우회(迂廻)와 직행(直行)의 약어로 보아, ‘공간적으로 멀리 돌아감으로써, 시간적으로 직행(直行) 즉, 바로 간다는 의미이다.

또한 ‘以患爲利’에 대한 기존 해석은 주로 ‘우환(憂患)을 오히려 이익(利益)으로 만든다.’ 또는 ‘위기(危機)를 호기(好氣)로 만든다.’ 등이다. 그러나 간접접근의 맥락에서는 ‘적에게 나의 환란(患亂)을 보여주어, 적이 이것을 이(利)로 인식하여 좇도록 유인(誘引)하여, 그 과정에서 나타나는 적의 허(虛)를 이용하여 승리(勝利)할 수 있도록 만드는 것이다.’

‘迂其途, 以利誘之, 後人發, 先人至’에서 ‘기도(其途)’에서 그 길이란

앞의 '以患爲利'가 가능한 그 길을 지칭하는 지시어로 보아 '나의 우환을 보여주어 적을 유인할 수 있는 그 길로 돌아가면서, 적에게 이(利)로 보여주어 유인(誘引)하면, 적보다 늦게 출발하더라도 오히려 먼저 도달할 수 있다.[後人發, 先人至]'가 된다. 특히 '其途'에 대한 그러한 해석은 아무 길이나 돌아서 가면 우직지계가 되는 것이 아니라, 以患爲利가 가능한 길로 우회할 경우에만 성립된다는 의미를 갖는다. 즉, 의도적으로 우회하여 적에게 利(나의 患)를 보여주어 유인(誘引)하면, 적보다 늦게 출발하더라도 적이 나를 따라오기 때문에, 내가 선정한 결전장(決戰場)에는 내가 먼저 도달하는 것이다.

이는 또한 실허(實虛) 편(編)에서는 기력(氣力)의 관점에서 '천리를 가더라도 힘이 들지 않는 이유는 적이 없는 곳으로 가기 때문이다[行千里而不勞者, 行於無人之地]. 라고 했듯이, 우회접근은 적이 없거나 있더라도 소규모일 것이라는 점을 전제(前提)할 뿐만 아니라, 반드시 적이 따라올 수밖에 없는 가치(利)가 있어야 한다. 리델하트는 이를 '공간적으로 우회(右回) 기동(機動)하는 길이 멀면 멀수록, 적의 저항은 더 작아져서 시간적으로 더 빨리 도착할 수 있다.'는 명제(命題)에서, 그 우회로의 가치를 대용(代用) 목표(目標)를 지향하는 접근로(接近路)로 규정하면서, 그의 간접접근전략[63]의 논리를 전개한다. 그러므로, 리델하트의 간접접근은 손자병법을 자신들의 용어로 해설한 것에 불과하다고 평가할 수 있다.

'우직지계(迂直之計)'는 내가 먼저 움직여 적을 움직이기 때문에 역동

63 Basil Liddell-Hart, *Strategy*, 주은식 옮김, 『전략론』 (서울: 책세상, 1999), pp.460–474. 참조.

적(力動的)이며, '以患爲利'하기 위해서 고도의 지략(智略)을 발휘해야 하는, '고도로 역동적인 지략 위주 간접접근'이다. 효과 측면에서 직접접근은 상호 파괴의 정도가 승패를 좌우하여 승리하더라도 파승(破勝)을 피할 수 없지만, 간접접근은 지략의 탁월성(卓越性)에 의존하여 적을 포획하는데 중점을 두기 때문에, 각개 전쟁에서 온전한 승리[全勝]를 통해 연속적인 전쟁에서 승리할수록 더 강해지는 승리를 달성할 수 있다.

또 다른 의미로, '迂'의 '억제하다.'는 뜻과 '直'의 '조금도 감추는 것이 없는 직선적'이라는 의미를 대비(對備)시키면, '直'은 심상(心狀)이나 감정(感情)을 조금도 감추지 않고 드러내는 직선적, 충동적임을 의미하며, '迂'는 이를 이성적으로 억제하고 절제한다는 의미가 개재되어 ④문단 이하에서 설명하는 정동(靜動)의 부대 태세와 다섯 가지 다스림 5治[一人之耳目, 治氣/治心/治力/治變]와 분별지(分別智) 등은 모두 우직지계(迂直之計)의 조건(條件)으로 설명한다는 점을 알게 된다.

② 故軍爭爲利, 軍爭爲危. 擧軍而爭利, 則不及, 委軍而爭利, 則輜重捐. 是故捲甲而趨, 日夜不處, 倍道兼行, 百里而爭利, 則擒三軍將, 勁者先, 疲(罷)者後, 其法十一而至. 五十里而爭利, 則蹶上將(+軍), 其法半至, 三十里而爭利, 則三分之二至. 是故軍無輜重則亡, 無糧食則亡, 無委積則亡.

〈문맥〉

이 문단은 직접적인 승리 경쟁[軍爭]의 위험을 들어서, 지략 위주 간접접근[迂直之計]의 중요성을 반어법(反語法)으로 강조한다. 즉, 직접접근은 승리 가능성이 희박할 뿐만 아니라, 승리하더라도 물리적 충돌로 인한 파승(破勝)이 불가피하여 결코 온전한 승리[全勝]를 달성하는 방법이 될 수 없다는 점을 강조한다.

〈해석〉

'군쟁(軍爭)은 승리(勝利)를 달성하기도 하나, 위험(危險)을 초래할 수도 있다. 전군(全軍)을 일으켜 직접적으로 승리를 다투면 요구하는, 전승(全勝)에 결코 미치지 못하며, 각급 부대들에게 위임(委任)하여 직접 다투면 치중(輜重)이 본대(本隊)를 따르지 못한다.

그러한 까닭에, 갑옷을 벗어 말아 둔 채[捲甲], 밤낮을 가리지 않고 두 배의 속도로 강행군[倍道兼行]하여, 백리(百里)에 걸쳐 승리를 다투면, 삼군(三軍)의 장수가 사로잡히게 되고, 굳센 병사는 앞서고, 지친 병사는 뒤처져 그 병력과 치중의 10분의 1만 도달하게 된다. 그와 같은 방식으로, 오십 리를 좇아가 승리를 다투면, 상장(上將)이 무너지게 되고, 병력과 치중의 반 정도만 도달할 것이며, 또한 삼십 리를 좇아가 승리를 다투면 그 3분의 2만 도달할 것이다. 그 결과(직접적인 승리 다툼의 결과)로써, 군에 치중(輜重)이 없으니 망(亡)하고, 양식이 없으니 망하며, 승리 다툼을 위임하여 신장(伸張)되고 분산된 부대들이 적시에 모이지 못하니 망한다.'

〈해설〉

"故軍爭爲利, 軍爭爲危."에서 '爲'[64]의 뜻 중 '이루다'나 '만들다'를 선택하면, '군쟁(軍爭)은 승리를 달성하기도 하나, 위험을 초래할 수도 있

64 '爲'의 한자 뜻에는 '하다, 이루다, 성취하다, 바뀌다, 다스리다' 등이 있다.

다.'가 되며, '爲'의 뜻 중 '다스리다'를 적용하면 '군쟁은 승리는 물론, 위험도 잘 다스릴 수 있어야 한다.'로 해석할 수도 있다.

"擧軍而爭利, 則不及, 委軍而爭利, 則輜重捐."에서 군을 직접 다루건[(거군(擧軍), 위임받아[위군(委軍)] 다루건 '爭利'는 '직접적인 승리 다툼(날카롭게 다툼)'을 의미하여 직접접근의 위험을 경고(警告)하는 구절이다. '委軍而爭利'는 각 군에게 '위임(委任)하여 직접 승리를 다투면'이라는 뜻이다.

"是故捲甲而趨, 日夜不處, 倍道兼行, 百里而爭利, 則擒三軍將, 勁者先, 疲者後, 其法 十一而至, 五十里而爭利, 則 蹶上將, 其法半至, 三十里而爭利, 則三分之二至." 이 구절은 각개 부대에게 위임하여 분별없이 직접적으로 승리를 다툴 경우, 야기될 수 있는 위험을 적과 신장(伸張)된 거리에 따라, 장수의 고립 등을 들어서 간접접근의 당위성을 반어법(反語法)으로 강조한다. 여기서 '其法'은 계편에서 규정한 法의 요소처럼 '그 조직편성(曲制)과 치중(主用)' 등을 지칭한다. 또한 '배도겸행(倍道兼行)'은 국어사전에서 '이틀에 걸쳐 갈 길을 하루에 간다.'는 뜻이다.

"是故, 軍無輜重則亡, 無糧食則亡, 無委積則亡." 이 구절 중 시고(是故)는 '옛부터 옳은 말로서'이며, '無委積則亡'을 주로 '보급물자의 축적이 없으면 망한다.'로 해석하나, 그 앞 문구에서 이미 치중[軍無輜重則亡]과 양식[無糧食則亡]에서 '보급물자가 없을 경우는 망한다.라고 이미 언급했기 때문에, '無委積則亡'에서 위적(委積)에서 위(委)는 위임(委任)받은 부대들이 적(積)의 뜻 중 '떼지어 모이다'를 선택하면, '승리 다툼을 위임받은 각개 부대들이 신장(伸張)되고 분산(分散)되어 적시에 모이지 못하면, 망한다.'라고 해석하는 것이 합당하다.

③ 是故不知諸侯之謀者, 不能豫交, 不知山林險阻沮澤之形者, 不能行軍, 不用鄕導者, 不能得地利.

〈문맥〉

이 문단은 ②문단의 직접접근의 위험(危險)을 들어서, 그 중요성을 강조한 간접접근을 위해 알아야 할 고려 사항을 반어법으로 제시한다.

〈해석〉

'그러한 연유로(직접접근의 위험에 비추어 보아 적용해야 할 간접접근을 위해서는), 주변 제후들의 계략(計略)을 모르면 교류 관계를 예상할 수 없으며, 삼림(山林)이나 험한 지형 또는 소택지(沼澤地) 등 군을 행하기 어려운 지형을 알지 못하면 군을 움직일 수 없고, 그 지역의 길 안내자(鄕導)를 쓰지 않으면 지리적 이점을 다 이용할 수 없다.'

〈해설〉

이 문단은 역동적인 승리 다툼에서 간접접근에 요구되는 고려 사항으로서, 주변 제후들의 권모술수(諸侯之謀)와 군(軍)을 운용(運用)하기 어려운 길(難行之道) 및 구체적인 현지 정보가 제공할 지리적 이점을 충분히 알아야(得地利), 간접접근이 가능함을 언급하면서, 구체적인 실제 상황에서 군을 운용하는 행군(行軍) 편 이하와 연계(連繫)시키는 연결구 역할을 한다. '山林險阻沮澤之形'은 구지(九地) 편에서 '군을 운용(이동)하기 어려운 길[難行之道]'로 정의한다. 이 문단은 간접접근의 관점에서 다음과 같은 특별한 의미를 갖는다.

첫째, 멀리 돌아(迂廻)가야 하는 간접접근은 전장(戰場)이 적의 영토에만 국한되지 않고, 주변 제후들의 영토를 경유(經由)할 것이 요구되기 때문에, 반드시 주변 제후들과의 교류 관계를 예상(豫想)할 수 있어야 한다.

둘째, 장거리 우회기동을 요구하는 간접접근에서 관심의 초점은 자연지리의 우회기동 가능성이다. 따라서 우회기동이 어려운 지형(難行之道)을 잘 알아야 할 필요가 있다.

셋째, 그 연장선에서, 적도 예상하지 못한 장거리 우회로(迂廻路)나 생소한 주변 제후의 영토를 이용하여 간접접근을 하기 위해서는 구체적인 지리정보가 필요하다. 따라서 그 지방의 길잡이(鄕導)만이 제공할 수 있는 세부적인 지리정보의 이점을 충분히 활용할 수 있어야 한다. 그 관점에서 위의 세 가지 고려 사항들은 간접접근을 위한 조건으로서 고려해야 할 사항들로 볼 수 있다.

특히, 간접접근의 실제에서 '不知山林險阻沮澤之形者, 不能行軍'을 단순히 '군을 행하기 어려운 지형을 모른다면, 行軍이 불가능하다.'로 해석하는 것만으로는 부족하다. 먼저 '不能行軍'에서 行軍을 '군을 운용하다.'로 볼 때 행하는 방법은 간접접근이기 때문에, 군을 운용할 수 없는 지형을 모른다면, 간접접근을 할 수 없다.'로 해석해야 한다.

또한, 적이 생각하지도 못한 길로 우회(迂回)해야 하는 간접접근에서, 우회가 어려운 지형이나 상황은 피하는 것만이 능사(能事)가 아니라, 어렵더라도 그러한 지형을 극복할 수만 있다면, 오히려 기습효과를 극대화할 수도 있다. 따라서, 모두가 불가능하다고 생각하는 지형을 극복하기 위해서는 그 지방(地方)의 길잡이를 활용하여 구체적이고 세부적인 지리정보의 이점(利點)을 활용할 것이 요구된다.

④ 故兵以詐立, 以利動, 以分合爲變者也. 故其疾如風, 其徐如林, 侵掠如火, 不動如山, 難知如陰, 動如雷震. 掠鄕分衆, 廓地分利, 懸權而動, 先知迂直之計者勝, 此軍爭之法也.

〈문맥〉

이 문단은 우직지계(迂直之計)의 단순한 개념에 이어서, 나의 분산(分)과 집중(合)으로 적을 변화시키는[以分合爲變], 복합적인 간접접근의 원리를 설명하고, 그 조건으로서, 정동(靜動)의 부대 태세를 비유법으로 열거한 후, 그 원리를 구체적으로 예시한다.

〈해석〉

'그런 연유로, (간접접근은) 속여서 나타나고[以詐立], 利를 보여주어 적을 움직이며[以利動] 등, 나의 분산과 집중으로 적을 변화시키는 것이다[以分合爲變者也]. 그 빠르고 거셈이 바람과 같으며[其疾如風], 그 평온함이 숲과 같고[其徐如林], 불처럼 침략(侵掠)하며[侵掠如火], 산처럼 움직이지 않고[不動如山], 어둠처럼 알기 어려우며[難知如陰], 천둥번개처럼 움직이는[動如雷震] 태세(態勢)를 요구한다. 그러한 태세로, 적이 귀중하게 여기는 향읍(鄕邑)[65]을 공략(攻掠)하여 적을 분산시키고[掠鄕分衆], 전장(戰場)을 확대(擴大)하여 적이 쫓게 될 利를 확산(擴散)시켜 적의 분산을 유도하며[廓地分利], 그 결과로 나타나게 될 피·아의 상대적인 분산(分散)의 정도를 평가하여 움직인다[懸權而動].' 멀

65 향(鄕)은 성진(城陣) 이외의 땅으로 1만 2500호가 거주했다.

리 돌아서 직행하는 그와 같은 계략(計略)을 먼저 아는 자가 승리한다[先知迂直之道(計)者勝]. 이것이 군쟁의 법칙(法則)이다[此軍爭之法也].

〈해설〉

"掠鄕分衆, 廓[66]地分利, 懸[67]權而動."에 대한 기존 해석은 대부분 '分'을 분배의 의미로 간주하여 부하들의 동기유발을 위해 향읍(鄕邑)을 약탈하여 상(賞)으로 재물이나 땅을 나누어 주는 의미로 해석한다. 그러나 그러한 해석은 전후 문맥은 물론, 온전한 승리(全勝)를 위한 방법으로써 간접접근을 논하는 맥락에 전혀 부합되지 못하다.

이는 향읍을 공략하여 적의 대부대를 분산시키고, 전장을 넓혀 적이 좇을 이익을 분리한다는 '나의 분산을 통해 집중한다[以分合].'는 개념을 구체적으로 예시하는 문구로 해석해야 한다. 이때 '피 · 아 상대적 분산의 정도를 평가[懸權而動]'하는 이유는 적을 분산(分散)시키기 위해 적의 향읍(鄕邑)을 약탈[掠鄕]하거나 전장을 확대[廓地]하기 위해서는 내가 먼저 분산(分散)해야 하므로, 피 · 아의 분산의 정도를 평가해야 한다.

'분산에 의한 집중(以分合)'은 실천적으로 다음 세 가지 개념을 포함한다. 첫 번째는 '내가 먼저 분산하여 적의 분산을 유인하여 결정적인 시 · 공간에서 나의 집중을 달성한다.'는 가장 기본적인 개념이며, 두 번째는 초기에 분산하여 진격[分進]함으로써 아 의도에 대한 적의 오판

66 곽(廓)의 뜻에는 '크다'는 뜻이 있으나 중한사전에는 '확대하다, 넓히다'의 뜻이 있다.

67 현(懸)은 '메달다, 상을 걸다, 게시하다' 등의 한자 뜻이 있으나, 중한사전에는 '懸斷-짐작으로 판단하다' '현췌(懸揣)-짐작하다, 추측하다'는 의미를 갖는 단어가 있다.

(誤判)을 유도하여 적을 분산시킨 후, 결정적 시간과 장소에서 집중공격[合擊]하는 분진합격(分進合擊)의 개념이고, 세 번째는 보다 더 적극적으로 적의 제파식 집중을 지연, 차단, 고립시킨 후 상대적인 집중을 달성하는 현대적 개념이다.

어떤 경우이건, 적의 분산을 유인 또는 강요하기 위해서는 내가 먼저 분산하는 것이 필수적이다. 특히, 세 번째 개념은 과거 제파식 집중에 의존하는 공산주의 국가들의 군을 상대한 미 육군의 공지전투(Air-Land Battle) 교리[68]가 추구했던 개념 틀이며, 최근에는 압도적인 항공력을 활용한 전 전장 동시화(全戰場 同時化)를 달성하여 비선형(非線型) 효과(效果)를 창출하려는 공지작전(Air-Land Operations) 교리[69]로 진화(進化)되어 왔다.

⑤ (-是故)軍政曰, 言不相聞, 故爲金鼓, 視不相見, 故爲旌旗. 故夜戰多金鼓, 晝戰多旌旗 (+夫)金鼓旌旗者, 所以一民之耳目也, 民旣專一, 則勇者不得獨進, 怯者不得獨退, 此用衆之法也. 故三軍可奪氣, 將軍可奪心.

〈문맥〉

본 문단은 역동적인 간접접근의 두 번째 조건으로서, 장수의 정교한 계책(計策)에 따라 군이 엄밀하게 움직이기 위해서는 나는 한 사람의 귀와 눈[壹民之耳目]처럼 지휘집중(指揮集中)시키고, 적은 귀와 눈을 변화[變人之耳目]시켜 지휘교란(指揮攪亂)시켜야 한다.

68 Department of US. Army, *FM 100-5 Operations* (1986) 참조.

69 Department of US. Army, *FM 3-0 Operations* (1993) 참조.

〈해석〉

'그러한 연유[以詐立, 以利動, 以分合]로, 군을 다스리는 일을 이르길, 전장에서는 말소리가 서로 들리지 않는 까닭에 징과 북을 사용하고, 서로 잘 보이지 않는 까닭에 깃발을 사용하라고 한다. 징이나 북 또는 깃발을 사용함으로써[所以] 한 사람의 눈과 귀가 되도록 만든다. 그 결과, 아군은 하나로 전념(專念)[民旣已專一]할 수 있게 되어, 용감한 자도 혼자서 나아갈 수 없게 되며, 겁많은 자도 혼자서 물러설 수 없게 되니, 이것이 많은 무리[중(衆)]를 부리는 방법으로 모두의 마음과 힘을 오로지 한 곳에만 지향시킬 수 있게 된다.

'그런 까닭에, 밤에 싸울 때는 징과 북을 많이 쓰고, 낮에 싸울 때는 깃발을 많이 사용한다. 그럼으로써, 적의 귀와 눈을 변화(교란)시키는 효과도 있어서, 적 삼군(三軍)의 기세(氣勢)를 무디게 하고, 적장(敵將)의 마음도 빼앗을 수도 있다.'

〈해설〉

"是故軍政曰"에서 '政'[70]이라는 한자는 손자병법에서 政事, 軍政, 지휘통신, 상벌, 훈련 및 정치적 결심 등의 의미로 사용한다. 이 문구에서 군정(軍政)은 군의 지휘조직(指揮組織)과 각종 행정사항 등 법(法)이 집

70 政의 용법에는 政事, 軍政(인사, 군수, 행정), 法(曲制, 主用), 通信(金鼓와 旌旗), 賞罰, 訓練, 정치 · 군사적 決心 등이 있다. 그것은 각 편별로 다음과 같이 사용된다.

계편: 經之以五事(政事).

모공편: 同三軍之政(軍政).

형편: 修道而保法, 故能爲勝敗之政.

군쟁편: 軍政曰, 言不相聞故, 爲之金鼓, 視不相見故, 爲之旌旗.

구지편: 齊勇若一, 政之道也/懸無政之令/是故, 政擧之日(정치적 결심).

행되는 분야이다.

"所以壹民之耳目也, 〈중략〉, 所以變人之耳目也" 이 구절에서 '所以'는 '까닭'으로 '일이 생기게 된 원인이나 조건이다.' 여기서는 앞 행위의 결과이기 때문에, '그럼으로써'로 해석한다. '壹民之耳目'이나 '變人之耳目'에서 '귀와 눈(耳目)'은 현대적 개념으로 지휘집중으로 해석할 수 있다. 이 문구에서 민(民)은 나의 사졸이며, 인(人)은 적의 사졸들이다. 따라서 이 문구는 아군의 지휘집중은 보장(保障)하고, 적의 지휘집중은 변화(變化)시킨다는 의미가 된다. 간접접근의 관점에서, 아군은 한 사람의 이목(耳目)처럼 지휘집중하도록 만들어야 하는 까닭은 장수의 교묘한 간접접근의 계책(計策)을 정밀(精密)하게 수행하여 모든 노력들을 집중시키기 위해서이며, 대신 적의 이목(耳目)을 교란시키는 목적은 그들을 속이거나 그들이 직선적(直線的)으로 대응하도록 유인하여, 나의 간접접근에 적이 더 쉽게 말려들도록 하기 위함이다.

"故三軍可奪氣, 將軍可奪心." 이는 앞 문구의 적의 지휘집중을 교란함으로써(故), 적의 삼군(三軍)의 기운(氣運)을 탈진(脫盡)시키고, 적장(敵將)의 마음을 빼앗을 수 있다[교란(攪亂)]는 의미이다. 적장이 자기 통제력을 상실하면, 나의 속임수나 유인책에 쉽게 빠질 수 있는 심리상태가 되어, 간접접근에 유리하게 된다. 이 문구에서 특별히 기(氣)와 심(心)을 사용한 이유는 나의 그것들을 본격적으로 언급하는 아래 문단과 연계시키기 위함이다.

⑥ 是故朝氣銳, 晝氣惰, 暮氣歸. 故善用兵者, 避其銳氣, 擊其惰歸, 此治氣者也. 以治待亂, 以靜待譁, 此治心者也. 以近待遠, 以佚待勞, 以飽待飢, 此治力者也. 無邀正正之旗, 勿擊堂堂之陣, 此治變者也. 故用兵之法, 高陵勿向, 背丘勿逆, 佯北勿從, 銳卒勿攻, 餌兵勿食, 歸師勿遏, 圍師遺闕, 窮寇勿迫, 此用兵之法也.

이 문단은 간접접근의 세 번째 조건으로서, 감성적 · 심리적 절제(節制)와 통제(統制)를 위한 4治를 예시한다.

〈해석〉

'그러한 연유로[간접접근의 조건으로서 기(氣) 측면에서], 아침에는 군의 기세(氣勢)가 날카로우며, 낮에는 게을러지고, 밤에는 돌아가려는 기세(氣勢)이므로, 용병을 잘하는 사람은 적의 예기(銳氣)를 피하고, 게을러지거나 돌아가려는 기세를 치니, 이것이 기세를 다스리는 치기(治氣)이다. 나는 잘 다스려진 마음으로 조용히 소란(騷亂)스런 적을 기다리니, 이것이 마음을 다스리는 치심(治心)이다.'

가까이에서 멀리서 오는 적을 기다리고, 편안한 상태에서 피로(疲勞)한 적을 기다리며, 배부른 상태에서 굶주린 적을 기다리니, 이것이 힘을 다스리는 치력(治力)이다. 깃발이 정연한 부대는 맞아 싸우지 않으며, 위풍(威風)이 당당한 진형(陣形)은 맞받아치지 않으니, 이것이 변화를 다스리는 치변(治變)이다.'

〈해설〉

역동적인 간접접근의 조건은 상대적인 지휘집중뿐만 아니라, 기세[氣] · 마음[心] · 힘[力] · 변화[變]를 다스릴[治] 것을 요구한다. 특히 교묘한 속임수[詭策]에 따른 치밀하고 정교한 행동이 요구되는 간접접근은 장수의 의도(意圖), 즉 계략(計略)을 자기 사졸(士卒)에게도 숨기면서도 요구하는 바대로 정밀하게 움직여야 하므로, 그들에게도 장수의 탁월한 지략에 대한 고도의 신뢰심(信賴心)에 기초한 엄격한 감성적 및 정신 · 심리적 절제와 통제가 요구된다.

"無邀正正之旗 勿擊堂堂之陣"은 본편의 주제에 비추어 볼 때, '바르고 가지런한 군기(軍旗)는 마주치지 않으며, 기세가 당당한 진영(陣營)은 맞부딪치지 않는다.'에서 (正正之旗)'와 '堂堂之陣'은 피하라는[强而避之] 의미가 아니라, 맞받아치지 말고[요격(邀擊)] 그 전열(戰列)을 변화시켜 노출된 虛를 공격하기 위한 간접접근의 원리를 적용하라는 문구로 볼 수 있으며, 이를 위해 마음을 다스릴 것(治心)을 예시(例示)한 문구이다.

⑦ 故用兵之法, 高陵勿向, 背丘勿逆, 佯北勿從, 銳卒勿攻, 餌兵勿食, 歸師勿遏, 圍師遺闕, 窮寇勿迫, 此用兵之法也.

〈문맥〉

앞 문단이 흐트러짐이 없는 적에 대한 직접적인 충동(衝動)을 억제할 것을 강조한 데 비해, 본 문단은 다양한 상황변화를 다스리는(治變) 문제를 구체적으로 예시한 문단으로 볼 수 있다. 요컨대, 우직지계의 조건인 하지 말아야 할[물(勿)] 조건들에 대한 분별지(分別智)를 강조하면서, 동시에 후편인 구변 편의 다양한 상황에서 분별지와 연계한다. 이 문단은 예시한 상황에서 적에 대해 하지 말아야 할 것들[…有所不…] 을 제시하여 분별력(分別力)을 가지고 다시 판단 및 평가할 것을 강조하는 문단이다.

〈해석〉

'예로부터 용병의 원칙에는, 높고 가파른 곳은 지향(指向)하지 않는다[高陵勿向]. 배후가 구릉(丘陵)인 곳에서는 적을 맞아 싸우지 않는다[背

丘勿逆]. 거짓 패한 척하는 적은 쫓지 않는다[佯北勿從]. 날쌔고 용감한 적은 직접 공격하지 않는다[銳卒勿攻]. 미끼부대는 먹지 않는다[餌兵勿食]. 포위된 적에게는 빠져나갈 문을 열어둔다[圍師遺闕]. 자국으로 돌아가는(철수하는) 부대는 막지 않는다[歸師勿遏]. 매우 어려운 지경에 빠진 적은 압박하지 않는다[窮寇勿迫]. 등이 있다. 이것이 본대(本隊)인 대부대[衆兵]를 다루는 방법이다[此用衆(兵)之法也].

〈해설〉

본 문단은 간접접근은 사고(思考)의 자유(自由)가 보장되어야 할 뿐만 아니라, 상황변화에 따른 분별지(分別智)가 요구된다는 점을 강조하면서, 병법의 논리 전개의 특징인 후편[구변(九變) 편]과 연계시킨다. 특히 마지막 문구인 '此用衆之法也.'에서 '용중(用衆)'은 적을 기만하거나 유인하기 위한 소부대(寡)의 운용으로 드러난 적의 허(虛)를 치기 위한 본대(本隊)의 운용법(運用法)이다.

4. 제8편 구변(九變)

'무궁한 변화'라는 의미의 구변(九變) 편의 포괄 개념은 '역동적인 상황변화에 따른 분별지(分別智)와 사고(思考)의 유연성(柔軟性)'이다. 고도의 분별력과 융통성이 발휘되어야 하는 응변술(應變術)은 변화하는 다양한 상황 여건에 통달(洞達)할 것을 요구(要求)하며, 그 부정적 조건으로서 경직(硬直)되거나 과도(過度)한 성격을 경고(警告)하기 위해 아래와 같은 4개 문단으로 논리를 전개한다.

① 孫子曰, 凡用兵之法, 將受命於君, 合軍聚衆, 圮地無舍, 衢地合交, 絕地無留, 圍地則謀, 死地則戰, 途有所不由, 軍有所不擊, 城有所不攻, 地有所不爭, 君命有所不受.
② 故將通於九變之利者, 知用兵矣. 將不通於九變之利者, 雖知地形, 不能得地之利矣. 治兵不知九變之術, 雖知五利, 不能得人之用矣.
③ 是故智者之慮, 必雜於利害, 雜於利, 故(而)務可信也, 雜於害, 故(一憂)患可解也. 是故, 屈諸侯者以害, 役諸侯者以業, 趨諸侯者以利. 故用兵之法, 無恃其不來, 恃吾有以待也, 無恃其不攻, 恃吾有所不可攻也. [虜-포로/過-심하다/과오]
④ 故將有五危, 必死, 可殺也, 必生, 可虜也, 忿速, 可侮也. 廉潔, 可辱也, 愛民, 可煩也. 凡此五者, 將之過也, 用兵之災也. 覆軍殺將, 必以五危, 不可不察也.

가. 구변(九變) 편의 논리 구조

구변 편은 용병과 치병의 이상(理想)으로 용병술(用兵術)과 치병술(治兵術)을 응변술(應變術)로 정의하고, 상황에 따른 고도의 분별지(分別智)와 유연성(柔軟性)을 그 조건(條件)으로 제시한다. 그 관점에서 구변 편은 다음 4개 문단으로 전개된다.

①문단은 다섯 가지 자연지리에 기초한 상황 유형별 용병의 원칙과 다섯 가지 하지 말아야 할 바를 들어서, 상황변화에 따른 원칙 적용의 중요성을 강조하며, ②문단은 용병의 원칙을 적용하면서 무궁한 상황 변화에 통달해야 비로소, 그 이치(理致)를 다 터득(攄得)했다고 말할 수 있다고 주장하여 원칙 적용의 응변술을 강조한다. ③문단은 응변술(應變術)은 반드시 문제 상황의 양면성(兩面性) 즉, 利와 害를 함께 고려할 때(必雜於利害), 利를 극대화하면서 害에 대한 대비책 강구가 가능하므로, 낙관적인 기대에만 의존하지 말고, 오직 자신이 조치(措置)해둔 대비책(大備策)만 믿을 것을 강조한다. ④문단은 용병(用兵)과 치병(治兵)에서 응변술의 조건으로 장수의 경직(硬直)되거나 과도(過度)

한 가치, 신념, 성격 등의 위험(將有五危)을 들어서 사고(思考)의 유연성(柔軟性)을 강조한다. 이를 대표할 수 있는 편명의 의미는 승리 경쟁에 있어서 '무궁한 상황변화'이며, 포괄개념은 상황변화에 따른 응변술(應變術)과 그 조건(條件)들이다.

표 12는 구변편의 논리 구조를 요약한 도표이다.

〈표 12〉 구변(九變) 편의 논리 구조

편명	**九의 變: 무궁(無窮)한 상황 변화**			
포괄 개념	무궁한 상황변화에 따른 응변술(應變術)과 그 조건으로서 분별지(分別智)와 思考의 유연성(柔軟性)			
논리 전개	■ 원칙 적용의 무궁한 변화	■ 상황변화에 따른 응변술	■ 오로지, 자신이 조치해 둔 대비책만 신뢰	■ 응변술의 조건
	원칙과 예외 조 항을 대비시켜 원칙 적용의 융통성을 강조	용병의 원칙 적용을 위해 무궁한 상황 변화에 통달할 것을 요구	문제 상황의 양면성을 고려하여 낙관적 기대보다는 자신이 조치한 대비책만 신뢰	상황 분별력과 가치, 신념, 성격, 사고의 유연성

요컨대, 〈표 12〉처럼 구변 편은 무궁한 상황변화에 따른 용병과 치병의 응변술(應變術)을 강조하고, 요구되는 조건으로 상황에 대한 분별력(分別力)과 사고의 유연성(柔軟性)을 일관된 논리로 제시하고 있다.

나. 문단별 구조적 상세 해석

① 孫子曰, 凡用兵之法, 將受命於君, 合軍聚衆, 圮地無舍, 衢地合交, 絶地無留, 圍地則謀, 死地則戰, 途有所不由, 軍有所不擊, 城有所不攻, 地有所不爭, 君命有所不受.

〈문맥〉

이는 다섯 가지 자연지리에 기반을 둔 상황 유형별[지형(地形)] 용병의 일반원칙과 그 원칙에서 어긋나는 다섯 가지 예외 조항[途有所不由, 〈중략〉, 君命有所不受][71]을 들어서, 역동적인 지략 위주 간접접근의 원리를 변화하는 상황에 적용하기 위해서는 고도의 분별지(分別智)가 요구됨을 강조한다.

71 은작산 한묘 죽간손자(1972), 전게서. pp.98–100. 여기서 제목은 四變이다.

- 途有所不由 : 徐(途)之所不由者, 曰, 淺入則前事不信, 深入則後利不接, 動則不利, 立則囚, 如此者, 不由也 길이라도 가지 말아야 할 길은, 조금 들어가면 앞의 일을 알지 못하고, 깊이 들어가면 뒤의 보급(또는 후속 병력지원)이 닿지 못하며, 움직이면 불리하고, 가만히 있으면 적에게 갇히게 되는, 이와 같은 길은 가지 말아야 한다.
- 軍有所不擊: 軍有所不擊者, 曰, 兩軍交和而舍, 計吾力足以破其軍, 獲其將, 遠計之, 有寄勢巧權於它, 而軍.....〈원문 분실〉…… 將, 如此者, 軍唯(雖)可擊, 不擊也 군대라도 공격해서는 안 되는 군대는, 양군이 서로 대치하여 진을 치고 있을 때 헤아려 보아 나의 힘이 충분히 적을 격파하고 장수를 잡을 수 있을지라도, 깊이 생각해 보아 적에게 기세와 주도권이 있으면…. 이러한 적은 이 편이 공격할 여건이 되더라도 공격해서는 안 된다.
- 城有所不攻: 城之所不攻也, 曰, 計吾力足以拔之, 拔之而不及利於前, 得之而後不能守, 若力 之, 城必不取, 及於前, 利得而城自降, 利不得而不爲害於後,若此者, 城唯(雖)可攻, 不攻也. 성이라도 공격하지 말아야 할 성은, 이 편의 능력을 헤아려 보아 충분히 그 성을 빼앗을 수는 없다 하더라도, 장차 작전함이 이롭지 못하거나, 또한 빼앗은 후에도 그를 지킬 능력이 없다고 하면 공격해서는 안 된다. 만약 힘이 (원문 분실)…. 성을 반드시 취해서는 안 된다. 또한 당장 눈앞의 이익을 얻을 수 있고, 성이 스스로 투항한다고 하더라도 이익을 얻지 않음으로 후일에 있을지 모르는 해를 피해야 한다. 만약 이런 경우에는 비록 공격할 능력이 있다고 하더라도 공격해서는 안 된다.
- 地有所不爭: 地之所不爭, 曰, 山谷水 無能生者, 而 …虛. 如此者, 不爭也. 땅이라도 다투지 말아야 할 땅은 산악, 계곡, 하천 (원문 분실), 살 수 없는 땅, (원문 분실)… 허한 땅이다. 이와 같은 땅은 다투지 말아야 한다.
- 君命有所不受: 君命有所不行者, 君命有反此四變者, 則不行也… 行也. 군주의 명령이라도 이행하지 않아야 될 것이 있는데, 군주가 명령을 하되 위에서 말한 네 가지의 변(상황)에 위배되는 명령을 한다면, 시행해서는 안 된다.

〈해석〉

'손자가 이르길, 장수가 군주로부터 명(命)을 받아 백성들의 무리를 취합(聚合)하여 군을 조직한 후, 무릇 적용해야 할 용병의 원칙으로는, 무너질 곳에서는 머무르지 않고[圮地無舍], 3개국 이상의 영토가 접하는 네거리에서는 상호 교류하여 합하고[衢地合交], 국경을 넘으면 머무르지 않고 계속 나아가며[絕地無留], 둘러싸인 위지(圍地)에서는 계책을 사용하여 벗어나고[圍地則謀], 도저히 살아 나올 수 없는 막힌 사지(死地)에서는 결전(決戰)을 시도한다[死地則戰]. 그러나 길에도 따라가서는 안 되는 길이 있고[途有所不由], 군(軍)에도 격파(擊破)하지 말아야 할 경우가 있으며[軍有所不擊], 성(城)도 공격하지 않아야 할 곳이 있고[城有所不攻], 장소(場所)도 다투지 말아야 할 곳이 있으며[地有所不爭], 군주의 명령도 받아들이지 않을 경우가 있다[君命有所不受].'

〈해설〉

이 구절에서 핵심은 다섯 가지 자연지리 유형별 일반원칙과 그 원칙을 따르지 않아야 할 경우(有所不)도 있음을 들어 원칙 적용의 분별지(分別智)를 강조한다.

② 故將通於九變之利者, 知用兵矣. 將不通於九變之利者, 雖知地形, 不能得地之利矣. 治兵不知九變之術, 雖知五利, 不能得人之用矣.

〈문맥〉

이 문단은 용병(用兵)과 치병(治兵)의 원칙들은 물론, 무궁한 상황변화에서 그 유·불리를 다 알고 능란하게 다룰 수 있어야[通達], 비로소 그것을 터득(攄得)했다고 볼 수 있으며, 그와 같은 수준이 바로 용병술과 치병술의 응변술(應辯術)임을 제시한다.

〈해석〉

'그러므로, 장수가 무궁한 상황변화의 유 · 불리에 통달했을 때, 비로소 용병(用兵)을 안다고 할 수 있으나, 상황변화의 유 · 불리점에 통달하지 못하면, 비록 상황 유형별 원칙을 다 알더라도 상황의 이점(利點)을 다 터득했다고 할 수 없을 것이다. 치병(治兵)에서도 무궁하게 변화하는 치병술(治兵術)에 통달하지 못하면, 비록 다섯 가지 다스림의 이점(利點)을 다 안다고 하더라도, 사람 부리는 일을 터득(攄得)했다고 볼 수 없다.'

〈해설〉

'將通於'에서 '將'은 장수라는 의미뿐만 아니라, '만약 한다면,' 이라는 가정법의 조건절을 이끄는 접두사(接頭辭)로도 해석할 수도 있다. '雖知地形이나 雖知五利'는 '비록 다섯 가지 상황 유형별 원칙이나 다섯 가지 다스림의 이점을 통달했다고 하더라도' 라고 부언해야 문맥이 통한다. '雖知五利'에서 '오리(五利)'의 이(利)는 유리(有利)만이 아니라 불리(不利)의 축약어로서 간주하여 '비록 다섯 가지 유 · 불리점(有 · 不利點)을 다 알더라도'라고 해석할 수 있다.

특히, 치병에 있어서 오리(五利)가 무엇을 지칭하는지는 논쟁의 대상이다. '비록 다섯 가지 이점(利點)을 안다고 하더라도(雖知五利)'라는 문맥으로 볼 때, 오리(五利)는 이미 앞에서 언급했던 내용이 분명하다. 그 측면에서 간접접근의 조건으로서 다섯 가지 이점(利點)인 군쟁(軍爭) 편의 지휘집중(壹人之耳目)과 4치(四治: 治氣, 治心, 治力, 治變)의 합(合)으로 볼 수 있으며, 그리고 계편에서 제시했던 장수의 다섯 가지 능력(能力)과 자질(資質)인 지(智), 신(信), 인(仁), 용(勇), 엄(嚴)으로도 이해할 수 있다.

③ 是故智者之慮, 必雜於利害, 雜於利, 故(而)務可信也, 雜於害, 故(一憂)患可解也. 是故, 屈諸侯者以害, 役諸侯者以業, 趨諸侯者以利. 故用兵之法, 無恃其不來, 恃吾有以待也, 無恃其不攻, 恃吾有所不可攻也.

〈문맥〉

이 문단은 상황변화의 이점(利點)을 이용하기 위해서는 항상 有·不利點(利와 害)을 함께 고려하고, 원칙에 따른 낙관적 기대보다는 그 변화 가능성에 대비해야 함을 강조한다.

〈해석〉

그러하기 때문에(상황변화에 정통해야 하는 관점에서), 지혜로운 사람은 반드시 유·불리한 점을 반드시 함께 고려한다[必雜於利害]. 유리한 점을 고려하면 하는 일을 확신(確信)하게 되고, 불리한 점을 고려하면 그 과정에서 나타나게 될 우환(憂患)을 해소(解消)할 수 있다. 그러한 연유(緣由)로, 주변 제후들을 다루는 일반원칙을 예로 들자면, 현실적인 해(害)를 강요하여 주변 제후들을 굴복시키고, 과거에 베푼 업보(業報)를 들어서 제후들을 부리며, 미래의 유리한 展望(Vision)을 들어서 제후들이 따르도록 설득하지만, 변화무쌍한 용병에서는 그들이 따를 것이라고 믿는 대신, 따르지 않을 경우에 대비하여 구상(構想)해

둔 자신의 대책(對策)을 믿어야 하며, 공격하지 않으리라 믿는 대신, 공격할 수 없도록 만들어 놓은 자신의 조치(措置)만을 믿어야 한다.

〈해설〉

"是故智者之慮, 必雜於利害, 雜於利, 故務可信也, 雜於害, 故憂患可解也." 이 구절의 실천적 의미는 통상 새로운 정책이나 전략의 대안을 제시할 경우, 대부분 유리한 점(장점)만을 부각(浮刻)시키는 경향이 있으나, 유리한 점보다는 오히려 불리한 점(단점)을 더 깊게 분석하여 제시해야 한다. 유리한 점은 주로 낙관적 기대에 기인(起因)하며, 불리한 점은 기대했던 것과 다른 변화에 기인한다. 정책의 실천적 효율성은 낙관적 기대에 의해서가 아니라, 실천 과정에서 필연적으로 대두하게 될 상황변화에 따른 불리한 점의 극복 여부가 좌우하기 때문이다.

"是故屈諸侯者以害, 役諸侯者以業, 趨諸侯者以利." 이 구절은 계(計)편의 天(국제적 관계)의 요소 중 時制(과거, 현재 및 미래)를 적용한 예이다. 주변 제후들을 다루는 일반원칙으로 현재의 害로 압박하여 굴복시키고, 과거의 업보(業報)[72]를 상기(想起)시켜 부리며, 미래의 利(Vision 전망)를 들어서 따르게 한다고 설명한다.

"故用兵之法, 無恃其不來, 恃吾有以待也. 無恃其不攻, 恃吾有以不可攻也." 이 구절은 첫 번째 구절의 利와 害를 함께 고려해야 한다는 두 번째 구절은 주변 제후들을 부리는 원칙과 연계시킨다. 이(利)는 제후들을 부리는 일반원칙이며, 해(害)는 그 원칙에서 벗어날 경우이다. 후

72 업(業)은 '과거의 공(功) 또는 공적(功績)'이다.

자에 대비한 대책을 강구(講究)해 놓을 때, 비로소 예상되는 문제 해결이 가능하다고 강조한다.

④ 故將有五危, 必死, 可殺也, 必生, 可虜也, 忿速, 可侮也. 廉潔, 可辱也, 愛民, 可煩也. 凡此五者, 將之過也, 用兵之災也. 覆軍殺將, 必以五危, 不可不察也.

〈문맥〉

이 문단은 응변술(應變術)을 구사해야 하는 장수의 정신 · 심리적 조건으로서, 경직된(과도한) 신념(信念)이나 성격(性格) 또는 가치관(價値觀)이 초래할 수 있는 다섯 가지 위험[將有五危] 요소를 들어서 그 유연성(柔軟性)을 강조한다.

〈해석〉

'그 관점에서[故], 장수에게는 다섯 가지 위험(危險)이 있으니, 필사적(必死的)이면 죽을 수 있게 되고, 반드시 살려고 하면 포로(捕虜)가 될 수 있으며, 성급하게 화(火)를 내면 수모(受侮)를 겪게 되고, 청렴결백(淸廉潔白)하면 곤욕(困辱)을 치를 수 있게 되며, 백성을 지나치게 사랑하면 번민(煩悶)에 빠질 수 있다. 무릇 이 다섯 가지는 장수의 허물로서 용병(用兵)의 재앙(災殃)이 될 수 있다. 軍이 무너지고 장수가 죽게 되는 것은 언제나 이 다섯 가지 위험 때문이니, 잘 살피지 않아 잘못이 있어서는 안 된다.'

〈해설〉

장수의 극단적인 신념(信念) 즉, 必死, 必生이나 性格(忿速) 또는 價

値(潔廉, 愛民) 등의 경직성은 사고의 유연성과 행동의 자유를 스스로 제한하여, 무궁한 변화에 대처할 수 없을 뿐만 아니라, 적이 그 점을 악용하면, 자기모순(自家撞着)에 빠질 수도 있다. '將之過也'에서 '과(過)'는 과오(過誤)라기보다는, 유연성을 강조하는 맥락에서 '과도(過度)하거나 경직(硬直)되어'라고 해석하는 것이 타당하다.

특히, '필사가살(必死可殺)'은 구지 편에서 '군을 사지(死地)에 몰아넣어야 죽을 각오로 싸워 살 수 있게 된다(陷之死地然後生).'는 주장과 상충(相沖)하는 것처럼 보이지만, 구지 편은 장수가 부하를 부리는 입장에서는 필사즉생(必死則生)인 반면, 여기서는 고도의 지략을 발휘하여 승리에 유리한 여건을 조성해야 하는 장수 자신의 필사(必死)나 필생(必生) 등 직선적이고 극단적인 사고(思考)는 오히려 재앙이 될 수 있음을 말한다.

요컨대, 구변 편은 무궁한 변화가 본질인 실제 상황에서 용병과 치병의 이상(理想)을 응변술(應變術)로 정의하고, 요구되는 장수의 상황 분별력(分別力)과 사고(思考)의 유연성(柔軟性)을 강조하면서 간접접근을 실제 상황과 결부시켜 논(論)하는 다음(행군) 편과의 연계를 도모하는 문구이다.

제3절
용병의 실제(實際)

용병(用兵)의 실제(實際)는 용병 일반론을 전장의 실제 상황 요소와 결부시켜 논한다. 그 상황 요소에는 자연 지리적 상황의 유형, 적 의도 및 기도, 피 · 아 부대 상태, 법령 이행 상태 및 리더십의 효과 등이 포함된다. 용병의 실제(實際)에는 행군(行軍) 편으로부터 화공(火攻) 편에 이르는 4개 편이 해당한다. 행군(行軍) 편은 주로 전술적 상황 요소를 상대적(相對的) 및 정적(靜的)인 관점에서 논하고, 지형(地形) 편은 그것들을 다양한 상황에서 동적(動的)인 관점에서, 그리고 구지(九地) 편은 다양한 전략 지리적 상황 요소들과 결부시켜 역동적(力動的)인 관점에서 논한다. 특히, 구지 편과 화공(火攻) 편은 인간의 감성적(感性的) 본성(本性) 측면에서 전과(戰果)의 공고화(鞏固化)와 확전(擴戰) 결심(決心)을 다룬다.

1. 제9편 행군(行軍)

편명으로서 행군(行軍)이란 '軍을 行함' 즉, '실제 전장에서 군을 움직여 운용(運用)'함이다' 행군 편의 포괄 개념은 '전장에서 상대적으로 유리한 군 이동 및 배치의 원칙과 그 과정에서 파악해야 할 상황 요소들'이며, 주로 상대적 및 동적인 측면에서 설명한다. 전장 상황 요소에는 일반 지리적 상황(山/水上/斥澤/平陸)과 적 의도 및 기도, 피 · 아 부대 상태와 법령 이행 상태 등이 포함된다. 이 상황 요소들은 후편인 지형 편과 구지 편의 '地'의 의미와 동일하며, 현대 군사적 상황 요소인 METT-TC와 크게 다르지 않다. 특히, 행군 편부터는 이전 편까지 일관되게 강조되어 온 '양적(量的)인 우세(優勢)' 측면의 개념들이 제반 상황 요소를 고려한 '질적(質的)인 우세' 측면으로 전환되며, 다음과 같은

5개 문단으로 논리가 전개된다.

① 孫子曰, 凡處軍相敵, 絕山依谷, 視生處高, 戰隆無登, 此處山之軍也. 絕水必遠水, 客絕水而來, 勿迎之於水內, 令半濟而擊之, 利, 欲戰者, 無附於水而迎客, 視生處高, 無迎水流, 此處水上之軍也. 絕斥澤, 惟亟去無留, 若交軍於斥澤之中, 必依水草而背衆樹, 此處斥澤之軍也, 平陸處易, (+而)右背高, 前死後生, 此處平陸之軍也. 凡此四軍之利, 黃帝之所以勝四帝也.

② 凡軍好高而惡下, 貴陽而賤陰, 養生而處實, 軍無百疾, 是謂必勝. 丘陵堤防, 必處其陽, 而右背之, 此兵之利也, 地之助也. 上雨, 水沫至, 止涉, 待其定也. 凡地有 絕 天澗, 天井, 天牢, 天羅, 天陷, 天隙, 必亟去之, 勿近也. 吾遠之, 敵近之, 吾迎之, 敵背之. 軍旁, 有險阻, 潢井, 葭葦, 小林, 翳薈者, 必謹覆索之, 此伏姦之所也.

③ 敵近而靜者, 恃其險也, (一敵)遠而挑戰者, 欲人之進也. 其所居易者, 利也. 衆樹動者, 來也. 衆草多障者, 疑也. 鳥起者, 伏也. 獸駭者, 覆也. 塵高而銳者, 車來也. 卑而廣者, 徒來也. 散而條達者, 樵採也. 少而往來者, 營軍也. 辭卑而益備者, 進也 辭強而進驅者, 退也. 輕車先出, 居(+其)側者, 陳也. 無約而請和者, 謀也. 奔走(+而)陳兵車者, 期也. 半進者(半進半退者), 誘也. 倚仗而立者, 飢也. 汲役(而)先飲者, 渴也. 杖而立者, 飢也. 汲役(而)先飲者, 渴也. 見利而不進者, 勞倦也. 鳥集者, 虛也. 夜嘑(呼)者, 恐也. 軍擾者, 將不重也. 旌旗動者, 亂也. 吏怒者, 倦也.

粟(殺)馬肉食者, 軍無糧也. 不返其舍者, 窮寇也. 諄諄翕翕, 徐與入入者, 失衆也. 數賞者, 窘也. 數罰者, 困也. 先暴而後畏其衆者, 不精之至也. 來委謝者, 欲休息也. 兵怒而相迎, 久而不合, 又不相去, 必謹察之.[복-잠복/전복]

④ 兵非多益(益多也), (+惟)無武進, 足以并力料敵, 取人而已. 夫 唯無慮而易敵者, 必擒於人.

⑤ 卒未親附而罰之, 則不服, 不服則難用(+也). 卒已(一槫)親(+附)而罰不行, 則不可用也. 故合之以交(令之以文), 齊之以武, 是謂必取. 令素行以教其民, (則)民服. 令不素行以教其民, 則民不服, 令素行(令素信著)者, 與衆相得也.

가. 행군(行軍) 편의 논리 구조

행군 편은 전장의 실제에서 상대적으로 유리하게 군을 이동 및 배치하고 운용하는 원칙과 그 과정에서 파악해야 할 상황 요소들을 설명하기 위해 다음 5개 문단으로 전개한다.

① 문단은 실제 전장에서 주요 자연지리 유형 별(山地, 水上地, 斥澤地, 平陸地) 상대적으로 유리한 군의 이동 및 배치의 일반원칙[處軍相敵]을 제시하고,

② 문단은 그 과정에서, 군의 안전과 경계 측면에서 유의해야 할 지형과 기상의 영향, 신속하게 피해야 할 지형지물(必亟去之), 그리고 반드시 수색해야 할 예상 매복지역(必謹覆索之)을 거론(擧論)한다.

③ 문단은 전장의 실제 상황에서 군을 운용하면서, 징후(徵候)에 따라 파악해야 할 상황 요소로서 적 의도와 기도, 예상되는 적 활동, 잘못된 피·아 부대 상태들을 거론(擧論)하고, ④ 문단은 이전까지의 양적(量的)인 우세(優勢)에서 피·아 부대 상태를 고려한 질적(質的)인 우세의 관점으로 논리를 전환하면서, 적의 질적 수준에 대한 과소평가(過小評價)의 위험을 경고한다.

⑤ 문단은 부대의 질적 수준을 좌우하게 될 벌(罰)을 주는 경우와 원칙을 법령(法令) 이행 방법으로 제시한다.

행군 편은 〈표 13〉에 요약한 바처럼, 군을 운용하는 전장의 실제 상황 요소 중 주요 지역별 유리한 군의 이동 및 배치, 안전과 경계 측면에서 주요 지형지물, 그리고 고려하고 파악해야 할 상황 요소로서 적 의도 및 기도, 피·아 부대 상태, 법령이행 상태 등으로 논리(論理)를 전개(展開)한다.

〈표 13〉 행군 편의 논리 구조

편명 의미	軍을 行함: 실제 전장 상황에서 군을 운용함				
포괄 개념	전장(戰場)에서 군을 이동 및 배치하여 운용할 경우 파악해야 할 실제 상황 요소				
논리 전개	■ 유리한 군 이동과 배치	■ 군의 안전과 경계 목적의 조치	■ 징후에 따른 상황 파악 요소	■ 양적 우세를 질적 우세로 전환	■ 질적 수준을 좌우 할 법령 이행 방법
	전장에서 유리한 군의 이동 및 배치의 일반원칙	안전 및 방호 측면에서 지역 선택과 회피 및 수색해야 할 곳	징후에 따른 적 의도 및 기도와 피 · 아 부대 상태 파악	압도적 양적 우세에서 질적 우세로 논리를 전환	군의 질적 우세를 좌우하게 될 요소로서 법령 이행 방법

나. 문단별 구조적 상세 해석

① 孫子曰, 凡處軍相敵, 絕山依谷, 視生處高, 戰隆無登, 此處山之軍也. 絕水必遠水, 客絕水而來, 勿迎之於水內, 令半濟而擊之, 利, 欲戰者, 無附於水而迎客, 視生處高, 無迎水流, 此處水上之軍也. 絕斥澤, 惟亟去無留, 若交軍於斥澤之中, 必依水草而背衆樹, 此處斥澤之軍也, 平陸處易, (+而)右背高, 前死後生, 此處平陸之軍也. 凡此四軍之利, 黃帝之所以勝四帝也.

〈문맥〉

이 문단은 주요 지역(山地, 水上, 斥澤地, 平陸地) 별, 상대적으로 유리한 군 이동(移動) 및 배치(配置)와 대적(對敵)하는 원칙을 제시한다.

〈해석〉

손자가 이르길, 적을 상대하여 군을 유리하게 이동(移動) 및 배치(配

置)하는 방법으로, 山을 넘은 후에는 계곡에 의존하여 배치하되, 시야가 트인 높은 곳에 자리 잡아, 예상되는 전투가 무르익을 때, 다시 높은 곳으로 오르지 않는 곳이어야 한다. 이것이 산지(山地)에서 군을 이동 및 배치하는 방법이다.

물을 건넌 후에는 반드시 물에서 멀리 떨어져야 한다. 적이 물을 건너오는 도중에는 물 안에서 맞이하여 싸우지 않고, 절반쯤 건너도록 허용한 다음 공격하면 유리하다. 물을 맞이하지 않는 곳이어야 한다. 이것이 수상(水上)에서 군을 이동하고 배치하여 싸우는 원칙이다.'

늪지대를 건널 때는[絕沼澤], 머무르지 않고 신속하게 벗어나려고 해야 한다. 만약 넓은(斥)[73] 늪지대를 건너는 도중에 적과 교전하게 되면, 반드시 수풀에 의지하되, 배후에 많은 나무들이 있어야 하니, 이것이 늪지대에서 군을 이동하고 싸우는 방법이다.

평지(平地)에서는 편안한 곳에 배치하되, 배후(背後)가 높은 남향(南向)의 오른쪽[右]이면서, 앞이 막히고 뒤가 트여야 한다. 이것이 평지에서 군을 배치하는 원칙이다. 무릇 이 네 가지 지역에서 유리하게 이동하고 배치하는 원칙은 황제(黃帝)[74]가 사제(四帝[75])를 이길 수 있었던 처소(處所)들이다.'

73 중한사전에 '척(斥)'은 동사로서 '확장하다'는 의미가 있으나, 여기서는 '넓은'으로 해석한다.

74 중국의 전설상의 제왕. 성은 공손(公孫), 이름은 헌원(軒轅)으로, 복희씨, 신농씨와 함께 삼황(三皇) 또는 오제(五帝)로 불리는데, 처음으로 곡물 재배를 가르치고 문자 · 음악 · 도량형 따위를 정하였다고 하며, 최근까지 중국의 시조로 숭배되었다.

75 사제(四帝)는 고대 중국의 다섯 성군(聖君)인 五帝 중 황제(黃帝)를 제외한 전욱(顓頊), 제곡(帝嚳), 요(堯), 순(舜)을 이른다.

〈해설〉

"處軍相敵"은 '적을 마주 보고 군을 배치함에 있어서,'라는 의미이다. 적을 상대하여 군을 배치한 결과는 적과의 상대적인 處地나 立地 등의 상황 조건들이다. 이 의미는 이후 지형(地形) 편이나 구지(九地) 편의 '地'를 대표하며, 지형(地形) 편은 '전술적 또는 작전적 수준의 자연지리를 기반으로 한 당면한 상황 유형'이며, 구지 편은 다양한 작전적, 전략적 상황을 다루고, 이전 편인 구변(九變) 편은 그러한 상황의 무궁한 변화로 해석하는 기준이 된다.

"絕山依谷, 視生處高, 戰隆無登, 此處山之軍也."에서 '絕山依谷'에 대해 기존에는 대부분 '산을 오를 때는 계곡을 따르고(따라 움직이고)'라는 산을 오르는 길(방법)로 해석하여왔으나, 그 뒤 구절에서 '물을 건너면 반드시 물로부터 멀리 떨어져야 하고(絕水必遠水)'나 '소택지를 지나면 반드시 머무르지 말고 급히 그곳을 떠나야 한다(絕斥澤惟亟去無留).'에서 '절(絕)'의 뜻 중 '건너다, 넘다. 또는 지나다.'를 선택하여, '絕山依谷'도 산을 넘는 방법이 아니라 산을 넘은 후 군을 배치하는 방법을 의미하여, '산을 넘은 후에는 계곡에 의존하여 군을 배치한다'로 해석해야 한다. 그리고 이 구절에서 '戰隆無登'은 구변 편의 '高陵勿向'이나 '背丘勿逆'의 의미와 동일하다.

"平陸處易, 右背高, 前死後生, 此處平陸之軍也." 이 구절에서 '右'의 뜻에는 일반적인 '右側만이 아니라 '南向의 오른쪽'[76]이라는 뜻이 있다. 그러므로 右背高는 '南向의 오른쪽'의 배후가 높은 곳이다. 특히, 이는

76 중한사전에서 右는 '南面한 오른쪽'이라는 뜻이 있다.

다음 ②문단에서 강조한 '양지바른 장소를 귀하게 여긴다(貴陽而賤陰).'는 의미와 연계된다. 또한 '앞이 막히고 뒤가 트인(前死後生)' 위치는 적과 대치하고 있는 상대적 입장에서 ③문단의 '내가 그것을 마주 보고 있으면, 적은 그것을 뒤에 두게 된다(吾迎之, 敵背之)'처럼, 전방의 적은 뒤가 막힌 지역(死地)[77]에 위치하게 되고 마주 보고 있는 나는 트인 지역(生地)에 위치하는 셈이 된다.

② 凡軍好高而惡下, 貴陽而賤陰, 養生而處實, 軍無百疾, 是謂必勝. 丘陵堤防, 必處其陽, 而右背之, 此兵之利也, 地之助也. 上雨, 水沫至, 止涉, 待其定也. 凡地有 絕 天澗, 天井, 天牢, 天羅, 天陷, 天隙, 必亟去之, 勿近也. 吾遠之, 敵近之, 吾迎之, 敵背之. 軍旁, 有險阻, 潢井, 葭葦, 小林, 翳薈者, 必謹覆索之, 此伏姦之所也.

〈문맥〉

이 문단은 군의 이동 및 배치에서 부대의 건강과 안전을 보장하기 위해 선호하는 장소와 멀리해야 할 지형지물 및 반드시 수색(搜索)해야 할 예상 되는 적의 매복지점 등을 예시한다.

〈해석〉

무릇 '군(軍)은 높은 곳을 좋아하고 낮은 곳을 싫어하며, 양지(陽地)를 귀하게 여기고 음지(陰地)를 천하게 여긴다. 병에 걸리지 않도록 건강관리를 잘하고, 지반(地盤)이 튼튼한 곳에 배치하면 온갖 질병(疾病)

77 중한사전에 死는 '막히다, 막다르다' 라는 뜻이 있으며, 여기서는 그 뜻을 적용한다.

이 없어진다. 언덕배기 둑(丘陵堤防)에서 양지쪽에 위치하기 위해서는(處其陽) 그것들을 南向의 우측 배후에 두어야 한다(而右背之). 이것이 부대 건강에 유리하게 지리(地理)를 이용하는 방법이다. 부대의 안전을 위해, '상류에 비가 내려 그 물이 도달하면, 도섭(徒涉)을 중지하고 물살이 안정될 때까지 기다려야 한다. 주요 자연지리의 지형지물(地形地物)에는 계곡 사이의 시내[절간(絕澗)], 움푹 꺼져 물이 고이는 곳[(천정(天井)], 험하여 감옥처럼 막힌 곳[천뢰(天牢)], 초목이 빽빽하게 우거진 곳[천라(天羅)], 질퍽질퍽하여 몸이 빠지는 늪이나 못[천함(天陷)], 좁고 구덩이가 많은 곳[천극(天隙)] 등은 반드시 신속하게 그곳을 떠나서 가까이하지 말아야 한다[必亟去之 勿近也]. 내가 그곳을 멀리하면 대치(對峙)하고 있는 적은 가까이 있게 되고[吾遠之, 敵近之], 내가 그곳을 바라보는 위치에 두면, 자연히 적은 그곳을 배후에 두게 된다[吾迎之, 敵背之].'

〈해설〉

"凡軍好高而惡下, 貴陽而賤陰, 養生而處實, 軍無百疾. 丘陵堤防, 處其陽, 而右背之, 此兵之利, 地之助也." 이 구절은 부대 건강에 도움이 되는 장소를 들어서 설명한다.

"上雨水, 水流至, 止涉待其定也." 이 구절은 부대의 이동과 배치 시 부대 안전의 관점에서 기상(악천후)이 지형에 미치게 될 영향을 예시하고 있다. 즉, 상류에 많은 비가 내려 도섭지에 영향을 미칠 경우이다.

"凡地有 絕澗, 天井, 天牢, 天羅, 天陷, 天隙, 必亟去之 勿近也" 이 구절도 부대 안전 관점에서, 멀리해야 하는 위험한 지형지물을 예시한다. '무릇 지형지물에는 절간, 천정, 〈후략〉 등이 있으니, 그런 곳은

'반드시 신속하게 떠나서 가까이하지 않아야 한다.

"吾遠之, 敵近之, 吾迎之, 敵背之."는 적과 대치하고 있는 상대적 입장에서, 내가 그곳을 멀리하면, 적은 가까이하게 되고, 내가 그것을 맞이하면, 적은 그곳을 뒤에 두게 된다는 의미로 적과의 상대적 입장에서 위험한 지형지물을 다루는 방법을 설명한다.

③ 敵近而靜者, 恃其險也, (一敵)遠而挑戰者, 欲人之進也. 其所居易者, 利也. 衆樹動者, 來也. 衆草多障者, 疑也. 鳥起者, 伏也. 獸駭者, 覆也. 塵高而銳者, 車來也. 卑而廣者, 徒來也. 散而條達者, 樵採也. 少而往來者, 營軍也. 辭卑而益備者, 進也. 辭强而進驅者, 退也. 輕車先出居(+其)側者, 陳也. 無約而請和者, 謀也.
奔走(+而)陳兵車者, 期也. 半進半退者, 誘也. 倚仗而立者, 飢也. 汲役(而)先飮者, 渴也. 見利而不進者, 勞也. 鳥集者, 虛也. 夜呼者, 恐也. 軍擾者, 將不重也. 旌旗動者, 亂也. 吏怒者, 倦也. 粟馬肉食者, 軍無懸甀, 不返其舍者, 窮寇也.
諄諄翕翕, 徐與人人者, 失衆也. 數賞者, 窘也. 數罰者, 困也. 先暴而後畏其衆者, 不精之至也. 來委謝者, 欲休息也. 兵怒而相迎, 久而不合, 又不相去, 必謹察之.

〈문맥〉

이 문단은 실제 전장 상황에서 군을 운용하면서, 관찰 가능한 징후(徵候)들을 통해서 그 이유나 목적을 파악하는 방법을 예시한다.

〈해석〉

■ 나무나 숲 또는 들짐승의 징후와 그 이유

많은 나무들이 움직이는 까닭은 적이 오고 있기 때문이다.[衆樹動者, 來也]. 수풀에 여러 가지 장애가 있으면, 의심스럽다[衆草多障者, 疑也]. 조류가 날아오르는 현상은 적이 매복하고 있기 때문이며[鳥起者, 伏也]. 들짐승들이 놀라서 소란(騷亂)을 피우는 까닭은 지반이 무너지기 때문이다.[獸駭者, 覆也].

■ 먼지가 일어나는 상태에 따른 징후와 그 이유

- 먼지가 낮고 넓게 퍼지면 도보 부대가 오기 때문이며[卑而廣者, 徒來也], 먼지가 높고 재빠르게 일어나면 전차나 수레가 오고 있기 때문이다[塵高而銳者, 車來也].
- 먼지가 높고 빠르게 피어오르면 전차부대가 오고 있음이며, 먼지가 낮고 넓게 퍼지면 도보 부대가 오는 징후이다. 먼지가 여러 곳에서 가늘게 일어나는 것은 땔나무를 채취하고 있다는 징후이며, 작은 먼지가 왔다 갔다 하는 것은 숙영 준비를 하고 있기 때문이다.'

■ 적 사졸들의 행동에 따른 그 이유

- 흩어져서 나뭇가지들이 엇갈리면, 땔나무를 채취(採取)하기 때문이며[散而條達者, 樵採也], 소수가 왔다 갔다 하는 까닭은 적이 진을 치고 있기[진영(陣營)] 때문이다.[少而往來者, 營軍者(-)也]

■ 적의 언행(言行)으로 본 의도(意圖)

- 말은 낮추면서, 더욱 대비(對備)하는 까닭은 나아가(前進)기 위해서이다[辭卑而備益者, 進也].
- 말은 극히 강하게 하면서, 말을 채찍질하여 몰아치는 경우는 후퇴(後退)하려는 의도이다. [辭强(彊)而進驅者, 退也.]
- 가벼운 수레가 먼저 나타나 자리를 잡는 까닭은 진(陣)을 치기 위함이다.[輕車先出居(+其)側者, 陳也],
- 사전 약속이 없이 화해(和解)를 청하는 까닭은 다른 계책이 있기 때

문이다[無約而請和者, 謀也].

- 진영 내 병사들이 몹시 바쁘게 뛰어다니는 까닭은 어떤 기약(期約)이 되었기 때문이다. [奔走(+而)陳兵者, 期也]
- 어중간하게 절반만 나아가고, 어중간하게 물러나는 까닭은 나를 유인(誘引)하기 위함이다. [半進者(半進半退者), 誘也]
- 적에게 가까이 다가가는데도 그들이 조용히 있는 까닭은 그들이 위치한 장소가 험한 이점을 믿기 때문이고, 적이 나와 멀리 떨어져 있는데도 도전(挑戰)하는 까닭은 전진(前進)하고 싶기 때문이며, 배치된 곳이 평탄하면 나에게 利를 주어 유인하려는 속셈이다.
- 사신(使臣)의 말은 겸손하지만, 더 많은 것을 준비하는 까닭은 진격(進擊)하려는 의도이며, 말은 강경(强硬)하게 하면서도 앞으로 달려 나오려는 듯이 보이면, 그 반대로 물러가려는 것이다.'
- 경전차가 먼저 나와서 양측에 서는 것은 진형(陣形)을 갖추는 것이요, 아무런 약조(約條)도 없이 강화(講和)를 청하는 까닭은 어떤 모략(謀略)이 있기 때문이다. 분주하게 뛰어다니며 병력과 전차를 배치하는 이유는 전투를 개시하려는 것이요, 반쯤 전진하다가 반쯤 후퇴하는 것은 아군을 유인(誘引)하려는 것이다.

■ 아 병사들의 특정 언행(言行)으로 본 근본 이유

- 병사들이 지팡이에 기대어 서 있는 까닭은 굶주린 탓이요, 물을 긷도록 시킨 후 그 물을 먼저 마시는 이유는 목이 마르기 때문이고, 이로움을 보고도 나아가지 않음은 피로하기 때문이다. 새가 모이는 곳은 진(陣)이 비어있음이요, 밤에 소리 지르는 것은 겁먹은 까닭이다.

– 군이 어지러운 까닭은 장수가 위엄(威嚴)이 없다는 징후이고, 정기(旌旗)가 마구 흔들리는 까닭은 부대가 혼란에 빠졌다는 징후이며, 간부가 성내는 것은 부하들이 게을러졌기 때문이다. 말을 죽여 고기를 먹는 것은 군량이 없는 까닭이고, 그릇을 걸어두고 되돌려주지 않는 까닭은 매우 어려운 지경에 빠졌기 때문이다. 장수가 장황하게 간곡히 말하는 것은 병사들의 신망(信望)을 잃었기 때문이고, 자주 상(賞)을 주는 까닭은 처지가 난처하기 때문이며, 자주 벌(罰)을 주는 이유는 상호 소통하지 못하기 때문이며, 난폭하게 한 후에 부하들을 겁내는 것은 성격이 지극히 거칠기 때문이다.'

– 잘못을 사죄(謝)하기 위해 대표자가 찾아오는(來委) 까닭은 잠시 휴식하고 싶기 때문일 것이다. 그 이후에도 부대원들 간에 서로 마주보고 화를 내며 오랫동안 화합하지도 않고, 서로 대치하여 떠날 줄을 모르는 상태는 내부에 심각한 갈등(葛藤)이 여전히 존재하는 상태이다. 따라서 '반드시 그 일을 신중하게 조사해야 한다[必謹察之].

〈해설〉

기술된 순서대로, 이 상황 요소들의 첫 번째는 적의 일반적인 정동(靜動)의 행태에 비추어 본 적의 현 상태(敵近而靜者, 恃其險也, 〈중략〉, 其所居易者, 利也)를, 두 번째는 초목과 조수(鳥獸)의 움직임에 비추어 본 적의 은밀한 활동(衆樹動者, 來也. (중략), 獸駭者, 覆也)을, 세 번째는 먼지가 일어나는 모습에 비추어 본 적이 움직이는 이유(塵高而銳者, 車來也. 〈중략〉, 少而往來者, 營軍也)를, 네 번째는 적의 언행 불일치와 전차나 도보 부대의 움직임, 상반된 행동에 비추어 본 적 의도(辭卑而益備者, 進也, (중략), 半進半退者, 誘也)를, 끝으로 다섯 번째는 아 부대 내 사졸들 간의 언행 및 분위기에 비추어 본 부정적인 부대 상태(倚仗而立者, 飢也. 〈중략〉, 來委謝者, 欲休息也. 兵怒而相迎, 久而不合, 又不相去)를 들고 있다. 요컨대, 겉으로 드러난 징후에 비추어 파악할 수 있는 적의 의도나 기도와 피 · 아의 부정적인 부대 상태를 예시하고 있다.

"來委謝者, 欲休息也. 兵怒而相迎, 久而不合, 又不相去." 이 구절에서 쟁점이 되는 문구는 먼저 '來委謝者'이다. 이를 기존에는 대부분 적의 使者(또는 使臣)가 찾아와 謝罪하는 의미로 해석한다. 그러나 상호 적대적으로 대치하고 있는 상황에서 적이 나에게 사신을 보내 사죄하는 경우는 없을 것이다. 그럼에도 불구하고, 기존의 해석에서는 '謝者'가 '使者'와 음이 유사하기 때문에, 그러한 해석을 쉽게 받아들였을 것이다.

그러나 문맥과 자구(字句)의 뜻을 고려한다면, 먼저 문맥의 관점에서 이 문구의 위치는 적의 의도나 기도에 해당하는 네 번째가 아니라, 심각한 나의 부대의 갈등상태를 파악하는 다섯 번째에 해당한다. 또한 '謝者'의 의미는 使臣이 아니라, 謝罪하는 대표자라는 뜻이다. 따라서 '來委謝者, 欲休息也'는 '용서를 빌기(謝) 위해 대표자(委)들이 찾아오는 까닭은 잠시 휴식이 필요하기 때문일 것이다.'로 해석해야 합당하다.

뒤이은 '兵怒而相迎, 久而不合, 又不相去' 라는 문구도 기존 해석은 '피아(彼我) 부대 간의 행동'으로 해석하지만, 전장에서 장수의 의도적인 지시 없이 쌍방의 부대들이 그러한 행동을 할 수 없으므로, 앞 문구의 연장선에서(용서를 빌었으나), '부대 내 병사들 간에 서로 마주 보고화를 내며 오랫동안 화합하지도 않고(不合)[78], 서로 대치하여 떠날 줄 모르는 상태'로서, 내부에 심각한 갈등이 지속되는 상태임을 의미한다. 따라서 '반드시 그 일을 엄밀하게 다시 조사해야 한다(必謹察之).'

④ 兵非多益(益多也), (+惟)無武進, 足以并力, 料敵, 取人而已. 夫惟無慮而易敵者, 必擒於人.

〈문맥〉

전편(前篇)이나 문단(文段)은 실(實)을 주로 양적(量的)인 우세(優勢)로 논하여 왔으나, 이 문단부터는 피 · 아 부대 상태를 질적(質的) 우세(優勢)의 관점에서 논(論)한다.

〈해석〉

적 의도나 피 · 아 부대 상태 등 실제 상황 요소들을 고려할 때, '병력은 많으면 많을수록 더 유익(有益)한 것은 아니다[兵非多益]. 대부대로 위압적인 무용(武勇)을 과시하여 나아가지 않더라도[無武進], 적을 헤아려서 다루는데 충분한 정예병(精鋭兵)을 선발하여 아울러서 부리면 그만이다[足以并力料敵, 取人而已]. 그러나 질적(質的)인 관점에서 자칫 적을 과소평가하게 되면[唯無慮而易敵者], 반드시 적의 포로가 될 수 있다[必擒於人].'

78 不合은 사전적으로 '부조화(不調和), 불화합(不和合), 불화(不和)' 등과 '뜻이 맞지 아니하다'나 '정의(情誼)가 서로 맞지 아니하다.'라는 의미가 있다. 여기서는 '화합하지 아니하다'나 '뜻이 맞지 아니하다'를 선택한다.

〈해설〉

“兵非多益”에서 ‘多益’은 다다익선(多多益善)의 약어로 보는 것이 합당하다. 따라서 이 문구는 병력은 많으면 많을수록 더 좋은 다다익선이 아니다[非多益].’로 해석해야 한다.

마지막 구절인 “夫唯無慮而易敵者, 必擒於人”은 노자의 도덕경 69장의 ‘적을 경시(과소평가)하면 그 화(禍)가 막대하여, 나의 보배(장수)를 거의 다 상실할 수 있다. 그 상태에서 서로 전력(全力)으로 맞붙어 싸우면, 승리하더라도 슬픈 승리[破勝]가 된다.’[79]는 의미로 해석을 대신할 수 있다.

특히 이 문구는 군쟁(軍爭) 편에서 언급한 간접접근의 조건에 비추어 볼 때, 그처럼 잘못된 상태의 양적(量的)인 우세만 달성하고자 한다면, 오히려 정교한 지략 위주 간접접근을 망칠 수 있음을 언급하면서, 정교(精巧)한 간접접근에서 질적(質的) 우세(優勢)의 중요성을 강조하는 내용으로도 볼 수 있다.

⑤ 卒未親附而罰之, 則不服, 不服則難用(+也). 卒已親(+附)而罰不行, 則不可用也. 故合之以文, 齊之以武, 是謂必取. 令素行以教其民, 則民服, 令素不行以教其民, 則民不服, 令素行(令素信著)者, 與衆相得也.

〈문맥〉

이 문단은 전장의 상황 요소 중 아 부대의 질(質)을 좌우하는 하나의

79 노자, 전게서, 69장. 禍莫大於輕敵, 輕敵幾喪吾寶, 故抗兵相加, 哀者勝矣.

요인이면서, 손자병법에서 유일하게 벌(罰)의 집행(執行)을 포함한 법령(法令) 이행(履行) 방법을 논하고 있다. 이는 계편의 다섯 가지 政事 중 法의 요소로서, 일곱 가지 비교분석 요소 중 '상벌숙명(賞罰孰明)'과 '법령숙행(法令孰行)'이라는 두 가지 요소와도 관련되며, 이것들은 결국 병중숙강(兵衆孰强)이나 사졸숙련(士卒孰練)으로 귀결된다.

〈해석〉

'그 근본 원인을 고려함이 없이 밖으로 드러난 잘못만 들어서, 사졸들을 벌한다면[卒未親附而罰之], 그들은 그 벌을 받아들이지 못할 것이며[則不服], 자신들의 잘못을 진심으로 인정하지 않는다면, 부리기도 어렵게 된다[不服則難用]. 그 반대로, 근본 원인을 파악하고 개선책을 강구하여 자신의 지휘의도(指揮意圖)와 지침(指針)을 충분히 주지시킨 이후에도 부하들의 잘못을 벌주지 않는다면, 그것을 묵인(默認)하는 셈이 되어, 그들을 부릴 수 없게 된다[則不用]. 그러므로 사졸들과 충분히 소통하여(以交) 틀리거나 어긋남이 없게 한 후(合之), 군법으로(以武) 질서정연하게 만든다(齊之). '이를 가리켜 반드시 자기 것으로 만들어 가지게 된다.' 또는 '생활화한다.'[是謂必取][80]라고 해석할 수 있다.

'더 나아가, 위로부터 법령 이행을 평소 자신의 말과 행동으로 부하들을 가르치면 부하들은 따를 것이나, 평소 자신은 법령을 이행하지 않으면서 부하들에게만 준수하라고 명령만 하면, 그들은 따르지 않을 것이다. 장수가 평소의 행동으로 본을 보이면서 병사들에게 지시한다면, 모

80 取의 사전적 뜻 중 '자기 것으로 만들어 가지다(取得).'를 선택하고 이를 '생활화 하다.'로 환언할 수 있다.

두가 서로 마음이 맞아 잘 통하는 상태가 된다(與衆相得也).'

〈해설〉

"卒未親附而罰之, 則不服, 不服則難用." 이 구절은 막연히 '부하와 충분히 친해진 뒤 벌을 주어야 한다.'는 뜻 이상의 의미(意味)를 갖는다. 본편 ③문단의 징후에 의한 군 내부 문제점 파악에 관한 논의와 후편인 지형 편의 '모든 군 내부 문제는 장수의 용병과 치병의 과오(過誤)에 기인한다[非天地災也 將之過也].'는 전후 의미와 연계시켜 볼 때, 장수가 부임하여 현 부대 상태나 사졸(士卒)들의 문제점을 발견하였더라도, 그 원인은 대부분 그들 자체에 있는 것이 아니라, 전임자(前任者)의 치병(治兵)과 용병(用兵)의 과오(過誤)로 빚어진 현상이다. 따라서 그 근본 원인을 고려함이 없이 '밖으로 드러난 잘못만 들어서 사졸들을 벌한다면[卒未親附而罰之], 그들은 그 벌을 받아들이지 못할 것이며(則不服), 자신들의 잘못을 진심으로 인정하지 않는다면, 부리기도 어렵게 된다[不服則難用].'는 의미이다.

"卒已槫親而罰不行, 則不用." 이 문구는 그 반대의 경우로서, 현 문제점의 원인을 진단하고 개선책을 강구하여 자신의 지휘의도(指揮意圖)와 지침(指針)을 충분히 주지시킨 이후에도, 잘못이 고쳐지지 않을 때는 그 잘못은 사졸들 자체의 문제이다. 그럴 경우, 만약 벌을 주지 않는다면, 그것을 묵인하는 셈이 되어, 그들을 부릴 수 없게 된다[則不用]. 이 문구에서 '단친(槫親)'의 '槫'은 '둥글 단'이므로 이를 '두루 주지시키다.'로 해석하면 아래 구절의 의미와 합치된다.

"故合之以交, 齊之以武, 是謂必取." 이 구절에 대한 해석은 손무가 오왕 합려와 처음 만나는 과정에서 그의 애첩들을 조련하는 시범을 보였다는 일화(逸話)와 유사하다. 손무가 조련 시범에서 먼저 군령(軍令)의 엄격함과 명령에 따른 행동 방법을 자상하게 가르쳐준 후, 令을 내리자 이를 무시하고 비웃는 시녀들에게 너그럽게 웃으면서 잘 일러주지 못한 자신을 탓하면서, 다시 자세하게 가르치고 일러주며 令을 내리는 과정을 수차례 반복한 뒤, 그래도 따르지 않자, 오왕의 간청에도 불구하고, 지휘 자격인 왕의 애첩(愛妾)을 군명(軍命)을 어긴 죄로 참수(斬首)한다. 여기서 제(齊)는 중한사전에서 '질서정연하게 한다.'는 의미를 선택한다.

이 일화에서 法令의 의미와 그에 따른 행동을 충분히 알아들을 때까지 자상하게 반복하여 일러주는 행위는 앞 구절의 '두루 주지 시킨다[단친(榑親)]'는 의미와 동일한 '合之以交'이며, 그런 연후(然後)에도 따르지 않을 때는 '이를 엄정하게 다스리는' 행위는 제지이무(齊之以武)로 표현하고 있다.

'合之以交'에서 合의 사전적 뜻 중 '틀리거나 어긋남이 없게 한다.'를, '交'의 뜻 중 '의사소통하다.'를 적용하고 之를 卒(병사들)로 보면, 이 문구는 '충분히 의사소통하여(가르쳐) 병사들이 틀리거나 어긋남이 없게 하다.'가 되며, '齊之以武'에서 '齊'의 뜻으로 '질서정연하게 하다.'를, 그리고 武의 뜻 중 병법(兵法)을 선택하여 적용하면, 그 문구는 '병법으로 질서정연하게 하다.'가 된다. 또한 '是謂必取'는 '이를 가리켜 반드시 자기 것으로 만들어 가지게 된다(取)[81].' 또는 '생활화한다.'로 해석할 수 있다.

81 取는 取得의 약어로 그 사전적 뜻은 '자기 것으로 만들어 가지다'이며, 이를 '생활화한다.'로 환언할 수 있다.

"令素行, 以教其民者民服, 令不素行, 以教其民者民不服, 令素行者, 與衆相得也."에서 '素行'은 '평소의 행동' 즉 솔선수범(率先垂範)이라는 뜻이다. 또한 '상득(相得)'은 '서로 득이 된다.'라는 기존의 단순한 의미보다는, 그 단어의 사전적 뜻[82] 중 하나인 '서로 마음이 맞아 잘 통하는 상태'를 적용하면 더 깊은 의미가 드러난다.

2. 제10편 지형(地形)

용병의 실제에서 행군(行軍) 편은 실제 전장에서 군을 운용하면서 파악해야 할 상황 요소들을 주로 정적(靜的)인 관점에서 논(論)하였으나, 지형(地形) 편에서는 처한 상황 요소들의 다양한 형태와 용병의 원리를 동적(動的)이며, 상대적(相對的) 관점에서 논한다. 편명인 지형(地形)에서 '地'는 입지(立地) 또는 처지(處地) 등의 약어로서, 그 의미는 당면한 상황(狀況)이며, 형(形)은 유형(類型)이다. 따라서 지형(地形)은 당면한 자연 지리에 기반 한 피 · 야 상황의 다양한 유형이며, 그 포괄 개념은 '온전한 승리(全勝)'를 위해 알아야 할 다양한 상황 유형별 용병의 원칙(原則)'이다. 지형 편의 상황 요소에는 자연지리를 기반으로 한 피 · 아 부대의 배치 상태와 부정적인 피 · 아 부대의 상태, 그리고 상반된 리더십의 효과로 나타날 부대 상태 등이 포함되며, 아래 다섯 개 문단으로 논리를 전개한다.

82 '相得하다'의 사전적 의미는 '서로 마음이 맞아 잘 통하는 상태에 있다.'이다.

① 孫子曰, 地形 有通者, 有掛者, 有支者, 有隘者, 有險者, 有遠者. 我可以往, 彼可以來, 曰通. 通形者, 先居高陽, 利糧道, 以戰則利. 可以往, 難以返, 曰掛. 掛形者, 敵無備, 出而勝之, 敵(+若)有備, 出而不勝, (一則)難以返, 不利. 我出而不利, 彼出而不利, 曰支, 支形者, 敵雖利我, 我無出也, 引而去之, 令敵半出而擊之, 利. 隘形者, 我先居之, 必盈之以待敵. 若敵先居之, 盈而勿從, 不盈而從之. 險形者, 我先居之, 必居高陽以待敵, 若敵先居之, 引而去之, 勿從也. 遠形者, 勢均, 難以挑戰, 戰而不利. 凡此六者, 地之道也, 將之至任, 不可不察也.

② 故兵有走者, 有弛者, 有陷者, 有崩者, 有亂者, 有北者. 凡此六者, 非天地之災, 將之過也. 夫勢均, 以一擊十, 曰走. 卒强吏弱, 曰弛. 吏强卒弱, 曰陷. 大吏怒而不服, 遇敵懟而自戰, 將不知其能, 曰崩. 將弱不嚴, 教道不明, 吏卒無常, 陳兵縱橫, 曰亂. 將不能料敵, 以少合衆, 以弱擊强, 兵無選鋒, 曰北. 凡此六者, 敗之道也, 將之至任, 不可不察也.

③ 夫地形者, 兵之助也. 料敵制勝, 計險易遠近, 上將之道也. 知此而用戰者, 必勝. 不知此而用戰者 必敗. 故戰道必勝, 主曰無戰, 必戰可也. 戰道不勝, 主曰必戰, 無戰可也. 故進不求名, 退不避罪, 唯民是保而利於主, 國之寶也.

④ 視卒如嬰兒, 故可與之赴深谿, 視卒如愛子, 故可與之俱死. 厚而不能使, 愛而不能令, 亂而不能治, 譬如驕子, 不可用也.

⑤ 知吾卒之可以擊, 而不知敵之不可擊, 勝之半也. 知敵之可擊, 而不知吾卒之不可以擊, 勝之半也. 知敵之可擊, 知吾卒之可以擊, 而不知地形之不可以戰, 勝之半也. 故知兵者, 動而不迷, 擧而不窮. 故曰, 知彼知己, 勝乃不殆, 知天知地, 勝乃可全.

가. 지형(地形) 편의 논리구조

지형 편은 여섯 가지 자연지리에 기반(基盤) 한 상황 유형별 용병의 원칙과 패(敗)할 수밖에 없는 여섯 가지 부대 상태 및 그 원인 그리고 治兵(리더십)의 상반된 효과(效果)를 제시한 후, 그 상황 요소와 주변 제후와의 관계를 다 분별할 수 있을 때, 비로소 온전한 승리[全勝]가 가능하다는 주장을 다음과 같은 5개 문단으로 논리가 전개된다.

①문단은 첫 번째 상황 요소로서 전술 지리적 상황 유형을 왕래 용이성 측면에서, 여섯 가지 유형으로 분류(地之道)하고, 상대적 점거 여부

에 따른 용병(用兵)의 원칙(原則)을 제시한다. ②문단은 두 번째 상황 요소로서 잘못된 부대 상태(敗之道) 여섯 가지를 들고 그 원인을 장수의 과오(過誤)[將之過: 智 · 信 · 仁 · 勇 · 嚴의 결함]로 설명하며, 이를 잘 살펴서 군을 운용할 것을 강조한다.

③문단은 적을 헤아려 승리의 여건을 조성(料敵制勝)하기 위해서는 앞 문단의 전술 지리적 상황 유형 별 피 · 아 점거 상태에 따른 원칙과 잘못된 부대 상태 등 상황의 유 · 불리점을 객관적이고 종합적으로 검토하여 진퇴(進退) 여부를 결심하기 때문에, 이와 상반된 군주의 命은 따르지 않을 수도 있음을 부언한다. ④문단은 부대 상태를 좌우하는 다른 요소로서 인애(仁愛)에 의한 다스림(리더십)의 상반된 효과를 사랑스런 자식(愛子)과 교만한 자식(驕子)으로 대비시켜 합목적적(合目的的)인 리더십을 강조하며,

⑤문단은 부대 상태와 치병(리더십) 효과 및 지리적 유 · 불리 측면에서 승리 가능성을 확률로 설명하고, 그 측면에서 지피지기(知彼知己)면 승리가 위태롭지 않으며[勝乃不殆], 여기에 주변 제후와의 관계[天]와 자연지리에 기반을 둔 적과의 상대적 상황[地][83]을 다 알면(知天知地), 비로소 승리는 온전해진다.[勝乃可全]고 마무리한다.

83 지리적 상황(地理的 狀況)은 지리 요소를 포함한 피 · 아 부대 상태, 상하관계, 법령 시행 상태 등 제 상황 요소를 망라한다.

〈표 14〉 지형 편의 논리 구조

편명 의미	地의 形: 자연지리에 기반을 둔 전술적 상황의 다양한 유형				
포괄 개념	전승(全勝)을 위해 알아야 할 다양한 상황 요소별 원리(原理)				
논리 전개	▪ 자연지리 상황의 유형	▪ 패병(敗兵)의 유형과 원인	▪ 여건 조성 시 상황판단 요소	▪ 治兵(리더십)의 합목적성	▪ 全勝 가능성 평가 요소
	자연지리 상황 유형별 상대적 점거 여부에 따른 원칙	패병의 원인으로 장수의 智·信·仁·勇·嚴의 결함	상황 요소의 유·불리점에 대한 종합적인 검토	합목적적 治兵을 위한 인애(仁愛)와 엄정(嚴正)의 조화	피·아 부대 상태, 치병 상태, 지리적 유형 및 주변 제후와의 관계

요컨대, 지형 편은 위의 〈표 14〉처럼, 먼저 다양한 자연 지리적 상황의 유형과 잘못된 부대 상태의 종류 및 상반된 치병(治兵) 상태를 동적이며, 상대적 관점에서 제시하고, 그 상황 요소들이 승리 가능성에 미칠 영향을 종합적으로 평가할 때 비로소 온전한 승리[全勝] 가능성을 알 수 있다고 논리를 전개한다.

나. 문단별 구조적 상세 해석

① 孫子曰, 地形 有通者, 有掛者, 有支者, 有隘者, 有險者, 有遠者. 我可以往, 彼可以來, 曰通. 通形者, 先居高陽, 利糧道, 以戰則利. 可以往, 難以返, 曰掛. 掛形者, 敵無備, 出而勝之, 敵(+若)有備, 出而不勝, (-則)難以返, 不利. 我出而不利, 彼出而不利, 曰支, 支形者, 敵雖利我, 我無出也, 引而去之, 令敵半出而擊之, 利. 隘形者, 我先居之, 必盈之以待敵. 若敵先居之, 盈而勿從, 不盈而從之. 險形者, 我先居之, 必居高陽以待敵, 若敵先居之, 引而去之, 勿從也. 遠形者, 勢均, 難以挑戰, 戰而不利. 凡此六者, 地之道也, 將之至任, 不可不察也.

〈문맥〉

이 문단은 장수가 용병권(用兵權)을 위임받아 임지(任地)에 도착하면[將之至任] 파악해야 할 상황 요소로서 왕래(往來) 용이성 측면에서 여섯 가지 자연 지리적 유형[通, 掛, 支, 隘, 險, 遠地]을 정의하고, 각 유형별 피·아 상대적 점거여부(占據與否)에 따른 용병의 원칙을 주로 전술적 수준에서 논한다.

〈해석〉

'손자가 이르길, 전술 지리적 왕래 용이성을 고려한 상황 유형에는 통형(通形), 괘형(掛形), 지형(支形), 애형(隘形), 험형(險形) 및 원형(遠形)이 있다. 내가 갈 수 있고, 적도 올 수 있는 상호 왕래 가능한 지리적 상황 유형은 통형(通形)이라고 칭한다. 통형에서는 높고 양지바른 곳을 먼저 선점하여 보급로를 유지하면서(利糧道) 싸우면 유리하다.'

'갈 수는 있으나 돌아오기 어려운 지리적 상황 유형은 함정(陷穽)에 빠지기 쉬운 마음에 걸리는 괘형(掛形)이라고 부르며, 괘형에서는 적의 대비(對備)가 없다면, 나아가서 그곳을 극복하고[勝], 만약 적이 대비하고 있다면, 나아가도 극복할 수 없을 뿐만 아니라, 돌아오기도 어려워 불리하다.' 옆길이나 샛길이 많아 '측·후방에 위험이 도사리는 지리적 상황을 갈림길이 많은 지형(支形)이라고 부르며, 지형(支形)에서는 '피·아 공히 나아가면 불리하고, 적이 비록 나에게 이익을 보여주더라도 나아가지 않는 대신, 적이 그곳을 떠나도록 유인하여 절반쯤 나왔을 때 공격하면 유리하다.'

'좁고 험한 애형(隘形)에서는 내가 먼저 점거(占據)할 수 있다면, 반드시 그곳에 병력을 종심 깊게 채워서[영(盈)] 배치(配置)하여 적을 기다리고, 적이 먼저 점거하여 그곳을 채웠다면 나아가지 않고, 채우지 않았다면 나아간다.' 지세(地勢)가 적에게 불리하고, 자기편에 유리한 지리적 유형은 험지(險地)이다. 험지(險地)에서 험(險)의 뜻 중 요해지(要害地)를 선택하면 그곳은 현 요충지(要衝地)와 유사하다. 그곳에서는 내가 먼저 점거할 경우, 반드시 높고 양지바른 곳에서 적을 기다리고, 만약 적이 먼저 점령하고 있다면, 적이 그곳을 떠나도록 꾀어내어 치되, 따라가지는 않아야 한다.

적과 '원거리 이격(離隔)된 지리적 상황 유형을 원형(遠形)이라 칭하며, 원형에서는 피 · 아 세력이 대등하다면 도전(挑戰)하기 어렵고, 전투(戰鬪)도 불리하다. 무릇, 이 여섯 가지는 자연지리에 기반을 둔 상황 유형을 규정하고 각 상황을 이용하는 방법이니, 장수가 임지(任地)에 도착하면 신중히 살피지 않으면 안 된다.

〈해설〉

"孫子曰: 地形 有通者, 有掛者, 有支者, 有隘者, 有險者, 有遠者." 이 구절에서 먼저 '괘(掛)[84]'의 뜻 중 '걱정 또는 마음에 걸리다.'를 선택하면, 괘형(掛形)은 자칫 '함정에 빠지기 쉬운 지리적 상황 유형'이다. 支[85]形은 옆길이나 샛길이 많아 '측 · 후방에 위험이 도사리기 쉬운 상황 유형'이며, 애(隘)[86]형에서 애(隘)의 의미에는 '폭이 좁고 '험(險)하다'

84 괘(掛)의 뜻에는 '걸다, 마음에 걸리다'와 중한사전에는 '현안으로 남다, 걸어서 당기다, 걱정하다(掛碍), 걱정하다, 근심하다, 마음에 걸리다(掛念)'가 있다.

85 支에는 '가르다, 가지, 지탱하다'가 있으며 중한사전에는 '支路(옆길, 샛길), 支線' 등의 단어가 있다.

86 애(隘)의 뜻에는 '좁다, 땅이 좁다, 기량이 좁다, 험하다'가 있으며, 중한사전에는 '隘路(좁

는 의미가 포함하나, 다음 유형이 험형이므로 여기서는 '좁다'는 의미에 중점을 둔다. 험형(險形)에서 '險'은 '높고 깊어 위태롭다.'라는 의미를 가지며, 주로 위험하고 극복하기 어려운 '험난(險難)한 지형'을 말한다. '遠'은 '적과 나의 거리가 멀다.'는 의미로서 자연 지리적 유형이 아니라, 피 · 아가 멀리 위치한 상황 유형이다. 본 문구에서 각각의 지형에 유(有) 자는 '있다'는 의미로서 지형(地形)에는 통형(通形)이 있으며, 괘형(掛形)이 있다고 해석한다.

"通形者, 先居高陽, 利糧道以戰, 則利" 이 구절에서 '利糧道以戰'의 '利'의 다양한 뜻 중 '통하다'를 선택하여 '유지하다.'로 변형시켜 '보급로를 유지하면서(利糧道) 싸우다.'로 해석한다. "掛形者, 敵無備, 出而勝之"에서 '敵無備, 出而勝之'에 대한 기존 해석은 주로 '적이 대비하고 있지 않으면, 나아가면 승리한다.'이지만, 여기서 '勝'의 뜻으로 '극복하다'를 선택하고, '之'는 괘형을 지칭하는 것으로 보면, '出而勝之'는 '나아가서 그곳을 극복해야 한다.'이다. '敵若有備, 出而不勝, 難以返, 不利' 적이 만약 대비하고 있다면, 나아가도 그곳을 극복할 수 없으며, 돌아오기도 불리하다. 라는 의미로 해석함이 합당하다.

"隘形者, 我先居之, 必盈之以待敵, 若敵 先居之, 盈而勿從, 不盈而從之." 이 구절에서 좁은 애형(隘形)에서 '가득 채운다[영(盈)]'는 의미는 정면이 좁기 때문에, 종심 깊게 배치함을 의미하며, '채우지 않았다(不盈).'는 뜻은 소수의 병력을 전면(前面)에만 배치한 상태를 말한다. 그러므로, 애형에서 내가 먼저 그곳을 점거하면 반드시 종심 깊게 배치하여 적을 기다리고, 만약 적이 먼저 그곳을 점거하되 종심 깊게 배치

고 험한 길)라는 단어가 있다.

하였으면 나아가지 않으며, 종심 깊게 배치하지 않았으면 쫓아간다.

"遠形者, 勢均, 難以挑戰, 戰而不利." 원형은 지리적 특징을 갖는 앞의 다섯 가지 유형과 다소 다르지만, 왕래나 이동의 관점에서는 유사한 유형으로 볼 수 있다. 특히 원거리에서 도전(挑戰)은 상대방이 선정한 전장으로 내가 끌려가는 형국(形局)이기 때문에, 실허 편의 '적을 끌어들이되 적에게 끌려가지 않는다(致人而不致於人).'나 '편안한 입장에서 피로한 적을 기다린다(以佚待勞).'거나 '배부른 상태에서 허기진 적을 기다리는(以飽待飢)' 상황과 반대 입장이 될 뿐만 아니라, 원거리에서 적을 쫓게 되면, 지략 위주 간접접근이 아니라, 무모한 직접접근으로 군쟁 편의 '百里而爭利' 또는 '五十里而爭利'와 유사한 결과를 초래한다.

② 故兵有走者, 有弛者, 有陷者, 有崩者, 有亂者, 有北者. 凡此六者, 非天地之災, 將之過也. 夫勢均, 以一擊十, 曰走. 卒强吏弱, 曰弛. 吏强卒弱, 曰陷. 大吏怒而不服, 遇敵懟而自戰, 將不知其能, 曰崩. 將弱不嚴, 敎道不明, 吏卒無常, 陳兵縱橫, 曰亂. 將不能料敵, 以少合衆, 以弱擊强, 兵無選鋒, 曰北. 凡此六者, 敗之道也, 將之至任, 不可不察也.

〈문맥〉

이 문단은 장수가 임지(任地)에 도착하여, 신중하게 살펴야 할[將之至任, 不可不察也] 두 번째 상황 요소로서 잘못된 부대 유형을 여섯 가지로 제시하고, 그 원인을 전임자(前任者)의 용병과 치병의 과오[將之過: 智信勇嚴의 결함]로 나타난 현상으로 설명한다.

〈해석〉

'부대에는 도주(逃走)할 부대, 해이(解弛)된, 궁지(窮地)에 몰린, 붕괴(崩壞)된, 혼란(混亂)에 빠진, 도망치는(北) 부대가 있으며, 이 여섯 가지는 어떤 다른 원인에 의해 드러나는 것이 아니라[非天地之災], 오로지 장수의 용병(用兵)과 치병(治兵)의 과오(過誤)로 인해 형성된다[將之過也].' '무릇, 질적(質的)으로 세력이 대등한 입장에서, 양적인 1로 10을 공격하면, 도주(逃走)할 부대[주병(走兵)]가 된다. 초급간부(卒)는 강하지만, 중급간부(吏)가 약하면, 해이(解弛)된 이병(弛兵)이라고 부르며, 그 반대로 중급간부가 강하고 초급간부가 약하면, 결딴 나서 없어진 함몰(陷沒)된 함병(陷兵)이라고 부른다.

고급간부(大吏)가 화를 내도 복종하지 않으며, 적과 마주치면 원망하면서 멋대로 싸우지만 장수가 그들이 그런 연유를 알지 못하면, 허물어져 무너질 붕병[崩兵]이라고 이른다. 장수가 약하여 엄정(嚴整)하지 못하고, 싸움에 대한 지침이 명확하지 못하며, 중급 및 초급간부의 생각이 일관되지 못하고[無常] 늘 변하여 대열이 거침없이 마구 오고 가거나 우왕좌왕하는데[陳兵縱橫]도 다스리지 못하면, 이를 어지러운 난병(亂兵)이라고 부른다. 장수가 적을 능숙하게 다루지 못하여[不能料敵], 소수로 다수를 맞서거나, 약한 세력으로 강한 세력을 공격하거나, 선봉(先鋒)을 자청할 부대나 인원이 없으면, 이를 패할 부대인 패병(敗兵)이라고 부른다. 이 여섯 가지 부대 상태는 모두 패배의 근원이니[敗之道], 장수가 임지에 도착하면 신중하게 살펴보아야 한다.'

〈해설〉

"夫勢均, 以一擊十, 曰走. 〈중략〉, 兵無選鋒, 曰北." 이 구절은 여섯 가지 패할 부대를 그 원인(將之過)과 함께 설명하는 구절이다. 이를 장수의 다섯 가지 자질(資質)과 결부시킨다면, 〈표 15〉와 같다.

〈표 15〉 장수의 자질 부족과 패병(敗兵)과의 상관관계

장수의 資質	智慧	信義	仁愛	勇氣	嚴正
용병의 과오로 인한 부대 상태	走兵, 北兵	崩兵, 弛兵 亂兵		弛兵	陷兵, 崩兵 弛兵, 亂兵
치병(治兵)의 상반된 효과			愛子, 驕子		驕子

즉, 쉽게 달아나는 주병(走兵)과 패배(敗北)할 배병(北兵)은 장수의 무지(無智)에서 비롯되고, 서로 믿지 못하는(不信) 무너지는 붕병(崩兵), 이완(弛緩)된 이병(弛兵), 어지러운 난병(亂兵)을 초래하며, 불용(不勇)은 느슨해진 이병(弛兵)을 낳고, 불엄(不嚴)은 함병(陷兵), 난병(亂兵), 붕병(崩兵), 이병(弛兵)의 원인으로 작용한다. 인애(仁愛)에 기반을 둔 치병(治兵)의 상반된 효과로서, 사랑하는 자식[愛子]이나, 교만한 자식[驕子]을 만드는 원인이 되며, 이상의 패할 부대[敗兵]들은 군 내부의 허(虛)로서, 피 · 아 부대의 가격(可擊)이나 불가격(不可擊) 여부를 평가하는 기준이 된다.[87]

"故兵有走者, 〈중략〉, 凡此六者, 非天地之災 將之過也." 이 구절에서 '非天地之災 將之過也'의 함의(含意)는 군의 잘못된 내부 상태는 세상천지의 어떤 다른 요소(天性)로 인한 사졸들의 잘못된 본성(本性)에 기인(基因)하는 재앙(災殃)이 아니라, 오직 장수의 용병(用兵)과 치병(治兵)

87 이 기준은 ⑤문단 '故知吾卒之可以擊 而不知敵之不可擊 勝之半也…知敵之可擊 知吾卒之可以擊'을 해석할 때 적용된다.

의 과오(過誤)로 인해 형성되기 때문에, 그 문제는 결코 다른 원인으로 전가(轉嫁)할 수 없는 장수 고유의 책임(責任)임을 강조하는 구절이다. 그러므로, 장수가 새로 부임하여 용병과 치병을 올바르게 잘 한다면, 얼마든지 개선(改善)할 수 있다는 함의(含意)도 포함된다.

③ 夫地形者, 兵之助也. 料敵制勝, 計險易遠近, 上將之道也. 知此而用戰者, 必勝. 不知此而用戰者 必敗. 故戰道必勝, 主曰無戰, 必戰可也. 戰道不勝, 主曰必戰, 無戰可也 故進不求名, 退不避罪, 唯民是保而利於主, 國之寶也.

〈문맥〉

본 문단은 적의 의도나 행동을 헤아려서 승리의 여건을 만들기 위해서는[料敵制勝], 직면한 상황의 유형과 부대 상태 등 다양한 상황 요소들을 종합적이고 객관적으로 판단한 이후에 비로소 그에 반하는 군주의 명(命)도 따르지 않을 수 있다[君命有所不受]고 언급한다.

〈해석〉

'무릇 지리적 상황의 유형들은 용병을 보조하기 때문에, 적의 의도나 행동을 헤아려(예상하여) 승리의 여건을 만들기 위해서는[料敵制勝], 지리적 상황 유형과 부대 상태를 포함한 상황의 험악함 및 유리함과 상하관계의 소원(疎遠)함과 친근(親近)함을 헤아리는 것이 고위 장수의 도리(道理)이다.'

이 상황 요소들을 다 알고 전쟁에 활용하면, 반드시 승리할 수 있으나, 그렇지 못한다면, 패(敗)할 수밖에 없다. 그러므로, 전장 상황에 따른 전망(展望)이 승리가 확실하다면, 현지 상황을 잘 모르는 군주가 싸우지 말라고 명(命)하더라도, 싸울 수 있으며, 그 상황의 전망이 승리할 수 없다고 생각한다면 군주가 싸우라고 명하더라도 따르지 않을 수 있다. 그럴 경우, 명을 어기고 나아가는 이유는 명성(名聲)을 얻기 위해서가 아니고, 물러나는 까닭도 책임(責任)을 회피하기 위해서가 아니라, 오로지 백성을 보호하고 군주를 이롭게 할 목적이라면, 그러한 장수가 바로 나라의 보배(寶貝)이다.

〈해설〉

"夫地形者, 兵之助也. 料敵制勝, 計險易遠近, 上將之道也." 이 구절에서 '料敵制勝'[88]은 '적의 의도나 행동을 헤아려(예상하여) 승리의 여건을 만들다.'이다. 앞 문단에서 지리적 상황 유형별 용병의 원칙과 상하관계를 포함한 부대 상태를 설명한 후, '夫地形者'라고 말하기 때문에, '地形'은 자연 지리적 유형만이 아니라, 부대 상태를 포함하는 상황의 유형이다. 그럴 경우, '計險易遠近'도 지리적 관점에서 '험난함과 평탄함 그리고 멀고 가까움'만이 아니라, 부대 상태의 관점에서 상하관계의 '험난함과 편안함(險易)' 그리고 소원(疎遠)함과 친근(親近)함 여부를 포함시켜 해석해야 한다.

"知此而用戰者, 必勝. 不知此而用戰者, 必敗. 故戰道必勝, 主曰無戰, 必戰可也. 戰道不勝, 主曰必戰, 無戰可也." 이 구절에서 그것들을

88 중한사전에 料의 뜻에는 '짐작하다, 예상하다, 추측하다, 지켜보다'가 있으며, 그 용법으로 '料度敵情(적의 상황을 미루어 헤아리다)이 있다. 이 뜻을 적용하면'料'은적의 의도나 행동을 미리 예상하다.'가 된다. 또한 '料'를 '어떤 대상을 능숙하게 처리함' 이라는 料理의 약어로 보면 '料敵'은 '적을 능숙하게 다스려 처리하다' 라는 의미가 된다. 전자의 의미를 적용하면 '料敵制勝'은 '적의 의도나 행동을 예상하여 승리의 여건을 만들다.'이며, 후자는 '적을 능숙하게 다루어 승리의 여건을 만들다.'이다. 여기에서는 전자를 적용한다.

알고 전투에 적용하면, 반드시 승리하나. 그것들을 모르고 전투에 적용하면 반드시 패하니. 그러므로 '故戰道必勝, 主曰無戰, 〈중략〉, 無戰可也.'는 전쟁의 이치가 반드시 승리할 수 있다면, 군주가 싸우지 말라고 명하더라도 반드시 전쟁이 가능하며, 이 문구는 구변 편의 일반적인 '군주의 명령일지라도 따르지 않을 명령이 있다(君命有所不受).'를 구체적으로 부언(附言)한 내용이다. 여기서 '戰道'는 전쟁의 길보다는, 중한사전에서 道의 뜻 중 '흐름'을 적용하여 '전쟁의 흐름'이나 전망(展望)이 반드시 승리할 수 있다고 생각한다면, 군주가 전쟁을 하지 말라고 명하더라도, 전쟁을 계속할 수 있다. 따라서 '戰道必勝'은 전쟁(戰爭)의 흐름이나 전망이 승리가 확실하다면,'으로, '戰道不勝'은 '전쟁의 흐름이나 전망이 승리할 수 없다고 생각한다면,'으로 해석한다.

"故進不求名, 退不避罪, 唯民是保而利於主, 國之寶也." 이는 군주의 명령을 따르지 않아도 되는 이유를 명확하게 제시한 구절이다. 그러므로 나아가되 명성(名聲)을 얻기 위해서가 아니며, 물러나되 책임을 피하기 위한 사사(私事)로운 것이 아니라, 오로지 군주와 국가를 위해 그러할 수 있다는 점을 강조하는 문구이다.

④ 視卒如嬰兒, 故可與之赴深谿, 視卒如愛子, 故可與之俱死. 厚而不能使, 愛而不能令, 亂而不能治, 譬如驕子, 不可用也.

〈문맥〉

이 문단은 상황 요소의 일부로서 인애(仁愛)에 근본을 둔 治兵(리더십)의 상반된 결과를 예시하여, 인애(仁愛)와 엄정(嚴正)이 조화된 합목적적(合目的的)인 지휘통솔을 강조한다.

〈해석〉

'부하들을 어린애처럼 보살펴 주면, 그들은 장수와 함께 깊은 계곡까지 나아갈 수 있으며, 병사들을 사랑하는 자식처럼 보살펴 준다면, 그들은 죽음도 함께하게 된다. 반면, 사랑하여 명령하지 않고 인심(仁心)만 후(厚)하여 일을 시키지 않으면, 어지러워져 다스릴 수 없게 되어, 교만(驕慢)한 자식(子息)처럼 부릴 수 없게 된다.'

〈해설〉

이는 치병(治兵-리더십)에 있어서 장수의 자질 중 인애(仁愛)와 엄정(嚴整)의 조화를 강조하며, 인애(仁愛)의 합목적성을 강조하는 문단이다. 지휘통솔에서 부하 사랑이 강조되는 이유는 조건 없는 사랑의 발로(發露)가 아니라, 용병의 효율성을 증진시키기 위해서이다. 특히, 평화시 사고 예방 위주의 우리의 리더십에서 종종 이 합목적성을 간과하는 경향이 적지 않다.

"視卒如嬰兒故, 〈중략〉, 視卒如愛子故, 〈후략〉"에서 '視'의 뜻은 '보다' 뿐만 아니라, '살피다, 대접하다, 대우하다'라는 의미가 있다. 그 중 '살피다'에 버금가는 '마음을 써서 두루 돌보다.'라는 뜻을 갖는 '보살피다'로 해석하였다. 또한 '故'는 '緣故'의 약어로서 '인연, 사유"라는 의미를 적용하여 '視卒如嬰兒故'는 '사졸(士卒)들을 어린애처럼 보살피거나 '부하를 사랑하는 자식처럼 보살펴 주면,' 이라는 의미로 해석할 수 있다.

⑤ 知吾卒之可以擊, 而不知敵之不可擊, 勝之半也. 知敵之可擊, 而不知吾卒之不可以擊, 勝之半也. 知敵之可擊, 知吾卒之可以擊, 而不知地形之不可以戰, 勝之半也. 故知兵者, 動而不迷, 擧而不窮. 故曰, 知彼知己, 勝乃不殆, 知天知地, 勝乃可全.

〈문맥〉

이 문단은 모공(謀攻) 편의 군주와 장수의 능력과 관계 측면에서 승리 가능성 평가에 이어서, 지리적 상황 유형별 용병의 원칙과 피 · 아 부대 상태 및 치병 상태 측면[지(地)]에서 상대적인 승리 가능성 평가와 더불어, 주변 제후와의 관계[천(天): 구지 편]까지 종합적으로 다 알면 온전한 승리[全勝]가 가능하다고 논한다.

〈해석〉

'나의 사졸(士卒)들이 공격할 수 있는 능력이 있음을 알지만, 적 상황이 공격할 수 없음을 모르면 승리는 절반이고, 적 상황이 공격할 수 있음을 알고 있으나 아 부대의 능력이 공격할 수 있는지를 모르면 그 또한 승리 가능성은 절반이다. 적 부대의 취약점이 공격할 만한지를 알고, 아 부대의 능력이 공격할 수 있는지를 알아도 전반적인 자연 지리적 상황 여건이 싸울 수 없음을 알지 못하면, 이 경우에도 승리 가능성은 절반이다.' 승리 가능성이 절반이라는 함의(含意)는 패할 가능성도 절반이라는 의미이다.

'그러한 관점에서, 용병을 다 아는 사람은 움직이되, 헷갈려서 갈팡질팡 헤매지 않고(迷惑), 일을 도모(圖謀)하되 이러지도 저러지도 못하는 곤궁(困窮)에 빠지지 않는다. 그러므로 이르길, 피 · 아 부대의 그와 같은 상태를 다 알면[知彼知己], 승리는 위태롭지 않으며[勝乃不殆], 추가하여 자연지리에 기반을 둔 위의 피아(彼我)의 상황[地]과 주변 제후들과의 관계[天] 및 인간의 감성적 본성인 천성(天性)까지 다 안다면[知天知地], 승리는 온전(穩全)해진다[勝乃可全].'

〈해설〉

"知吾卒之可以擊, 而不知敵之不可擊, 勝之半也. 知敵之可擊, 而不知吾卒之不可以擊, 勝之半也. 知敵之可擊, 知吾卒之可以擊, 而不知地形之不可以戰, 勝之半也." 이 구절의 해석에서 쟁점(爭點)은 아 부대의 '可以擊 또는 不可以擊'과 적 부대의 '可擊 또는 不可擊'에 대한 관점이다. 전자는 단순히 아 부대의 역량[實] 관점에서 '공격할 수 있다. 또는 없다.'이며, 후자는 적 부대의 취약점(虛) 관점에서 내가 '공격할 수 있다(적 입장에서 被擊) 또는 없다(적 입장에서 不可被擊).'라는 뜻이다. 여기서 그 가능성의 기준은 질적(質的) 및 양적(兩的)인 강약(强弱)을 동시에 고려한다.

"故知兵者, 動而不迷, 擧而不窮." 이 구절에서 '그러한 연유로 용병을 아는 사람[故知兵者]'이란 앞 문구의 피 · 아 부대 상태와 지리적 상황 유형 측면에서 승리 가능성을 다 아는 사람은 움직이되 헤매지 않으며, 큰일을 일으켜도 궁지(窮地)에 빠지지 않는다.

"故曰, 知彼知己, 勝乃不殆, 知天知地, 勝乃可全." 이 구절에서, '知彼知己'는 모공 편의 '知彼知己'와 아는 관점이 상이하다. 모공 편에서는 승리를 아는 다섯 가지(知勝有五) 즉, 피 · 아 군주와 장수의 능력 및 관계를 안다는 의미였으나, 본 문구에서는 위에서 제시한 피 · 아 부대들의 상태 즉, 공격할 수 있는 허점이나, 공격할 수 있는 능력이 있음을 다 안다는 뜻이다.

또한, 모공 편의 '知彼知己, 百戰不殆'는 '피 · 아 군주와 장수의 능력 및 신뢰 관계를 다 알면 백번 싸워도 위태롭지는 않아 승리 가능성이 높다.'는 의미이며, 본편의 '知彼知己, 勝乃不殆'는 '피 · 아 부대 상태의 가격(可擊) 또는 피격(被擊) 가능성을 알면 승리가 위태롭지 않아 온전한 승리(全勝)의 가능성이 높다.'는 의미이며, 여기에 '여섯 가지 지리적 상황 유형[지(地)]별 용병의 원칙과 주변 제후와의 관계 상황[천(天)] 및 인간의 타고난 천성(天城)까지 종합적으로 안다면(知天地之), 승리는 비로소 온전해질 수 있다(勝乃可全).'는 뜻이 된다.

이 구절에서 '天'은 이전 편까지 언급한 주변 제후와의 관계 상황뿐만 아니라, 인간의 타고난 본성(兵之情)인 천성(天性)도 포함하며, 주변 제후와의 전략적 관계를 본격적으로 다루는 후편인 구지(九地) 편의 제 원리를 염두에 둔 것으로도 볼 수 있다. 요컨대 주변 제후와의 전략적 관계는 물론, 인간의 타고난 정신 · 심리적 본성도 천성(天性)이라고 부르기 때문에, 그 관점에서 구지(九地) 편의 '天'에 해당함을 알 수 있다.

특히, '勝乃可全'에서 乃의 뜻 중 '비로소'를 적용하면, '승리는 비로소 온전해질 수 있다.'로 해석할 수 있다. 지형 편의 이 문구는 손자병법 전편의 논리 전개에 중요한 의미를 제시한다. 비록 온전한 승리[全勝]에 대한 직접적인 표현은 모공(謀攻) 편에 이어서 형(形) 편의 '自保而全勝'으로부터 시작하여, 본 편의 '勝乃可全'에 불과하지만, 이는 작전 편의 '승리할수록 더 강해지는 승리[승적이익강(勝敵以益强)'이라는 연속적인 전쟁 목표는 각개 전쟁에서 오로지 온전한 승리[전승(全勝)]에 의해서만 달성되며, 이어서 모공 편은 그 목표를 달성하는 방법으로써 전승(全勝)을 위한 지략 위주 간접접근을 논하고, 형편으로부터 지형 편과 구지 편에 이르는 후편들은 일관되게 그 방법을 점진적으로 구체화하여 논리를 전개하고 있음을 보여준다.

또한, 모공 편에서 전승(全勝)을 도덕적, 물리적인 '선지선(善之善)'으로 규정했다는 점에서, 그 이후 편에서 '善戰이나 善用兵[89]'등 '선(善)[90]'으로 시작되는 문구들은 '그저 잘한다'는 의미보다는 '온전한 승리[全勝]를 지향한다'는 의미를 포함한다고 보면, 사실상 전편(全篇)에 걸쳐 온전한 승리[全勝]를 강조한 셈이 된다.

3. 제11편 구지(九地)

구지(九地)의 뜻은 다양한 전략(戰略) 지리적(地理的) 상황(狀況)이며, 그 포괄 개념은 '용병의 감성적 본성(兵之情) 측면에서 다양한 전략지리에 기반을 둔 상황 유형별 전략적 원칙(原則)과 지향(指向) 및 전승(戰勝) 후 성과(成果)의 공고화(鞏固化)이다. 더 나아가 구지 편은 이전 편에서 논(論)했던 원리들을 인간의 감성적 본성(天性)과 주변 제후와의 관계(天의 요소)와 결부시켜 종합적으로 논한다.

89 善은 작전편 1회, 모공편 2회, 형편 11회, 세편 5회, 실허편 3회, 군쟁편 1회, 구지편 3회 사용하고 全은 작전편 1회, 모공편 7회, 지형편에서는 1회를 사용하고 있다.

90 善은 '잘하다, 훌륭하다'뿐만 아니라, '도덕적 생활의 최고 이상'이나 '올바르고 정당하여 도덕적 기준에 맞음'이라는 뜻이 있다. 후자의 뜻을 적용하면, 善戰이나 善用兵이란 '도덕적 전쟁이나 용병의 최고 이상' 또는 '올바르고 정당하여 도덕적 기준에 맞는 전쟁이나 용병'으로 공히 온전한 승리(全勝)의 의미를 갖는다.

구지 편의 상황 요소에는 인간의 감성적 본성(本性) 즉, 천성(天性), 전략 지리적 상황의 다양한 유형, 주변 제후와의 관계 등 주로 '천(天)'의 요소들과 지(地)의 요소로서 피 · 아 내부(內部) 결속 상태와 행군 편에서 유일하게 언급했던 법령 이행 관련 사항[無法之賞, 無政之令, 犯三軍之衆]이 포함되며 아래와 같이 손자병법에서 가장 긴 8개 문단으로 논리가 전개된다.

①孫子曰, 用兵之法, 有散地, 有輕地, 有爭地, 有交地, 有衢地, 有重地, 有圮地, 有圍地, 有死地. 諸侯自戰其地(-者), 爲散地. 入人之地而不深者, 爲輕地. 我得則利, 彼得亦利者, 爲爭地. 我可以往, 彼可以來者, 爲交地. 諸侯之地三屬, 先至而得天下之衆者, 爲衢也. 入人之地深, 背城邑多者, 爲重地. (+行)山林, 險阻, 沮澤, 凡難行之道者, 爲圮地. 所由入者隘, 所從歸者迂, 彼寡可以擊吾之衆者, 爲圍地. 疾戰則存, 不疾戰則亡者, 爲死地. 是故, 散地則無戰, 輕地則無止, 爭地則無攻, 交地則無絕, 衢地則合交, 重地則掠, 圮地則行, 圍地則謀, 死地則戰.

②所謂古之善用兵者, 能使敵人, 前後不相及, 衆寡不相恃, 貴賤不相救, 上下不相扶, 卒離而不集, 兵合而不齊. 合於利而動, 不合於利而止. 敢問, 敵衆整而將來, 待之若何? 曰: 先奪其所愛, 則聽矣. 兵之情主速, 乘人之不及, 由不虞之道, 攻其所不戒也.

③凡爲客之道, 深入則專, 主人不克, 掠於饒野, 三軍足食, 謹養而勿勞, 并氣積力, 運兵計謀, 爲不可測. 投之無所往, 死且不北, 死焉不得士人盡力. 兵士甚陷則不懼, 無所往則固, 入深則拘, 不得已則鬪. 是故其兵不修而戒, 不求而得, 不約而親, 不令而信, 禁祥去疑, 至死無所之. 吾士無餘財, 非惡貨也. 無餘命, 非惡壽也. 令發之日, 士坐者涕霑襟, 臥者涕交頤. 投之無所往(+者), 則諸劌之勇也. 與之期, 踐墨隨敵, 以決戰事. 是故始如處女, 敵人開戶, 後如脫兎, 敵不及拒.

④故善用兵者, 譬如率然, 率然者, 恒山之蛇也, 擊其首則尾至, 擊其尾則首至, 擊其中身則首尾俱至. 敢問, 兵可使如率然乎? 曰, 可. (+夫)越人與吳人, 相惡也. 當其同舟而濟(+遇風), 其相救也, 如左右手. 是故方馬埋輪, 未足恃也. 齊勇若一, 政之道也. 剛柔皆得, 地之理也. 故善用兵者, 携手若使一人, 不得已也.

⑤將軍之事, 靜以幽, 正以治. 能愚士卒之耳目, 使之無知. 易其事, 革其謀, 使民無識, 易其居, 于其途, 使人不得慮. 帥與之期, 如登高而去其梯, 帥與之深入諸侯之地, 而發其機, (+焚舟破釜), 若驅群羊, 驅而往, 驅而來, 莫知所之. 聚三軍之衆, 投之於險, 此將軍之事也. 九地之變, 詘信之利, 人情之理, 不可不察也.

⑥凡爲客之道，深則專，淺則散．去國越境而師者，絶地也．四徹(達)者，衢地也．入深者，重地也．入淺者，輕地也．背固前隘者，圍地也．無所往者，死地也．是故：散地，吾將一其志．輕地，吾將使之屬．爭地，吾將使不留(吾將趨其後)，交地，吾將固其結(將謹其守)，衢地，吾將謹其恃(吾將固其結)，重地，吾將趣其後(吾將繼其食)，圮地，吾將進其途，圍地，吾將塞其闕，死地，吾將示之以不活．故兵之情，圍則禦，不得已則鬪，逼則從．是故不知諸侯之謀者，不能豫交，不知山林險阻沮澤之形者，不能行軍，不用鄕導者，不能得地利．

⑦四五者，一不知，非王覇之兵也．夫王覇之兵，伐大國，則其衆不得聚，威加於敵，則其交不得合．是故不爭天下之交，不養天下之權，信己之私，威加於敵，故其城可拔，其國可隳．無法之賞，懸無政之令，犯三軍之衆，若使一人．犯之以事，勿告以言，犯之以害，勿告以利．投之亡地然後存，陷之死地然後生，夫衆陷於害，然後能爲勝敗．

⑧故爲兵之事，在於順詳敵之意，并力一向，千里殺將，是謂巧事．是故政擧之日，夷關折符，無通其使，勵於廟堂之上，以誅其事．敵人開闔，必亟入之．先其所愛，微與之期，踐墨隨敵，以決戰事．是故始如處女，敵人開戶，後如脫兎，敵不及拒．

가. 구지(九地) 편의 논리 구조

구지 편은 아홉 가지 전략 지리적 상황 유형과 인간의 감성적 및 심리적 본성(本性)인 천성(天性) 그리고 주변 제후와의 관계인 天의 요소를 포함한 다양한 전략 상황 유형별 용병의 원칙을 제시하고, 전쟁 종결 문제로써 전승(戰勝) 후 전과(戰果)를 공고화(鞏固化)하는 방법에 관해 다음과 같은 8개 문단으로 논리를 전개한다.

①문단은 아홉 가지 전략 지리적 상황 유형을 정의하고, 인간의 정신 · 심리적 본성(本性)과 주변 제후와의 관계 측면에서 일반원칙을 제시하며, ②문단은 인간의 감성 · 정서적 본성 측면에서 적을 분리(分離), 불신(不信), 이간(離間), 불협(不協), 와해(瓦解), 교란(攪亂) 또는 변화(變化)하도록 유인 또는 강요하고, 그 결과를 평가하여 움직이거나

나아가며, 적을 내 뜻대로 움직여 적의 속도가 미치지 못할 바[91]를 이용하고, 생각하지 못한 길을 경유(經由)하여 경계하지 않는 곳을 공격한다는 역동적(力動的)인 간접접근(間接接近)의 원리(原理)를 구체적으로 설명한다.

③문단은 앞의 ②문단의 적 분열(分裂)에 이어서, 원정전(遠征戰)[爲客之道]에서 적지 종심 깊게 들어가 아군의 합심(合心)과 협력[專一][92]을 人間의 정신 · 심리적 본성과 전장 선택을 포함한 부득이한 상황을 조성하거나 의도적으로 위험에 빠뜨려, 아군의 마음과 힘을 오직 한 방향으로 집중하도록 만드는 방법을 제시하며, ④문단은 절박한 전략 상황을 조성하여, 주변 제후들이 부득이(不得已)하게 나와 제휴나 연합할 수밖에 없도록 상황을 조성하는 방법을 논한다.

⑤문단은 ③과 ④문단의 조건으로서, 지략 위주 간접접근을 역동적으로 구현하기 위해 원정전(遠征戰)에서 장수(將帥)가 해야 할 일들의 특수성[靜以幽, 正以治]을 요약하고, 그 과정에서 반드시 고려해야 할 사항[九地之變, 人情之理, 詘信之利]을 제시하여, 이후 ⑥, ⑦, ⑧문단들의 논리전개를 개관(概觀)한다.

⑥문단은 장수가 고려해야 할 첫 번째 사항으로서, 전략 상황의 무궁한 변화[九地之變]에 따른 원리(原理)와 전략적 지향(戰略的 指向)을 구체적으로 설명하면서, 추구해야 할 실천적 전략(戰略) 지향(指向)을 반

91 본 글에서 '所'는 '일정한 곳이나 지역, 자리, 지위, 위치 등' 주로 場所를 지칭하는 의미에 추가하여 정신 · 심리적 의지나 뜻이라는 의미를 포괄하는 '바'로 해석한다.

92 전일(專一)의 사전적 의미는 '마음과 힘을 모아 오직 한 곳에만 씀'이다. 따라서 '合心과 協力'으로 표현하였다.

어법으로 설명한다.

⑦문단은 두 번째 고려 사항으로서, '인간의 감성적(感性的) · 정서적(情緒的) 이치(理致)[人情之理]' 관점에서, 대국을 정벌(戰勝)한 후, 그 패잔병이나 주변 약소국들에게 그 여세(餘勢)를 몰아서 전과(戰果)를 공고화(鞏固化)하거나 확대하는 방법을 예시한다.

⑧문단은 세 번째 고려 사항으로서, '적에게 내가 뜻을 굽히는 것처럼 믿도록 만드는 이점[詘信之利]'을 '교묘(巧妙)한 거사(擧事)[교사(巧事)]'의 관점에서 구체적으로 예시한다. 그것은 '적의 세부적인 의도에 순응하는 것처럼 믿게 만들다가[在於順詳敵之意], 결정적인 순간(瞬間)에 힘을 모아 천리 떨어진 적의 장수를 죽이는 방법[并力一向, 千里殺將]'이다.

요컨대, 〈표 16〉에 제시된 바처럼, 구지 편은 다양한 전략 상황 요소 중 글자 그대로의 아홉 가지 전략 지리적 상황 유형별 정의와 일반원칙으로부터 시작하여, 보다 더 복합적인 상황 요소인 적을 분열 · 분리 · 이간시킨 상태, 합심 · 협력하는 아군의 상태, 그리고 주변 제후들과의 제휴 · 연합한 상태를 그 방법과 함께 설명한다.

이상의 내용을 대표할 수 있는 '九地'의 의미는 '전략 지리적 상황의 무궁한 다양성과 변화'이며, 그 포괄 개념은 인간의 감성적 본성[天性] 측면의 전략 상황별 원칙(原則) 및 전략 지향(志向)과 전과(戰果)의 공고화(鞏固化) 및 확대(擴大)이다. 특히 구지 편은 이전 편에서 다루었던 제 원리들을 전략적 수준에서 종합적으로 구체화하여 설명한다.

〈표 16〉 구지 편의 논리 구조

편명	九의 地: 전략 지리적 상황 유형의 무궁한 다양성 및 변화			
포괄 개념	인간의 정신 · 심리적 본성 측면의 다양한 전략 상황(九地)별 전략원칙 및 志向과 전쟁의 궁극목적을 지향(指向)한 전과(戰果)의 공고화 및 확대			
문단 의미	① 전략 지리적 상황 유형별 원칙	② 적을 분리, 분산 및 이간(離間)	③ 아군의 합심과 협력	④ 우군(友軍)의 전략적 제휴(提携)
논리 전개	아홉 가지 전략 지리 상황 유형의 정의와 일반원칙	적 분리, 불신, 이간, 불협화, 와해, 교란, 변화를 유인 또는 강요	원정전에서 부득이한 상황을 조성하여 합심 · 협력시키는 방법	절박한 전략 상황을 조성하여 부득이하게 우군과 전략적 제휴 및 연합 방법
문단 의미	⑤ 장수의 역할	⑥ 전략 지리별 志向	⑦ 戰果의 공고화	⑧ 詘信之利의 원리
논리 전개	역동적인 지략 위주 간접접근을 위한 장수의 역할	전략 지리별 원칙 하에 상황변화의 다양성을 고려한 전략적 지향(志向)	人情之理 관점 전승의 여세를 이용한 전과의 공고화 및 확대	巧能成事의 관점에서 적의 의도에 따르다가, 결정적으로 적 격파, 용간과 연계

또한, 그와 같은 상황 요소들을 활용하는 장수의 역할과 핵심 고려사항으로서, '九地之變' 측면에서, 전략원칙을 변화하는 상황에 적용하여 추구해야 할 전략 지향(志向)을, '인정지리(人情之理)' 측면에서 승리 후 전과의 공고화 및 확대 방법을, 그리고 '굴신지리(詘信之利)'의 관점에서 용간 편의 반간(反間)과 사간(死間)에 의한 위광사(爲誑事)를 적용한 '교능성사(巧能成事)'를 구체적으로 예시하여 용간 편과 연계시킨다.

나. 문단별 구조적 상세해석

① 孫子曰, 用兵之法, 有散地, 有輕地, 有爭地, 有交地, 有衢地, 有重地, 有圮地, 有圍地, 有死地. 諸侯自戰其地(-者), 爲散地. 入人之地而不深者, 爲輕地. 我得則利, 彼得亦利者, 爲爭地. 我可以往, 彼可以來者, 爲交地. 諸侯之地三屬, 先至而得天下之衆者, 爲衢也. 入人之地深, 背城邑多者, 爲重地. (+行)山林, 險阻, 沮澤, 凡難行之道者, 爲圮地. 所由入者隘, 所從歸者迂, 彼寡可以擊吾之衆者, 爲圍地. 疾戰則存, 不疾戰則亡者, 爲死地. 是故散地則無戰, 輕地則無止, 爭地則無攻, 交地則無絶, 衢地則合交, 重地則掠, 圮地則行, 圍地則謀, 死地則戰.

〈문맥〉

본 문단은 전략 지리적 상황 요소와 결부시킨 전략적 상황 유형을 아홉 가지로 분류하고 상황 유형별 정의와 용병법(用兵法)을 제시한다.

〈해석〉

손자가 이르길, '용병법(用兵法)에는 산지(散地)에서의 용병법, 경지(輕地), 쟁지(爭地), 교지(交地), 구지(衢地)에서의 용병법 그리고 중지(重地), 비지(圮地), 위지(圍地) 및 사지(死地)에서의 용병법 등 각 전략 지리적 상황 유형별 용병의 원칙(原則)이 있다.

각 유형별 정의는 다음과 같다. 제후(諸侯)가 자국 영토를 전장으로 삼는 경우는 사졸들이 쉽게 흩어지기 쉬운 산지(散地)라고 부르며, 적 영토로 들어가되 깊숙이 들어가지 않은 경우를 가볍게 들어간 경지(輕地)라 칭하고, '피 · 아를 불문하고 먼저 얻는 측이 크게 유리한 지리적 유형 중 먼저 선점(先占)하려고 경쟁하는 유형을 쟁지(爭地)라고 부르며, '피 · 아는 물론, 주변 제후들도 자유로이 왕래할 수 있는 전략 지리적 상황은 상호 교류(交流)하기 용이한 교지(交地)라고 부르며, 3개 이상의 제후국이 접경(接境)하여 먼저 통제[93]하는 측이 천하의 백성들을 얻을 수 있는 지리적 상황을 구지(衢地)라고 칭한다, 산림지나 소택지 등 군을 운용하기 어려워서, 정교한 계책(計策)이나 구상(構想)이 쓸모없게 무너지는 비지(圮地)라 이른다. 적의 영토로 종심 깊게 들어가 그 배후에 성읍(城邑)이 많은 지리적 상황을 중지(重地)라고 부르며, 진입하는 입구는 좁고 험하며 돌아 나올 때는 멀리 우회해야 하므로, 소수의 적이 다수의 아군을 격파할 수 있는 지리적 상황을 둘러싸인 위지(圍地)라고 부르고, 신속하고 맹렬하게 싸우면[疾][94] 살아남고, 그렇지 못하면 죽을 수 있는 지리적 상황을 사지(死地)라고 칭한다.

자국의 영토인 산지(散地)에서는 전쟁을 하지 않는 것[無戰]이 원칙이다. 국경선 부근의 경지(輕地)에서는 정지하지 않고 종심(縱深) 깊게 들어가야[無止] 한다. 쟁지(爭地)에서는 다투지 않는 것이 원칙[無攻]이고, 교지(交地)에서는 교통이나 통신이 단절되지 않도록 유의해야 하며[無絕], 구지(衢地)에서는 외교 관계를 도모하거나 강화하는 것이[合交] 원칙이다. 비지(圮地)에서는 군을 운용하지 않고 그냥 지나가야[行] 한다. 중지(重地)에서는 적으로부터 양식이나 재물(財物)을 탈취[掠]하는 것이 원칙이며, 위지(圍地)에서는 온갖 권모술수[謀]를 발휘하여 신속하게 벗어나야 한다. 사지(死地)에서는 적에게 기회를 주지 않고, 지체(遲滯) 없이 결사적(決死的)으로 싸워야[戰] 한다.'

93 지(至)의 뜻에는 '이르다'가 있어 '먼저 이르다'로 해석할 수 있으나, '두루 미치다'라는 뜻을 적용하여 '통제하다'로 해석한다.

94 질(疾)의 한자 뜻에는 '신속하다, 빠르다(疾走)' 또는 '맹렬하다(疾風)'가 있다. 따라서 疾戰은 '신속하고 맹렬한 전투' 또는 '지체 없는 결사적(필사적) 싸움'으로 해석함이 적합하다.

〈해설〉

"用兵之法, 有散地, 〈중략〉, 有死地." 이 구절은 기존에는 '용병법(用兵法)에는 산지, 〈중략〉, 사지가 있다.'라고 해석하지만, 法은 방법으로 법칙이나 원칙이며, 산지, 사지 등은 지리적 상황 유형이기 때문에, '용병법에는 각 지리적 상황 유형별로 산지(散地)에서의 용병법(법칙이나 원칙)이 있고[有], 〈중략〉, 사지(死地)에서의 용병법이 있다[有].'라고 해석해야 한다.

"諸侯戰其地者, 爲散地. 散地則無戰. 入人之地而不深者, 爲輕地. 輕地則無止." 이 구절은 산지(散地)의 정의와 용병법(원칙), 경지(輕地)의 정의와 용병법(원칙) 등 각각의 전략 지리적 유형별 정의와 원칙을 설명한다. 특히 경지는 작전 편의 '국경 부근의 근사(近師)에 해당하며, 그 폐해(弊害)를 구체적으로 나열한 바 있다[近師者貴賣, 貴賣則, 〈후략?〉. 산지(散地)는 자국의 영토(嶺土)이며, 경지(輕地)는 국경 부근의 지형이다. 글자 자체의 뜻을 살펴보면, '散地'에서 '散'은 갈라져서 이리저리 마음이 흩어진다는 분산(分散)의 의미로서, 자칫 병사들의 몸과 마음이 흩어지기 쉬운 전략 지리적 상황이다. '輕地'에서 '輕'은 책임이나 부담이 많지 않거나 생각이 부족하다는 뜻으로서 사졸들이 쉽게 도망갈 수 있는 지리적 상황이다.

"行山林, 險阻 沮澤 凡難行之道者 爲圮地. 圮地則行." 이를 '산림지(山林地)나 험지(險地) 또는 소택지(沼澤地) 등은 무릇(凡) 군을 운용(運用)하기 어려운 곳으로서, 계획이나 구상(構想)이 무너지기 쉬운 비지(圮地)라 이른다. 비지에서의 원칙은 '그냥 지나가는 것이다[則行].'

이 구절에 대한 해석의 관건은 '行', '難行', '道' 및 '비(圮)'의 뜻이다. '行'의 뜻 중 '행하다, 운용하다'를 적용하여 '行山林, 沮澤'은 '산림지나 소택지에서는 군을 운용(특히 간접접근)하는 것이 어려운 지형이다. '凡'은 '모두, 다'의 뜻을, '難行'은 하나의 단어로서 '실행하기 어려움'을, 그리고 道는 '방법'을 적용하여 '凡難行之道者'는 '모든 방법이 실행되기 어려워(계획대로 되지 않아서) 무산(霧散)되어 무너지는 비지(圮地)이다. 이 의미는 '계획(計劃)이나 구상(構想) 따위가 쓸모없게 되거나 제대로 실행되지 못한다.'는 뜻으로 圮地則行에서 '行'은 첫 문구와는 달리 '비지에서는 그냥 지나가다.'라는 뜻이 적합하다. 종합하면, '산림지, 험지나 늪지에서는 군의 운용(정교한 간접접근)은 모두 그 실행이 어려워서 거의 모든 계획이나 구상이 쓸모없게 무너지는 비지(圮地)라 이른다. 비지에서의 원칙은 그냥 지나가는 것이다.'라고 해석한다.

"我得亦利, 彼得亦利者, 爲爭地. 爭地則無攻."에서 쟁지(爭地)는 내가 점령해도 유리하고, 적이 점령해도 유리한 지리적 상황으로, 용병의 원칙은 공격하지 않는 것[爭地則無攻]이다. 그 이유는 피 · 아가 공히 중시(重視)여기는 그곳을 공격하면 적과 직접 충돌이 불가피하여 승리하더라도 파승(破勝)으로 귀결되기 때문이다.

"入人之地深, 背城邑多者, 爲重地. 重地則掠." 매우 중요(重要)한 중지(重地)란 적지 종심으로 들어가 배후(背後)에 성읍(城邑)이 많은 지역이다. 중지(重地)에서의 원칙인 약탈(掠奪)은 적의 재화를 소진(消盡)시키고, 적을 유인, 분산시키는(군쟁편의 掠鄕分衆) 효과를 달성할 수 있다.

"所由入者隘, 所從歸者迂, 彼寡可以擊吾衆者, 爲圍, 圍地則謀. 疾則存, 不疾則亡者, 爲死地. 死地則戰." 全勝을 위한 지략 위주 간접접근을 논하고 있는 전편(全篇)의 문맥에 비추어 볼 때, 포위(包圍)되기 쉬운 '위지(圍地)'란 들어가는 입구는 좁고 돌아 나올 때는 우회해야 하므로 적의 소부대가 아 대부대를 격파할 수 있는 곳을 위지라 하며, 위지에서의 원칙은 온갖 지모(智謀)를 사용하여 신속하게 빠져나와야 한다. 사지(死地)는 지체(遲滯)하지 않고 결사적으로 싸우면(疾戰) 살아남고, 그렇지 못하면 망하는 지리적 상황으로, 사지에서의 원칙은 오직 결사적으로 싸우는 것[戰]뿐이다. 위지(圍地)나 사지(死地)에서의 원칙은 지략 위주 간접접근을 일관되게 강조해 온 맥락에서는 예외적인 경우이다. 死地나 圍地는 장수가 일부러 그러한 상황에 군을 빠뜨리는 경우와 구분해야 한다. 의도적이지 않은 死地나 圍地는 간접접근이 피해야 할 상황이지만, 전략 지리적 상황의 다양성을 나열하기 위해서 포함하는 것으로 볼 수 있다.

> ② 所謂古之善用兵者, 能使敵人, 前後不相及, 衆寡不相恃, 貴賤不相救, 上下不相扶, 卒離而不集, 兵合而不齊. 合於利而動, 不合於利而止. 敢問, 敵衆整而將來, 待之若何? 曰: 先奪其所愛, 則聽矣. 兵之情主速, 乘人之不及, 由不虞之道, 攻其所不戒也.

〈문맥〉

이 문단은 인간의 정신 · 심리적 본성(本性) 즉, 천성(天性)의 관점에서 적을 분열시켜, 그 결과로 조성된 상황의 유 · 불리 점을 평가하여 움직이거나 정지하되, 만약 그래도 안 되면, 적에게 변화를 강요하여 드러날 적의 虛를 공격하는 원리를 설명하면서, 그 결과로 나타날 적의 상태를 하나의 상황 요소로 다루고 있다.

〈해석〉

'이른바, 예로부터 용병을 잘하는 사람은 능히 적의 전 · 후방 부대가 상호 지원하기에는 속도가 미치지 못하게 하고, 적의 주력(主力)부대와 유인(誘引)부대 간 상호의존적인 역할(役割) 이행(履行)을 서로 믿지 못하게 만들며, 신분별로 반목(反目)시켜 서로 도와주지 않거나 계급이나 직위를 서로 인정(認定)하지 않게 하거나, 지휘계통을 무질서(無秩序)하게 만들어, 흩어진 사졸(士卒)들이 모이지 못하게 만들고, 부대들이 모이더라도 통제(統制)되지 못하게 만들어, 그 결과가 승리에 부합(符合)하면 움직이고, 부합하지 않으면 중지한다.'

'감히 묻건대, 대규모 적이 정연(整然)하게 진격(進擊)해 온다면, 어떻게 대비(對備)해야 하는가[待之若何]? 답(答)하길, 적이 소중히 여기는 전혀 다른 곳을 선취(先取)하여 정연한 적을 교란(攪亂) 또는 분산(分散)을 강요한 뒤, 용병의 본성(本性)은 속도가 주요(主要)하거나 기본(基本)이기 때문에, 적이 따라올 수 없는 신속한 속도로 미처 생각하지 못한 곳을 경유(經由)하여 경계(警戒)하지 않은 곳을 공격한다.'

〈해설〉

"所謂古善戰者, 能使敵人, 前後不相及也, 衆寡不相待, 貴賤不相救, 上下不相收, 卒離而不集, 兵合而不齊, 合於利而動, 不合於利而止." 이 구절은 敵을 분리, 분산, 교란, 상호 불신(不信) 및 붕괴(崩壞)되도록 만들 것을 강조한다. 실허(實虛) 편은 어느 정도 정적(靜的)인 측면에서 적을 분리 및 분산[95]시키는 원리를, 그리고 군쟁 편은 능동적(能動的)으로 적 분산을 유인하는 원리를 논하였으나, 본 편에서는 인간의 정신·심리적 본성(本性) 측면에서 적 내부를 이간(離間), 불신(不信) 및 반목

95 손자병법, 전게서, 실허편 形人而我無形 無所不備, 無所不寡, 不知戰之地/日 前後左右不相救 참조.

(半牧)을 조장하여 적을 분리 및 붕괴시키는 실제를 역동적(力動的)으로 다루고 있다.

특히, '前後不相及'에서 '不及'은 실허 편의 '遠而不可及'이나 본편의 '兵之情主速 勝人之不及'처럼 주로 속도가 미치지 못한다는 의미이기 때문에, '상호 지원 속도가 미치지 못하게' 만들기 위해 전후 부대들을 신장(伸長: 길게 늘림), 지연·차단 또는 격리시키는 것을 의미한다. '衆寡不相恃'에서 衆寡는 대부대와 소부대 즉, 간접접근의 요체인 본대와 적을 움직여 虛를 노출시키는 유인 또는 미끼 부대를 말한다. 따라서 이 문구는 적의 본대와 유인부대 간의 상호의존적인 역할 이행을 불신(不信)하게 만들어 적이 간접접근을 시도할 수 없게 만든다는 의미이다.

'貴賤不相救'에서 귀천(貴賤)은 신분을 뜻하기 때문에, '신분별로 반목시켜 상호 도와주지 못하게 이간(離間)시키고', '上下不相收'에서 上下는 계급과 직위의 상하이며, '수(收)'는 정돈하여 가지런히 한다는 정제(整齊)라는 의미로서, '不相收'는 '계급이나 직위를 서로 인정하지 않게 만든다.'는 뜻이다.

끝으로 '흩어진 병사들이 결집(結集)되지 못하게[卒離而不集]'하고, '부대들이 모이더라도 질서가 정연(整然)하게 통제(統制)되지 못하게 만든다[兵合而不齊]'는 의미는 모공편의 적이 전쟁할 생각조차 할 수 없게 만드는 일종의 '벌모(伐謀)'를 예를 들어 설명한 내용으로도 볼 수 있다. 이는 본편 ⑤문단에서는 대국을 정벌한 후 군의 다수의 무리들이 취합(聚合)하지 못하게 만든다[伐大國則其衆不得聚]는 의미로서, 이는 벌교(伐交)의 예이다.

손자병법은 내가 노력하면서 기대했던 상황과 그 결과로 나타나게 될 실제 효과(效果)를 엄밀하게 구분하고 있다. 즉, '能使敵人, 前後不

相及, 〈중략〉, 兵合而不齊'와 '合於利而動, 不合於利而止'에서 전반부의 2개 구절(能使敵人, 前後不相及)은 노력을 기울이면서 기대했던 상황이며, 후반부의 2개 구절(合於利而動, 不合於利而止)은 나의 노력을 기울인 효과를 평가하여 행동한다는 뜻이다. 이전 편의 예를 들면, 군쟁 편에서, 나의 분산과 집중을 통해 적을 변화시키는(以分合爲變者) 원리에서 '掠鄕分衆, 廓地分利, 懸權以動'은 적을 분산시키기 위해서는 먼저 내가 분산해야 한다는 결정적인 의미를 가지며, 적이 귀하게 여기는 예향(愛鄕: 愛所)을 공략(攻掠)하거나 작전지역을 확대(擴大)하여 적이 쫓게 될 이익을 분산시킨 후, 피 · 아 분산의 정도를 저울질하여 움직인다. 여기서 적을 분산시키기 위해서는 반드시 내가 먼저 분산해야 한다. 따라서 피 · 아의 분산의 정도에 따라 기대했던 효과는 전혀 달라지므로 저울질하여 움직여야 한다.

"敢問, 敵衆而整將來, 待之若何?" 이 구절은 앞 구절의 '적 내부 분열 및 붕괴 노력에도 불구하고' 라는 의미의 연장선에 있다. '將來'는 가정법으로 '만약 온다면'이라는 의미이다. 이 구절은 또한 군쟁 편의 직접적으로 공격하지 않기를(無擊, 勿擊) 바라는 '正正之旗 또는 堂堂之陣'과 유사한 상황이다. 감히 묻건대[敢問], 그럼에도 불구하고 적의 대부대가 정연하게 온다면, 어떻게 대처해야 하는가?

"曰: 先奪其所愛則聽矣. 兵之情主速也, 乘人之不及也, 由不虞之道, 攻其所不戒也." 이 구절에서 '先奪其所愛則聽矣'는 앞 구절의 답(答)으로서, 먼저 그들이 중시여기는 곳을 탈취한다면 듣지 않겠는가? 이다. 이는 이전 편에서 설명한 역동적인 간접접근을 종합적으로 예시한다. 이는 실허 편의 적이 반드시 구해야 할 곳을 공격한다[攻其所必救也]에 해당하며, '兵之情主速也, 乘人之不及也' 용병의 본성은 속도이니, 적이 미치지 못할 속도로, '由不虞之道'는 적이 헤아리지 못한 길을 경유하여, 이는 계편에서 적이 '미처 생각하지 못한 곳으로 나아가다[出其所不意]'와 실허 편의 '미처 생각하지 못한 곳으로 달려가다.[趨其所不意]'와 유사하며, 그리고 '攻其所不戒也'는 '경계하지 않은 곳을 공격한다.' 이며, 이는 계(計) 편의 대비하지 않은 곳을 공격한다[攻其無備]와 실허편(십일가주)의 쫓아올 수 없는 곳으로 나아간다[出其所不趨]와 유사한 의미이다.

그러므로 '由不虞之道, 攻其所不戒也'에서 불우(不虞)는 '미처 생각지 못함'이기 때문에, 적이 미처 생각하지 못한 길을 경유(經由)하여, 적이 경계하지 않는 곳을 공격한다. 는 뜻이다.

③ 凡爲客之道, 深入則專, 主人不克, 掠於饒野, 三軍足食, 謹養而勿勞, 并氣積力, 運兵計謀, 爲不可測. 投之無所往, 死且不北, 死焉不得士人盡力. 兵士甚陷則不懼, 無所往則固, 入深則拘, 不得已則鬪. 是故其兵不修而戒, 不求而得, 不約而親, 不令而信, 禁祥去疑, 至死無所之. 吾士無餘財, 非惡貨也. 無餘命, 非惡壽也. 令發之日, 士坐者涕霑襟, 臥者涕交頤. 投之無所往(+者), 則諸劌之勇也.

〈문맥〉

본 문단은 원정전(遠征戰)에서 정신 · 심리적 측면에서 적지 깊숙이 들어가 부득이한 상황을 조성하여 아군을 합심(合心), 협력(協力), 진력(盡力)하게 만드는 방법을 설명하며, 그 결과로 형성된 자발적으로 결속된 아 부대 상태를 상황 요소로 다루고 있다.

〈해석〉

원정전(遠征戰)에서 용병법[爲客之道]은 적지 깊숙이 들어가 내가 하나로 합심 · 협력하게 되면, 적은 이를 극복할 수 없게 된다. 적지(敵地)의 풍요로운 들판을 약탈하여 삼군(三軍)의 양식을 넉넉하게 하고, 건강관리를 엄하게 하고[養生], 불필요한 노력을 낭비하지 않으면서, 기세(氣勢)를 아우르고 힘을 축적하여[并氣積力], 탁월한 계략(計略)으로 군을 운용하되, 이를 적이 헤아리지 못하게 하는 것이다. 돌아올 수 없는 곳에 군(軍)을 투입하면, 도망갈 수 없으니 죽을지언정 전력(全力)을 다하지 않을 수 없게 된다. 병사들은 극심한 상황에 빠뜨리면 두려워하지 않는다. 돌아갈 곳이 없으면 의지(意志)가 확고해지고, 적지(敵地) 종심(縱深)에서는 손을 맞잡게 되고, 부득이하면 싸운다.

그런 까닭에, 사졸(士卒)들은 타일러서 주의시키지 않아도 조심하여 스스로 단속하며[不修而戒], 책망(責望)[구(求)]하지 않아도 스스로 얻게 되며[不求而得], 약속하지 않아도 가까이하며[不約而親][96], 영(令)을 내리지 않아도 믿고 할 바를 다한다[不令而信]. 운수(運數)나 길조(吉兆)를 믿지 않도록 금지하고, 의혹(疑惑)을 제거하면[禁祥去疑], 갈 곳이 없으므로 죽음에 이르도록 믿고 따르지 않을 수 없게 된다[至死無所之]. 사졸들이 재물을 남기지 않는 까닭은 그것을 싫어해서가 아니며, 죽음을 불사하는 이유도 오래 살기를 싫어해서가 아니다. 명령이 발동되는 날에 앉아있는 사졸들은 눈물로 옷깃을 적시고, 누운 자들은 눈물이 턱으로 흐르지만, 돌아갈 곳이 없는 곳에 빠뜨리면 제귀지용[諸劌之勇][97]을 발휘한다.'

96 중한사전에서 약(約)의 뜻에는 '초대하다, 부르다'가 있으며, 親은 '화목하다, 친하다, 가까이하다'라는 뜻이 있다.

97 제귀지용(諸劌之勇)은 전제(專諸)와 조귀(曺劌)의 용맹성을 말한다.

〈해설〉

"위객지도(爲客之道)"에서 객(客)은 주인(主人)과 대비되는 손님으로서 전쟁의 관점에서 타국에서 수행하는 원정전(遠征戰)을 의미하며, 爲客之道는 원정전을 성취(成就)하는 방법이다. 그 방법은 "投之無所往, 死且不北, 死焉不得士人盡力. 兵士甚陷則不懼, 無所往則固, 入深則拘, 不得已則鬪"이다. 이 문구는 의도적(意圖的)으로 적지 깊숙이 투입하여 부하들을 하나로 합심·협력하게 만드는[深入則專] 이치(理致)를 인간의 정신·심리적 본성(本性) 측면에서 설명하는 내용이며, 돌아갈 수 없는 곳에 부대를 투입하면[投之無所往], 죽을지언정 도망가지 않는다[死且不北]. 죽음이 어찌 병사들을 진력(盡力)하게 만드는가[死焉不得士人盡力]? 병사들을 극도로 궁지에 몰아넣으면, 두려워하지 않는다[兵士甚陷則不懼]. 갈 곳이 없으면 굳게 방비(防備)하고[無所往則固], 깊게 들어가면 구애(拘礙)받지 않고[入深則拘], 마지못해하는 수 없으면 싸운다[不得已則鬪].

그러나 적지 종심(縱深)이나 돌아갈 곳이 없는 장소에 의도적(意圖的)으로 투입할 경우, 군주의 도(道)와 장수의 지략(智略)에 대한 부하들의

전제(專諸)는 춘추시대 말엽 오나라 당읍(堂邑, 현 강소성 육합 북방) 출신의 협객으로, BC. 515년 의형제를 맺은 오자서의 부탁을 받고 당시 오왕 요(僚)를 죽이기로 결심, 연회석에 초대된 요왕에게 생선 요리를 바치면서 생선 뱃속에 감추었던 단검을 꺼내 오왕 요를 살해하고 현장에서 호위병들에게 죽음을 당하였다. 그 정변 결과 오자서는 왕자 광(光)을 왕으로 추대하였는데 이가 바로 오왕 합려(闔廬)이다. 오왕 합려는 그후 손무를 등용하여 오나라를 마침내 강대국으로 일으켜 세웠다.

조귀(曹劌)는 춘추시대 노(魯)나라의 용사로서 일명 조말(曹沫). B.C 684년 장작전투에서 제나라를 격파하고 승리를 거둔 인물이며 후에 노 장공(魯 莊公)이 제 환공(齊 桓公)에게 3전 3패를 당한 후 강제로 문양(汶陽)지역을 빼앗기자 두 군주가 협정을 맺는 자리에 뛰어들어 칼로 제 환공(齊 桓公)을 위협하고 빼앗긴 영토를 반환하도록 맹세시켰다는 일화가 있다.

신뢰심(信賴心)이 전제(前提)되지 않는다면, 기대하는 전일(專一)은 반대로 와해(瓦解)로 바뀔 것이다. 따라서 그와 같은 논리는 손자병법이 군주의 정도(政道)와 장수의 탁월한 궤도(詭道)를 전제로 전개되고 있음을 보여준다.

이 경우 '의도적(意圖的)'이라는 말은 무엇보다 중요하다. 이는 다른 더 큰 목적을 위한 일시적이며, 또 다른 대책(對策)이 존재한다는 의미로서, 대책 없이 오로지 한 곳에만 힘쓰도록 전일(專一)의 효과만을 기대하고 사지(死地)에 부하들을 몰아넣는 무책임(無責任)과는 전혀 다르다.

④ 故善用兵者, 譬如率然, 率然者, 恒山之蛇也, 擊其首則尾至, 擊其尾則首至, 擊其中身則首尾俱至. 敢問, 兵可使如率然乎? 曰, 可. (+夫)越人與吳人, 相惡也. 當其同舟而濟(+遇風), 其相救也, 如左右手. 是故方馬埋輪, 未足恃也. 齊勇若一, 政之道也. 剛柔皆得, 地之理也. 故善用兵者, 携手若使一人, 不得已也.

〈문맥〉

본 문단은 주변 제후들과의 긴밀한 전략적 제휴(提携)나 연합(聯合)으로 상호 돕지 않으면 안 될 절박한 전략 상황을 조성하여 부득이하게 서로 구(救)하는 모습을 설명한다.

〈해석〉

'그러한 이치(理致)로, 군을 잘 운용하는 모습은 위연(衛然)에 비유할 수 있다. 위연이란 중국의 오악(五岳)[98] 중 하나인 항산산(恒山山)에 산

98 중국의 이름난 다섯 산(五岳)으로 타이산산(泰山山), 화산(華山), 형산(衡山), 항산(恒山), 쑹산(嵩山)이 있다.

다는 뱀으로, 그 머리를 치면 꼬리가 달려들고, 꼬리를 치면 머리가 달려들며, 몸 가운데를 치면 머리와 꼬리가 함께 달려든다.' '감히 묻건대, 軍도 위연이 그러한 것처럼 부릴 수 있느냐? 말하자면 가능하다. 예를 들어, 월나라 사람과 오나라 사람이 서로 미워하더라도 같은 배를 타고 강을 건너다가 위급한 상황에서 서로 구해야 할 일에 직면하면, 서로 돕는 모습이 좌우의 손이 그러함과 같게 된다.'

'그러하므로, 말을 풀어버리거나 수레바퀴를 땅에 묻어버리는 것만으로는 충분히 믿을 수 없다. 모두 하나처럼 용기를 갖게 되는 것은 정사(政事)의 정도(正道)에 의해 그렇게 되지만[99], 강직한 사람과 유약한 사람이 다 함께 서로 돕는 것은 상황의 이치(理致)에 의해서 그렇게 된다. 그러므로 용병을 잘하는 사람은 한 사람의 양손이 그러하듯 손을 마주 잡지 않을 수 없도록 상황을 조성한다.'

〈해설〉

"敢問, 兵可使如衛然乎? 曰: 可. 越人與吳人相惡也. 當其同舟而濟也, 相救若左右手." 이 구절에서 '제(濟)'는 '건너다'와 '어려움에서 구제(救濟)하다'는 두 가지 뜻을 적용한다. 이 문구는 제후들에게 공통적인 위협 상황을 인식시키거나 그러한 위협에 빠뜨려 부득이하게 제휴 또는 연합하게 만드는 방법을 예시한다.

"齊勇若一, 政之道也"에서 '政之道'에서 제(齊)의 뜻 중 '갖추다.'를 적용하여, 한 사람처럼 용기를 갖추는 것은 '政事의 정도(正道)에 의해 그

99 손자병법, 전게서, 계편의 道者는 '더불어 생사를 같이하면서도 결코 배반하지 않는다(可與之死/生, 爲不詭也)' 참조.

렇게 된다.'는 뜻으로 이는 계 편의 다섯 가지 政事 중 '道'의 정의 즉, '더불어 생사(生死)를 같이하면서도 결코 배반하지 않는다(可與之死生, 爲不詭也)'는 의미의 연장선에 있다.

⑤ 將軍之事, 靜以幽, 正以治. 能愚士卒之耳目, 使之無知. 易其事, 革其謀, 使民無識, 易其居, 于其途, 使人不得慮. 帥與之期, 如登高而去其梯, 帥與之深入諸侯之地, 而發其機, (+焚舟破釜), 若驅群羊, 驅而往, 驅而來, 莫知所之. 聚三軍之衆, 投之於險, 此將軍之事也. 九地之變, 詘信之利, 人情之理, 不可不察也.

〈문맥〉

본 문단은 ②문단의 적을 분리 · 붕괴 · 이간시키고, ③문단의 아군을 합심 · 협력시키며, ④문단의 주변 제후(諸侯)들과 제휴 · 연합하는 조건으로서, 장수가 해야 할 일[將軍之事]의 특성을 논한다. 장수가 변화하는 상황에서 자유자재로 계략(計略)을 구사하면서도 적은 물론 아 사졸들도 알지 못하게 만들고(我無形), 아군을 하나로 합심, 협력하게 만드는 방법을 그 이유와 함께 비유적(比喩的)으로 설명한다.

〈해석〉

'장수가 해야 할 본질적인 일은 그 뜻이 심오(深奧)하고 그윽하여 고요하고[靜以幽], 잘 다스려 엄정(嚴正)하게 하며[正以治], 사졸들의 이목(耳目)을 어리석고 사리(事理)에 어둡게[愚昧하게] 하여, 알지 못하게 만든다.' 그리하여, 하는 일을 바꾸고(易其事), 계략(計略)을 새롭게 바꾸면서도[革其謀], 사졸들이 이를 인식하지 못하게 만들고[使民無識], 거소(居所)를 바꾸면서도[易其居], 적이 그 이유를 생각할 수 없게 만든다[使人不得慮]. 장수가 사졸들(之)에게 결심(期)을 하달할 때[帥與之期

]는, 높은 곳에 오르게 한 뒤, 사다리를 치워버리듯이, 적 영토 깊숙이 들어가 하달하여 그것을 발효시켜[發其機], 올 수 없는 곳으로 몰아가면서[驅] 어디로 가는지를 모르게 하고[莫知所之], 백성들을 취합(聚合)하여 조직한 삼군(三軍)의 무리를 위험에 빠뜨린다[聚三軍之衆, 投之於險]. 이것이 장군이 해야 할 일이니, 이때 다음 세 가지 사항을 신중히 헤아려야 한다. 그 첫 번째는 다양한 무궁한 전략 상황 변화(九地之變)이며, 두 번째는 내가 뜻을 굽히는 것처럼 보여주다가 펴는 이점(詘信之利)이고, 셋째는 인간 본성의 이치(人情之理)이다.

〈해설〉

"將軍之事, 靜以幽, 正以治. 能愚士卒之耳目, 使之無知. 易其事, 革其謀, 使民無識, 易其居, 于其途, 使人不得慮." 이 구절에서 '靜以幽' 중 幽[100]는 '심오하고 그윽하다.'를 적용하고, '能愚士卒之耳目'에서 우(愚)[101]는 '우매(愚昧)'의 약어로 간주하여 '단순하고 순수하다.'를 선택하여 사졸들의 이목을 단순하게 만든다.'이다. '正以治'의 기존의 해석은 주로 '올바르게 다스린다(以正治).'이지만, '正'을 엄정(嚴正)의 약어로 보아 '엄정(嚴正)하게 다스린다.'는 뜻이 적합할 것이다. 특히 '正

100 유(幽)의 뜻은 '그윽하다(깊숙하고 으늑하며 고요하다, 뜻과 생각이 깊다)'와 '深遠하다(헤아릴 수 없이 깊고 오묘하다)'이다.

101 우(愚)는 우매(愚昧)의 약어로, 그 뜻은 '어리석음으로 純化하다'이며, 純化는 '복잡한 것을 단순하게 함'이다. 사졸들을 우매하게 또는 어리석음으로 순화하게 만든다는 뜻은 생각이나 두뇌를 그렇게 만든다는 것이 아니라, 耳目을 그렇게 만든다는 뜻으로 이는 장수의 지혜와 도덕성에 대한 사졸들의 지극한 신뢰심에 바탕을 두고, 더 이상 알려고 하지 않고 몸을 내던지는 모습을 묘사한 것이다. 이는 노자 65장에 '예부터 도를 잘 실천하는 사람은 백성을 교활하고 총명하게 만들지 않고 오히려 자연처럼 순수하고 단순하게 만들었다(古之善爲道者, 非以明民, 將以愚之)'에 가까운 뜻을 갖는다.

以治. 能愚士卒之耳目'은 군쟁 편에서 간접접근의 정신 · 심리적 조건인 四治(氣, 心, 力, 變)와 지휘집중[一人之耳目]을 실제에 구체적으로 적용한 내용이다. 그 뒤의 '于其途, 使人不得慮' 중 '于其途'는 군쟁편의 그것과 동일한 문구로 보아, '나의 患을 보여주어 적을 利로 유인(誘引)할 수 있는 그 길[其途]로 우회하면서도' '적이 고려(考慮)하지 못하게 만든다[使人不得慮].'로 해석하는 것이 합당하다.

"帥與之期, 如登高而去其梯, 帥與之深入諸侯之地, 而發其機." 이 구절의 '수여지기(帥與之期)'에서 '수(帥)'는 장수를, '與'[102]는 '하달하다'를, '之'는 사졸들을, 그리고 '期'[103]는 '결심이나 계획'을 적용하면, '장수가 사졸들에게 자신의 결심을 하달할 때'라는 뜻이 된다. 또한 '而發其機'에서 '其'는 앞 문구인 '높은 곳에 오르게 한 후 사다리를 치워버리거나 적 영토 깊숙이 들어가는 경우를 지칭하는 지시어로 보고, 機[104]의 뜻 중 ' 발동(發動)되는 수행자의 정신적 능력'을 적용할 때, 發其機는 '그 정신 능력을 발동시킨다.'라는 뜻이 된다. 이는 ③문단에서 설명한 '적지 깊숙이 들어가면 손을 맞잡고, 부득이하면 싸우는[入深則拘, 不得已則鬪]' 계기(契機)를 만드는 것이다.

'若驅群羊, 驅而往, 驅而來, 莫知所之' 이 구절은 양 떼를 몰아가는 모습으로 비유하고 있지만, 구(驅)[105]라는 글자는 단순히 '몰다'라는 뜻 이외에 '핍박(逼迫)하다.'는 뜻을 적용하여, 가도록 다그치고 오도록 다그

102 여(與)는 부여(附與)의 약어로서 '임무를 부여하다.'로 해석하였다.

103 기(期)는 '단단히 결심하다, 기약하다'는 뜻이다.

104 기(機)는 '부처의 가르침에 접하여 발동되는 수행자의 정신적 능력'이다.

105 구(驅)의 한자 뜻에는 '몰다, 逼迫하다'가 있으며 '핍박하다'는 사전적으로 '형세를 절박하게 만들다'는 의미이다.

치면서도 그 장소를 알지 못하게 만든다. 즉, '형세를 매우 절박하게 다그친다.'라는 뜻으로, 핍박(逼迫)은 ⑥문단에서 '핍박하여 형세를 절박하게 만들어, 따라오게 한다(逼則從).'와 유사하다. "此將軍之事也, 九地之變, 詘信[106]之利, 人情之理, 不可不察也." 이것이 장수가 해야 할 일로서, 뒤의 3개 문구가 그것이다. 그 3개 문구는 이후의 3개 문단(⑥九地之變, ⑦詘信之利, ⑧人情之理)에서 구체적으로 논의되기 때문에, 이 문구는 차후 3개 문단의 논리전개를 미리 개관하는 문구로 볼 수 있다. 이것이 장수가 해야 할 일들로서, '무궁한 전략적 상황변화', '굽혔다 펴는 이점(利點)' 그리고 인간의 정서적(情緖的) 이치(理致)로서 잘 살피지 않아서 잘못이 있으면 안 되는 일들이다.

> ⑥ 凡爲客之道, 深則專, 淺則散. 去國越境而師者, 絕地也. 四徹(達)者, 衢地也. 入深者, 重地也. 入淺者, 輕地也. 背固前隘者, 圍地也. 無所往者, 死地也.
> 是故: 散地, 吾將一其志. 輕地, 吾將使之屬. 爭地, 吾將使不留(吾將趨其後), 交地, 吾將固其結(將謹其守), 衢地, 吾將謹其恃(吾將固其結), 重地, 吾將趣其後(吾將繼其食), 圮地, 吾將進其途, 圍地, 吾將塞其闕, 死地, 吾將示之以不活. 故兵之情, 圍則禦, 不得已則鬪, 逼則從. 是故不知諸侯之謀者, 不能豫交, 不知山林險阻沮澤之形者, 不能行軍, 不用鄕導者, 不能得地利.

〈문맥〉

⑥문단은 앞에서 개관한 장수가 반드시 헤아려야 할 사항 중 무궁한 상황변화[九地之變]를 구체적으로 설명한다. ①문단에서 전략 지리적 상황 유형별 원칙을 제시한 후, 본 문단에서는 장수가 그 원칙에 입각

106 굴(詘)은 '복종하다, 뜻을 굽히다', 信은 '진실로 믿다'이다. 따라서 굴신은 '복종하는(뜻을 굽히는) 채 하는 것을 진실로 믿게 만드는 것'이다.

한 구체적인 조치사항(措置事項) 즉, 전략(戰略) 지향(志向)을 제시하며, 이때 고려해야 할 추가적인 사항으로 "知諸侯之謀, 知難行之道, 用鄕導"을 부언(附言)한다.

〈해석〉

'원정전(遠征戰)의 원칙(原則)을 말하자면, 종심 깊게 들어가면 오로지 하나로 합심 · 협력하게 되지만[深則專], 얕게 들어가면 마음과 힘이 분산된다[淺則散]. 자국(自國)을 떠나 국경을 넘어가면 단절(斷絕)된 처지[절지(絕地)]가 된다. 그 상황에는 사방으로 통하는 구지(衢地-네거리), 종심 깊게 들어간 중지(重地), 얕게 들어간 경지(輕地), 뒤가 막히고 앞이 좁은 위지(圍地)와 뒤가 막히고 앞에 적이 있어 갈 곳이 없어 궁지(窮地)에 몰리는 사지(死地) 등 다섯 가지가 있다.'

자국의 영토인 산지(散地)에서는 전쟁을 하지 않는다[散地則無戰]는 원칙을 일관되게 추구해야 한다[吾將一其志]. 국경에 가까운 경지(輕地)에서는 아군이 분산되기 쉽기 때문에[淺則散] 정지하지 않고 깊숙히 나아가는 것이 원칙[輕地則無止]이며, 내가 추구할 바는 앞으로 계속 나아가 그곳을 나의 후방에 귀속(歸屬)시키는 것이다[吾將使之屬]. 쟁지(爭地)는 직접 공격하지 않는 것이 원칙이며[爭地則無攻], 내가 추구할 바는 그곳에 머무르지 않도록 하는 것이다[吾將使不留]. 교지(交地)에서는 병참선을 단절시키지 않는 것[交地則無絕]이 원칙이며, 내가 추구해야 할 바는 그곳을 확보하여 엄중하게 지키는 것[吾將謹其守]이다. 사방으로 통하는 네거리 구지(衢地)에서는 주변 제후들과 외교 관계를 맺는 것이 원칙이며[衢地則合交], 내가 추구할 바는 그 관계를 믿도록 만드는 것이다.[吾將謹其恃]. 軍을 운용하기 어려운 비지(圮地)에서는 군을 운용하지 않고 그대로 나아가는 것이 원칙이며, 내가 추구할 바는 머무르거나 군을 운용하지 않고 본래 의도했던 바대로[其途] 계속 나아가는 것이다[吾將進其途].

적 영토 깊숙이 들어간 중지(重地)에서는 적으로부터 식량을 탈취(掠)하는 것이 원칙이며, 내가 추구해야 할 바는 그 이후(以後)의 목적을 지향하는 것이다[吾將趣其後]. 배후가 막히고 앞이 좁은 위지(圍地)에서는 온갖 모략(謀略)을 써서 벗어나는 것이 원칙이며[圍地則謀], 내가 추구해야 할 바는 사졸들에게는 의도적으로 탈출구가 없음을 보여주어[吾將塞其闕] 진력(盡力)하게 만드는 것이다.'

배후가 막히고 앞에 적이 있어서 돌아갈 곳이 없는 궁지(窮地)에 빠진 사지(死地)에서는 오로지 신속하고 맹렬하게 싸워 벗어나는 것이 원칙이며[死地則疾戰], 내가 추구할 바는 의도적으로 살아날 길이 없음을 보여주어[吾將示之以不活] 죽기를 각오하고 필사적으로 싸우게 만드는 것이다.

특히 위지(圍地)와 사지(死地)에서 그러해야 하는 까닭은, 용병의 감성적 본성(兵之情)은 포위되면 결사적으로 방어하게 되고[圍之禦], 어쩔 수 없으면 사력(死力)을 다해 싸우며[不得已則鬪], 상황이 급박하면 자발적으로 따르기 때문이다[逼則從].

전략 지리적 상황 유형별 원칙이나 전략지향을 추구하기 위해서 반드시 고려해야 할 사항들은, 주변 제후들의 의도(意圖)를 모른다면 외교 관계를 예상할 수 없으며, 산림지나 험하고 막힌 지형[險阻]이나 소택지 등을 알지 못하면 전략지향에 따른 올바른 군 운용이 불가능하며, 그 지방의 길잡이를 이용하지 않아 상세한 지리정보를 알지 못하여 지리가 제공하는 이점을 이용할 수 없다. 그로 인해, 외교 관계 가능성 예상이나 군 운용 가능성을 알지 못하고, 지리적 이점을 이용하지 못하면, 해당 전략 지리적 상황 유형에 부합한 전략 지향(志向)을 실행할 수 없게 된다.

〈해설〉

"爲客之道, 深則專, 淺則散. 去國越境而師者, 絕地也, 四徹者, 衢地也. 入深者, 重地也. 入淺者, 輕地也. 背固前隘者, 圍地也. 無所往者, 死地也." 이 구절은 아홉 가지 전략 지리적 상황(九地) 유형 중 국경을 넘어서 단절된 상황(絕地) 등 다섯 가지를 논했던 ①문단에 이어서 네 가지 지리적 상황 중 산지(散地)는 자국 내 영토이며, 비지(圮地)와 교지('交地)'는 월경(越境)과 무관하며, 쟁지(爭地)는 다수의 국경이 접해 있는 전략 지리적 상황이다.

이 구절에서 爲客之道에서 '爲'[107]의 뜻 중 '해설하다'를 선택하고, 객지도(客之道)는 자국을 떠난 타국의 손님이 된 '원정전(遠征戰)을 의미한다. 그러므로 이는 원정전에 관해 말하자면,'으로 해석할 수 있다. '背固前敵者 死地也, 無所往者, 窮地也'는 본 문구는 사지(死地)를 정의하면서 그것을 궁지(窮地)라고 부른다고 부언하는 문구이다. 배후(背後)가 막히고 앞에 적이 있는 경우를 사지(死地)라 하며[背固前敵者, 死地也], 이는 돌아갈 곳이 없는 궁지이다[無所往者, 窮地也].라고 해석해야 한다. 왜냐하면 ①문단이나 다음 구절에서 사지(死地)에서의 원칙과 전략 지향(志向)은 제시하지만, 전략 지리적 상황 유형 중 매우 곤란하

107 위(爲)는 '하다, 만들다, 이루다, 다스리다, 해설하다'라는 뜻이 있다.

고 어려운 처지라는 궁지(窮地)는 지리적 유형이 아니라, 사지(死地)를 부언하여 설명하는 내용으로 보아야 한다.

"是故, 散地, 吾將壹其志; 輕地, 吾將使之僂(屬); 爭地, 吾將使不留; 交地也(-), 吾將固其結; 衢地也(-), 吾將謹其恃; 重地, 吾將趣其後; 圮地, 吾將進其途; 圍地, 吾將塞其闕; 死地, 吾將示之以不活." 이 구절은 앞 문단의 전략 지리적 상황 유형별 정의와 원칙에 이어서, 전략 지리적 상황 유형별 전략지향(戰略志向)을 논하는 구절이다. 그러므로, 자국의 영토인 산지(散地)에서는 전쟁을 하지 않아야 한다는 초지를 일관해야 한다. 국경 부근의 경지(輕地)에서 장수는 그곳을 재빠르게 지나가서[루(僂)], 나의 후방에 귀속[속(屬)]시켜야 한다. 특히 '重地, 吾將趣其後'에서 취(趣)[108]는 '향하다'를 적용하여 중지(重地)에서는 그 이후의 일을 추구한다.이며, '其後'란 ①문단의 '적으로부터 식량을 탈취(掠)하는 원칙을 적용한 그 이후(以後)를 지향해야 하는 일은, 적의 재화(財貨)를 소진(消盡)시키면서 동시에 나의 三軍을 배불리 먹여서 기력(氣力)을 축적시키고(兵氣積力) 적을 유인(誘引), 분산(分散)시키며[군쟁편 掠鄕分衆], 더 나아가 적지 종심(縱深)에서 돌아갈 수 없는 곳에 있음을 인식시켜 사졸들이 사력(死力)을 다해 싸우게 만드는 효과(效果)를 달성하는 것이다.

"故兵之情, 圍則禦, 不得已則鬪, 逼則從." 이 구절은 전략 지리적 상

108 취(趣)는 '달리다, 향하다, 다다르다'라는 뜻이다.

황 유형별 전략지향을 열거한 후, 강조하고 싶은 사항을 특별히 부언(附言)하는 저술상 특징에 해당한다. 여기서는 마지막 위지(圍地)와 사지(死地)의 전략지향이 그러해야 하는 이유를 특별히 부언하여 강조하는 내용이다. 그러므로, '위지와 사지의 전략지향이 그러해야 하는 까닭은, 용병의 정신 · 심리적 측면[兵之情]에서, 포위되면 결사적으로 방어하게 되고[圍則禦], 어쩔 수 없으면 사력(死力)을 다해 싸우며(不得已則鬪), 상황이 급박(急迫)하면 자발적으로 따르기 때문이다[逼[109]則終].

"是故不知諸侯之謀者, 不能豫交, 不知山林險阻沮澤之形者, 不能行軍, 不用鄕導者, 不能得地利." 이 구절은 군쟁(軍爭) 편의 ③문단과 유사하지만, 그 뜻하는 바는 전혀 다르다. 군쟁 편에서는 지략 위주 간접접근을 구현하는 데 중요한 고려 사항으로 언급하지만, 여기서는 그 앞의 전략 지리적 상황 유형별 원칙(原則)과 전략 지향(志向)을 적용하기 위해 고려해야 할 사항을 반어법(反語法)으로 부언(附言)하는 구절이다.

즉, 적지 종심에서 그러한 지리적 상황은 단순히 상대하고 있는 적의 배치나 지형만으로 형성되는 것이 아니라, 주변 제후들과의 교류 관계에 따라서 형성된다. 그러므로 주변 제후들의 의도나 기도를 알아야 그들의 외교 관계를 예상하여 그러한 상황을 미리 예측할 수 있으며, 산림지나 험하고 막힌 지역 또는 소택지 등 군을 운용하기 어려운 지역을 알아야, 나의 사졸들에게 탈출구가 없음을 보여주거나(塞其闕), 살아날 길이 없음을 보여줄(示之以活路) 수 있고, 그 지역의 길잡이를 이용하

109 핍(逼)은 핍박(逼迫)의 약어로서 사전적 의미는 '형세가 절박함' 또는 '몹시 괴롭게 굶'이다.

여 상세한 지리정보를 알아야 지형의 이점을 이용하여 그 상황을 극복할 수 있는 대책(對策)을 강구(講究)할 수 있다는 점을 반어법으로 강조하는 구절이다.

〈표 17〉은 앞에서 논의한 전략 상황 유형별 정의와 전략원칙 및 지향을 결부시켜 함께 보여주고 있다. 특히 전략 지리적 상황 유형 중 위지(圍地)와 사지(死地)는 주로 원정전에서 형성된다.

〈표 17〉 전략 지리 유형별 정의와 원칙 및 지향(志向)

<table>
<tr><th>유형</th><th>定 意
(①문단/⑥문단)</th><th>전략원칙
구지/구변</th><th>戰略 志向
(십일가주)</th><th>상황 구분</th></tr>
<tr><td>散地</td><td>諸侯戰其地</td><td>無戰</td><td>壹其志</td><td rowspan="4">일반

전략지리상황유형

(四無)</td></tr>
<tr><td>交地</td><td>我可以往, 彼可以來者</td><td>無絕</td><td>固其結
(謹其守)</td></tr>
<tr><td>爭地</td><td>我得亦利, 彼得亦利者</td><td>無攻</td><td>使不留
(趨其後)</td></tr>
<tr><td>圮地</td><td>行山林, 沮澤, 凡難行之道者</td><td>無舍/行</td><td>進其途</td></tr>
<tr><td>輕地</td><td>入人之地而不深者 / 入淺者</td><td>無止</td><td>使之屬</td><td rowspan="5">遠征戰

전략지리상황유형

(五略)</td></tr>
<tr><td>重地</td><td>吾將謹其恃 / 入深者</td><td>掠奪</td><td>趣其後</td></tr>
<tr><td>衢地</td><td>諸侯之地三屬, 先至而得天下之 衆者 / 四徹者</td><td>合交</td><td>謹其恃
(固其結)</td></tr>
<tr><td>圍地</td><td>所由入者隘, 所從歸者迂, 彼寡 可以擊吾之 衆者 / 背固前隘者</td><td>謀</td><td>塞其闕</td></tr>
<tr><td>死地</td><td>疾則存, 不疾則亡者 / 背固前敵者(死地), 無所往者(窮地)</td><td>戰</td><td>示之以
不活</td></tr>
</table>

⑦ 四五者, 一不知, 非王覇之兵也. 夫王覇之兵, 伐大國, 則其衆不得聚, 威加於敵, 則其交不得合. 是故不爭天下之交, 不養天下之權, 信己之私, 威加於敵, 故其城可拔, 其國可隳. 無法之賞, 懸無政之令, 犯三軍之衆, 若使一人. 犯之以事, 勿告以言, 犯之以害, 勿告以利. 投之亡地然後存, 陷之死地然後生, 夫衆陷於害, 然後能爲勝敗.

〈문맥〉

이 문단은 장수가 반드시 헤아려야 할 두 번째 고려사 항인 인간의 정서적 본성(本性)의 이치[人情之理] 측면에서 전승(戰勝) 후, 그 전과(戰果)를 공고히 하거나 확대하는 구체적인 방법을 논한다. 구지 편 전체가 인간의 정서적 천성(天性)을 포함하여 논의되지만, 특히 이 문단에서는 인간의 정신 · 심리를 겨냥하여 위세(威勢)라는 추상적인 힘으로 압박(壓迫)을 가한다는 측면이라는 점에서 다소 특이하다.

〈해석〉

일반적인 전략 지리적 상황 유형 네 가지(四者)와 원정전(遠征戰)의 전략 지리적 상황 다섯 가지(五者)의 전략원칙 및 지향(指向) 중 어느 하나라도 모른다면, 인덕(仁德)을 근본으로 다스리는 왕도(王道)의 용병(用兵)이 아니며, 무력이나 권모(權謀)로 다스리거나 공리(功利)를 탐하는 패도(霸道)를 지향한 합목적적(合目的的)인 승리를 추구하는 용병이 될 수 없다.

왕도(王道)와 패도(霸道)를 결합하여 온전하게 승리하려는 용병은 대국(大國)을 정벌한 후, 흩어진 적의 백성이나 부대들이 다시 취합(聚合)하지 못하게 하고, 승리의 여세(餘勢)를 몰아 주변 제후들을 위압(威壓)하여 반동맹(反同盟) 결성(結成)에 참여하지 못하게 한다.

이를 위해, 천하(天下)의 외교 관계를 직접 다투지 않고, 천하에 위세

(威勢)를 떨치기 위해 설득하거나 회유함이 없이, 오직 대국을 정벌한 군주의 정사(政事)의 도(道)와 장수의 탁월한 병가(兵家)의 비법(祕法)을 발휘하여 입증된 위력(威力)을 널리 확신시켜[信己之私威], 적대적 성향(性向)을 가진 주변 군소 제후들을 압박하면', 직접 공격하지 않고도 '그들의 성을 함락할 수 있고[모공편 拔人之城, 而非攻也], 장기전을 하지 않고도 적대국을 붕괴시킬 수 있다[모공편의 毁人之國 而非久也]. 즉, 위압(威壓)만으로도 그들은 스스로 성(城)을 내어주고, 스스로 종속(從屬)하게 만들 수 있다. 그럴 경우, 그들에게는 제도(制度)나 규정(規定)에 없는 파격적인 상을 내리고[施無法之賞], 政事에 없는 칙령(勅令)을 공표하여 천하에 널리 알려 기리고 찬양한다[懸無政之令].

그리고, 아 三軍에게도 법령이나 규정에 없는 파격적인 대우(待遇)와 상(賞)을 내려서[犯],[110] 한 사람처럼 부릴 수 있어야 한다. 그들을 가르쳐서가 아니라, 큰일을 일으켜서(擧事) 그렇게 하며, 이로움을 들어서 설득하는 것이 아니라, 그들을 해로움에 빠뜨려 그렇게 한다. 요컨대, 삼군(三軍)은 망할 곳에 빠뜨린 연후에 존립(存立)할 수 있고, 그들은 사지(死地)에 몰아넣은 연후에 생존할 수 있으니, 무릇 많은 무리도 해(害)로운 곳에 몰아넣은 연후에 능히 승패(勝敗)를 다룰 수 있다.

〈해설〉

'四五者, 壹不知' 이 구절에서 四五는 대부분 합하여 편명인 九地를 지칭하는 것으로 해석하지만, 굳이 四五로 구분하는 이유는 앞 문단

110 범(犯)하다: 법령이나 규정에 없는 파격적인 대우와 상을 내리다. 규칙을 어기다.

에서 자국을 떠나 국경을 넘어간 단절된 지역[去國越境而師者, 絕地] 즉, 전략 지리적 상황 유형을 다섯 가지로 구분하여 설명한 맥락에서, 전략 상황 중 단절된 원정전 전략 지리적 상황의 특성을 갖는 輕, 衢, 重, 圍, 死地 등 다섯 가지와 그 이외 일반적인 전략 지리적 상황 유형인 散, 爭, 交, 圮地 등 네 가지를 구분하는 문구이다. 또 다른 관점에서, 다섯 가지는 마땅히 해야 한다는 당위성(當爲性)의 원칙(輕-行, 衢-合交, 重-掠, 圍-謀, 死-戰)이 적용되는 상황이며, 네 가지는 주로 '無'로 시작되는 금지(禁止)의 원칙(散-無戰, 輕-無止, 交-無節, 爭-無攻)이 적용되는 상황이다.

'非王霸之兵也'에서 왕패(王霸)'의 사전적 의미는 왕도(王道)와 패도(霸道)이다. 이는 道를 근본으로 천하를 다스리는 왕도와 무력이나 권모술수로 공리(公利)만을 추구하는 패도를 결합한 용어이다. 손자병법은 난세에 영구평화를 지향한 천하통일의 수단으로써 전쟁을 다루기 때문에, 영구평화의 지향은 왕도(王道)이며, 천하통일은 패도(霸道)에 해당한다. 따라서 그와 같은 전쟁의 궁극목적을 추구하는 군사력은 왕도와 폐도를 지향하는 전쟁 목적과 방법을 적용하는 수단이다.

그리고 이는 당시 道를 우주의 근본으로 삼는 도가사상(노자의 도덕경)에서도 '以正治國'은 물론, '以奇用兵'을 현실적으로 용인(容認)하는 사상(思想)을 저자가 손자병법의 序篇(계편)에서 道에 근본을 둔 국가경영의 다섯 가지 정사(政事)로 부언하면서, 거의 동일한 비중으로 용병의 본질을 궤도(詭道)로 설명한 내용으로부터 시작하여, 勢 편의 '以正合, 以奇勝'을 거쳐서 본 문구에 이르고 있다. 이 '왕패지병(王霸之兵)'의 의미는 다음 구절이 성립되는 묵시적인 전제(前提)가 된다.

'彼王霸之兵, 伐大國則其衆不得聚, 威加於敵 則其交不得合.' 이 구절

은 전략 지리적 상황과 인간의 감성적 본성 측면에서, 온전한 승리를 위한 전쟁 승리의 성과(戰果)를 공고(鞏固)히 하거나 확대하는 방법을 논하기 시작하는 구절이다. 그 왕패(彼王覇)의 군사(軍士)란 대국(大國)을 쳐서 흩어진 적의 무리들이 다시 취합(聚合)하지 못하게 한다[其衆不得聚].는 모공편의 '벌모(伐謀)'에 해당하고, 승리의 여세를 몰아 주변 적대국들을 위압(威壓)하여[威加於敵] 반동맹(反同盟) 결성을 좌절시킨다[其交不得合]. 이는 '伐交'에 해당한다.

그러나 모공편의 '伐謀'나 '伐交'는 일반적으로 전쟁 이전의 道에 근본을 둔 政事와 智略을 통해 달성하려는 측면이지만, 여기서는 정서적 본성과 주변 제후와의 전략적 관계 측면에서 대국을 정벌하여 그 백성과 패잔병을 취합할 수 없게 만들어 재도전(再挑戰)을 꾀할 수조차 없게 만들고[伐謀], 승리의 위세(威勢)를 주변 제후들에게 가(加)하여 반동맹(反同盟)을 결성하지 못하게 만드는 것[伐交]으로 논한다는 관점에서 다소 논리가 상이(相異)하다.

大國을 정벌[伐大國]한 후, 최우선적인 조치는 그 국가의 패잔병들이 재집결이나 재편성[聚合]하는 것을 거부하여, 재기 불능(再起不能)케 만드는 것이며, 그런 다음, 그 위세(威勢)로 주변 제후들을 심리적으로 압박하여 예상되는 반동맹 결성 기도(企圖)를 좌절(挫折)시키는 것이다. 그리하여, 그 위세(威勢)만으로도 군소 제후들을 굴복시킬 수 있을 것이며, 그것이 바로 대국과의 전쟁 승리 후 성과를 공고(鞏固)히 하거나 확대(擴大)하는 방법이다. 여기에는 반드시 道를 실천하는 군주의 올바른 政事[王道]에 대한 기대와 장수의 탁월한 지략(智略)에 대한 위압감[覇道]을 묵시적으로 전제(前提)한다.

'是故不爭天下之交, 不養天下之權' 이 구절은 추가적인 해설이 요구된다. 이 구절에서 '養'[111]은 '회유하다'를 적용한다. 이는 대승(大勝) 후에는, 승리한 국가에 대한 주변국들의 경계심이 고조되기 쉬운 전후(戰後)의 정세(情勢)에서, 노골적인 외교적 경쟁이나 천하의 권세를 결집하기 위해 회유(懷柔)하려는 노력은 오히려 더 큰 저항을 불러일으켜 전과(戰果)의 공고화 또는 확대에 역효과를 초래할 수 있으므로, 앞 구절의 노력만으로 충분하다는 점을 강조하는 구절이다.

특히, 외교 관계를 맺거나 세력을 강화하는 일은 당면한 전쟁 수행 중이나 승리 직후에 해야 할 일이 아니라, 그 이전의 평화 시 국가경영의 일환[天地]으로 장기적이며 지속적으로 추구해야 할 일들임을 강조하는 구절이며, 이는 다음과 같은 당시의 무위자연사상[無爲自然思想]에 기원(起源)한다.

"어려운 일을 하려면 그것이 쉬울 때부터 하고, 큰일을 하려면 그것이 작을 때부터 해야 한다. 세상에서 제일 어려운 일도 반드시 쉬운 일로부터 시작되고, 세상에서 제일 큰일도 반드시 작은 일로부터 시작되기 때문이다. 그러므로 성인(聖人)은 끝에 가서 큰일을 하지 않고서도 큰일을 이룬다."[112] 천하(天下)는 아무것도 하지 않으면서 얻어야 한다{以無爲取天下}[113].

"信己之私威, 加於敵, 故其城可拔也, 其國可隳也, 施無法之賞, 懸無政之令" 이 문구는, 전쟁 승리 직후에는 대국을 정벌하면서 보여준 군

111 養은 '기르다, 懷柔하다'는 뜻이 있으며, 회유는 '어루만지고 잘 달래어 시키는 말을 듣도록 함'이다.

112 노자, 전게서, 63장 圖難於其易, 爲大於其細, 天下難事, 必作於易, 天下大事, 必作於細, 是以聖人終不爲大, 故能成其大.

113 상게서, 57장

주의 道에 따르는 전쟁 수행과 장수의 탁월한 승리의 비법(秘法)과 그 위세(威勢)를 널리 확신시켜[信其之私威], 적을 심리적으로 압박하면[加於敵], 그들의 성을 빼앗거나 국가를 무너뜨릴 수 있다[故其城可拔, 其國可隳]. 여기에서 '信'은 '분명히 하다'이며, '私'는 '一家에 관한 일'로서, 이는 당시 '학문이나 기예 등에 뛰어나 독자적인 경지나 체계를 이룬 상태'로 家法이라고 부른다. 여기서 '一家'란 '한 가정'이라기 보다는 '국가 고유'의 라는 뜻도 있으며, 家法이란 국가 고유의 道에 따른 치국(治國)과 탁월하게 발휘했던 병가(兵家)의 비법(秘法)이다. 따라서 '信其之私'는 대국을 정벌하면서 보여준 '군주의 道와 장수의 탁월한 승리의 비법을 널리 확신(確信)시켜서'라는 의미이다.

'施無法之賞, 懸無政之令'에 대한 해석의 논쟁점은 파격적인 상을 내리고 칙령을 공포하여 후사(厚謝)하는 대상(對象)이다. 기존의 해석에서는 대부분 이 문구를 승리한 자국군(自國軍)에 대한 논공행상(論功行賞) 측면에서 해석하지만, 전과를 공고히 하거나 확산(擴散)시키는 관점에서, 자국군의 논공행상을 특별히 강조하는 것은 문맥에 부적합하다. 이는 위세(威勢)에 압도당하여 자발적으로 성을 내어주거나 자국이 무너지도록 복속(服屬)시킨 군소 제후들에게 선전 효과를 노리고 파격적(破格的)으로 후사(厚謝)한다는 관점에서 해석해야 합당하다.

"犯三軍之衆, 若使一人, 犯之以事, 勿告以言, 犯之以害, 勿告以利." 스스로 굴복한 제후에 대한 파격적인 후사(厚謝)에 이어서, 이 문구들은 승리한 자기 軍을 전일(專一)시키는 방법을 제시한다. 특히 大國을 정벌한 이후에 주변 제후국들에 의해 형성될 세력의 판도(版圖)는 나의 입장에서 사지(死地)나 위지(圍地)의 상황과 유사하여, 법령이나 규정을 초월한[범(犯)] 결사적(決死的)인 태세를 갖추어야 할 필요성이 대두

(擡頭)되기 때문이다.

이 구절은 정사(政事)나 법령 시행의 본질인 '正道'를 초월(超越)하는 범(犯)한다는 용어를 유일하게 사용하고 있다. 앞 문구의 '無法'과 '無政'도 正道에서 벗어나기 때문에 논리적으로 범(犯)한다는 의미의 연장선에 있다고 볼 수 있다. 따라서, '犯三軍之衆, 若使一人'을 '3군의 무리를 正道를 초월한 변칙적으로 자극[범(犯)]하여 한 사람처럼 부린다.'라고 해석할 수 있다. 그러나 그러한 해석은 문법상 그 뒤 문구와의 연계성이 어색하다. 따라서 '犯'[114]의 중국어 사전의 뜻 중 '건드리다'를 적용하여 '자극하다'로 해석하면, 그 뒤 문구 해석에서도 일관성을 갖게 된다. 그럴 경우, '犯三軍之衆, 若使一人, 犯之以事, 勿告以言, 犯之以害, 勿告以利.'는 '3군의 무리를 자극하여 한 사람처럼 부리되[犯三軍之衆, 若使一人], 말로서 깨우쳐 주는 것이 아니라[勿告以言], 일(事)을 벌려서 자극하며[犯之以事], 이로움을 들어서 알리는 것이 아니라[勿告以利], 위험에 빠뜨려서 그렇게 하도록 자극한다[犯之以害]'로 해석할 수 있다.

"投之亡地然後存, 陷之死地然後生, 夫衆陷於害, 然後能爲敗爲勝." 이는 앞 구절의 의미를 구체적으로 예시하는 구절이다. 특히 '投之亡地然後存, 陷之死地然後生'은 별도의 의미가 있는 것이 아니라, 앞 구절의 의미를 존망(存亡)이나 생사(生死)와 대비시킨 강조법이다.

⑧ 故爲兵之事, 在於順詳敵之意, 并力一向, 千里殺將, 是謂巧事. 是故政擧之日, 夷關折符, 無通其使, 厲於廟堂之上, 以誅其事. 敵人開闔, 必亟入之. 先其所愛, 微與之期, 踐墨隨敵, 以決戰事. 是故始如處女, 敵人開戶, 後如脫兎, 敵不及拒.

114 중한사전에서 犯에는 '어기다, 위반하다, 침범하다, 건드리다' 나타나다 등의 뜻이 있다.

〈문맥〉

마지막으로 본 문단은 ⑤문단의 장수가 고려해야 할 마지막 사항인 '굴신지리(詘信之利)'를 구체적인 '교묘(巧妙)한 거사(擧事)[교사(巧事)]'로 정의하고, 극단적인 예를 들어서 설명하며, 이를 처녀와 토끼의 행태와 비유하는 3개 구절로 논리를 전개하고 있다. 이는 해석이 가장 어려울 뿐만 아니라, 이견(異見)이 많은 문단이다.

〈해석〉

'그러므로, 용병의 거사(擧事)를 만드는 일[爲兵之事]은, 적의 상세한 의도에 순응하는 척하다가(계편의 卑而驕之), 힘을 한 방향으로 집중하여 천리 떨어진 적장(敵將)을 살해하는 것으로, 비유하여 이것을 교묘(巧妙)한 거사(擧事)라고 일컫는다[此謂巧事].

'그러하기 위해서, 거사(擧事)하는 날에는 국경의 관문을 철저히 봉쇄하여[夷關折符], 외국 사신들의 통행을 없게 하고[無通其使], 조상의 사당(祠堂)에서 군주에게 자신을 멸족(誅)시켜 그 일을 일으키도록 권려하여[厲於廟上, 以誅其事].' 그 일을 위해 족살(族殺)을 자청하고 도망 나온 장수처럼 적에게 접근한다.

'적 내간(敵人)이 마음의 쪽문을 열면[敵人開闔], 필히 신속하게 그곳으로 들어가서[必亟入之], 이미 친분이 있는 곳으로 나아가서[先其所愛], 속이려는 기만책(欺滿策)을 넌지시 일러 주고[微與之期], 그 기만책에 입각한 적의 계획을 따라가는 척하다가[踐墨隨敵] 결정적인 순간에 본래의 기만책을 결행(決行)한다[以決戰事].'

그러한 과정은 '처음에는 처녀처럼 은밀하고 온순하게 순종하는 것처럼 따르다가[始如處女], 적의 의심이 사라지고 마음이 느슨해지면[敵人

開戸], 도망치는 토끼처럼 신속하고 민첩하게 튀어 나가[後如脫兎], 나의 진정한 계책을 결행(決行)하면 적이 막아내기에는 미치지 못한다[敵不及拒].'

위의 해석에 함의(含意)를 부언하면 다음과 같을 것이다. 즉, '용병의 거사(巨事)를 결행하는 것[爲兵之事]은 처음에는 자신의 족살(族殺)을 권려(勸勵)하여 적에게 접근한 사간(死間)이 적에게 일러준 자국의 기만책에 따른 적의 상세한 계획에 순응하는 척 따라가다가 적이 교만(驕慢)에 빠지면, 나의 진정한 계책에 따라 힘을 한 방향으로 집중하여 천리 밖에 있는 적장을 살해하는 것으로 이를 교묘한 거사(巨事)라고 일컫는다[此謂巧事].'

'그 구체적인 예를 들자면, 정치적 거사의 날[政擧之日]에는 국경의 관문을 철저히 봉쇄하여[夷關折符] 타국의 사신(使臣)들의 통행을 막아서 비밀이 새어나가지 못하게 하고[無通其使], 조상의 사당에서 자기 가족을 주살(誅[115]殺)하도록 자청(自請)한 충신의 기만책을 군주에게 권장(勸勵)한다[厲於廟上, 以誅其事].'

'적은 족살(族殺)당한 충신에 대해 처음에는 의구심을 품다가 사실임을 알고 경계심을 풀 것이며[敵人開闔], 그 틈을 타서 신속하게 적 내간(內間)의 열린 마음으로 들어가서[必亟入之] 이미 친분이 있는 적 내부 관리자 즉, 내간(內間)[先其所愛]을 통해서 적 군주에게 접근하여 자국의 기만책을 실제 계책처럼 넌지시 일러 주고[微與之期], 적이 그 기만책에 따라 움직이는 대로 아군은 적의 계획에 따라 움직여 주다가[踐墨

115 주(誅)의 뜻에는 '죄인을 죽이다, 族殺하다(滅族하다)'가 있으며, 족살은 자청한 충신을 死間으로 운용하는 전형적인 방식이다.

隨敵], 적이 자신들의 계책을 확신하여 교만해졌을 때, 나의 본래의 기만책을 결행한다[以決戰事].'

그러한 과정은, '처음에는 처녀처럼 은밀하고 온순하게 순종하는 것처럼 따르다가[始如處女], 적이 방심하여 허점을 드러내면[敵人開戶: 적이 放心하여 마음이 느슨해지면] 도망치는 토끼처럼 신속하고 민첩하게 튀어 나가[後如脫兎]는 모습으로 비유할 수 있으며, 그리하면 적이 알고 막기에는 이미 시간이 미치지 못한다[敵不及拒].'

〈해설〉

"故爲兵之事, 在於順詳敵之意 併力一向, 千里殺將, 此謂巧事." 이 문구에서 '爲兵之事'는 '용병의 큰일(擧事)을 만든다'는 개념을 巧妙한 일(巧事)로 정의하는 구절이다. '在於順詳敵之意'에서 '在'는 '하고 있다.' '상(詳)'은 '詳細하다' '順'은 '에 맞추다.'라는 뜻을 적용하면, 이는 '상세한 적 의도에 순응(順應)하여 따라가다가'로 해석된다. 그런 다음 '온 힘을 한 방향으로 아울러야(併力一向)'하는 이유는 적의 의도를 따르는 것처럼 보여주는 아군의 행동 과정에서 부분적으로 나의 분산도 불가피할 것이며, 그 상태로는 나의 본래 계책을 결행(決行)할 수 없기 때문이다.

"是故政擧之日, 夷關折符, 無通其使, 厲於廟上, 以誅其事. 敵人開闔, 必亟入之, 先其所愛, 微與之期, 踐墨隨敵, 以決戰事." 이 구절은 앞 구절의 '爲兵之事'의 개념을 용간 편에서 5간을 활용한 극단적인 기만극의 연출[爲誑事]로 예시하는 구절이다. 이는 비밀리에 기만극 연출[是故政擧之日, … 以誅其事] → 사전(事前)에 친분을 맺은 적 內間을 통해서 적 군주에게 접근하여, 기만책에 관한 정보를 넌지시 알려주어[敵人開闔, 必亟入之, 先其所愛, 微與之期] → 나의 기만책에 따른 적의 계책을 아군이 그대로 따라가는 것처럼 보여주다가[踐墨隨敵] → 나의 본래 계책을 결행하는[以決戰事] 등 5개 단계로 요약할 수 있다. 특히 이 구절은 용간 편의 거의 모든 간자(間者)들을 동원하여 성사하는 일을 묘사하기 때문에, 용간편 ④문단의 네 가지 유형의 간자들의 역할과 연계시키면 더 명확해진다.

'是故政擧之日, 夷關折符, 無通其使'는 그 일은 철저히 비밀이 지켜져야 함을 강조한 문구이다. '夷關折符'에서 '이(夷)'는 다른 나라 사람을 오랑캐[夷]로 멸시하여 부르는 말이기 때문에, '夷關'이란 국경의 관문이다. 또한 '折'은 '단절하다'이며 '부(符)'는 부신(符信)의 약어로서 나뭇조각이나 두꺼운 종이에 글자를 기록하고 증인(證印)을 찍은 뒤, 두 조각으로 쪼개어 한 조각은 상대자에게 주고 다른 한 조각은 자기가 가지고 있다가 나중에 서로 맞추어서 증거로 삼던 물건으로 절부(折符)란 관문 봉쇄의 뜻으로 관문에 붙인 약정된 부호이다. '其使'에서 '其'는 앞의 '타국(夷)'을 지칭하기 때문에 '其使'란 '타국의 사신(使臣)'을 의미한다.

'厲於廟上'에서 '厲'는 권려(勸厲) 즉, '어떤 일을 하도록 권장(勸奬)하다.'의 약어로 볼 수 있으며, '廟上'이란 종묘의 상주 즉, '군주(君主)에게 권려(勸厲)하다.'이며 권려하는 일은 '以誅其事'이다. 이 중 '誅'의 뜻은 '죄인을 죽이다. 족살(族殺)하다.'이다. 따라서 '厲於廟上, 以誅其事'는 '족살로서 그 일을 도모하도록 종묘에서 군주에게 권려하다.'라는 의미가 된다. 따라서 그 일은 충신이 스스로 자신의 一族을 멸(滅)하도록 권장하는 거사(巨事)이며, 전쟁 결심을 위한 계편의 '廟算'만큼 중대한 일임을 강조한다. 이 과정에는 그 일을 적이 진실로 믿도록 만들기 위한 처절한 기만극이 수반된다.

'敵人開闔'에서 '개합(開闔)'의 뜻 중 문짝을 선택하면, 다음 구절 '敵人

開戶'의 호(戶)와 동일한 의미로 볼 수 있다. 그 함의(含意)는 '마음의 문을 열다.'로 이해할 수도 있다. 敵人開闔은 첫째, 국경 관문의 봉쇄(夷關折符)를 적에게 열어주다. 둘째, 심리적 관점에서 '상대방이 충신을 멸족(滅族)한 데 대한 의구심을 풀거나 버리다.'라는 뜻이 될 수 있다. 즉, '적이 마음을 열다.'이다.

'必亟入之'에서 '之'는 '관문을 열거나 의심을 풀거나 마음을 여는 것'을 지칭하며 '亟'은 '빠르다.'이기 때문에, 이 문구는 '그 기회를 이용하여, 반드시 기민하게 적의 내심(內心)에 들어가다.'이다. '先其所愛'에서 '先'은 '나아가다.'를, '所'는 '지위, 자리, 위치'를 그리고 '愛'는 '친밀하게 대하다'는 뜻을 적용하면, 이는 '이미 친분을 맺은 적 내부의 관리(용간편의 內間)에게 다가가서'라는 뜻이 된다.

'微與之期'의 '期'는 ⑤문단의 '帥與之期'처럼 '기약(期約) 즉, 그 계책(計策)을 말하며, 본국을 떠나올 때 서로 약속했던 나의 기만책을 적에게 넌지시 일러준다. 그러면, 적은 그 기만책을 이용하기 위한 자신들의 계책(計策)을 수립하여 시행할 것이다. 다음 문구는 적이 자신들의 계책을 시행할 경우, 그에 따라 본국에서 아군(我軍)이 취할 행위이다. '踐墨隨敵'에서 '踐'은 '밟다. 실천하다.'이며, '墨'은 승묵(繩墨−목공이 사용하는 먹줄)의 약어이다. 또한 '隨'는 수행(隨行)의 약어로서 '따르다.'이다. 그러므로 이 문구는 '적이 하는 대로 그들의 계책을 밟아가다(따라가다)가,'라는 뜻이 된다.

'以決戰事'는 '以決 + 戰事' 또는 '以決戰 + 事' 두 가지로 해석할 수 있을 것이다. '以決 + 戰事'는 '터놓고 또는 노골적으로 전쟁의 일을 도모(圖謀)한다.'이며, '以決戰 + 事'는 '결전으로 일을 도모한다.'이다. 특히 전자의 '以決'을 '터놓고 또는 노골적으로'에 함축된 의미는 그 이전까지는 아 기만책에 의거한 적의 계책에 맞추어 내가 움직여 왔기 때문에 그러한 의미를 갖는다.

"是故, 始如處女, 敵人開戶, 後如脫兎, 敵不及拒." 이 마지막 구절은 교묘한 대사[巧事]를 처녀와 토끼의 행태에 비유하여 설명한 것이다.

이 문단은 '나를 낮추어 적을 교만하게 만드는' 속임수를 구현하면서 전략적, 심리적 간접접근의 원리를 복합적으로 전개하여' 용병의 큰일을 벌이는 것(爲兵之事)으로 귀결된다. 맨 앞의 구절은 그 일을 정의하며, 중간은 그 일을 극단적인 例를 들어 제시하는 구절이고, 마지막 구절은 이를 처녀와 토끼의 행태에 비유하는 구절이다. 본 문단 각 구절의 핵심 문구들을 '屈信之利'와 대비시키면, '屈信'은 '在於順詳敵之意', '踐墨隨敵' 및 '始如處女'이며, '之利'는 '併力一向, 千里殺將'과 '以決戰事' 및 '後如脫兎, 敵不及拒'와 관련된다.

특히 이 문단은 내가 승리한 후 나타나게 될 주변 제후들의 위기의식과 주변 정세의 혼란, 그리고 전쟁 수행 과정에서 필연적으로 대두될 수 있는 승자(勝者)의 내부 갈등 상황을 이용하려는 적대국들의 기도(企圖)와 합치된다. 또한 손자병법의 저술상 특징인 후편인 용간 편의 반간(反間), 사간(死間) 및 내간(內間), 생간(生間)에 의한 기만극 연출(爲誑事)과 연계시키는 연결구로서 의의(意義)를 갖는다.

九地 篇은 다음 두 가지 특징을 갖는다. 첫째, 구지 편의 '地'도 행군편이나 지형 편처럼, '전장의 실제 상황'을 뜻하며, 본 편에서 다루는 상황 요소란 아홉 가지 전략 지리적 상황 유형, 적 상황(적의 이간, 분리, 분산, 불신, 부조화 상태), 아 상황(專一), 그리고 주변국과의 관계 상황[天] 및 인간의 감성적 본성(天性)과 결부시키는 구지 편은 '天'의 요소를 본격적으로 다루고 있다고 볼 수 있다.

둘째, 구지 편은 이성적, 객관적 '불가불찰(不可不察)'을 일관되게 강조해 온 이전 편과는 달리, 주로 인간의 감성적 본성(本性) 측면에서 논리를 전개한다. 그러나 후편인 화공(火攻) 편에서는 다시 감성적 유혹(誘惑)을 극복하거나 감성적 火를 철저히 다스릴 것을 강조하여, 계(計) 편의 이성적, 객관적 '불가불찰(不可不察)'의 논리로 되돌아간다.

4. 제12편 화공(火攻)

편명인 화공(火攻)은 '물리적 火攻과 감성적 화(火)를 다스림(攻)'이라는 두 가지 의미를 가지며, 그 포괄 개념은 '적을 물리적 불(火)로 공격하는 방법 및 수단과 전승(戰勝) 후 감성적 화(火)를 다스린 이성적(理性的)인 확전(擴戰) 결심(決心)'이다. 본 편은 전과(戰果)의 공고화 및 확대라는 맥락과 인간의 정서적 본성 관점 및 확전 결심은 필연적으로 주변 제후들을 상대하는 전략적 수준이라는 관점에서 구지 편과 유사하다.

① 孫子曰, 凡攻火有五, 一曰火人, 二曰火積, 三曰火輜, 四曰火庫, 五曰火隊. 行火(+必)有因, 因(煙火)必素具, 發火有時, 起火有日. 時者, 天之燥也, 日者, 月在箕 壁 翼 軫也. 凡此四宿者, 風起之日也.

② 凡火攻, 必因五火之變而應之. 火發於內, 則早應之於外. 火發(+而)其兵靜(+者) (+待而)勿攻. 極其火央(力), 可從而從之, 不可從而止之. 火可發於外, 無待於內, 以時發之. 火發上風, 無攻下風. 晝風久, 夜風止. 凡軍必知五火之變, 以數守之. 故以火佐攻者明, 以水佐攻者强. 水可以絕, 不可以奪

③ 夫戰勝攻取, 而不修其功者凶, 命曰費留. 故曰, 明主慮之, 良將修之, 非利不動, 非得不用, 非危不戰. 主不可以怒興師, 將不可以慍(+而致)戰. 合於利而動, 不合於利而止. 怒可復喜, 慍可復悅, (+亡國不可以復存, 死者不可以復生). 故明主愼之, 良將警之, 此安國全軍之道也.

가. 화공(火攻) 편의 논리 구조

火攻'에 대한 기존 해석은 불(火)로서 적 공격하는 '화공(火攻)과 전쟁 종결(終結)' 등이다. 그러나 화공(火攻)은 물리적 화공과 전승(戰勝) 후 전과(戰果) 공고화의 일환으로 확전 여부 결심 시 '감성적 화를 다스림'으로 다음과 같은 3개 문단으로 전개된다.

①문단은 물리적 화공(火攻)의 다섯 가지 대상(對象)과 화공을 위한 도구준비(因必素具)와 자연적으로 유리한 불 붙이는 시기[發火/起火/風起]의 날(日)과 시간(時)] 선택을 설명하고, ②문단은 물리적 불(火)이 일어나는 상황 유형별 대응 방법과 물리적 화공(火攻)의 효과를 수공(水攻)과 대비시켜 언급하며, ③문단은 전승(戰勝)의 성과(戰果) 공고화(鞏固化)의 중요성을 강조하면서, 그 일환으로써 확전(擴戰) 결심 시, 감성적 火(憤, 慍)를 다스릴 것(攻)[116]을 강조한다.

〈표 18〉 화공 편의 논리 구조

편명 의미	물리적 화공(火攻)과 감성적 화(火)를 다스림(攻)		
포괄 개념	화공의 대상과 방법 및 상황별 대응법 그리고 확전 결심 시 감성적 火를 다스려 이성적, 합리적 승산판단		
논리 전개	■ 화공의 대상과 조건	■ 화공에 대응법과 효과	■ 이성적 확전 결심
	화공의 다섯 가지 대상과 그 조건으로서 도구, 건조한 날씨, 바람 부는 시기	다섯 가지 화공의 상황별 대응 방법과 화공과 수공의 효과 비교	확전 결심 시 감성적 火를 다스려 이성적, 객관적 승산 판단

116 각개 글자의 뜻을 갖는 火攻은 '火의 攻'으로 火는 '노여움, 분노, 격분' 등 심리상태를 의미하며, 攻은 '공격하다, 거세하다' 뿐만 아니라, '다스리다'라는 의미를 갖기 때문에 '火의 攻'이란 '분노나 노여움을 다스림'이다.

나. 문단별 구조적 상세해석

① 孫子曰, 凡攻火有五, 一曰火人, 二曰火積, 三曰火輜, 四曰火庫, 五曰火隊. 行火必有因, 因(煙火)必素具, 發火有時, 起火有日. 時者, 天之燥也, 日者, 月在箕 壁 翼 軫也. 凡此四宿者, 風起之日也.

〈문맥〉

본 문단은 물리적 화공(火攻)의 다섯 가지 대상과 그 조건으로서 도구 준비와 건조한 날씨 및 바람 부는 시기 선택을 강조하고 있다.

〈해석〉

'손자가 이르길, 무릇 화공의 대상에는 다섯 가지가 있으니, 그 첫 번째는 사람을 태우는 화인(火人)이요, 두 번째는 야적(野積)된 보급품을 불 지르는 화적(火積)이며, 세 번째는 보급 수레(輜重)를 불태우는 화치(火輜)요, 네 번째는 불로 보급 창고를 공격하는 화고(火庫)이며, 다섯 번째는 적 제대(梯隊)를 불로 공격하는 화대(火隊)이다. 불로 공격할 때는 반드시 그 근본(根本) 조건(條件)들을 갖추어야 하니, 그 조건들이란 평소에 불을 붙이는 도구들을 갖추는 것이며, 불이 잘 일어나는 시간과 날짜를 선택하는 것이다. 불이 잘 붙는 시간이란 건조한 시간대이며, 날짜란 한 달을 28수로 구분한 별자리별 날짜로서 기(箕-키), 벽(壁-바람벽), 익(翼-날개익), 진[진성(軫星)의 약어로서 28번째 별]에 있을 때이니, 이 네 자리[117]는 바람이 일어나는 날이다.'

117 별자리 이십팔수(二十八宿) 중 기성(箕星)은 7자리수, 벽성(壁星)은 14자리수, 익성(翼星)은 27자리수이고 진성(軫星)은 28자리수이다.

〈해설〉

"凡火攻有五: 一日火人, 二日火積, 三日火輜, 四日火庫, 五日火隊." 에 대한 기존 해석에는 異意가 없으나, '火積'에서 積[118]은 야적된 보급품이나 군집된 병력 두 가지로 보아도 무방하다. 전자는 치중(輜)과 창고(庫)의 중간 규모일 것이며, 후자는 사람(人)과 부대(隊)의 중간 규모일 것이다. 후자의 용법은 군쟁편 '무위적측망(無委積則亡)'에서 위임하여 분산된 병력들을 집결하다.[위적(委積)]에서의 '積'과 유사하다.

또 다른 관점에서, ③문단처럼 火人과 火隊를 정신 · 심리적 측면에서 '적장이나 적 부대원 또는 적병의 감성에 불을 지른다.'로 해석하면, 이는 계편의 '노이요지(怒而擾之)'나 군쟁편의 '가탈기(可奪氣), 가탈심(可奪心)'에 해당되는 중요한 의미(意味)를 갖는다. 그러나 그러한 해석은 본 문단의 전후 문맥에는 부합되지 못한다.

"行火有因, 因必素具, 發火有時, 起火有日. 時者, 天之燥也, 日者, 月在 箕 壁 翼 軫也. 凡 此四宿者, 風起之日也." 일부 주해서는 이 구절을 자연적인 '天'의 요소를 다루는 유일한 구절로 생각하나, 여기에서는 화공에 유리한 자연조건으로서 건조한 날씨나 바람 부는 일시 등을 논하기 때문에 '天'의 세부 요소인 음양(陰陽), 한서(寒暑) 및 시제(時制)와 연계시키는 것은 무리이다.

> ② 凡火攻, 必因五火之變而應之. 火發於內, 則早應之於外. 火發(+而)其兵靜(+者) (+待而)勿攻. 極其火央(力), 可從而從之, 不可從而止之. 火可發於外, 無待於內, 以時發之. 火發上風, 無攻下風. 晝風久, 夜風止. 凡軍必知五火之變, 以數守之. 故以火佐攻者明, 以水佐攻者强. 水可以絕, 不可以奪

118 적(積)은 '쌓다, 떼지어 모이다'라는 사전적 뜻을 갖는다.

〈문맥〉

이 문단은 불이 일어나는 다섯 가지 상황(狀況)별 대처 방법과 함께 화공(火攻)의 효과를 수공(水攻)의 효과와 대비(對比)시켜 언급한다.

〈해석〉

'화공(火攻)은 다섯 가지 변화에 대응(對應)할 수 있어야 한다. 첫째, 불이 내부에서 일어나면, 서둘러 밖에서 대응해야 한다. 둘째, 불이 일어났으나 적 병사들이 조용하면 곧바로 공격하지 않아야 하며, 그 불길이 다하여 공격할 만하면 공격하고, 공격할 수 없으면 그만두어야 한다. 셋째, 밖에서 불을 지를 수 있으면, 안에서 방비(防備)하기 전에 불을 지른다. 넷째, 불은 윗바람 쪽에서 일으켜야 하고, 아랫바람 쪽에서 공격하지 않는다. 끝으로, 낮 바람이 오래 불면 밤바람은 그친다. 무릇, 이 다섯 가지 화공의 변화를 알고 헤아려서 따라야 한다.'

'본래, 火攻으로 공격을 조력(助力)하면, 적을 직접 박탈(剝奪)하기 때문에 그 효과가 분명(分明)하지만, 水攻으로 공격을 조력하면 수공은 적을 분리시키거나, 단절시키는 효과로 나타나기 때문에, 분리된 적을 공격해야 효과가 나타난다.

〈해설〉

"故以火佐攻者明, 以水佐攻者强, 水可以絕, 不可以奪." 이 구절은 대부분 '火攻으로 공격을 돕기 위해서는 현명(賢明)해야 하고, 水攻으로 공격을 조력하기 위해서는 강(强)해야 한다.'고 해석한다. 그러나 수공의 효과와 대비시켜 화공의 효과를 부각시키는 문구로 이해하는 것이 합당하다. 즉, '본래, 불(火)로서 공격을 조력하면 그 효과가 명확하게 나타나지만, 물(水)로써 공격을 조력하면 강해질 뿐이다. 왜냐하면, 물은 적을 단절(斷絕)시킬 수는 있으나 박탈(剝奪)할 수는 없기 때문이다.' 따라서, '화공으로 공격을 조력하면, 불은 적의 재화나 병력을 직접 박탈하여 그 효과가 分明하게 나타나지만, 水攻으로 공격을 조력하면, 물은 단지 적을 단절(斷絕)시켜 아군을 상대적으로 강(强)하게 만들어 줄 뿐, 직접적인 효과는 나타나지 않는다.' 이 함의(含意)는 화공은 그 자체로서 효과가 나타나지만, 수공은 단절된 적을 공격하기 위해 추가적인 공격을 요구한다는 의미이다.

③ 夫戰勝攻取, 而不修其功者凶, 命曰費留. 故曰, 明主慮之, 良將修之, 非利不動, 非得不用, 非危不戰. 主不可以怒興師, 將不可以慍(+而致)戰. 合於利而動, 不合於利而止. 怒可復喜, 慍可復悅, (+亡國不可以復存, 死者不可以復生) 故明主愼之, 良將警之, 此安國全軍之道也.

〈문맥〉

이 문단은 물리적 화공(火攻)에 이어서, 감성적 火를 다스리(攻)는 문제를 다룬다. 구지 편이 주변 제후들을 겨냥한 전승(戰勝) 후 전과(戰果)의 공고화(鞏固化)나 확대(擴大)를 논(論)한 데 비해, 여기서는 전과확대(戰果擴大)의 일환으로 확전(擴戰)을 결심할 경우, 감성적 火를 다스려 이성적(理性的)인 승산 판단을 계(計)편과 같이 다시 할 것을 강조한다.

〈해석〉

무릇 전승(戰勝)을 달성한 후, 그 성과를 다스리지 않으면[不修] 흉(凶

)이 되니, 이를 비용만 날리고 얻은 것이 없는 비류(費留)[119]라고 말한다. 따라서 현명한 군주는 승리의 공로(功勞)를 다스리는 문제(修其功)를 사려(思慮)해야 하며[明主慮之], 훌륭한 장수는 그에 따라 실행해야 한다. 이때 이익이 되지 않으면 움직이지 않고, 얻을 것이 없으면 군을 운용하지 않으며, 위험이 안 된다면 확전(擴戰)하지 않아야 한다.

군주는 노여움으로 전쟁을 일으켜서는 안 되며, 장수는 치미는 화(火) 때문에, 군을 운용하기에 이르러서는 안 된다. 오직 이(利) 즉 궁극적으로 온전한 승리[全勝]로 승적이익강(勝敵而益强)에 부합(符合)하면 군을 운용하고, 부합하지 않으면 중지해야 한다. 죽간은 노여움은 즐거움으로 다시 바뀔 수 있으며, 화(火)는 기쁨으로 바뀔 수 있기 때문이다. 십가주는 이를 "국가가 망하면 다시 존재할 수 없으며[亡國不可以復存], 죽은 자가 다시 사는 것은 불가능하다[死者不可以復生]"라는 문구를 추가하지만, 이는 단지 죽간의 의미에 대한 환언(換言)에 불과하다.

그런 까닭에 이르길, 현명한 군주는 노여움으로 인한 확전(擴戰)을 삼가고 조심해야 하며[근신(謹愼)], 훌륭한 장수는 화가 난다고 해서 확전하는 것을 경계(警戒)해야 하니, 이것이 국가를 편안하게 하고 군을 온전하게 보존하는 방법이다.

〈해설〉

"夫戰勝攻取, 而不修其功者, 凶, 命之曰費留." 이 구절의 '不修其功者, 凶'에서 '其功者'를 기존에는 '그 공을 세운 者'로 이해하여 '전승 후

119 비류(費留)는 '비용이 성과로 변하지 않다.'는 소비유보(消費留保)의 약어이다.

공을 세운 자에게 상을 주지 않으면',이라고 해석해 왔으나, 이후의 문맥에 비추어 보면, 이 문구를 논공행상(論功行賞)의 의미로 보는 것은 부적절하다. 특히 '者'는 사람이라기보다는 '不修其功'을 이르는 격조사로서 戰勝을 달성한 후, '그 성과를 다스리지 않는 것은 흉(凶)이 되며, 그것을 이르되[命之曰]' 비용(費用)이 성과(成果)로 나타나지 않는다.'는 소비유보(消費留保)'라고 말한다.

이 구절은 승리 후 전과(戰果)의 공고화나 확전의 중요성을 강조하는 내용이기 때문에, 본 편보다는 구지편 ⑦문단의 서두에 위치시켜야 합당할 것이나, 그러나 그럴 경우, 구지편 고유의 논리전개(九地之變, 人情之理 및 屈信之利)의 일관성을 유지하기 어려울 것이다. 대신, 화공에서는 감성적 화를 다스린다는 편명의 관점에서 전과확대의 일환(一環)으로 감성적 확전 결심을 경계하는 본 문단의 서두로 언급하는 것이 합당했을 것이다.

문맥과 문구의 구성으로 보아 공(功)[120]의 뜻 중 '成果'를 선택하면, '其功'은 '그(전승) 성과' 즉, 전과(戰果)이며, 그것을 다스린다는 의미는 공고화(鞏固化)하거나 확대(擴大)하는 것이다. 특히 원정전(遠征戰)은 승리하더라도 그 성과를 공고화(鞏固化)하거나 확대하지 않는다면, 막대한 전쟁비용만 낭비한 채, 장기적으로는 얻은 것이 없게 된다.

"故曰: 明主慮之, 良將隨之, 非利不動, 非得不用, 非危不戰. 怒而主不可以興師, 將不可以慍而致戰, 合於利而用, 不合而止." 이 구절은 계편의 개전(開戰) 결심을 위한 이성적이고 객관적인 승산 판단을 구체적

120 공(功)은 공적(功績)의 약어이며, 공적은 '공로의 실적, 애쓴 보람(成果)' 등의 의미를 갖는다.

으로 다시 강조한 내용으로 이해해야 한다. 그러나 '明主慮之'에서 '之'는 앞 문구의 전승의 성과를 다스리는 일(修其功)을 지칭하며, '良將隨之'의 '之'는 군주의 사려 깊은 생각을 지칭하기 때문에, '현명한 군주는 전승의 성과를 다스리는 문제를 사려 깊게 생각해야 하며, 훌륭한 장수는 군주의 그러한 생각을 잘 따라야 한다.'는 의미가 된다. 이는, 구지 편에서 전과확대의 일환으로, 확전 여부를 결심하는 과정에서 감성적 유혹을 극복하고 화(火)를 다스려 이성적으로 이해득실을 다시 판단할 것을 강조하는 문구와 유사한 내용이다.

특히, 전승(戰勝) 후에는 승리의 환희(歡喜)나 자만심(自慢心)에 빠질 가능성이 농후하며, 더 나아가 전쟁 수행 과정에서 적에 대한 감성적 火가 축적될 수 있어서, 전후(戰後) 상황은 개전(開戰) 상황과 전혀 상이(相異)할 수 있다. 그러나, 달라진 정세나 새로운 적에 대한 이성적 평가를 소홀히 한 채, 승리의 환상에 빠져 무분별하게 확전을 결심한다면, 저자가 전편에 걸쳐 피(避)하라고 강조한 지구전(持久戰)은 물론, 설사 승리(破勝)하더라도 그 폐해를 틈탄 주변 제후들의 편승(便乘)[작전 편–諸侯勝其弊而起]은 불가피할 것이다.

"怒可復喜也, 〈중략〉, 此安國全軍之道也." 이 구절에서 '全'은 손자병법 전편에 걸쳐 '全勝에 의한 勝敵而益強'이라는 전쟁 목표를 일관되게 지향하고 있음을 보여주고 있다. 이로써, 손자병법은 모공 편의 '온전한 승리를 위한 지략 위주 간접접근'이라는 전쟁 목표와 방법을 정적(靜的)인 관점으로부터 동적(動的)으로, 그리고 역동적(力動的)인 개념으로, 그리고 그 개념은 다시 전술적 수준으로부터 전략적 수준에 이르는 점진적이고 복합적으로 구체화하여 논하고 있음을 보여주는 문구이다.

구지 편과 화공 편에서 전과(戰果)의 공고화나 확대를 특별히 강조하는 이유는 아래와 같다. 첫째, 원정전에서 전쟁 승리는 일시적이어서, 그 성과를 공고화하지 못한다면, 기존 세력이 다시 등장하여 달성한 전쟁의 성과가 무산(霧散)되기 쉽기 때문이다. 둘째, 비록 온전하게 승리하였다고 하더라도 전쟁으로 피폐(疲弊)해진 점령지를 잘 다스리지 못하면 그 지역 백성들의 원성(道의 崩壞)과 함께 재기(再起)를 노리는 세력들이 다시 등장하여 끝없는 분쟁에 휘말려 전쟁의 성과는 물론, '영구평화를 지향한 천하통일'이라는 궁극목적은 유명무실(有名無實)해질 수 있다. 셋째, 영구평화를 지향한 천하통일은 연속적인 전쟁 승리를 요구하기 때문에, 단일 전쟁에서 승리의 성과를 공고화하거나 확대하는 문제는 끝이 아니라, 새로운 시작이라는 의미도 있다.

계(計) 편의 개전(開戰) 결심을 위한 이성적, 객관적 승산 판단과 달리, 전승 후 확전(擴戰) 여부를 결심하는 판단에서 감성적 화를 다스릴 것을 특별히 강조하는 이유는 다음과 같은 감성적 성향의 대두(擡頭)와 함께 전혀 다르게 변한 정세 때문이다.

첫째, 전쟁 승리 이후에는 이성(理性)보다는 승리의 환희와 열광에 사로잡혀, 군주와 장수도 자칫 자신들의 탁월한 치국(治國)과 지략(智略)에 대한 자만심(自慢心)으로 인해, 전후 정세를 낙관하거나, 주변 제후들을 경시(輕視)하여 쉽게 확전을 결심할 가능성이 높아진다.

둘째, 개전(開戰)과는 달리, 전승(戰勝) 이후에는 전쟁 수행 간 주변 제후들과의 충돌이나 불신 또는 갈등 요소가 빈번하게 드러날 수 있으며, 그들의 애매했던 태도나 기회주의적 행태에 대한 악감정(惡感情)이 누적되어 감성(感性)에 지배받는 성향(性向)이 높아질 수 있다.

셋째, 전승 후 확전 여부를 결심하기 위한 승산 판단은 이전 전쟁의 연속선상에 있지 않으며, 전쟁 수행 과정에서 변화된 상이한 세력 분포와 새로운 적대국의 등장은 물론, 자국 내에서도 제 분야에서의 변화는 필연적이다.

넷째, 특히 확전을 결심할 경우, 최초 자국을 지원했던 주변 제후들조차 확전의 의도(意圖)와 명분(名分)에 대해 의구심(疑懼心)을 품게 되어, 동맹을 이탈할 뿐만 아니라, 새로운 반동맹 결성에 참여할 가능성도 커진다. 그럴 경우, 전쟁을 계속하면 작전 편에서 경고(警告)한 지구전(持久戰)[121]은 피할 수 없게 되어, 단일 전쟁 목표인 온전한 승리(全勝)는 달성했을지 모르나, 추가로 주변 열강(列强)들과 대적하여 확전(擴戰)한다면 승리할수록 더 강해지는[勝敵而益强] 승리라는 연속적인 전쟁 목표 달성은 보장하기 어렵게 된다. 감성적(感性的) 화(火)를 다스려 이성적, 객관적 확전 결심을 강조하는 화공 편은 다시 계(計) 편의 '불가불찰(不可不察)'로 순환(循環)됨을 의미한다. 이 순환은 도가사상(道家思想)의 이치(理致)[122]일 뿐만 아니라, '영구평화를 지향한 천하통일'이라는 전쟁의 궁극목적을 추구하는 본 병법에서는 필연적이다.

구지 편과 화공 편을 손무의 전쟁 및 평화 사상과 연계시킨다면, 그것들은 전후(戰後)의 이상 세계(理想 世界)를 지향한 전쟁 종결 문제를 지극히 합목적적으로 논하고 있음을 발견하게 된다. 그러므로, 최근래에, 전쟁의 최종상태(End State)나 종전조건들(Conditions of Termination)에 대한 미국군의 교리적 관심과 논의[123]들은 손무가 이미

121 엄밀히 말하자면, 작전편에서 말한 구전(久戰)은 하나의 전쟁에서 구전이지만, 확전시(擴戰時)의 구전은 주변 제후들과 연속적인 전쟁을 수행해야 하는 입장에서 구전이라는 점에서 다소 다른 의미다.

122 노자, 전게서, 도가사상에서 순환의 이치는 58장 참조

123 US. Department of Defense, *Joint Publish 3-0 Joint Operations* (17 September 2006 Incorporating Change 1 13 February 2008), pp.1-5

생각했던 것들에 불과하다고 말할 수 있을 것이다.

제4절
전편(全篇) 논리의 기반으로서 선지(先知)의 수단과 방법

제4절은 병법 전편 논리 기반으로서 선지(先知)의 수단과 방법으로서 용간(用間) 편을 다룬다.

1. 제13편 용간(用間)

全篇에 걸쳐 논의된 제 원리와 개념들의 전제(前提)들이나 그것들의 실천적 적용을 위한 조건(條件)들은 '적을 알고 나를 알며, 더 나아가 무궁한 상황변화에서 그 상호작용 관계를 다 알아야 한다.'는 점이다. 최종 편인 본 용간 편에서는 그중에서도 적을 먼저 아는[先知] 수단과 방법으로서 간자(間者) 운용(運用)을 병법서(兵法書)의 결론으로 제시한다. 본 편은 아래 4개 문단으로 전개된다.

> ① 孫子曰, 凡興師十萬, 出征(兵)千里, 百姓之費, 公家之奉, 日費千金, 內外騷動, 怠於道路, 不得操事者, 七十萬家. 相守數年, 以爭一日之勝, 而愛爵祿百金, 不知敵之情者, 不仁之至也, 非民之將也, 非主之佐也, 非勝之主也. 故明君賢將, 所以動而勝人, 成功出於衆者, 先知也. 先知者, 不可取於鬼神, 不可象於事, 不可驗於度, 必取於人, 知敵之情者也.
>
> ② 故用間有五,(:) 有鄕(因)間, 有內間, 有反間, 有死間, 有生間. 五間俱起, 莫知其道, 是謂神紀, 人君之寶也. 鄕(因)間者, 因其鄕人而用之. 內間者, 因其官人而用之. 反間者, 因其敵間而用之. 死間者, 爲誑事於外, 吾間知之, 而傳於敵間也. 生間者, 反報也.
>
> ③ 故三軍之親, 莫親於間, 賞莫厚於間, 事莫密於間. 非聖(+智)不能用間, 非仁(+義)不能使間, 非微妙不能得間之實. 微哉,(!) 微哉,(!) 無所不用間也. 間事未發而先聞者, 間與所告者皆死.

④ 凡軍之所欲擊, 城之所欲攻, 人之所欲殺, 必先知其守將, 左右, 謁者, 門者, 舍人之姓名, 令吾間必索知之. 必索敵(+人)之(+間)來間我者, 因而利之, 導而舍之, 故反間可得而用也. 因是而知之, 故鄕(+因)間, 內間可得而使也. 因是而知之, 故死間爲誑事, 可使告敵. 因是而知之, 故生間可使如期. 五間之事, (+主)必知之, 知之必在於反間, 故反間不可不厚也. 昔殷之興也, 伊摯在夏, 周之興也, 呂牙在殷. 故惟明君賢將, 能以上智爲間者, 必成大功, 此兵之要, 三軍之所恃而動也.

가. 용간(用間) 편의 논리 구조

마지막 편인 용간(用間)의 의미는 '간자(間者)의 運用'으로서 기존 해석과 크게 다르지 않다. 그 포괄 개념은 온전한 승리[전승(全勝)]를 위한 지략 위주 간접접근의 전제조건(前提條件)으로서, '먼저 아는 것[先知]의 결정성(決定性)과 그 수단 및 방법으로서 간자 운용의 중요성(重要性)'이며, 그 포괄 개념에 이르는 논리는 아래와 같은 4개 문단으로 전개된다.

①문단에서는 막대한 전쟁 비용(費用)과 결부시켜, 승리를 위해 먼저 아는 것[先知]의 결정성(決定性)과 적을 먼저 아는 수단과 방법으로서 간자(間者) 운용(運用)의 유일성(唯一性)을 강조하면서, 올바른 간자(間者) 운용을 군주나 장수의 도리(道理)로 규정한다.

②문단은 다섯 가지 간자(間者)의 유형을 설명하고, 이를 동시에 자유자재로 운용하면서도 적이 알지 못하게 하는 것을 군주의 보배인 '신비로운 벼리[신기(神紀)]'[124]에 비유(比喩)한다.

③문단은 성공적으로 간자(間者)를 운용하기 위한 군주와 장수의 능력과 자질(資質) 및 그 은밀성(隱密性)을 강조하고, 적에 관한 세부 정

124 기(紀)에는 '벼리, 실마리'라는 뜻이 있으며, 그중의 벼리는 '그물을 오므렸다 폈다. 하는 줄'이다.

보 출처의 근원으로서 반간(反間)의 중요성을 강조하며, 온전한 승리[全勝]의 요체(要諦)로서 최상의 지혜(知慧)를 활용하여 다양한 간자들을 운용해야 한다고 주장한다.

④문단은 적을 공격하기 위해, 요구되는 적 내부에 관한 구체적이고 상세한 정보의 출처로서 반간(反間)의 중요성을 논하며, 역사적으로 국가 흥망성쇠(興亡盛衰)를 좌우했던 성공적인 반간 운용을 예시(例示)한다.

요컨대, 〈표 19〉에 요약된 논리구조(論理構造)처럼, 용간 편은 전쟁 승리에서 먼저 적을 아는 것(先知)의 결정성과 그를 위한 간자(間者) 운용의 중요성으로부터 출발하여, 다양한 간자의 유형을 정의하고, 간자를 대우(待遇)하고 부리는 군주와 장수의 도리(道理)와 자질(資質)을 설명하며, 끝으로 구지 편의 교묘(巧妙)한 거사[교사(巧事)]와 결부시켜 반간(半間)에서 시작되는 각 유형의 간자들의 역할을 논한다.

〈표 19〉 용간(用間) 편 논리 구조

편명	間의 用: 간자의 운용			
포괄개념	선지(先知)의 결정성(決定性)과 그 방법 및 수단으로서 간자 운용의 중요성			
논리전개	▪先知의 결정성과 간자 운용의 중요성	▪간자의 유형(類型)	▪간자운용에 요구되는 資質	▪五間의 역할
	승리의 요체로서 先知의 결정성과 그 수단으로서 간자의 중요성	출처와 역할에 따른 5가지 간자의 유형과 용간의 비밀성	간자를 후대하는 방법과 갖추어야 할 장수의 자질	적 내부 정보의 수준과 그 출처로서 反間에서 비롯되는 간자들의 역할

나. 문단별 구조적 상세해석

① 孫子曰, 凡興師十萬, 出征(兵)千里, 百姓之費, 公家之奉, 日費千金, 內外騷動, 怠於道路, 不得操事者, 七十萬家. 相守數年, 以爭一日之勝, 而愛爵祿百金, 不知敵之情者, 不仁之至也, 非民之將也, 非主之佐也, 非勝之主也. 故明君賢將, 所以動而勝人, 成功出於衆者, 先知也. 先知者, 不可取於鬼神, 不可象於事, 不可驗於度, 必取於人, 知敵之情者也.

〈문맥〉

본 문단은 국가대사인 전쟁에서 승리하기 위해 '먼저 아는 것[先知]의 결정성과 그 수단 및 방법으로서 간자(間者) 운용의 중요성을 강조하면서, 효율적인 간자 운용을 군주와 장수의 도리(道理)라고 규정한다.

〈해석〉

손자가 이르길, 무릇 10만 대군을 일으켜 천 리 길의 출정(出征)을 허락하면, 백성들이 분담해야 할 비용과 관청의 도움은 하루에 천금[日費千金]이 필요하며, 국내 · 외에 소동(騷動)이 일어나고, 도로를 위태롭게 하여, 나가 앉아 생업에 종사하지 못하는 자가 칠십만 호에 달한다. 수년 동안 서로 대치하다가 단 하루 동안 승리를 다투게 되는데, 관직의 녹봉(祿俸)을 아껴서 적정(敵情)을 알지 못한다면, 어질지 못함의 극치(極致)로서, 부하들을 지휘하는 장수가 될 수 없으며, 군주를 보좌하는 사람도 아니며, 승리의 주인도 아니다.

현명한 군주와 지혜로운 장수가 군을 움직이기만 하면, 적을 이기고, 그 성공도 출중(出衆)한 까닭은 적을 먼저 알고 있기 때문이다. 먼저 아는 일은 귀신으로부터 얻는 것도 아니고[不可取於鬼神], 어떤 일을 획책(劃策)하여, 적의 모습을 그려볼 수 있는 것도 아니며, 도량(度量)으로 증험(證驗)할 수 있는 것도 아니다. 오로지 인간에 의존하여 적의 정세(情勢)나 정황(情況)을 아는 것이다.'

〈해설〉

"故明君賢將, 所以動而勝人, 成功出於衆者, 先知也." 이 구절에서 '所以動而勝人'은 움직이면 적을 이기고, '成功出於衆者'의 '出於衆'은 출중(出衆)이라는 한 단어로 해석하여, 그 성공이 출중(出衆)한 까닭(所以)은 먼저 알기[先知] 때문이다.

"先知者, 不可取於鬼神, 不可象於事, 不可驗於度. 必取於人, 知敵之情者也." 이는 지략 위주 간접접근에 요구되는 구체적이고 세부적으로 적을 다 알기 위한 수단과 방법은 오로지 간자들의 운용뿐임을 강조하는 구절이다.

이전 편에서 언급한바 있는 적을 아는 방법과 연계시켜 본다면, 어떤 일을 획책(劃策)하여[於事][125] 적의 모습을 그려보는(象) 방법[象於事]은 계편의 五事에 중점을 둔 국가경영의 결과를 일곱 가지 비교 요소를 통해 상대적인 전력을 비교/평가하여 피 · 아의 정세를 아는 방법[效之以計, 以索其情]과 실허 편의 어떤 일을 획책(劃策)하여[策, 作, 形, 角] 적을 움직여서 드러내는 방법에 해당하나, 그와 같은 방법만으로는 적 내부의 세부적인 정보를 다 알 수 없다.

'不可驗於度'은 계량적으로[於度=於度量][126] 증험(驗於度)하는 방법으

125 '事'는 실허편 '故策之而知得失之計, 作之而知動靜之理, 形之而知死生之地, 角之而知有餘不足之處' 등의 활동을 지칭한다.

126 '度'는 도량(度量)의 약어로서, 사전적으로 '길이를 재는 자와 양을 재는 '되' 또는 '재거나

로 형편의 계량적인[一曰度, 〈중략〉, 稱生勝] 헤아림[탁(度)]을 통해 피아 전력을 평가하는 방법과 행군(行軍) 편의 징후에 의한 적의 의도와 행동 방향 및 부대 상태를 가늠하는 방법이 있으나, 그 방법만으로는 구지 편 ②문단의 적 내부를 분열시키거나[127], ⑧문단의 교묘한 큰일[巧事][128]을 행할 수 있는 적 내부의 세부 사정(事情)을 다 증험(證驗)할 수 없다.

요구되는 적에 관한 세부 정보는 본 편의 ④문단에서 제시하는 적 내부의 인간관계의 연고(緣故)나 인연(因緣)[129] 등이기 때문에, 그처럼 구체적인 적 내부 정보를 다 알기 위해서는 오직 적의 간자(間者)를 나의 간자로 활용[反間]하여 직접 알아내는 길밖에 없다.

② 故用間有五,(:) 有鄕(因)間, 有內間, 有反間, 有死間, 有生間. 五間俱起, 莫知其道, 是謂神紀, 人君之寶也. 鄕(因)間者, 因其鄕人而用之. 內間者, 因其官人而用之. 反間者, 因其敵間而用之. 死間者, 爲誑事於外, 吾間知之, 而傳於敵間也. 生間者, 反報也.

되어서 사물의 양을 헤아림'이라는 의미를 가지며, 이는 형편의 '지생도(地生度), 도생양(度生量), 양생수(量生數), 수생칭(數生稱), 칭생승(稱生勝) 등과 같이 도량화(度量化)하는 것을 대표한다.

127 손자병법, 전게서, 구지편 ④문단 能使敵人前後不相及, 衆寡不相恃, 貴賤不相救, 上下不相扶, 卒離而不集이 해당한다.

128 상게서, ⑧문단 巧事: 是故 政擧之日, 夷關折符, 無通其使, 厲於廟上, 以誅其事. 敵人開闔, 必亟入之. 先其所愛, 微與之期, 踐墨隨敵, 以決戰事. 참조.

129 상게서, 화공편 ④문단 凡軍之所欲擊, 城之所欲攻, 人之所欲殺. 必先知其守將, 左右, 謁者, 門者, 舍人之姓名. 참조.

〈문맥〉

이 문단은 다섯 가지 간자(間者)들을 정의(定義)하고, 이를 동시에 자유자재로 부리면서도 그 근원을 알 수 없게 하는 것을 신비(神祕)로운 실마리[神紀]로 비유하여 왕의 보배라고 칭한다.

〈해석〉

'그러므로, 간자(間者) 운용에는 다섯 가지 유형이 있으니, 향간(鄕間), 내간(內間), 반간(反間), 사간(死間), 생간(生間)이 그것이다. 이 다섯 가지 유형의 간자들이 동시에 일어나더라도, 다른 사람들이 그 근원(根源)을 알 수 없게 하니[莫知其道], 이를 신비로운 벼리[130][神紀]에 비유할 수 있는 인군(人君)의 보배이다.

'향간(鄕間)은 적의 성곽 밖 지역의 주민(同鄕人)을 나의 간자로 부리는 경우이며, 이를 십가주에서는 그 향인(鄕人)에 기인(基因)하는[因其鄕人] 인간(因間)으로도 지칭한다. 내간(內間)은 적 내부 벼슬아치를 나의 간자로 부리는 경우이고, 반간(反間)은 적의 간자(間者)를 나의 간자(間者)로 쓰는 것으로, 소위 이중간첩에 해당한다. 사간(死間)은 자국의 충신(忠臣)이 자기 가족을 족살하도록 자청하는 기만극을 연출[爲誑事]하여 자국의 기만책(欺瞞策)을 가지고 도망 나온 척하여, 그 사실을 적의 간자(內間)에게 알려 주는 죽음을 각오하는 나의 간자(間者)이다. 생간(生間)은 그 기만책에 따른 적의 대응책을 사간(死間)으로부터 전해 듣고 돌아와서 보고하는 나의 간자이다.'

130 기(紀)의 뜻에는 '벼리'가 있으며, 벼리의 사전적 뜻은' 그물의 위쪽 코를 꿰어 잡아당기게 된 줄'이다.

〈해설〉

'莫知其道'에서 도(道)의 뜻으로서 이치, 근원, 방법 중 '근원'을 선택하여, '그 근원(根源)을 알 수 없게 하다.'라고 해석하였다.

"死間者, 爲誑事於外, 令吾間知之, 而傳於敵間也. 生間者, 反報也." 이 구절은 '死間'과 '生間'이 적에게 교묘한 기만극(欺滿劇)을 연출하는[爲誑事]' 과정에서 각각의 역할을 설명하는 것처럼 보이나, 뒤의 ④문단과 연계시키면 그들의 역할과 함께 그 정의(定義)도 명확해진다. 특히 사간(死間)은 기만극을 연출하는 과정에서 자국의 계책(計策)으로서 기만책을 적에게 알려 주어 그 사실이 드러나면 반드시 죽기 때문에 사간(死間)이며, 생간(生間)은 그 기만책에 따른 적의 반응을 사간으로부터 전해 듣고 돌아와서 알려 주는 간자이다.

③ 故三軍之親, 莫親於間, 賞莫厚於間, 事莫密於間. 非聖(+智)不能用間, 非仁(+義)不能使間, 非微妙不能得間之實. 微哉,(!) 微哉,(!) 無所不用間也. 間事未發而先聞者, 間與所告者皆死.

〈문맥〉

이 문단은 성공적인 간자 운용의 특성(特性)과 그 조건(條件)으로서 군주와 장수가 갖추어야 할 능력과 자질(資質)을 논하며, 특히 기밀 유지의 중요성을 강조한다.

〈해석〉

'三軍의 일 중에서 간자(間者) 운용보다 더 친밀(親密)해야 할 일은 없으며, 간자 운용보다 더 후사(厚謝)해야 할 일도 없고, 간자를 다루는 일보다 더 은밀(隱密)한 일도 없다. 즉, 성인(聖人)의 지혜[聖智]가 아니면 간자를 부릴 수 없고, 어질고 의롭지[仁義] 못하면 간자를 부릴 수 없으며, 미묘(微妙)하지 않으면 간자에게서 실익(實益)을 얻을 수 없다. 은밀하고 은밀하니 간자들을 부리지 않은 곳이 없다. 만약 간자에 관한 일이 아직 일어나기도 전에[未發], 그 일을 아는 자가 있다면 간자와 함께 그것을 말한 사람까지 제거해야 한다.'

④ 凡軍之所欲擊, 城之所欲攻, 人之所欲殺, 必先知其守將, 左右, 謁者, 門者, 舍人之姓名, 令吾間必索知之. 必索敵(+人)之(+間)來間我者, 因而利之, 導而舍之, 故反間可得而用也. 因是而知之, 故鄕(+因)間, 內間可得而使也. 因是而知之, 故死間爲誑事, 可使告敵. 因是而知之, 故生間可使如期. 五間之事, (+主)必知之, 知之必在於反間, 故反間不可不厚也. 昔殷之興也, 伊摯在夏, 周之興也, 呂牙在殷. 故惟明君賢將, 能以上智爲間者, 必成大功, 此兵之要, 三軍之所恃而動也.

〈문맥〉

이 문단은 적을 공격하기 위해 요구되는 적 내부에 관한 구체적이고 상세한 정보의 출처(出處)로서 반간(反間)의 중요성을 논하며, 역사적으로 국가 흥망성쇠(興亡盛衰)를 좌우했던 반간을 예시(例示)한다.

〈해석〉

"凡軍之所欲擊, 城之所欲攻, 人之所欲殺. 必先知其守將, 左右, 謁者, 門者, 舍人之姓名, 令吾間必索知之."

'무릇, 격파하고 싶은 군의 위치나, 공격하고 싶은 성(城)의 장소 또는 살해하고자 하는 인물이 있다면, 반드시 먼저 그것을 지키는 장수,

좌우 측근, 알현자(謁見者)[131], 그리고 문지기(門者)나 사인(舍人-관청인)[132] 등의 성명을 알아야 하니, 그 사항을 나의 間者에게 반드시 찾아서 알아내도록(索知) 지시해야 한다.'

"必索敵間之來間我者, 因而利之, 導而舍之, 故反間可得而用也." 적의 間者가 아군을 정탐하러 오는 것을 아 간자에게 반드시 탐색하게 하여, 그에게 이익을 주어 인연(因緣)을 맺도록 하고[因而利之[133]], 그에게 벼슬을 주어 이끌어[導以舍之][134], 반간(反間)으로 부릴 수 있다.

이 반간을 통해 연고(緣故)를 파악하여 향간(鄕間)과 내간(內間)을 얻어 부릴 수 있으며, 이들을 통해서 다시 연고를 파악하여 아 사간(死間)이 벌이는 기만극(欺瞞劇)을 적 고위층에게 알릴 수 있으며[구지 편의 교묘한 거사(巧事)의 '先其所愛, 微與之期'], 이들[內間 및 鄕間]을 통해서 그 일의 사유(事由)를 알아보아 생간(生間)이 돌아와 기약했던 바[구지편 巧事의 '以決戰事']를 실행하도록 보고해 줄 수 있다. 군주는 이 다섯 가지 간자들의 역할들이 반드시 반간으로부터 연유(緣由)한다는 점을 알아야 한다. 그러므로 반간을 후사(厚謝)하지 않으면 도리(道理)가 아니다.

131 알자(謁者)는 '알현(謁見)을 청하는 사람, 또는 빈객(賓客)을 주인에게 안내하는 사람'이다.

132 사인(舍人)은 '관청 사람'으로 '벼슬아치'를 뜻한다.

133 '인이이지(因而利之)'에서 '之'는 적의 간자를 지칭하며, '因'과 '利'는 공히 동사 용법으로 '因緣을 맺다'와 '이익을 주다'이기 때문에, 이는 '인연을 맺기 위해 적 간자에게 이익을 주다.'로 해석한다.

134 '도이사지(導而舍之)'도 '因而利之'와 동일한 표현법으로, '導'와 '舍'는 공히 동사이다. '導'의 뜻 중 '이끌다, 통하게 하다'를 '포섭하다'로 환언하고, '舍'는 舍人이 '관청인, 벼슬아치'이기 때문에 '舍之'는 '그에게 벼슬을 주다'가 된다. 따라서 이 문구는 '그를 포섭하기 위해 그에게 벼슬을 준다.' 또는 '그에게 벼슬을 주어 포섭한다.'라는 뜻이 성립된다.

옛날에 은황조(殷皇朝)의 흥성(興盛)은 그 전대(前代)인 하(夏)황조에 이지(伊尹)[135]가 있었기 때문이며, 주(周) 황조가 흥(興)한 이유도 그 전대인 은(殷)나라에 여아(呂牙)[136]가 있었기 때문이다. 따라서 현명한 군주와 장수는 가장 뛰어난 지혜(上智)[137]를 가진 자로서 능히 간자를 다스려(爲間), 큰 공을 달성하였다. 이것이 용병의 요체(要諦)로서 삼군이 믿고 움직이는 까닭이다.

〈해설〉

"必索敵間之來間我者, 因而利之, 導而舍之, 故反間可得而用也. 因是而知之故, 鄕間內間可得而使也. 因是而知之故, 死間爲誑事, 可使告敵. 因是而知之故, 生間可使如期. 五間之事, 主必知之, 知之必在於反間, 故反間不可不厚也." 이 구절은 구지편의 '교묘한 거사[巧事]'를 시행하는 과정에서, 적의 간자를 후사(厚謝)하여 활용하는 반간(反間)으로부터 출발하는 다섯 가지 유형의 간자들의 역할을 예시(例示)하여 반

135 이윤(伊尹)은 BC.17세기경 중국 고대 상(商)나라의 신하이다. 윤(尹)은 벼슬 이름이며 본명은 이지(伊摯)이다. 그는 노예 출신으로 뛰어난 지혜를 가졌으므로 당시 하(夏)황조의 제후였던 성탕(成湯)의 천거를 받아 관계에 나갔으나 폭군 걸(桀)황제의 미움을 사서 다섯 차례나 쫓겨났다고 알려진 인물이다. 후에 성탕이 포악한 걸왕을 멸망시키고 商황조를 일으킬 때 그를 보필하여 큰 공을 세웠으며, 성탕이 죽은 후 3대에 걸친 황제를 섬기면서 국기를 공고히 다지고 어리석은 임금 태갑을 폐위시켰다가 반성하자 다시 복위시키는 도량을 보이는 등 신하로서 모범을 보인 인물이다.

136 여아(呂牙)는 주(周)황조의 건국 공신으로 강태공(姜太公)이라고 알려진 인물로서, 본명은 여상(呂尙), 강상(姜尙)이다. BC.11세기 경, 은황조(殷皇朝)의 주황제(紂皇帝)가 폭정을 일삼자 벼슬을 버리고 위수 부근에 은거하면서 낚시질로 소일하던 중 제후 서백(西伯)과 지우를 맺었으며 그 아들 희발이 제후를 계승하자 그를 도와서 폭군 주(紂)황제를 멸망시키고 주황조(周皇朝)를 세운 인물이다. 강태공은 육도 · 삼략을 지은 저자로 알려져 있다.

137 상지(上智)의 사전적 의미는 '가장 뛰어난 지혜. 또는 그런 지혜를 가진 사람'이다.

간의 중요성을 강조하면서 설명한 '오간지사(五間之事)'는 구지편의 '교묘한 거사[巧事]'에서 그들의 역할을 그대로 반영하여 전편(全篇)과 연계시키고 있다.

이 구절에서 열쇠 글은 '인시이지지고(因是而知之故)'이다. '인시(因是)'에서 因은 중국어 사전에서 '근거하다, 의거하다.'라는 뜻 중 '근거하다.'와 是는 '맞다. 바르다. 옳다고 여기다.'라는 뜻 중 '옳다고 여기다.'를 선택하고 결합하여, 인시(因是)는 '그가 바르다는데 근거하여.'이며, 지지고(知之故)에서 고(故)는 '연고(緣故)나 인연(因緣)'등을 지칭하는 약어로 받아들이면, 반간(反間)이 올바르다는데 근거하여, 그 앞의 향간(鄕間)이나 내간(內間)들의 인연이나 연고를 알아서 부린다.' 라고 해석하는 것이 적절하다.

제5장

결론(結論)

손자병법은 중국의 춘추전국(春秋戰國)시대에 '영구평화(永久平和)를 달성하기 위한 천하통일(天下統一)'이라는 전쟁의 궁극목적을 지향(志向)한 합목적적인 전쟁의 목표와 방법을 먼저 적을 안다는 것(先知)을 전제로 논리를 전개한다. 그 완전성(完全性) 때문에 이상론(理想論)에 불과하다고 평가절하(平價切下)할 수 있으나, 저자는 최선의 理想(善之善)만을 강조하는 것이 아니라, 그 차선(次善)도 함께 논하고 있을 뿐만 아니라, 그와 같은 이상(理想)이 무궁한 실제 상황변화에 다함(窮)이 없이 응용(應用)되길 기대한다.

더군다나 국가의 존망(存亡)과 백성의 삶과 죽음을 좌우하게 될 전쟁을 책임지고 있는 군주와 최상위 장수는 마땅히 그 이상(理想)을 추구하여 도(道) 즉, 현대적 표현으로 올바른 철학을 확립(確立)하고 구현(具顯)하며, 탁월한 지략(智略) 계발(啓發)에 전념하는 것이 도리(道理)임을 직 · 간접적, 또는 명시적 · 묵시적으로 전편(全篇)에 걸쳐 강조한다.

본서(本書)의 주제인 『손자병법의 구조적 해석』은 해석의 구조와 체계성 연구로 대별(大別)된다. 그중 전자는 해석의 구조를 발견하는 과정이며[제2, 3장], 후자는 발견한 해석의 구조가 제공하는 맥락(脈絡)과 문맥(文脈) 및 논거(論據)에 따라 문단별로 구조적으로 상세 해석하고 [제4장], 본 장(章)에서는 결론으로서 그 해석 결과가 체계성을 갖추고 있는지를 종합적으로 평가한다. 추가로 본 장에서는 구조적 해석에 의해서만 발견할 수 있었던 함의(含意)와 본 글의 한계(限界)와 함께 추가적인 연구 방향을 제시한다.

제1절
구조적 해석의 평가(評價)와 발견한 함의(含意)들

본 절에서는 해석의 구조 요소들이 구조적 해석에서 갖는 의의를 요약한 후, 구조적 상세해석 결과를 종합적으로 평가하여 체계성을 입증하며, 기존의 해석 방법으로는 발견할 수 없었을 함의(含意)들을 제시한다.

1. 구조요소(構造要素)들의 의의(意義)

본 글의 주제인 해석의 구조(構造)란 해석에 의미론적 맥락이나 문맥 또는 논리적 근거를 제공할 수 있는 요소들로서, 각 구조 요소는 상세해석에서 다음과 같은 의의(意義)를 갖는다.

가. 외연적(外延的) 구조

외연적 구조는 저자의 세계관(世界觀)이나 저서 관련 저자의 사상(思想)에 영향을 주었을 당시의 시대상(時代相)과 지배적인 도가사상(道家思想)을 요약하였다. 외연적 구조요소는 해석에 역사 · 문화적 맥락이나 논거를 제공한다. 당시의 시대상과 지배적인 사상에 관한 연구는 전쟁으로 점철된 당시의 난세에 모든 국정 운영은 평화를 명분으로 한 실질적인 전쟁 준비와 전쟁 승리라는 전시체제(戰時體制)에 맞추어졌으며, 인간의 이성(理性)은 대부분 전쟁 승리를 지향하고 있었음을 보여준다.

그러한 난세(亂世)에 살아온 저자는 전쟁으로 명멸(明滅)했던 열강

(列强)들의 패권경쟁(霸權競爭)의 무상(無常)함과 전쟁의 폐해(弊害)를 모두 감당해야 하는 백성들의 고통을 누구보다도 더 잘 알았을 것이다. 따라서 그는 전쟁 없는 세상을 열망하면서 당시에 전통적인 도가사상(道家思想)과 자신의 전승(戰勝)의 비법(秘法)을 결합하여 손자병법을 저술하였을 것으로 추정할 수 있다.

외연적 구조로서 발견한 함의(含意)는 당시의 난세(難勢)에 불가피한 전쟁의 궁극목적을 "영구평화(永久平和)를 지향(志向)한 천하통일(天下統一)"이라는 평화(平和)와 전쟁(戰爭) 사상(思想)을 기반으로 합목적적(合目的的)인 단일 전쟁의 목표를 '온전한 승리[전승(全勝)]'로 제시하고 연속적인 전쟁 목표를 '승적이익강(勝敵而益强)'으로 규정하여, 당시 지배적인 도가사상이 음양(陰陽) 이기(二氣)의 조화와 호응 관계를 강조하면서도 전쟁과 평화만은 양립할 수 없다고 보는 모순(矛盾)을 극복하여 전쟁을 평화의 수단으로 규정하고, 그러한 전쟁 목적을 달성하는 전쟁 수행 방법을 적을 파괴하여 승리하는 대신, 그들을 포획하여 선무하는 "지략(智略) 위주(爲主) 간접접근(間接接近)"을 점진적으로 구체화하면서 병법 전체에 걸쳐 구체화하여 논하고 있다.

나. 외연(外延) · 내재적(內在的) 구조

이 구조 요소는 외연적 구조와 직접 연계되어 병법 전체에 내재된 구조들이다. 이는 위의 역사 · 문화적 환경에서 형성된 저자의 사상(思想)이며, 도가사상과 전쟁 승리의 비법을 결합한 이상상(理想象)으로써, 전쟁의 궁극목적은 '영구평화(永久平和)를 지향(志向)한 천하통일(天下統一)'이다. 당시의 난세(亂世)에 천하통일은 필연적으로 연속적인 전쟁 승리를 요구하나, 그 과정에서 파괴와 살육으로 인한 국력의 피폐와 적대국의 증오심과 복수심을 심화(深化)시켜 천하통일의 가능성은 물론, 그 이후의 평화도 보장하기 어렵다고 생각했을 것이다.

저자는 도가사상이 음양(陰陽) 이기(二氣)의 갈등(葛藤)과 대립(對立)을 우주 만물을 낳고 길러주는 조화(調和)와 호응(呼應) 관계로 전환하듯이, 결코 양립(兩立)할 수 없다고 생각했던 당시의 난세(亂世)에 평화(平和)와 전쟁(戰爭)을 목적과 수단으로 조화와 호응 관계로 전환(轉換)하기 위해, 전쟁을 영구평화를 지향한 천하통일이라는 궁극목적을 달성하는 수단이라는 모순(矛盾)을 전쟁의 파괴성을 도(道)와 지략(智略)에 의존한 온전성(穩全性)으로 대체함으로써 극복할 수 있다고 믿고 있다. 그와 같은 저자의 사상(思想)이 저서에 반영되어 드러난 사상적 명시(明示) 개념(概念)으로는 도(道)와 관도(官道), 안민(安民)과 보국(保國), 온전한 승리[全勝], 탁월한 지략(智略), 그리고 이성(理性)으로 감성(感性)의 절제(節制)와 통제(統制) 등을 들 수 있다. 전편에 걸친 이 개념들의 명시적 및 의미론적 일관성은 손자병법 전편의 논리가 저자의 사상(思想)으로 일관되고 있음을 보여주면서, 동시에 전편(傳便) 및 각 편의 논리 구조의 체계성(體系性)을 확증(確證)하여 준다.

다. 내재적(內在的) 구조

내재적 구조는 저서에 드러난 저자의 사상들로서 해석에 문맥이나 논거를 제공하며, 여기에는 저자가 그의 생각들을 논리적이고 체계적으로 전개(展開)하기 위한 논리적(論理的) 구상(構想)이 반영(反影)된 저서의 전편과 각 편의 논리 구조와 저술상 특징 등이 포함된다.

첫째, 해석에 문맥을 제공하는 내재적 구조로서 전편(全篇)의 논리 구조는 저자의 사상 즉, 영구평화를 지향[왕도(王道)]한 천하통일[패도

(霸道)]을 전쟁의 궁극목적으로 설정하여, 도(道)와 지략(智略)에 기반을 둔 전쟁(戰爭) 일반론 – 용병(用兵) 일반론 – 용병의 실제(實際)로 구체적으로 논리가 전개되고 있음을 보여준다.

합목적적(合目的的)인 '전쟁 일반론'은 계(計) 편, 작전(作戰) 편과 모공(謀攻) 편 및 형(形) 편에 이르는 4개 편이 해당한다. 계 편은 평화 시 도(道)를 실천하는 전쟁대비 국가경영의 결과로써 개전 결심(開戰 決心)을 위한 이성적 · 객관적 승산판단(勝算判斷)을, 작전 편은 전쟁의 궁극목적을 지향한 연속적인 전쟁 목표로서 '승리할수록 더 강해지는 승리[勝敵而益强]'를 그리고 모공(謀功) 편은 각개 전쟁의 목표로서 온전한 승리[全勝]와 그러한 목표를 달성하는 방법으로서 지략(智略) 위주 간접접근(間接接近)을, 그리고 형(形) 편은 정도(正導)가 본질인 정사(政事)를 통해 구축한 전비태세(戰備態勢)를 일반론으로 설명한다.

'용병(用兵) 일반론'은 형(形) 편의 전비태세를 궤도(詭道)가 본질인 용병(用兵)을 통해서 발휘하는 전세(戰勢)를 세(勢) 편으로부터 실허(實虛) 편과 군쟁(軍爭) 편 및 구변(九變) 편에 이르는 4개 편에서 일반적인 용병법(用兵法)으로 구체화하면서 논리(論理)를 전개(展開)한다. 그중에서 전세(戰勢)의 본질(本質)과 지향(志向)의 원리는 세 편과 실허 편에서 정적, 동적 및 상대적 관점에서, 그리고 군쟁 편과 구변 편에서는 간접접근의 원리와 그 변화를 역동적(力動的)으로 논(論)한다.

'용병(用兵)의 실제(實際)'는 행군 편으로부터 화공 편에 이르는 4개 편에 걸쳐 '용병 일반론'을 전장의 실제 상황 요소들과 결부시켜 점진적으로 구체화하는 방식으로 논리를 전개한다. 행군(行軍) 편은 실제 전장에서 군을 운용하면서 파악해야 할 상황 요소와 그 원리를 정적(靜的) 및 상대적 관점에서, 지형(地形) 편은 다양한 자연 지리적 상황 요소별 원리(原理)들을 상대적 및 동적(動的)인 관점에서, 주로 전술적 및 작전적 수준에서 논한다. 또한, 구지(九地) 편과 화공(火攻) 편은 다른 편과는 달리, 주변 제후들과의 전략(戰略) 지리적 상황 유형을 인간의 감성적 본성 측면과 결부시켜 역동적으로 원리를 논한다. 특히, 양 개 편의 후반부에서는 전쟁 승리 후 전과(戰果)의 공고화와 확전(擴戰) 결심(決心)을 다룬다. 구지 편은 병법의 종합적인 원리를 긍정적 관점에서 인간의 감성적 본성과 결부시켜 전과(戰果)의 공고화를 논(論)하고, 화공 편은 그 감성적 본성을 다스려 확전(擴戰)을 결심하도록 강조하여 계편의 이성적, 객관적 승산판단으로 되돌아간다. 이 순환(循環)의 논리에는 '온전한 승리[全勝]'라는 단일 전쟁 목표와 '승리할수록 더 강해지는 승리'라는 연속적인 전쟁 목표를 통해 영구평화를 지향한 천하통일이라는 궁극목적이 반영된다. 끝으로, 용간(用間) 편은 병법 전편(篇)들의 전제(前提)로서 먼저 아는 것[先知]의 결정성(決定性)과 그 수단으로서 간자(間者) 운용(運用)의 중요성(重要性)을 제시한다.

둘째, 각 편의 논리 구조는 앞의 전편의 논리 구조에서 차지하는 각 편의 위상에 부합하게, 글자 그대로의 단순한 개념[1]에서 시작하여 복합적인 개념으로 발전시켜 구체화[2]하거나, 그 개념구현에 요구되는 유·무형의 조건들을 부언(附言)[3]한다.

1 글자 그대로의 가장 단순한 예로서, 손자병법, 전게서, 실허편에서 氣力의 虛 관점에서 佚勞나 飽飢를 먼저 설명한다. 또한 군쟁편에서는 '迂直之計'를 글자 그대로 시간과 공간 측면에서 '돌아감으로써 먼저 도달'하는 '後人發, 先人至'를 먼저 설명한다.

2 이 예는 상게서, 실허편에서 虛勢를 통해 '敵不知其所守/攻'으로부터 '形人而我無形'에 의한 '我專而敵分'의 개념으로 발전하며, 군쟁편에서는 나의 분산을 통해 적을 분산시켜 상대적 집중을 달성하는 '以分合'이라는 복합적이고 구체적인 개념으로 발전된다.

3 상게서, 군쟁편에서 '우직지계(迂直之計)'의 조건에 관한 논의는 그 이하 모든 문단에 해당

셋째, 저술상(著述上) 특징에는 일관된 관점(觀點)과 논리전개 및 표현기법의 특징(特徵) 등이 포함된다. 먼저 손자병법의 전편에 걸친 일관된 관점은 전쟁(戰爭) 중심적(中心的)이며, 그것도 전쟁의 궁극목적에 불가피한 선제전(先制戰)과 원정전(遠征戰)을 다루고, 군주나 장수의 전략적 또는 작전적 수준에서 승리에 유리한 여건조성(與件造成)에 중점을 두며, 먼저 아는 것(先知)을 전제하는 등 다섯 가지이다. 따라서 이들 관점에서 벗어난 해석은 원 개념에서 벗어나기 쉽다.

공통적인 논리전개의 특징은 전 · 후 편이나 문단들의 의미를 연계시키기 위해 많은 연결구를 사용한다는 점이다. 따라서 그러한 연결구를 별개의 개념으로 받아들이면, 중복된 문구로 간과할 수 있다. 표현기법(表現技法)에서 가장 두드러진 특징은 대부분 한 단계 이상의 추론(推論)을 요구하는 함축적인 용어(用語)나 문구(文句)를 사용한다는 점이다. 그러므로 문자 그대로의 피상적인 해석만으로는 그 함의(含意)를 다 파악하기 어렵다.

더 나아가, 강조법의 일환으로서 세부사항을 자연현상과 비유하여 연속적으로 나열하거나, 관련 요소들을 나열하다가 마지막 문구에서 특별히 경계(警戒)해야 할 사항을 부언하여 강조한다. 이 강조법에 따르는 각개 문구 위주의 해석에 집착하면, 핵심에서 벗어나 곡해(曲解)할 가능성이 높아진다.

한다. 즉 ④문단은 우직지계를 위한 정동(靜動)의 부대 태세를, ⑤문단은 적 지휘교란 대(對) 아 지휘집중을, 적 기세 및 심리적 교란 대(對) 아/기/력/심/변의 통제(治)를, 그리고 ⑥문단에서는 요구되는 조건으로서 장수의 분별력을 강조한다.

2. 구조적 해석 결과에 대한 종합평가

본서(本書)의 구조적 해석의 결과에 비추어 볼 때, 손자병법은 첫 편인 계(計) 편으로부터 마지막 용간(用間) 편에 이르기까지 형식적으로나 의미론적으로 거의 완벽한 체계성((體系性)을 유지하고 있다고 평가할 수 있다. 그것은 일정한 원리에 따라서 낱낱의 부분들이 짜임새 있게 구성되어 통일된 전체를 이루고 있는 상태라는 체계성(體系性)의 정의(定義)에 합당하다. 그리고 전후(前後) 의미들의 연계성 관점에서, 손자병법의 전후(前後) 편들, 각 편의 문단, 구절, 문구나 문자들은 어느 것 하나 무의미하게 사용되는 것이 없다.

손자병법은 '영구평화를 지향한 천하통일'이라는 전쟁의 궁극목적으로부터 전쟁 종결에 이르는 거의 모든 전쟁 관련 문제들을 10여 쪽 내외의 6,100여 字로 가장 간결하고 완벽하게 논리를 전개하는 거시적(巨視的) 전쟁이론의 전형(典型)으로 볼 수 있다. 특히, 현상(現象)을 분석하고 검토하여, 추상적으로 재구성하는 전형적인 과학적 방법을 적용하기 위해, 전쟁 일반론에서 용병의 실제에 이르는 제 원리들을 단순한 것으로부터 복합적인 것으로 점진적으로 구체화하여 논리를 전개한다.

그러한 논리전개 방식은 2,300여 년 후 계몽주의 후기의 과학적 분석방법을 적용하여 최초의 전쟁 이론서로 평가받는 클라우제비츠의 전쟁론(戰爭論)에서 비로소 재현(再現)된다. 따라서 현대 서구의 관점에서도 손자병법은 전쟁에 대한 경험적 직관 위주의 전쟁술[(戰爭術)-The

Art of War][4]일 뿐만 아니라, 과학적 접근법을 적용한 전쟁학[(戰爭學) —The Science of War]으로, 전쟁의 학술(The Science and Art of War)을 구현한 이론서(理論書)라고 주장하더라도 이의(異意)가 없을 것이다.

저자는 그토록 적은 분량으로 광범위한 전쟁 문제 전반(全般)을 學과 術 양 측면의 접근만이 아니라, 물리적 및 정신 · 심리적 측면에서 분석하고, 이성적 · 객관적 심지어는 계량적 측면까지 다루면서도, 무궁한 변화에 부응하는 응변술(應變術)을 강조하면서, 전편과 각 편을 일관된 논리로 설명한다. 손자병법의 구조와 체계성 연구에 대한 이상의 종합적인 평가는 오직 손자병법의 저변(底邊)에 흐르는 사상(思想)과 논리구조에 입각한 해석의 결과로써만 언급(言及)될 수 있을 것이다.

3. 발견한 것들과 그 함의(含意)

손자병법의 구조(構造) 연구(硏究)와 구조적 해석을 통해 발견한 것들과 그 함의(含意)들은 기존의 문구나 문장 또는 구절 단위 해석만으로는 착상(着想)조차 할 수 없었을 구조요소 자체와 그 요소들에 입각한 해석 과정에서 드러난 의미상의 연계성이 해당한다. 먼저, 구조연구를 통해 발견한 것들은 구조요소들과 그 요소들이 해석 과정에서 갖는 의의(意義)들이며, 그 요소들이 제공하는 문맥과 논거에 입각한 구조적 해석 과정에서 발견한 함의(含意)들이다. 이 함의들은 의미상의

4 서구에서는 손자병법을 戰爭 術 즉, *The Art of War*로 인식하거나 번역하고 있다.

연계성 자체이기 때문에, 문구나 구절 단위의 단편적인 기존 해석과 달리, 의미론적으로 상호 연계시킨 해석 전체가 해당한다. 따라서 새로 발견한 함의는 다음과 같은 세 가지 관점에서 대표적인 것들을 예시할 수밖에 없다.

첫째, 종합적인 관점(觀點)에서, 문맥에 비추어 보아, 기존의 문자나 문구 중심으로 해석한 의미들을 수정하여 드러난 논리(論理)와 그에 따른 새로운 의미가 문맥에 따라 상호 연계되는 사고 과정을 보여주는 대표적인 하나의 예이다. 그 예로는 '天'과 '地'의 새로운 의미와 그 의미 변화에 따른 전후 편들의 해석이 전체로서 상호 연계되는 사고 과정을 제시한다.

둘째, 단편적인 관점에서, 전후 의미들의 논리적 연계성이 드러난 대표적인 함의들은 대부분 저술상 논리전개의 특징에 따른 해석을 통해 드러난 의미론적 연계성이 해당한다. 끝으로, 문맥에 따른 한자의 뜻을 선택하여 발견할 수 있었던 의미(意味)들의 연계성이다.

가. 구조적 해석을 통해 발견한 것들과 그 의의(意義)

구조연구 과정에서 발견한 새로운 것들은 말할 것도 없이, 해석의 구조요소 자체이다. 그것들은 기존의 주해서(注解書)에서 간과(看過)하여 왔던 가장 근본적인 요소들로서 해석에 맥락과 문맥 또는 논거를 제공한다.

첫째, 외연적 구조로서 당시의 시대상(時代相)에 대한 고찰(考察)은 전쟁으로 점철된 난세(亂世)에 전쟁이 다시 새로운 전쟁을 초래하는 지배자들의 끝없는 권력욕(權力慾)에 대한 저자의 회의(懷疑)와 전쟁으로 인한 백성들의 고통에 대한 측은지심(惻隱之心)을 이해하도록 도와준다. 저자의 인식(認識)에 영향을 미쳤을 전통적인 도가사상(道家思想)을 접하지 않았다면, 저서에 명시된 개념이나 원리들은 저서 내용으로만 국한되어, 저자의 사상(思想)이라는 저서의 궁극목적을 간과(看過)한 해석으로 제한되었을 것이며, 모든 개념이나 원리들에 대한 근본적인 이해도 불가능했을 것이다. 따라서 당시의 시대상과 지배적 사상의 개관과 손자병법과의 연계성에 대한 고찰(考察)은 연구를 통해 발견한 가장 근원적(根源的)인 것들이다.

둘째, 저자의 전쟁과 평화 사상은 손자병법에서 논리적 정합성(整合性)에 대한 일관된 평가나 전체 논리에 모순 없는 인식체계(認識體系)로서, 전편의 논리가 지향하는 궁극목적을 제공하여 체계성을 완성해 준다. 만약 내적(內的)인 논리적 흐름을 외적(外的)인 도가사상으로 외연(外延)시켜 '영구평화를 지향한 천하통일'이라는 저자의 사상을 추론하지 않았다면, 손자병법의 논리나 제반 개념들의 해석은 합목적성(合目的性)을 상실한 채 저서의 문단이나 문구 해석으로 제한될 수밖에 없었을 것이다. 그러한 경향은 손자병법을 문자, 문구나 문단 위주 해석으로서 가장 많은 주해서(註解書)가 존재하는 이유이다.

셋째, 전편 및 각 편의 논리 구조는 기본적인 발견물이다. 그것들에 대한 착상(着想)으로부터 다른 구조요소들이 대두(擡頭)되며, 다른 요소들의 선택적 적용을 위한 기반(基盤)을 제공한다. 그리고 그 구조요소들은 저자의 논리적 구상에 반영되고 해석의 근간이 되는 문맥을 제공하여, 저자의 의도(意圖)나 저서의 진의(眞意)에 접근할 수 있도록 도와준다. 예를 들면, 손자병법의 논리적 흐름을 당시의 지배적 사상과 결부시키면, 비로소 저자의 전쟁과 평화 사상(思想)을 추론(推論)할 수 있으며, 그것은 다시 논리구조(論理構造)를 확증(確證)하는데 반영된다.

그와 같은 논리 구조에 의해서만, 손자병법이 전쟁의 일반론에서 용병의 일반론으로 그리고 용병의 실제로 전개(展開)됨을 알게 된다. 그리고 그 논리 구조를 통해서만, 손자병법이 일관되게 근원적이며 궁극적인 목적(目的)을 추구하여, 평화 시 전시 대비 경국(經國)과 치국(治國)의 결과로써 개전결심(開戰決心)을 위한 승산판단으로부터 전쟁 목표, 방법 및 종전(終戰)에 이르는 전쟁과 관련된 문제들 전반(全般)에 관한 제 원리들을 분석적으로 설명하고 있음을 알 수 있게 된다. 요컨대, 그 논리 구조에 따른 해석은 각 편과 문단 및 문구에 유기적인 상관관계를 제공하여 손자병법에 생명력(生命力)을 부여한다.

나. 대표적인 함의(含意)들의 연계성을 보여주는 '天'과 '地'

구조적 해석을 통해 발견한 함의가 전편에 걸쳐 의미상의 연계성을 보여주는 대표적인 예를 들면, '天'과 '地'의 새로운 의미들의 발견과 그 의미들로 인해 드러나는 전편에 걸친 연계성(連繫性)이다. 손자병법의 구조적 해석을 착상(着想)하게 된 계기(契機) 중 하나는 가장 명백하여 의문의 여지가 없어 보였던 '天'과 '地'에 대한 다음과 같은 의문 제기와 그 답(答)으로 추정한 새로운 의미이다. 그리고 그 의미로부터 출발하여 전편의 논리적 흐름을 재검토하는 과정에서 발견한 의미들의 연계성과 함의(含意)들은 구조적 해석을 통해 발견할 수 있었던 전형적인 예가 된다.

계(計)편의 국가를 경영하는 다섯 가지 政事[經之以五]로서 '道, 天, 地, 將, 法' 중 '天'과 '地'에 대한 기존의 해석은 한결같이 자연현상(自然現象)으로서 기후(氣候)나 天氣(어둡고 밝음, 춥고 더움, 계절과 달 및 일시 구분)와 地理(높고 낮음, 넓고 좁음, 험하고 평탄함, 막힘(死地)과 트임(生地)이 였다. 특히 전체 문맥의 관점에서 자연현상으로서 '天'에 관한 내용은 계편에서만 한번 언급하는 것으로 그치고, 자연현상으로서 '地'의 정의(高下, 廣狹, 遠近, 險易, 死生)도 그 이하 지형 편과 구지 편에서 구체적으로 설명하는 것처럼 보이지만, 엄밀하게 검토해 보면 극히 단편적으로만 해석되었음을 알 수 있게 된다.

그와 같은 기존의 해석에 대한 첫 번째 의문은 전후(前後)의 문구에 비추어 볼 때, 자연현상으로서 '天'과 '地'가 과연 국가경영을 위한 핵심적인 정사(政事)가 될 수 있는가? 이다. 두 번째는 전후 편들의 연계 측면에서, 왜 '天'의 요소는 '地'와 달리 계편 이후에 한 번도 언급되지 않는가? 이며, 세 번째 의문은 편명(篇名)에 '地'가 포함된 '지형 편' 및 '구지 편'의 내용에 왜 자연지리뿐만 아니라, 적과의 상대적 관계(關係)나 軍 내부 상하관계, 그리고 군 리더십 또는 법령 이행 상태 등이 함께 언급되는가? 이다.

'天'은 주로 天候, 天氣, 天象, 天地, 天下, 天性 등의 약어로 사용된다. 문맥에 비추어 보아 만약 天候, 天氣, 天象 등 자연현상의 의미가 부적절하다면, 세계나 세상을 의미하는 天地나 天下 즉, 국제적 관계나 주변 제후들과의 상대적 관계로 추정할 수 있을 것이며, 인간의 타고난 감성(感性)인 천성(天性)도 天에 포함된다. 유사하게, '地'도 땅이나 지리(地理)만이 아니라, 處地, 立地, 地位 등의 약어로서 의미(意味)를 갖는다. 자연현상으로서 '地'의 뜻이 문맥에 부적절하다면, 후자를 선택해야 할 것이다. 그럴 경우, '地'는 처한 상황이라는 자연 지리적 유형을 기반으로 적과의 상대적 관계나 군 내부 상하관계 등의 포괄적인 의미를 갖게 된다.

'天'을 주변 제후들과의 국제관계로, 그리고 '地'를 자연지리를 포함한 피 · 아의 상대적 관계 그리고 부대 내부의 상하관계를 포함한 상황 요소라는 의미로 확대하면, 그것들은 道, 將, 法과 함께 평화 시 전쟁대비 국가경영 요소가 될 수 있을 뿐만 아니라, '天'의 그러한 의미는 후편에서 종종 주변 제후(諸侯)로 언급되며, '地'의 그러한 의미는 地形 篇이나 九地 篇의 내용에 자연지리를 기반으로 한 다양한 상황 요소들을 포괄하는 이유를 설명해 준다.

'天'과 '地'를 '관계 상황'으로 파악할 때, 전쟁대비 다섯 가지 정사(政事)의 효과는 평화 시 국제관계 개선, 적대국과의 상대적으로 유리한 여건조성, 그리고 국내적 안보태세 구축 등 현대적인 국가 안보의 조건들과도 일치한다. 즉, '天'은 대외관계에서 상대국보다 더 유리한 상황 조건들을 포함하고, '地'는 적대국과의 상대적 관계에서 방위적 및 군사적으로 유리한 상황 조건 형성에 해당하며, '道' '天' '地' '將', '法' 등은 공히 적대행위에 전적으로 영향을 미칠 수 있는 국가 안보나 방위 태세 개선을 위한 평화 시 국가경영과 다스림의 요소가 될 수 있다.

그 맥락에서, 지형 편에서 '地'와 '天'을 다 알면 승리가 온전해 진다(知天知地, 勝乃可全).'는 문구에서 '知地'는 해당 지형 편의 피(彼) · 아(我) 상황 요소들을 다 안다는 의미가 되며, '知天'은 후편인 구지 편의 주변 제후와의 전략적 관계와 상황 요소를 다 알아야 한다는 의미가 된다. 이는 또한 저술상 특징 중의 하나인 후편과의 연결구로서 의의(意義)를 갖게 된다.

'天'을 주변 제후와의 관계로 이해할 때, 그 요소 중 '음양(陰陽)'은 '우주만물의 이기(二氣)의 조화와 호응, 대립과 부정의 관계'라는 어의(語義)에 부합하게 전쟁이 불가피한 환경으로 주변국들의 역학관계(力學

關係)라는 의미를 갖는다. 또한 '한서(寒暑)'는 춥고 더운 관계라는 뜻을 국제관계 관점에서 주변국과의 구체적인 관계로서 우호 협력관계나 적대관계로 볼 수 있으며, '寒'의 사전적인 의미 중 '냉담하다'는 뜻과 '暑'의 '덥다/따뜻하다'는 뜻을 선택하면 '寒暑'는 '중립적(中立的)이거나 상호 지원 관계'로 해석할 수 있게 된다.

국제적, 주변적 관계라는 '天'의 음양(陰陽)과 한서(寒暑)는 또 다른 요소인 '時制'와 결부시킬 수 있다. '時制'란 과거, 현재, 미래를 의미하므로 국제적, 주변적 관계를 과거, 현재, 미래에 걸친 역사적 안목을 가지고 고찰해야 함을 의미한다.

현재의 국제관계는 과거의 관계에서 비롯되어 그 연장선에 있으며, 전쟁 결심에서 상대국과의 과거나 현재의 관계는 道에서 언급한 전쟁의 명분(名分)과 정당성(正當性)을 좌우한다. 더 나아가 과거와 현재의 관계가 앞으로의 전쟁 승리에 유리하다고 하더라도 그것만으로는 부족하다. 적을 굴복 또는 종속시킨 이후[戰勝 以後]에 조성될 미래의 국제 및 주변 질서가 나에게는 물론, 주변국에게도 더 유리할 것이라는 전망(展望)을 인식시킬 수 있어야 한다. 따라서 미래를 내다보는 관점에는 전후(戰後)에 보다 더 나은 공동 평화의 조건조성이라는 궁극적인 목적 달성 가능성을 확신하게 만든다는 뜻이 포함된다.

그러한 의미를 갖는 '時制'는 구변편에서 '과거 관계에서 업보(業報)를 들어서 주변 제후를 부리고[役諸侯者以業], 현재의 폐해(弊害)로 압박하여 굴복시키며[屈諸侯者以害], 미래의 상호이익에 관한 전망(前望)을 인식시켜 따르게 만든다[趨諸侯者以利].'는 의미와 완벽하게 일치한다. 마지막 문구인 '順逆, 兵勝也'는 '天의 요소 즉, 주변 제후들과의 역학관계에 순응(順應) 또는 역행(逆行) 여부가 전쟁의 승패를 좌우한다.'는 의미가 된다. 勝算判斷 요소로서 어느 편이 천지(天地)의 관점에서 더 득이 되는가[天地孰得]보다는 도리나 이치에 순응[順理]하는가 아니면, 사리에 어긋나는가[易理]라는 관점에서 평가하는 것이 타당하다고 생각하여 특별히 부언한 순역(順易)이라는 개념이다.

'地'를 전쟁에서 직접적인 통제가 요구되는 '자연 지리적 요소를 포함한 적과의 상대적 배치나 부대 내부의 상 · 하 또는 지휘 관계' 등의 의미로 규정할 경우, 그 세부요소로서 '高下'도 地位의 높고 낮은 관계를, '廣狹'은 포용성과 편협성을, '遠近'은 소원함과 친근함을, '險易'는 험악함과 편안함을, 그리고 '死生'은 막힘과 트임의 인간관계에 합당하게 해석할 수도 있다.

손자병법에서 '地'를 그러한 용법으로 사용한 직접적인 예는 計篇의 '死生之地'나 形篇의 '立於不敗之地' 등이다. 이들 문구에서 '地'의 의미는 땅이나 장소라기보다는 처지(處地), 입지(立地), 입장(立場) 등 직면한 상황의 의미로 사용된다. 더 나아가, 자연 지리적 의미로 사용한 것처럼 보이는 지형 편의 遠地나 掛地, 또는 구지편의 重地, 衢地, 圍地 또는 死地 등도 순수한 지리적 유형만이 아니라, 대부분 지리적 유형에 추가하여 피 · 아 부대의 위치에 따라 형성되는 상황 유형이다.

끝으로, 행군 편을 포함한 지형 편 및 구지 편 등 직 · 간접적으로 '地'라는 의미가 포함된 편에서는 지리적 유형뿐만 아니라, 대부분 彼 · 我 부대의 위치와 상태 및 법령 이행 상태 그리고 리더십(治兵)의 효과도 언급하고 있다는 점에서 '地'는 지리적 요소를 기반으로 피 · 아 부대 내부의 인간관계 상황이라는 의미를 갖는다. '地'의 그러한 확대된 의미는 현대 군사용어로 METT-TC 즉, 임무와 직접 다루거나 통제하려는 지리적 요소(Terrain)와 적 의도, 배치, 내부 상태를 포함한 적과 나의 가

용부대(Troop available), 시간(Time)과 민간(Civil) 요소를 망라하는 상황 요소이다.

이상의 전후(前後) 문맥에 비추어 본 '天'과 '地'에서 추정한 새로운 의미들은 前後의 문맥에 적용될 때 연속적으로 파급되는 의미들은 본 글의 주제인 구조적 해석을 통해서만 발견할 수 있는 대표적인 예이다.

다. 구조적(構造的) 해석(解釋)을 통해 발견한 함의(含意)

이 함의(含意)는 구조가 제공하는 맥락(脈絡), 문맥(文脈) 및 논거(論據)에 따라 해석해야만 비로소 발견할 수 있는 새로운 의미들이다. 손자병법에서 단순하고 평이하게 보여서 지나쳐 버리기 쉬운 문자나 문구들은 전후 의미의 연계성을 고려하면, 어느 하나도 무의미한 것이 없다는 점을 알게 된다. 여기서는 전후 의미의 연계를 통해서만 발견할 수 있는 대표적인 것들을 예시(例示)한다.

첫째, 수 개 편에 걸쳐 연계시켜 드러나는 함의의 例를 든다면, 계편의 ④문단은 속임수(詭道)가 본질인 용병의 세(勢)를 이후 편과 연계시켜 고려할 경우, 병법 全篇이 정도(正導)가 본질인 形篇과 궤도(詭道)가 본질인 勢篇 이하(以下)로 대별 됨을 개관하고 있음을 이해할 수 있다. 그 맥락에서 세 편의 '이정합(以正合), 이기승(以奇勝)'은 앞의 전편을 요약하는 문구가 된다. 이정합(以正合)은 계편의 정도(正導)가 본질인 정사(五事)로 전비태세를 규합(糾合)하고, 이기승(以奇勝)은 궤도(詭道)가 본질인 기책(奇策)으로 용병(用兵)하여 그 전비태세를 운용하여 전세(戰勢)를 발휘하여 승리한다는 의미로써 계편의 ④문단을 요약하는 문구이다.

그리고 작전 편의 '장거리 수송(遠輸)은 백성을 빈곤하게 만들고, 국경 부근의 전쟁[近師]은 물가를 폭등시킨다[遠輸則百姓貧, 近師者貴賣]에서 '원수(遠輸)'를 최소화하는 방법으로 그 직후의 '적으로부터 식량을 조달한다[務食於敵]'는 문구로 구체화하고, 이는 다시 구지 편의 '적 영토 깊숙이 들어간 중지(重地)에서는 재물(財物)과 식량을 약탈하는 원칙[重地則掠]'과 연계된다. 또한 '근사(近師)'는 구변 편에서 '국경을 넘어서면 머무르지 않는다[絕地無留]'는 원칙으로 제시되며, 구지 편에서는 '자국 영토에서는 전쟁을 하지 않으며[散地則無戰], 국경에 가까운 지역에서는 정지함이 없이 깊숙이 들어간다[輕地則無止]'는 원칙으로 구체화 된다.

또 다른 예로서, 모공 편의 온전한 승리[全勝]를 위한 '벌모(伐謀)'나 '벌교(伐交)'는 다섯 가지 政事로 구축되는 전비태세의 압도적인 우세와 유리한 외교적 관계에 해당된다. 이는 구지 편에서는 적대적인 제후들을 이간, 분열, 불신, 교란시킨 결과로 언급되며, 대국을 정벌한 후 흩어진 적병(敵兵)이 모이지 못하게 하거나 모이더라도 통제되지 못하게 만들어 계책을 세울 수 없게 만들고[伐謀], 승리(勝利)의 여세(餘勢)를 몰아 주변 제후들이 반동맹(反同盟)을 형성하지 못하게 만든다[伐交]는 의미와도 연계된다.

둘째, 수개 편(篇)에 걸쳐 점진적으로 구체화하는 논리전개 방식으로 전쟁 일반론은 계(計) 편에서 형(形) 편에 이르는 4개 편에 걸쳐 구체화하고, 용병 일반론은 세(勢) 편으로부터 구변(九變) 편에 이르는 4개 편에 걸쳐 구현(具現)되며, 용병의 실제는 행군 편으로부터 화공 편에 이르는 4개 편에서 다룬다는 점은 이미 설명한 바 있다. 추가로 수개 편에 걸쳐 점진적으로 구체화하여 완성되는 개념의 다른 예를 들자면, 가장 많이 인용(引用)하면서도 가장 막연하게 이해하는 '적을 알고 나를 안다

[지피지기(知彼知己)].'이다. 모공 편의 '知彼知己'의 관점(觀點)은 피 · 아 군주와 장수의 능력 및 관계에 관한 그 앞 문단의 '승리를 아는 다섯 가지[知勝有五]'를 아는 것이며, 그 연장선에서 지형(地形) 편에서 알아야 하는 관점은 피 · 아 군의 가격(加擊)이나 불가격(不加擊) 상태이다. 여기에 '知天知地'에 이르면 비로소 온전한 승리가 가능하다[勝乃可全]는 논리로 전개된다.

즉, 군주와 장수의 능력과 상호 보완적인 관계를 알면, 백번 싸워도 위태롭지 않으며(모공–知彼知己, 百戰不殆), 여기에 피 · 아 부대의 가격 또는 불가격 상태를 알면 승리가 위태롭지 않고(知彼知己, 勝乃不殆), 더 나아가 주변 제후와의 관계(天)와 전장의 실제 상황(地) 즉, 구지지변(九地之變)을 다 알면 비로소 승리는 온전해질 수 있다(知天知地, 勝乃可全)는 함의(含意)가 드러난다. 이는 모공편의 온전한 승리[全勝]를 위해 알아야 할 상황 조건을 점진적으로 구체화하여 설명하는 셈이다.

셋째, 직전(直前)이나 직후(直後) 篇의 의미와 연계시키는 예는 거의 모든 편에서 전후(前後) 편들과의 연결구를 사용하는 방식에 해당하나, 3개 편의 의미를 함께 연계시키는 대표적인 문단의 예로는 세(勢) 편 ① 문단의 "治衆如治寡, 分數是也, 鬪衆如鬪寡, 形名是也. 三軍之衆, 可使畢受敵而無敗, 奇正是也. 兵之所加, 如以碫投卵者, 實虛是也"이다. 이 문단에서 앞 4개 문구는 앞의 형(形) 편에 해당하며, 중간 3개 문구는 본 편인 세(勢) 편에 해당하고, 뒤의 3개 문구는 후편인 실허 편에 해당한다. 왜냐하면, 勢는 정적(靜的)인 전비태세(形)를 동적(動的)으로 운용(運用)하여 발휘되고, 그것은 상대적인 적의 虛를 지향(실허편)해야 비로소 효력(效力)을 발휘할 수 있기 때문이다.

넷째, 동일 편에서, 뒤의 수 개 문단에 해당하는 의미를 개관한 후, 논리를 전개하는 대표적인 문단의 예는 계(計)편 ②문단의 '經之以五事, 效之以計, 以索其情'이다. 이는 해당 문단의 국가경영의 오사(五事)와 ③문단의 비교 요소인 7계(七計), 그리고 ⑤문단의 묘산(廟算) 등 후속되는 3개 문단을 개관(改棺)하는 문구이다. 다른 예로는 구지 편의 ⑤문단 말미의 '九地之變, 人情之理, 屈信之利'라는 문구이다. 구지지변(九地之變)은 직후 ⑥문단의 전략 지리적 상황의 무궁한 변화를, 인정지리(人情之理)는 ⑦문단의 전과 공고화(戰果鞏固化)를 위한 인간의 정서적 이치[人情之理]를 그리고 굴신지리(屈信之利)는 ⑧문단의 교묘한 거사를 일으키기 위한[巧能成事] 뜻을 굽혔다가 펴는 이점[屈信之利] 등 3개 문단을 개관(槪觀)하는 문구임을 알게 된다.

다섯째, 전후 문단의 의미와 연계하여 발견할 수 있는 새로운 의미의 예는 작전 편에서 죽간에서는 '守則有餘, 攻則不足'이며, 십가주는 이를 그 반대의 '守則不足, 攻則有餘'이다. 죽간의 이 문구의 의미는 본 문단의 결론인 '自保而全勝'이라는 문구의 의미와 연계시킬 때, 비로소 그 함의가 드러난다. 즉, 죽간 손자의 '守則有餘, 攻則不足'은 '自保而全勝'을 목적으로 고려할 때, '자기보존은 잘 지키는 것(守)만으로 충분하나(守則有餘), 온전한 승리[全勝]는 '단순한 공격만으로는 그 기준에 미치지 못한다.[攻則不足].'라는 의미가 된다. 왜냐하면, 온전한 승리를 위해서는 추가로 적을 변화시켜 승리의 허(虛)를 노출시키기 위한 무궁한 지략위주 간접접근이 요구된다는 함의(含意)이다.

십일가주의 문구에 대한 기존의 해석은 '병력이 부족하면 방어하고 많으면 공격한다'라고 해석하여왔다. 그러한 해석은 문구 자체만 해석할 경우에는 합당하지만 문맥을 고려하면 적합하지 못하다. 그러므로 십가주에서도 본래의 문맥에 따른 해석보다는 문구 자체를 우리와 같이 해석하여 유여(有餘)와 부족(不足)을 반대로 표기했을 것이다.

또 다른 예로서, 용병의 본질을 속임수(兵者, 詭道也)로 규정한 계편의 ④문단에서 "實而備之, 强而避之"를 기존에는 '적이 충실하면 대비하고, 강하면 피한다.'라고 해석하지만, 그것은 적을 속이는 행위가 본질인 궤도(詭道)가 아니므로, 속임수의 관점에서 적이 공격하려고 할 경우, 나를 충실(充實)한 것처럼 보여주어, 적이 나를 공격하는 대신, 오히려 대비하게 만들고[實而備之], 내가 약(弱)하지만, 나를 강(强)하게 보여주어 적이 공격하는 대신, 피하게 만든다[强而避之].'라고 속임수에 합당한 의미로 해석해야 한다.

끝으로 각개 해석으로는 중복되는 것처럼 보이는 동일한 문구나 문단일지라도, 각 편의 위상에 따라 상이한 의미를 갖는 예는 군쟁 편과 구지 편에서 공히 사용하는 "是故不知諸侯之謀者, 不能豫交; 不知山林險阻沮澤之形者, 不能行軍; 不用鄕導者, 不能得地利."이다. 역동적인 간접접근을 논하는 군쟁 편 ③문단에서는 위의 문구별로 간접접근을 구상(構想)하기 위해서 알아야 하는 조건들을 반어법(反語法)으로 논(論)하지만, 구지 편 ⑥문단에서는 위이 문구를 전략 지리적 상황 유형별 원칙(原則)과 지향(志向)을 논(論)하면서 각 전략적 원칙과 지향(志向)을 적용하기 위해 고려해야 할 조건들을 반어법으로 논한다.

요컨대, 해석의 구조가 제공하는 연계성을 통해 기존의 의미와 전혀 다른 의미를 갖게 되는 해석의 내용들은 모두 새로 발견한 함의(含意)들이다. 모든 내용은 고유 맥락이나 문맥에서만 고유의 뜻을 가지기 때문에, 전후(前後) 내용들의 연계를 통해서 해석한 새롭거나 상이한 의미들은 그렇지 않은 의미보다 저자(著者)의 의도(意圖)나 저서(著書)의 진의(眞意)에 더 가깝다고 볼 수 있다.

라. 한자의 특정 의미 선택을 통해 발견한 함의(含意)

자신이 알고 있거나 쉽게 찾아볼 수 있는 의미들을 염두에 두고, 그 중에서 해석자의 주관적인 선호도에 따라 한자의 뜻을 선택해 왔던 기존 방식에서 벗어나, 국어사전이나 중한사전의 모든 뜻을 검토하여, 문맥에 따라 최적의 의미를 선택함으로써, 더 합당한 의미를 발견할 수 있었던 예(例)도 무수히 많다. 그중에서 대표적인 몇 가지 예는 다음과 같다.

첫째, 작전 편의 "故殺敵者怒也, 取敵之利者貨也."를 기존에는 '적을 살상하기 위해서는 적개심(怒)을 고취(鼓吹)시켜야 하며, 적으로부터 재물(財物)을 얻기 위해서는 얻은 자에게 재화(財貨)로 상(賞)을 주어야 한다.'로, 공히 목적 달성(殺敵者와 取敵之利者)을 위한 아군의 동기유발 방법(怒也 및 貨也)으로 해석하여왔다. 그러나 '지략 위주 간접접근'을 일관되게 강조하는 문맥에 비추어 볼 때, '적을 죽이기 위해 아군의 적개심을 고취(鼓吹)시킨다.'는 해석은 합당하지 못하며, 적으로부터 재물을 쟁취하기 위해서는 물질적인 상(賞)을 주어야 한다.'는 해석은 전체 문맥에서 차지하는 작전 편의 위상에 전혀 부합하지 못한다.

이 구절에서 해석의 관건(關鍵)은 나의 행위[殺敵者와 取敵之利者]가 적의 심리에 미치는 효과[怒也와 貨也]로 보는 것이다. 그럴 경우, '故殺敵者怒也'는 '적을 살육(殺戮)하면 적의 적개심이나 복수심을 고취(鼓吹)시키는 반면, '取敵之利者貨也'은 중한사전에서 '화(貨)'의 뜻 중 '바보'나 '멍청이'를 적용하면, 이는 적의 재물(財物)을 빼앗으면, 적의 사졸들은 그것을 빼앗긴 자기 장수를 바보 멍청이로 생각하게 된다. 그럼으로써, '상대적으로 나의 재화가 더 많아질 뿐만 아니라, 적의 사졸들이 자기 장수를 바보, 멍청이로 생각하게 만들어 상하 불신(不信)이나 분열(分裂)을 조장한다.'라고 해석하면 전체 문맥에 합당하게 된다. 특히 주로 후방에 위치한 재화(財貨)를 적에게 빼앗기는 것은 전선에서 싸우는 사졸들의 전투 역량(力量)의 부족 때문이 아니라, 장수들의 두뇌(頭腦) 싸움의 결과로 나타나기 때문에 더 그러하다.

둘째, 편명인 '謀攻'과 '火攻'에서 '攻'의 뜻 중 '다스리다'를 선택하면, 모공은 '智謀로써 적을 다스리다.'라는 의미가 되어, 破勝 대신 全勝을 논(論)하는 명확한 편명이 되며, 화공(火攻)은 물리적 불로 적을 공격하거나, 또는 '감성적 화(火)를 다스리다.'라는 의미가 되어, 화공편의 내용을 대표하는 뜻이 드러난다.

셋째, 실허 편의 "乖其所之"에서 '乖'를 괴퍅(乖愎)의 약어로 보면, '그 드러나는 바가 너무나 괴퍅하여'로, 그리고 구지편의 '敵人開戶'에서 한자 '호(戶)'의 뜻 중 '구멍'을 선택하면 그것은 '허점이나 약점'이라는 의미가 되어, '적이 허점을 드러내면'으로 해석하면, 그 의미가 명료해진다. 그밖에 행군 편의 "故合之以交"에서 '合'의 뜻을 '틀어지거나 어긋남이 없다.'로, '交'를 '서로 주고 받다.'를 적용하면, '서로 의사소통하여 법령을 이해하는데 틀어지거나 어긋남이 없도록 한다.'가 되어 문맥에 적합한 해석이 가능하다.

넷째, 지형 편의 "掛形者, 敵無備, 出而勝之, 敵若有備, 出而不勝, 難以返" 문구에서 '勝'을 의문의 여지가 없는 것처럼 보이는 '승리(勝利)하다'라는 뜻을 적용하여 '괘형에서 적이 대비하고 있지 않을 경우, 나아가면 승리한다[出而勝之].'라고 해석하지만, '勝'의 다른 뜻인 '극복하다'를 적용하면, '괘형에서 적이 대비하고 있지 않으면, 나아가서 그것을 극복하고, 만약 적이 대비하고 있다면, 나아가도 극복하지 못할 뿐만 아니라, 돌아오기도 어렵다.'라고 해석할 수 있다. 그러한 승(勝)의 '극복하다'나 '다하다'는 뜻의 연장선에서, 세편의 '不可勝聽也'나 '不可勝觀也' 또는 '不可勝嘗也'에서 '勝'은 '다하다'는 의미로 '다 들을 수 없다.'나 '다 볼 수 없다.' 또는 '다 맛볼 수 없다.'라는 뜻으로 분명하게 드러난다.

이상의 함의(含意)들은 전후 의미상의 연계성(문맥) 관점에서 국어사전이나 중한사전에서 적합한 뜻을 선택하여 해석한 대표적인 예(例)들이다. 문맥을 기준으로, 하나의 문자나 문구의 의미를 달리 선택하면, 논리적인 연계성으로 인해 전편에 걸친 의미에 영향을 미치게 된다. 따라서 구조적 해석을 통해 발견한 함의들은 상호 연계시켜 해석한 전체 내용들로 볼 수 있다. 그러나 새로 발견한 것들이나 함의(含意)들은 본 글의 연구 방법과 범위에 기인(基因)하는 다음과 같은 한계(限界)를 의식하면서 이해할 것을 요구한다.

제2절
본서(本書)의 한계(限界)와 추가적인 연구 방향

손자병법의 구조적(構造的) 해석(解析)이라는 새로운 접근(接近)을 시도(試圖)한 본서(本書)가 손자병법에 대한 과학적 접근의 계기(契機)가 되기 위해서는 다음과 같은 몇몇 한계(限界)를 인식하고 그 한계를 극복하기 위한 추가적인 연구를 요구한다.

1. 본서(本書)의 한계(限界)

본서(書)의 다음과 같은 한계는 연구 방법과 제한(限定)된 연구 범위로 인해 불가피하게 드러난다. 첫째, 본 서(書)는 주로 국가 안보나 전쟁 또는 군사작전의 실천적 관점에서 분석하고 추론(推論)하여 해석(解析)하는 데 중점을 두었기 때문에, 더 깊은 역사학적, 언문학적 또는 사상적 관점에서는 상이(相異)한 의미로 해석될 수도 있었을 것이라는 한계(限界)이다.

둘째, 본서(書)의 외연적 구조인 당시의 시대상(時代相) 연구는 체계적인 역사 · 문화적 연구에 미치지 못할 수 있을 뿐만 아니라, 또한 당시의 지배적 사상(思想)은 주창자들의 시대적 선후(先後)를 기준으로 노자(老子)의 도가사상(道家思想)으로 한정하였으나, 모든 사상은 주창자들에 의해 갑자기 등장하는 것이 아니라, 그 이전부터 전래(傳來)되어 왔다는 점을 고려한다면, 그 시대에 저자에게 영향을 미쳤을지도 모르는 다른 사상들을 간과(看過)했을 가능성도 없지 않다.

셋째, 한자의 뜻과 용법의 시대 차이를 극복하기 위해서는 체계적인 언문학적(言文學的) 연구를 요구한다. 그러나 본 글에서는 관련 국어 및 중한사전(辭典)에 제시된 의미 중에서 문맥이라는 객관적 기준에 합당한 뜻을 선택하는 방식으로 대신(代身)하였다. 이는 통상 국가의 사전들은 가능한 고대로부터 사용되어 왔던 다양한 뜻을 망라하고 있다는 점을 전제로 하고 있다.

넷째, 본 연구에서 모든 분석(分析)이나 추론(推論) 또는 의미 선택의 객관적 기준은 문맥(文脈)에 적합(適合) 여부이다. 이는 저술 시 저자의 논리적 구상이 저서의 문맥에 정밀하게 반영되었을 것이라는 낙관적(樂

觀的)인 전제(前提)에 기반을 두고 있다.

2. 추가적인 연구 방향

본서(本書)는 기존의 손자병법 주해서나 연구서들의 접근법과 달리, 그 맥락이나 문맥을 제공하게 될 해석의 구조를 설정하여 해석의 논거를 제시하고, 그 타당성을 입증하려는 첫 번째 시도(試圖)로 볼 수 있다. 최초의 시도(試圖)라는 점에서 다음과 같은 추가적인 연구를 요구하는 미완성(未完成)이라는 의미도 갖는다.

첫째, 손자병법 전편을 해석하려는 과학적 접근은 필연적으로 거시적 분석과 미시적 분석을 병행해야 하므로, 분석수준이 일관되지 못하여 너무 추상적이거나 과도하게 구상적(具象的)일 수도 있다. 따라서 연구를 한정(限定)하여 더 깊은 연구가 뒤따라야 한다. 그러나 이 과정에서도 항상 전체 맥락이나 문맥을 반드시 견지(堅持)해야 한다는 점에는 변함이 없다.

둘째, 국가 안보나 전쟁 또는 군사작전 등 주로 실천적인 군사학적 관점에 중점을 둔 해석은 추가적(追加的)으로 더 깊고 더 폭넓은 역사적, 사상적 또는 언어학적 연구가 추가되어야 할 것이다. 그러나 그러한 연구는 저자인 손무(孫武)가 역사학자나 대 문장가 또는 사상가로 알려진 바 없다는 점도 함께 고려(考慮)해야 할 것이다.

셋째, 본서(本書)는 철저히 손자병법의 체계성(體系性)을 입증(立證)하는 과정(過程)에서 저자의 원개념(原槪念)에 접근(接近)하는 데 중점을 두었기 때문에, 이해를 용이하게 하거나 풍부한 의미를 예시하는 측면을 소홀히 했을 수 있다. 따라서 추가적인 전쟁사적(戰爭史的) 사례를 들거나, 현대 군사학적 개념과 결부시켜 해석해 볼 필요도 있을 것이다. 그러나 어떤 경우이건, 먼저 원개념(原槪念) 파악을 우선시해야 한다는 점은 변함없을 것이다.

참고 문헌

〈손자병법 관련〉

1. 국내 문헌

- 김광수. 역, 『孫子兵法』 서울: 책세상, 2000.
- 김기동 · 부무길. 공저, 『손자의 병법과 사상 연구』 서울: 운암사, 1997.
- 김달진. 옮김, 『손오병서』 문학동네, 1998.
- 김병관. "손자병법 지상강의 Ⅰ, Ⅱ, Ⅲ, Ⅳ," 『군사평론』 333~336호, 육군대학, 1998.
- 김석환. 역주, 『손자병법』 서울: 학영사, 1997.
- 김재하. 역, 『孫子兵法』 서울: 태을출판사, 2003.
- 남만성. 역, 『孫子兵法』 서울: 현암사, 1970.
- 노병천. 『도해 손자병법』 서울: 연경문화사, 2003.
- ———. 『죽간손자병법』 서울: 양서각, 2005.
- 노태준. 역, 『孫子兵法』 서울: 홍신문화사, 2000.
- 박재희. 『손자병법으로 돌파한다』 1~2권, 서울: 문예당, 2003.
- 성백효. 옮김, 『武經七書』 국방부전사편찬위원회, 1987.
- 우현민. 역, 『孫子兵法』 서울: 서문당, 2006.
- 유동환 옮김. 『孫子兵法』 서울: 홍익출판사, 2008.
- 이민수. 역해, 『孫子兵法』 서울: 혜원출판사, 1995.

- 이영희. 역, 『孫子兵法』 서울: 대우출판공사, 1984.
- 이종학. "손자병법의 철학적 기초에 대한 연구," 『군사평론』 제400호, 육군대학, 2009.
- 차평일. 역, 『孫子兵法』 서울: 동해출판사, 2005.
- 최광석. 역, 『孫子兵法』 서울: 중앙교육출판공사, 1986.
- 황원식. 『孫子兵法 大全』 서울: 일우사, 2000.
- 육군대학. 『전략이론 보충교재』 2000.

2. 중국 문헌

- 郭化若. 『孫子今譯』 北京: 中華書局, 1961.
- ———. 編著, 『孫子譯註』 上海古籍出版社, 1984년.
- 唐滿先. 『孫子兵法今譯』 南昌: 江西人民出版社, 1996.
- 謝祥皓 外. 編, 『兵聖孫武』 北京: 軍事科學出版社, 1992.
- 孫星衍. 註, 『孫子十家註』 天津市古籍書店, 1991.
- 吳九龍. 註編, 『孫子校釋』 北京: 軍事科學出版社, 1990.
- 吳如嵩. 『孫子兵法淺說』 北京: 戰士出版社, 1983.
- 楊善群. 『孫子評傳』 南京: 南京大學出版部, 1996.
- 龍齊. 『孫子兵法探析』 陝西: 陝西人民出版社, 1986.
- 王建東. 編譯, 『兵法經典: 孫子兵法』 台北: 鐘文出版社, 中華 63년.
- ———. 編著, 『孫子兵法思想體系精解』 台北: 1970.
- 王貴元 외. 編著, 『先秦漢三國』 『中國古兵書名著精華文庫』. 警官教育出版社, 1993.

• 楊丙安.『十一家註孫子校理』北京: 中華書局, 2009(重印).

• 銀雀山漢墓竹簡整理小組.『銀雀山漢墓竹簡孫子兵法』中國人民解放軍戰士出版社, 1976.

• 魏汝霖. 編譯,『孫子兵法大全』台北: 黎明文化事業公司, 1970.

• 李零.『孫子兵法註釋』成都: 巴蜀書社, 1992.

• 李浴日. 編譯,『孫子兵法研究』台北: 黎明文化事業公司, 1972.

• ———.『孫子兵法之綜合研究』上海: 商務印書館, 1937.

• 朱軍. 編著,『孫子兵法釋義』解放軍出版社, 1986.

• 周亨祥.『孫子全譯』貴陽: 貴州人民出版社, 1990.

• 支偉成.『孫子兵法史證』中國書店, 1988(影印本 再刊).

• 陳啓天.『孫子兵法校釋』北京: 中華書局, 1958.

• 天津師範學院中文系工農兵學員. 譯註,『曹操註孫子兵法譯註』京字908部隊某部警備聯, 1975.

3. 일본 문헌

• 呵多俊介.『孫子の新研究』六合館, 1930.

• 岡村誠之. 譯註,『孫子の研究』弘道館, 1952.

• 金谷治. 譯註,『孫子』中央公論社, 1966.

• 武岡淳彦. "孫子의 兵學體系論,"『陸戰學會 陸戰研究誌』1998년 8월호. 육군대학 역.

• 尾川敬二. 譯註,『孫子論講』菊地屋書店, 1934.

• 北村佳逸.『孫子解說』立命館出版部, 1934.

• 山井湧. 譯註,『孫子・呉子』集英社, 1975.

• 松本カ一男.『孫子を讀む』東京：PHP硏P究所, 1990.

• 安藤亮. 譯註,『孫子の兵法』日本文藝社, 1962.

• 櫻井忠溫. 譯註,『孫子』章華社, 1935.

• 町田三郎.『孫子』中央公論社, 1974.

• 佐藤堅司.『孫子の思想史的硏究』重版, 東京: 原書房, 1973.

• 中島悟史. 譯註,『曹操注解孫子の兵法』朝日新聞社 2004.

• 重澤俊郎. 譯註,『孫子の兵法』日中出版 1981.

• 河野收.『孫子硏究의 參考(일본 육자대 막료학교 참고자료 95ZO군－3E)』 1995. 육군대학 역, 1997.

4. 영어 문헌

• Ames, Roger T. trans., *Sun Tzu : The Art of Warfare*. NY: Ballantine Books, 1993.

• Clavell, James. edited and with a foreword, *Sun Tzu. The Art of War*, New York: Delacorte Press, 1983.

• Cleary, Thomas. trans., *Sun Tzu : The Art of War*. MA: Shambhala, 1988.

• Giles, Lionel. trans., *Sun Tzu : The Art of War*. Harrisberg, Pennsylvania : Military Science publishing company, 1944.

• Glavell, James. trans., *Sun Tzu : The Art of War*. NY: Bantam Doubleday Dell, 1983.

• Griffith, Samuel B. trans., *Sun Tzu : The Art of War*. London: Oxford Univ. Press, 1963.

• Handel, Michael. trans., *Master of War: Sun Tzu. Clausewitz and Jomini*. London: Frank Cass, 1992.

• Kuan Feng. "A Study of Sun Tsu's Philosophical Thought on The Military," *Chinese Studies in Philosophy*. VOl. Ⅱ, No.3, Spring 1971.

• O'Down, E. and Waldron A. "Sun Tzu for Strategist," *Comparative Strategy*. Vol. Ⅹ, 1991.

• Rand, Christopher C. "Chinese Military Thought and Philosophical Taoism," *Monunenta Serica*. Vol. ⅩⅩⅩⅨ, 1979-1980.

• Sawyer, Ralph D., translation & commentary, *Art of War*, CO: Westview, 1994.

5. 프랑스어 문헌

• Amiot, Jean-Jacques. texte traduit, *Sun Tse: L'Art de la guerre*. Paris: Pocket, 1993.

• Levi, Jean. traduction et édition critique, *Sun Tzu: L'art de la guerre*, Paris: Hachette, 2000.

• Niquet, Valérie. traduction et édition critique, *Sun Zi - L'Art de la guerre*, Paris: Economica, 1999.

• Tang Jialong. traduction, *L'Art de la guerre de Sunzi & L'art de la guerre de Sun Bin. Pékin*: Editions Chine populaire, 1994.

6. 독일어 문헌

• *Yingjie, Zhong. Übersetzer, Sun Zi über die Kriegskunst & Sun Bin über die Kriegskunst*, Beijing: Verlag Volkschina, 1994.

• Olla, Artist & Thomas Emmrich. Übersetzer, *Sunzi: die Kunst des Krieges*. Berlin: Wissendurst Verlagsgesellschaft, 1998.

7. 포르투갈어 문헌

• Alberto Mendes Cardosa. translation & commentary, *Os Treze Momentos: análise da obra de Sun Tzu*. Brazil: Biblioteca Do Exército Editoria, 1987.

8. 인터넷 싸이트

• *Chinese Cultural Studies: Sun Tzu: The Art of War* (http://acc.cuny edu/~phalsall/ texts/artofwar.html. 검색일: 2007. 5).

• *Strategy & Tactics Risk Management Solution, Son-Tzu The Art of War*(http://www.strategies−tactics.com/suntzu.htm. 검색일: 2008. 5).

• *Hoyt, Tim. Sun Tzu and The Art of War*. (http://ourworld.compuser −ve.com/DiplomacyWorld/DW76.HTM. 검색일: 2007. 5).

〈해석학 관련〉

1. 외국문헌

• Caputo, John D. *Radical Hermeneutics: Repetition, Deconstruction, and the Hermeneutic Project*. Bloomington: Indiana University Press, 2nd rev., 2006.

• Derrida, Jacques. *Of Grammatology*. trans., G. C. Spivak. Baltimore and

London: John Hopkins University Press, 2nd. rev., 1978.

- ———————. *Positions*. Trans., A. Bass. Introduction by C. Norris. London & New York: Continuum, 2nd. rev., 2002.
- Ebeling, Gerhard, "The New Hermeneutics and the Early Luther," *Theology Today*. vol. 21.1, April 1964.
- Foucault, Michel. "Nietzsche, Freud, Marx," trans. in *Transforming the Hermeneutic Context*. eds. G. L. Ormiston and A. D. Schrift. Albany: Suny Press, 1990.
- Gadamer, Hans-Georg. *Truth and Method*, trans., by John Cumming and Garrett Barden. New York: Crossroad, 2nd. rev., 1989.
- ———————. "On the Circle of Understanding," *Hermeneutics Versus Science*. Notre Dame Ind.: University of Notre Dame Press, 1988.
- Gallagher, Shaun. *Hermeneutics and Education*. Albany: State University of New York Press, 1992.
- Gasché, Rodolphe. "Infrastructures and Systematicity," *Deconstruction and Philosophy*. ed., John Sallis. Chicago & London: University of Chicago Press, 1987.
- Groden, Michael and Martin Kreiswort. eds. *The Johns Hopkins Guide to Literary Theory and Criticism*. Baltimore: The Johns Hopkins University Press, 1994.
- Harris, Wendall V. *The Dictionary of Concepts in Literary Criticism and Theory*. New York: Greenwood Press, 1992.
- Klein, W. M. and C. L. Blomberg & R. L Hubbard. et. al., *Introduction to Biblical Interpretation*. Dallas: Word Publishing, 1993.
- Makkreel, R. A. and F. Rodi. eds., *Wilhelm Dilthey: Selected Works*.

vol. 2, The Formation of the Historical World in the Human Sciences, Princeton, NJ: Princeton University Press, rev., 2002.

- Palmer, Richard E. *Hermeneutics: Interpretation Theory in Schleiermacher, Dilthey, Heidegger, and Gadamer*. Evanston: Northwestern University Press, 1979.
- Ricoeur, Paul. "Ethics and Culture: Habermas and Gadamer in Dialogue," *Philosophy Today*. 17, 1973.
- ———. *Hermeneutics and the Human Sciences*. New York: Cambridge University Press, 1981.
- Rodolphe Gasché. "Infrastructures and Systematicity." in John Sallis. ed., *Deconstruction and Philosophy*. Chicago & London: University of Chicago Press, 1987.
- Schleiermacher, Friedrich. *Hermeneutics and Criticism*. Andrew Bowie. ed. and trans., Cambridge Univ. Press, 1998.

2. 인터넷 싸이트

- Gallagher, Shaun. *Applied Hermeneutics: Theory of Interpretation*. (http://philosophy.ucf.edu/ahtheory.htm. 검색일: 2008. 8).
- ———. *Applied Hermeneutics: Conservative Approach to Hermeneutics* (http://Philosophy.ucf.edu/ahcon.html. 검색일: 2008. 8).
- ———. *Applied Hermeneutics: Critical Approach to Hermeneutics* (http://Philosophy.ucf.edu/ahcri.html. 검색일: 2008. 8).
- ———. *Applied Hermeneutics: Dialogical Approach to Hermeneutics* (http://Philosophy.ucf.edu/ahdia.html. 검색일: 2008. 8).

• ______________. *Applied Hermeneutics: A conservative analysis based on Dilthey's notion of empathy* (http://Philosophy.ucf.edu/ ahrhe -toric.html. 검색일: 2008. 8).

〈병법해석 관련〉

1. 국내 문헌

• 오강남 풀이. 『老子 道德經』 서울: 현암사, 2007(26판).

• 柳正基 監修. 『四書三經』 서울: 금성문화사, 1990.

• 이종학 · 길병옥. 편저, 『군사학 개론』 충남대학교출판부, 2009.

• 길병옥. "국가위기관리의 이론과 범위," 『학회보』 9권 2호, 한국공공행정학회, 2009.

• 유재갑 · 강진석. 공저, 『전쟁과 정치 : 전략의 철학』 한원, 1989.

• 李端錫. 『헤겔 哲學思想의 理解』 서울: 한길사, 1981.

2. 외국문헌

• Clausewitz, Carl Von. *On War*. eds. and trans., Michael Howard and Peter Paret. NJ: Princeton Univ. Press, 1976.

• Liddell-Hart, Basil. Strategy. London: David Higham Associates, 1967. 주은식. 옮김, 『전략론』 서울: 책세상, 1999.

• US. Department of US. Army, *FM 100-5 Operations*. september 1986.

• US. Department of Defense. *Joint Publication 1 Doctrine for the Armed Forces of the United States*. 2007.

- US. Department of Defense. *Joint Publication 3-0 Joint Operations*. 17 September 2006(Incorporating Change 1, 13 February 2008).
- US. Department of Defense. *Joint Publication 5-0 Joint Operation Planning*. 26 December 2006.

3. 사전류

- 국방부. 『국방용어사전』. 국방부, 2006.
- 민중서림 편집국. 『실용 중한사전』. 서울: 민중서림. 2007.
- 이희승. 감수, 『민중 엣센스 국어사전』. 민중서림. 재판 1994.
- 합동참모본부. 『합동참고교범 10-2 연합합동작전 군사용어사전』. 합동참모본무, 2006.
- Haansoft.Inc. 『한컴전자사전-표준국어사전, 민중국어사전』. 1994-2005.
- US. Department of Defense. *Joint Publication 1-02 Department of Defense Dictionary of Military and Associated Terms*. amended 12 July 2008.
- *Stanford Encyclopedia of Philosophy* (http://plato.stanford.edu/cgi-bin/encyclopedia/archinfo.cgi).
- *Wikipedia* (http://en.wikipedia.org/wiki/Hermeneutics).